인간행동과 사회환경

권향임 · 김나영 · 김양이 · 김현옥 · 박미정 · 박성석 · 박정숙
백종욱 · 이영실 · 정옥희 · 조금화 · 조미숙 · 형성훈

창지사

국립중앙도서관 출판시도서목록(CIP)

인간행동과 사회환경 = Human behavior & the social environment / 지은이: 권향임, 김나영, 김양이, 김현옥, 박미정, 박성석, 박정숙, 백종욱, 이영실, 정옥희, 조금화, 조미숙, 형성훈. -- 서울 : 창지사, 2013
p. ; cm

ISBN 978-89-426-2258-0 93330 : ₩19000

인간 행동[人間行動]
사회 환경[社會環境]

331.1-KDC5
302-DDC21 CIP2013017925

머리말

인간행동은 다양한 신체적, 심리적, 사회적 맥락 속에서 발생한다. 그러기에 인간은 생활해 가면서 효과적인 반응을 요구하는 것, 즉 대인관계, 직장관계, 거주지의 변화, 경제적 변동, 자연재해 등으로부터 사람들은 사회적 요구, 대처능력에 직면하게 되는데, 이러한 요구에 효과적으로 반응하기 위해 노력하며 적응하려고 한다. 이러한 요인들에 대한 적응은 개인에게 적합한 생활공간과 자원을 확장시키고 개인의 능력과 잠재력을 증진시킴으로써 향상될 수 있다. 그러므로 적응 과정을 이해하는 것이 사회사업 전문직에서는 핵심이며, 인간 적응을 이해하는 데 기본적으로 필요한 지식을 제공해 주는 과목이 되는 것이다.

사회사업에서의 적응에 대한 연구는 사람들의 행동과 환경에 의해 부과된 요구 사이의 적합성을 증진시키는 것에 도움을 줄 수 있는 개념을 파악하는 데 초점을 둔다. 이러한 적응을 돕기 위해 사회사업실천은 새로운 서비스와 자원을 창출하거나 개인 및 개인의 사회적 네트워크의 강점을 파악한다.

환경 속의 개인이라는 관점은 사회사업 전문직의 핵심 개념이다. 사회복지사는 개인과 환경, 그리고 이들의 상호 교류를 이해하는 데 전문가가 될 필요가 있다. 사회복지사에게는 생의 주기에 따른 인간발달에 대한 지식과 개인이 속해서 생활하게 되는 가족, 집단, 조직, 지역사회에 대한 지식이 필요하다. 궁극적으로는 생물학적, 심리적, 사회적, 문화적 체계가 생의 발달단계를 통해 인간행동에 어떻게 영향을 주고 또한 받게 되는지에 대한 지식을 필요로 한다. 개인의 생물학적, 심리적, 사회적 경험 간의 상호작용에 대한 이해를 얻게 되면 사회사업개입에 대한 함의를 얻게 된다.

이러한 차원에 대한 이론과 지식을 소개함으로써 사회사업 전문직을 준비하는 학생들의 인간행동에 대한 기본적 이해를 돕고자 하는 것이 이 교재의 목적이다.

학생들은 각 이론의 기본적 가정이 무엇이고, 각 이론의 실천에 대한 평가를 할 수 있어야 할 것이며, 또한 자신의 신념이나 스타일과 일치하는지도 검토해 보아야 할 것이다. 한편, 사회사업실천은 다양한 이론을 통합하여 활용한다는 점을 인식하는 것이 중요하다.

인간에 대한 이해의 폭을 넓혀, 사회사업실천에 대한 새로운 가능성을 열 수 있기를 기대한다.

저자 일동

차 례

CHAPTER 01

인간행동, 발달, 사회환경과 사회복지

1 인간행동, 발달, 사회환경의 개념

1. 인간행동의 개념

인간행동은 신체의 움직임이라 할 수 있다. 스키너와 같은 급진적 행동주의자들은 심리학이 과학의 한 분야가 되기 위해서는 관찰 가능하고 측정 가능한 행동만이 연구대상이 되어야 한다고 주장하였다. '정신'이나 '의식 경험' 등은 관찰할 수 없으며, 유일하게 관찰 가능한 것은 외현행동뿐이므로 이것을 연구대상으로 해야 한다고 주장한 것이다.

이러한 급진적 행동주의의 단점을 보완한 반두라(Bandura)와 로터(Rotter)는 인지의 중요성을 내포한 이론을 제기하였다. 반두라는 원래는 '사회적 학습이론'이라고 불렀던 자신의 접근방식을 '사회적 인지이론(Social cognitive theory)'이라고 수정하면서, 행동의 실제적 원인으로서 인지적 역할의 중요성을 강조하였다. 한편, 로터는 반두라보다 내부의 의식과정을 더욱 광범위하게 다루었다. 행동에는 스키너가 주장하는 바와 같이 외부의 강화가 중요한 역할을 하지만, 강화의 효과는 내부적인 인지적 요인에 달려 있다고 보았다. 따라서 그는 사람들이 어떤 상황에서 하게 될 행동을 예언하기 위해서는 지각, 기대, 가치와 같은 변인을 고려해야 한다고 보았다(노안영 외, 2003). 이렇게 볼 때 심리학에서의 행동이란 언어, 표정, 제스처 등 밖으로 드러나는 외현행동뿐만 아니라 감정, 사고, 태도, 기억 등 정신과정으로서의 내현행동까지의 범위를 포괄하는 것이다(홍기원 외, 2009).

1) 인간행동의 유형

(1) 외현행동, 내현행동, 행동잠재력

인간행동은 밖으로 표현되느냐 아니냐에 따라 외현행동과 내현행동으로 구분된다.

1 외현행동

외현행동(overt behavior)은 밖으로 드러나는 행동을 말하는데, 스키너상자(Skinner box)에서 증명된 조작적 행동이나 파블로프(Pavlov)의 타액실험에서 나왔던 반응적 행동이 여기 해당될 것이다. 급진적 행동주의자들은 관찰 가능과 측정 가능이라는 측면에서 볼 때 이 외현행동만이 연구대상이 되어야 한다고 주장한다.

2 내현행동

내현행동(covert behavior)이란 밖으로 드러나지 않는 행동으로서 인간의 사고(思考)까지 포함하는 개념이다. 인지행동주의자들은 정신내적과정에는 이미 상상이나 인지 혹은 지각이 포함된 것이며 따라서 행동을 수정한다는 것은 사고의 변화까지를 의미한다고 주장한다.

3 행동잠재력

인지심리학에서 행동을 정의할 때 행동 및 행동잠재력이라는 용어를 사용하는데, 이때 행동잠재력(the potential for a behavior to occur)이란 인간의 사고스타일, 인지양식 등을 말한다. 로터의 사회적 학습이론 역시 행동잠재력이라는 용어를 사용한다. 행동잠재력은 주어진 상황에서 우리가 할 수 있는 모든 행동 중에서 특별한 행동 혹은 반응을 할 가능성을 의미한다. 우리가 다른 행동보다 우선해서 어떤 행동을 선택하는 것은 상황에 대한 우리의 지각에 근거한다. 그러므로 행동잠재력은 자극상황뿐 아니라 우리에게 이용될 수 있는 대안행동들에 대한 의식적 지각의 영향을 받는다. 즉, 로터는 행동잠재력은 개인이 주어진 상황에서 그에게 이용될 수 있는 다른 행동에 대해 갖는 지각에 의해 영향 받는다는 것을 가정한다. 따라서 개인의 인지적 요인은 행동을 예언하는 데 매우 중요하다(노안영 외, 2003).

(2) 조작적 행동(도구적 행동), 반응적 행동(응답적 행동)

인간행동은 자발적이냐 비자발적이냐에 따라 조작적 행동과 반응적 행동으로 분류된다.

1 조작적 행동

조작적 행동(operant behavior)은 주변으로부터 어떤 자극이나 관심, 보상을 얻기 위해 자발적이고 능동적이며 유목적적으로 시도되는 행동들을 말한다(정미경 외, 2009). 이는 도구적 행동으로서 줄무늬 근육과 골격계 등을 사용하는 자발적 행동의 대부분을 포함한다. 조작적 행동은 그 행동에 의해 얻어지는 결과에 영향을 받는다. 보상적인 결과를 가져왔던 과거행동은 비슷한 상황 하에서 다시 일어날 가능성이 높고, 반면에 싫어하는 결과를 가져왔던 행동은 비슷한 상황에서 다시 일어날 가능성은 낮아진다. 실제로 모든 자발적 행동은 호의적이거나 비호의적인 결과를 제공하는 환경에 근거하여 행해진다고 본다. 그러한 행동을 집합적으로 조작적 행동이라고 부른다.

② 반응적 행동

반응적 행동(respondent behavior)은 응답적 행동으로서 내분비선, 연근 등 자동적 신경체계를 포함하는 비자발적 행동의 대부분을 일컫는다. 예를 들어 연설을 하기 위해 무대에 오르기 전에 심장박동 수가 증가하는 것, 시험을 보기 전에 손에 땀이 나는 것, 추운 날씨에 소름이 돋아나는 것 등이다. 불안, 공포(phobia), 성적 충동 등의 생리적 반응도 이에 속한다. 반응적 행동은 특수한 자극에 의해서 유발되며, 하나의 특정한 자극이 제시되면, 항상 특정한 반응이 뒤따르게 된다. 이러한 반응은 선천적일 수도 있고 후천적으로 학습된 것일 수도 있다. 파블로프(Pavlov) 실험에서 '음식→침'은 전자의 예이고 '종소리→침'은 후자의 예이다.

요약하면 조작적 행동은 유기체가 자유롭게 자발적으로 하는 행동을 말하며, 반응행동은 어떤 자극에 의해 야기되거나 유발되는 비자발적 행동을 말한다. 조작적 행동은 행동이 완성된 후에 일어나는 결과로 통제되며, 반응행동은 선행사건에 의해 통제된다(노안영 외, 2003).

(3) 의식적 행동, 무의식적 행동

인간행동은 자기가 하는 행동을 현재 자각하고 있는가 아닌가에 따라 의식적 행동과 무의식적 행동으로 나눌 수 있다.

① 의식적 행동

의식적 행동은 개인이 현재 하고 있는 행동을 자각하면서 하는 행동을 말한다. 자발적 행동, 도구적 행동, 조작적 행동이 여기에 속한다.

② 무의식적 행동

무의식적 행동은 정신의 가장 깊은 수준에 있는 경험과 기억으로부터 행동이 유발되어 개인이 자각하지 못하는 가운데 일어나는 행동을 말한다. 예를 들어, 운전 중에 잠시 한눈을 팔다가 파란 신호등에 멈춰 있는 것은 목적지에 가고 싶지 않은 무의식 속의 소망을 따른 것으로 본다(최옥채 외, 2011).

(4) 정상행동과 이상행동

오랜 세월에 걸쳐 정상행동(normal behavior)과 이상행동(abnormal behavior)을 정의하는 접근들은 많은 변화와 수정을 거쳐 왔으며, 대체로 다음과 같은 네 가지 기준을 토대로 논의하였다(정미경 외, 2009).

- 첫째, 평균으로부터의 이탈

  여기서 정상의 개념은 흔히 통계학적 원리에 비추어 언급된다. 종모양 혹은 정상분포곡선에서 볼 때 정상이란 곡선 꼭대기와 밑변을 잇는 선을 중앙으로 하여 이 부근의 어떤 범위를 뜻한다. 중앙은 산술평균, 중앙값, 최빈치 등을 말한다.

  예) 정상적 지능은 보통 IQ점수 100~130 사이를 말한다. IQ100보다 약간 아래의 점수를 가진 사람은 비록 정상지능이라 하더라도 '지능이 낮다'라고 불리며, 70 이하의 점수를 가진 사람들은 '지적장애'라고 간주된다. 130보다 약간 높은 점수를 가진 사람은 '머리가 꽤나 좋은 사람'으로 보며, 160 이상의 점수는 '천재'라고 불린다. 양쪽 극단에 있는 사람들은 의심을 받는데, 그 까닭은 그들이 대부분의 사람들과 같지 않기 때문이다. 너무 두뇌가 둔하거나 너무 지능이 높기 때문에 이들은 정상이 아니다(Longress, 1995).

- 둘째, 사회문화적 규준으로부터의 이탈

  사회적 기준, 가치, 혹은 규준으로부터 크게 벗어나지 않는다면 정상적인 것으로 간주한다. 만약 이러한 규준이나 현실성에서 충분히 벗어나는 행동이라면 이상행동으로 규정한다. 통계적으로 크게 벗어난 행동이라 할지라도 사회문화적 규범에서 볼 때 적응적인 행동이라면 이상행동으로 보지 않는다.

  예) 천재는 통계적 기준에서는 이상이라고 하겠지만 사회문화적 규범에서 이

탈된 것이 아니므로 이상이라고 볼 수 없다. 지하철 구석에 모든 살림을 늘어놓고 사는 사람은 사람들이 살아야 하는 장소에 관한 사회적 규준으로부터 크게 벗어났기 때문에 이상행동의 소유자로 고려될 수 있다.

- 셋째, 부적응적 행동

대부분의 정신건강 전문가들에 의해 사용되는 이상행동의 정의는 부적응적 행동에 근거하여 이루어진다. 이것은 어떤 행동이 개인이나 사회에 부정적인 영향을 미치거나 부적응적일 때 이상행동으로 분류하는 것이다. 즉, 개인의 삶이나 사회에서 기능할 수 있는 개인의 능력을 방해할 때를 말한다.

예) 폐쇄 공포증이 있어 탈 것(가령, 승용차, 버스, 지하철, 비행기 등)을 타지 못한다거나 위험한 행위를 하도록 지시하는 목소리를 듣는다거나 5분에 한 번씩은 손을 씻는 것 등이 있다.

- 넷째, 개인적 규준

이는 주관적으로 정신적인 갈등이나 심리적인 고통이 얼마나 심한가를 기준으로 삼는 것이다. 즉, 개인이 경험하는 고통의 정도에 따라 정상과 이상을 구분하는 것이다.

정상행동과 이상행동의 구분에는 주의가 필요하다. 각각의 규준에 부정확성이 있으므로 이것을 해결하는 가장 좋은 방법은 정상과 이상을 절대적인 상태로 고려하지 않는 것이다. 즉, 정상과 이상을 각각 양극단으로 하여 하나의 행동(혹은 척도)을 연속선상에서 보는 것이다. 또한 한 개인의 행동을 이해하기 위해서는 그 행동의 원인, 사회적 맥락, 타인과의 상호 관계 등을 파악하고 고려할 필요가 있다. 마찬가지로 이상행동으로 진단하기 위해서도 다각적인 이해와 접근이 필요하다.

2. 발달의 개념

1) 발달

(1) 발달의 개념

발달(development)이란 생명의 시작부터 죽음에 이르기까지 전 생애에 걸친 개체의 변화를 말한다. 발달 개념에는 증가하는 상승적 변화뿐만 아니라 쇠퇴하는 하강적 변화가 동시에 내포된다(김태련 외, 2004). 발달과정에서 양적인 변화는 크기 또는 양에서의 변화를 의미하며, 질적인 변화는 본질, 구조, 또는 조직상의 변화를 의미한다. 발달은 유기체 내에 있는 힘과 환경 속에 있는 힘이 끊임없이 변화하고 교류한 결과에 의해 산출되는 과정이다.

인간발달은 대체로 다음과 같은 세 영역으로 이루어진다(정옥분, 2004).

- 첫째, 생물학적 발달
  신체의 변화와 관련된 것이다. 부모로부터 물려받은 유전인자, 뇌와 감각기관의 발달, 신장과 체중의 증가, 운동기능, 사춘기에 나타나는 호르몬의 변화 등은 모두 생물학적 변화 과정을 반영한 것이다.
- 둘째, 인지적 발달
  개인의 사고, 지능, 언어에서의 변화를 포함한다.
- 셋째, 사회정서적 발달
  대인관계, 정서, 성격의 변화, 사회적 환경의 변화를 포함한다. 가족관계, 또래관계, 교사와의 관계 등은 사회정서적 변화 과정을 반영한 것이다.

(2) 발달의 주요 원리

발달의 주요 원리는 다음과 같이 정리할 수 있다(정미경 외, 2009; 홍기원 외, 2009).

1 발달에는 순서가 있으며, 이 순서는 일정하다

아동의 운동 발달에는 발달이 진행되는 방향에 일정한 경향이 있다.

첫째, 상부에서 하부로, 즉 머리에서 발 방향으로 발달한다.

예) 태아나 유아는 머리가 사지보다 먼저 발달한다.

둘째, 중심에서 말초 방향으로 발달한다.

예) 유아는 처음에는 팔을 움직이는 운동을 하다가 점점 손목, 손가락 순서로 움직인다.

셋째, 전체 활동에서 특수 활동으로 발달한다. 즉, 처음에는 미분화되어 전체적인 반응을 하지만 차츰 특수한 반응과 부분 반응으로 세련화된다. 발생학에서는 이를 분화(differentiation)라고 한다.

예) 유아가 물건을 집으려 할 때, 처음에는 무작정 마구 잡다가 차츰 손목, 손가락을 사용하여 잡게 된다.

2 발달은 계속적인 과정이지만 발달의 속도는 일정하지 않다

신체의 각 부위에 따라 또한 정신기능에 따라 발달의 속도가 다르다. 또 특정한 측면의 발달에서도 발달단계에 따라 그 속도가 항상 일정하지는 않다.

예) 신체발달은 유아기와 사춘기에 급격히 증가하며, 어휘 수는 유아기에 폭발적으로 발달하고, 추리력은 서서히 발달하여 청년기에 완숙된다.

3 결정적 시기가 있다

위의 설명과 같이 어떤 기관이나 기능의 발달이 급격히 진행되는 특정한 시기를 결정적 시기(critical period) 혹은 민감기(sensitive period)라 한다. 이 시기에 정상적인 발달이 장애를 받으면 영구적인 결함을 초래할 수도 있다. 발달과정에서 개인의 행동과 생리적 기능이 일정한 시기에 급격히 발달하는 양상을 보일 때는 대개 환경 요인에 의해 크게 영향 받는 경우가 많다.

4 발달은 성숙과 학습에 의존한다

발달은 생물학적·유전적 요인에 의한 성숙과 환경적·경험적 요인에 의한 학습의 상호작용 산물이다. 발달에 성숙과 학습 중 어느 것이 더 크게 영향을 미치는가 하는 점은 논쟁거리이다.

예) • 사춘기의 성적 변화는 성숙의 영향이 크다면, 문장해독력은 학습의 영향이 크다.
• 아기가 일정 연령이 되어 다리 근육이 성숙되어야 비로소 서기 시작하겠지만, 어른들이 손을 잡고, 서는 연습을 시키면 빨리 서게 될 것이다.

5 발달에는 개인차가 있다

모든 사람들이 보편적인 순서에 따라 성장·발달해 가지만, 개인차도 존재한다.

예) • 키의 개인차를 보면 어떤 사람은 2미터까지 자라지만 어떤 사람은 160센티미터에도 미달한다.
• 또 어떤 사람은 고등학교 시기에 성장이 완료되는 데 비하여, 대학교 때까지 자라는 사람도 있다.

6 발달의 초기 단계는 일생에서 가장 중요한 시기이다

유아기의 발달은 이후 모든 단계의 성장·발달을 좌우한다.

예) • 아동발달 초기에 부모와 따듯하고 적절한 대인관계를 형성하지 못하면 나중에 적응곤란 문제가 생길 수 있다.
• 사회적 접촉의 결여로 어릴 때 언어 발달이 이루어지지 않으면 계속 언어장애를 갖게 되고 심하면 자폐증후를 갖게 될 가능성도 있다.

7 발달의 각 측면은 밀접히 상호 관련되어 있다

신체적 발달, 지적 발달, 성격 발달은 서로 밀접히 연관되어 있음이 연구결과로 밝혀지게 되었다. 즉, 신체발달이 우수한 아동이 지적 발달에도 앞서고, 지적으로 우수한 아동이 보다 긍정적이고 적극적인 성격을 발달시키는 경향이 있다.

8 발달은 개인과 환경과의 상호작용 과정이며 결과이다

개인의 발달은 단순히 유전적인 요인만으로 또는 환경적인 영향만으로는 이루어지지 않는다.

예) 출생 후 집안에서만 자란 어린이는 나무토막 쌓기와 같이 손으로 만지는 행동은 잘 발달하지만 사회성이 발달하지 못하는 경향이 있고, 반대로 밖에서 많은 시간을 보내는 어린이는 사회성은 발달하나 그림 그리기, 나무토막 쌓기, 계산능력 등은 떨어지는 경향이 있다.

2) 발달과 유사한 용어 정의

(1) 성장

성장(growth)은 연령 증가와 더불어 나타나는 신체적 변화를 지칭하는 경우에 주로 사용된다. 주로 양적인 변화를 의미한다. 예를 들어, 키나 몸무게가 증가하는 경우에 신체적 성장이라고 표현하게 된다. 신체적 측면을 강조한 것이지만 발달과 혼용해 쓰기도 한다(홍기원 외, 2009; 송명자, 2011).

(2) 성숙

성숙(maturation)은 내발적 성장과정을 통해 일어나는 점진적인 신체적·심리적 변화의 의미로 사용된다. 즉, 성숙은 유기체가 성장하는 데 있어서 성장의 방향이 결정되어 있는 성장모형을 바탕으로 유전적 정보에 의해 미리 짜인 프로그램상의 순서에 의해 자연적으로 발생하는 변화이다. 예를 들면, 사춘기에 접어들어 제2차 성징이 나타나는 경우를 성숙이라고 표현한다. 경험이나 학습과 같은 외적인 작용에 의해 이루어진 것이 아니다(정미경 외, 2009).

(3) 학습

학습(learning)이란 '행동 및 행동잠재력의 변화'이다. 학습은 '반복된 경험'을 전제로 한다. 반복으로 인해 비교적 영속된 변화가 가능하다. 따라서 학습을 더욱 구체적으로 정의하면 "학습이란 반복된 경험을 통한 비교적 영속적인 행동 및 행동잠재력의 변화이다"라고 말할 수 있다.

행동주의 심리학에선 "모든 행동은 학습된다"고 말한다. 인간행동은 서로 다른 여러 가지 학습과정의 결과로 보며 "인간은 그가 지금까지 학습한 것의 총합이다"라고 말한다. 이는 본성보다는 양육(학습)이 이후의 발달과정에 더 큰 요소로 작용한다고 보는 관점을 나타낸다.

인간발달은 성장, 성숙, 학습의 세 과정이 공존할 때 비로소 이루어진다. 즉, 일생을 통해 성장, 성숙, 학습에 의해 이루어지는 변화과정이 바로 인간발달이다(정옥분, 2004).

3) 발달의 연구방법론

발달에는 특징적인 연구방법이 있다. 크게 두 가지를 들 수 있는데 하나는 종단 연구이고, 또 하나는 횡단 연구이다. 두 방법을 절충한 단기 종단 연구법도 있다(홍기원 외, 2009).

(1) 종단 연구

이 방법은 동일한 개인이나 집단을 대상으로 일정한 기간 동안 이들을 계속 추적하면서 연령의 증가에 따른 변화를 반복 측정하는 것이다. 이 방법은 연령에 따른 변화라는 발달의 정의를 충실히 이행한다.

- 장점
  - 개인이나 집단의 진정한 발달양상을 파악할 수 있다.
- 단점
  - 비용이 많이 들고 시간과 노력이 많이 소모된다.

- 조사대상을 오랜 시간 동안 추적하기가 힘들다.

예) 드물게는 연구자가 연구대상자보다 먼저 사망하는 경우가 생기거나, 연구대상자가 멀리 외국으로 이사를 가는 등 실제 조사에서 현실적인 어려움이 많다.

- 어디까지가 훈련의 효과이고 어디까지가 순수한 연령의 효과인지 구분이 애매하다.

예) 5, 7, 9세에 걸쳐서 동일한 과제에 대하여 반복 측정했는데, 9세에 드디어 그 과제를 완수했다고 하면, 그것이 9세의 연령효과인지 세 번에 걸쳐서 반복 연습했기 때문인지 불분명하다.

(2) 횡단 연구

이 방법은 동일한 시점에 연령이 다른 여러 집단을 측정하는 것이다. 즉, 상이한 연령의 여러 개인이나 집단을 한꺼번에 조사하고, 거기에서 얻은 자료를 바탕으로 일정 기간에 걸친 발달 곡선을 그리는 것이다. 이 방법에는 대상자 선정에서 대표성을 확보하여야 한다.

예) 10, 15, 20, 25, 30세가 되는 개인이나 집단의 신장과 체중을 측정하여 10세부터 30세까지의 발달 곡선을 그리는 것이다.

- 장점

한꺼번에 조사하기 때문에 시간적으로나 비용 면에서 매우 경제적이다.

- 단점

- 시대배경(출생연도) 효과의 문제가 발생한다.

예) 현재 우리나라 20대 남성의 키가 176㎝인데 비하여 70대 남성의 키가 165㎝라고 하자. 그렇다면 현재 20대는 70대가 되면 165㎝가 되어야 하는가? 아마도 지금보다 약간 줄어든 174㎝쯤 될 것이다. 언제 태어났는가 하는 시대적 상황에 따라 키의 성장이 달라질 수 있는데 횡단 연구는 이런 사실을 반영하지 못한다.

- 발달곡선이 인위적인 것일 수도 있다. 결국 평균수치이기 때문이 개인차를 알 수 없는 단점이 있다.

  예) 집단의 평균을 기본 자료로 삼기 때문에 키의 경우 18세까지 자라다가 그 이후 감소하는 발달곡선을 그리지만 개개인의 수치는 다를 수 있다.

(3) 단기 종단 연구법

종단연구와 횡단연구가 각각 장단점이 있기 때문에 두 방법을 절충한 것이 단기 종단 연구법이다. 이 방법은 개인의 성장·발달에 미치는 역사적·사회적 영향을 배제하고 순수한 연령효과를 밝히는 데 목적을 두고 있다. 이 방법은 다양한 연령대를 정하여 비교적 단기간에 반복 측정하는 것이다.

3. 사회환경의 개념

사회복지가 환경 속 인간(Human-in-environment)이라는 초점을 가지고 있으므로 인간행동을 분석하고 이해하는 데 환경의 개념적 관점을 분명히 정의하는 것이 중요하다. 그러한 개념적 관점은 사회복지사들이 어떻게 세계를 조망할 것인가 하는 상징적 표상을 제공한다(Zastrow & Kirst-Ashman, 2002).

사회복지실천에서 환경개념의 역사적 전개과정을 살펴본 우국희(1990)는 사회복지실천에서의 주된 접근이 심리사회관점으로부터 생태체계관점으로 이동한 후에야 환경개념이 보다 과학적·포괄적으로 정의되고 있다고 주장한다. 그러나 생태체계관점을 지닌 여러 학자들 사이에서도 환경에 대한 개념이 서로 다르게 정의되고 있다.

1) 사회환경의 개념정의

(1) 몽크만 외

몽크만(Monkman) 외는 '환경이란 클라이언트가 직접 접촉하는 상황들의 질과 특성'이라고 정의하면서 사회복지사가 다루어야 하는 환경차원을 자원, 기대, 그리고 법과 정책 세 가지로 제시하였다. 그들은 이러한 것을 생태학으로부터 도출한 사정의 개념지도(Conceptual map)인 이른바 TIE(the Transaction between Individuals and Environment)라는 틀 안에서 제시하였다.

이때 저자들이 주장한 것은 사회복지실천에서 '인간'은 흔히 사정의 표적이 되는 반면 클라이언트 문제에 대한 환경의 기여는 실제적으로 무시된다는 것이다. 그들은 이것을 기관의 사정양식들을 검토하여 확인하였다. 기관양식들은 클라이언트의 과거력과 현재기능(즉, 발달적 역사, 심리학적·행동적 그리고 정서적 기능, 건강 및 의료정보, 그리고 가족특징들)에 대한 끝없는 목록으로 구성되어 있는 반면, 클라이언트가 기능하고 있는 보다 넓은 환경의 질에 대해서는 거의 주목하지 않았다.

그들은 사회복지전문직에는 '개인과 환경의 질은 이 둘 사이의 상호 교류의 결과'라고 하는 데 어떤 동의가 있으며, 사정과정은 반드시 이러한 상호 교류라는 요소를 포함해야 한다고 말한다. 따라서 사회복지사는 환경의 세 가지 측면, 즉 자원, 기대, 그리고 법과 정책을 다루어야 한다고 주장하였다. 환경의 이러한 세 가지 유목은 우선순위를 지니는 것이 아니고 오히려 개인의 대처행동과의 적합에 비추어 설정된다(Monkman & Allen-Meares, 1985),

(2) 자스트로 외

자스트로(Zastrow) 외는 특히 사회환경에 초점을 맞추어 "사회환경(Social environment)은 인간을 둘러싸고 있는 조건·환경(Circumstances) 그리고 인간 상호작용을 포함한다"고 정의하였다. 개인은 생존과 성장을 위해 환경과 효과적으로 상호작용해야 한다. 사회환경은 사회나 문화에서 형성하는 물리적 환경, 예를 들어 사람들이 사는 주택형태나 직업 종류, 법이나 사회규범 등을 포함한다. 또한 가족이나 친구, 직장, 집단, 정부같이 개인이 접촉하는 체계들을 포함한다. 보건이나 주택, 복지, 교육제도 등의 사회제도도 사회환경의 또 다른 측면이다(Zastrow Charles & Kirst-Ashman, 김규수 외 역, 2002).

(3) 콤튼 외

생태학적 관점에서 환경을 논의한 콤튼(Compton) 외는 환경이 4가지로 구성되어 있다고 보았다.

첫째, 사회적 환경으로 이는 여러 개의 수준으로 구성되어 있다. 예를 들어, 개인·집단·가족·지역사회와 계층 그리고 문화이다.

둘째, 물리적 환경으로 자연적 환경과 물리적 환경으로 구성된다. 예를 들어, 기후 그리고 인간이 지은 집과 같이 축조(築造)된 환경이 해당된다.

셋째, 일시적 환경(Temporal environment)으로 시간과 공간으로 구성된다. 이는 인간생애가 유한하고 인간이 어떤 규정된 공간 안에서 생활함으로써 시간과 공간은 중요한 환경적 질이 되기 때문이다.

넷째, 영적(靈的)인 환경으로 삶의 의미를 추구하는, 그리고 문화적으로 지지되는 모든 방법과 기회를 포함한다. 이 영역은 존재에 대한 신념, 그리고 보다 높은 존재와의 관계 가능성을 포괄하며, 공식·비공식의 종교실천에만 한정되지 않는다.

따라서 그들은 사회복지실천을 위한 환경개념은 '특정한 지역에서 사회적으로 규정된, 그리고 축조된 공간 안에서의 사람들의 연계 및 그들의 상호작용과 상호 교류'라고 정의할 수 있다고 언급한다. 상호 교류는 개인 및 가족생활 그리고 사회적 및 문화적 체계 내에서 특정 기간에 걸쳐 일어난다(Compton & Galaway, 1999).

(4) 저메인 외

콤튼 외에 앞서 사회복지실천을 생태학적 접근으로 재개념화한 저메인(Germain)은 타학문 분야에서의 지식을 토대로 비교적 체계적으로 환경개념을 조직화하였다. 그는 환경체계를 몇 개의 부분체계로 분류하였는데 이러한 작업은 환경의 구조와 속성을 규명하고 부분 간의 상호작용관계를 파악하는 데 필요한 전체적인 작업이었다. 그에 의하면 환경은 크게 물리적 환경과 사회적 환경으로 구분된다(Germain, 1976, 1978, 1981, 1984).

첫째, 물리적 환경은 다시 자연환경과 인공환경으로 나뉜다. 자연환경은 생활공간의 고정된 특징, 다시 말해 인간의 삶이 연출되는 정적인 배경으로 간주되었고, 인공환경은 건물·교통매체·통신매체 등이 해당된다.

둘째, 사회적 환경은 좁게는 2인 관계에서부터 넓게는 다양한 사회집단이나 조직을 포함하는 일종의 인간관계가 매개된 환경이다. 저메인은 사회적 환경이 2인 관계, 사회망, 관료조직, 그리고 다양한 사회조직으로 구성되어 있다고 보고 가장 대표적인 예로 관료조직과 사회망을 들었다(우국희, 1990).

저메인(Germain, 1976, 1978)은 특이하게도 공간적 변수를 사회복지실천에 통합시킨 사람이며, 시간 역시 중요한 생태학적 환경차원임을 논의했다.

2) 환경의 수준

생태체계 관점을 지닌 연구자들이 환경의 개념·종류·차원을 다양하게 논의하고 있지만, 중요한 결점은 이러한 환경들이 개인과의 상호 교류의 정도에 따라 어떻게 위치될 수 있는가를 논의하지 않은 것이다. 생태체계 관점은 개인과 환경의 상호 교류에 관심이 있으므로 환경을 이러한 상호 교류의 정도, 즉 환경과 개인이 주고받는 직접·간접의 영향의 정도에 따라 재구성하여 조망할 필요가 있다.

확실히 어떤 환경은 한 개인에게 직접적이고 고유하며, 대조적으로 어떤 환경은 보다 간접적이며 여러 개인에게 보편적이다.

이러한 관점으로 환경을 재구성하여 조망하는 것은 어떤 환경이 개인에게 주는 영향은 대개의 경우, 그 환경과 개인 사이에 놓인 중간환경의 성격에 의해 조정되기 때문이다.

예) 빈곤지역에서 생활하는 청소년의 비행 위험성을 볼 때, 가족 기능이 원활히 유지되는 가정에서 자라는 청소년은 비행에 빠지는 경우가 훨씬 적다. 이는 빈곤지역의 특성이 가족이라는 중간체계를 경유하면서 조정됨을 의미한다.

(1) 콤튼 외의 환경수준

콤튼 외는 환경수준을 미시, 중간, 그리고 거시환경으로 제시하였다(Compton & Galaway, 1999).

1 미시환경

개인이 일상생활 속에서 직접 접촉하고 상호 교류할 수 있는 환경을 말한다. 미시수준은 개인별로 독특성을 지닌다. 즉, 어느 누구도 동일한 미시환경을 동일하게 경험하지 않는다. 미시환경은 인간의 행동과 정서 발달에 가장 중요한 영향을 미친다.

예) 가족, 학교, 직장, 여가생활 등

2 중간환경

미시환경에 직·간접적 영향을 주어 미시환경의 성격과 기능을 결정하는 환경이다. 미시환경의 일반적 특성을 말한다.

예) 학교·직장·교회 등의 일반적 특성(가령, 학교의 구조, 운영과정, 정책결정, 규칙의 경직성과 유연성, 재단의 교육의지 등)이다.

3 거시환경

사회구성원 모두에게 공통적으로 해당되는 환경이다.

예) 사회의 물리적·사회적·문화적·경제적·정치직 구조, 사회 전반의 기술수준·언어·주택·법률·관습·사회 내면의 규칙 등

(2) 브론펜브레너의 환경수준

브론펜브레너는 생태학적 환경체계를 개인에 대한 영향력의 거리감과 크기의 순서에 따라 위계적 겹구조로 배열하였다. 환경은 한 조(組)의 겹구조들로 이루어지며, 이것은 개인이 경험하는 직접적 환경을 넘어서서 그 장(場)에는 있지 않은 다른 사람들 및 그들이 개인에게 미치는 간접적 영향 사이의 연계로까지 확대된다.

그는 생태학적 환경의 위상(位相)이 4가지 체계로 구성되어 있다고 개념화한다. 그것은 미시체계, 중간체계, 외체계, 그리고 거시체계이며 이것들은 다섯 번째 체계인 시간체계(chrono system)에 뿌리를 두고 있다. 처음 네 가지 체계는 마치 동심원이나 러시안 인형처럼, 각각 위 수준의 체계 안에 겹쳐 있는데, 마지막에 거시체계가 모든 체계를 포괄하고 있는 형상이다. 각 환경체계는 상호 의존하며, 그로 인해 어느 한 환경체계의 변화는 나머지 모든 환경체계에 영향을 준다. 시간체계가 가리키는 것은 각 환경체계의 본질과 환경체계들 간의 상호작용이 시간이 지남에 따라 변화한다는 것이다. 브론펜브레너는 환경체계 수준들의 중심구조 도식을 다음과 같이 제시하였다(Bronfenbrenner, 1977, 1989, 1993, 1999).

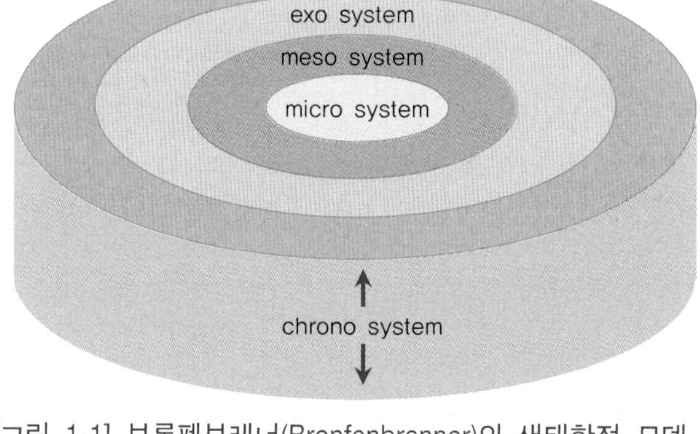

[그림 1-1] 브론펜브레너(Bronfenbrenner)의 생태학적 모델

1 미시체계

미시체계(micro system)는 주어진 장(場) 안에서 개인이 경험하는 행동·역할·대인관계의 양상이다. 따라서 미시체계는 개인의 직접적이고도 현상학적인 환경을 말한다. 브론펜브레너(1993)는 미시체계를 다음과 같이 정의했다

> … 특정의 물리적, 사회적, 그리고 상징적 특징들 – 직접적인 환경 안에서 지지된 상호작용 그리고 점진적으로 보다 복잡한 상호작용을 갖고 활동하는 것을 유도, 허락, 혹은 금지하는 – 을 가진 주어진 면 대 면 장(face-to-face setting)에서 개인이 경험하는 활동·역할·대인관계의 패턴이다(p. 21).

미시체계의 면 대 면 본질이 이러한 장들 내 상호작용의 직접적 영향을 밝혀준다. 브론펜브레너는 이러한 상호작용을 "가장 가까운 과정(proximal process)"라고 불렀다. 이 과정을 통해서 개인의 호혜관계가 발달하며, 이 호혜관계 안에서 환경과의 영향을 주고받는다. 호혜패턴을 통해 미시체계는 체계의 성원과 장이 변화할 때 끊임없이 변화하고 적응하는 하나의 역동적 장이 된다. 각 개인은 미시체계 맥락 안에서 활동한다. 여기에는 개인이 직접 관계를 갖는 장들이 포함된다. 예를 들어 가족성원, 직장, 친구망(網) 등이다. 가족은 대부분의 사람에게 최우선이자 가장 중요한 미시체계이다(Schoeny, 2000). 인간의 발달과정이 계속됨에 따라 중요 미시체계가 추가된다. 청소년의 경우 학교와 동년배 집단이며, 성인의 경우 직장과 직장동료이다. 그 외의 미시체계로는 확대가족, 스포츠 팀, 종교조직 등이 있다. 클라이언트의 문제를 이해하기 위해 그것이 일어나는 직접적인 사회적 맥락, 즉 미시체계를 이해할 필요가 있다.

2 중간체계

미시체계 위에는 중간체계(meso system)가 있다. 개인들이 미시체계 안에서 상호작용하는 것과 같이, 각각의 미시체계는 중간체계 수준에서 상호작용한다. 브론펜브레너(1993)는 다음과 같이 말했다.

> 중간체계는 발달 중인 개인을 포함하고 있는 두 개 이상의 장들 사이에서 일어나고 있는 연계나 과정을 구성한다(예를 들어, 가정과 친구, 가정과 직장, 학교와 직장 등). 특별한 주목이 집중되는 곳은 각 장내에 존재하면서 발달을 조장 혹은 억제하는 특징과 과정의 상호작용이 만들어 내는 시너지 효과이다(p. 22).

이것은 개인이 적극적으로 참여하는 두 개 혹은 그 이상의 장들 사이의 상호관련을 보는 것이다. 이 수준의 분석에서는 사회복지사가 개인의 생활을 구성하고 있는 미시체계들 세트, 예를 들면 가정과 직장 사이 혹은 가정과 친구망 사이의 관계를 사정한다(Barber, 1995).

3 외체계

중위체계 분석의 상위 수준이 외체계(exo system)이며, 이것은 개인에 대하여 점점 더 거리가 있는 영향으로 진행한 것이다. 브론펜브레너(1993)는 외체계를 다음과 같이 묘사하였다.

> … 두 개 이상의 장 사이에서 일어나는 연계와 과정으로써 그중 적어도 하나의 체계가 발달 중인 개인을 포함하지 않는다. 그러나 여기에 그가 생활하고 있는 직접적 장내(場內)의 과정에 영향을 미치는 사건이 발생한다(p. 24).

즉, 외체계란 개인을 적극 참여자로 포함하지는 않지만 개인이 포함된 세팅에 무엇이 일어날지 영향을 미치는 사건들이 일어나는 하나 이상의 세팅을 말한다. 사회복지실천에서 외체계 분석은 흔히 클라이언트 문제에 영향을 미치는 사회정책적 이슈에 대한 사정을 포함한다.

4 거시체계

마지막 체계이자 개인의 일상생활에서 가장 멀리 떨어진 체계가 거시체계(macro system)이다. 브론펜브레너(1993)는 거시체계를 다음과 같이 기술하였다.

… 이것은 주어진 문화, 하위문화, 혹은 그 밖의 확장된 사회적 구조의 특징이 되고 있는 미시, 중간, 그리고 외체계의 중요패턴이며, 특히 그러한 체계들에 뿌리박고 있는 발달적으로 선동하는(instigative) 신념체계, 자원, 위험, 생활양식, 기회구조, 생활과정 선택, 그리고 사회적 상호 교환에 관련된다(p. 25).

거시체계는 하위문화 수준이나 문화 안에 존재하는 보다 낮은 체계들(미시, 중위, 외체계)의 형태와 내용에 있어서의 일관성이다. 이 수준에서의 분석은 보다 넓은 사회 내에서의 행동을 다스리는 규범과 의식(儀式)에 관련된다. 비록 개별의 사회복지사와 클라이언트가 이러한 변인들에 많은 영향력을 행사할 수는 없지만, 이것은 적어도 주어진 문화나 하위문화 안에 존재하는 행동에 대한 압력들을 예견하는 데 도움이 될 수 있다(Barber, 1995). 거시체계는 위에서 기술한 모든 수준의 체계에 강한 영향을 가지고 있다. 그리고 개인에게 직접적으로 가장 적은 영향을 갖는 환경적 맥락수준을 나타내기 때문에 개인은 거시체계로부터 실체상(substantially)의 영향을 가장 적게 받는다. 거시체계는 개인이나 혹은 다른 생태학적 체계에 직접 영향을 갖기보다는 다른 체계가 작용할 무대를 설정한다(Schoeny, 2000).

5 시간체계

시간체계(chrono system)는 위 네 가지 체계의 동심원에 속하는 체계는 아니다. [그림 1-1]에서처럼 오히려 네 가지 체계가 뿌리를 두고 있는 체계로서 시간체계가 의미하는 바는 네 가지 체계의 본질과 체계들 간의 상호작용이 시간이 지남에 따라 변화한다는 것이다.

2 인간행동, 발달, 사회환경과 사회복지실천의 연관성

인간행동, 발달, 그리고 사회환경에 관한 지식은 사회복지실천의 기초 지식이다. 즉, 사회복지사가 클라이언트와 그의 문제를 이해하고 사정하며, 그의 문제에 관련된 사람들을 이해하는 데 바로 이 기초 지식들이 활용된다.

클라이언트들은 왜 그렇게 행동하는가? 무엇이 클라이언트들의 문제를 만들어 내는가? 사회복지실천에서는 항상 이러한 문제로 고민하여 왔다. 사회복지실천의 역사를 살펴볼 때, 사회문제들의 '원인'을 처음에는 개인에게, 후에는 사회로 돌리는 등 두 가지 사이에서 왔다 갔다 하는 변화의 수 십 년은 결국 보다 현대적인 다중결정주의 학설로 귀결되었다. 이 주의는 빈곤과 심지어 정신병과 같은 문제들이 개인적 요인과 사회적 요인들 양쪽의 결과로써 가장 잘 이해된다고 가정하였다. 이것은 인간행동에 영향을 미치는 내적·외적 변인을 고려하는 것으로 우리는 이것을 심리사회 접근이라 불러 왔다(Dorfman, 1996).

심리사회 접근은 클라이언트를 두 갈래(two-pronged)의 관점에서 이해할 것을 강조해 왔다. 임상사회복지사는 '심리적' 요인들(예를 들어 성격, 대처전략, 지적 능력, 그리고 자아기능 등)뿐만 아니라 '사회적' 요인들(예를 들어 불우한 가족역사, 동년배 관계, 그리고 사회적 제도의 관여 등)을 확인하고 평가한다. 여기에 중요한 생물학적 영향(예를 들어 오랜 생애기간 동안 호흡곤란, HIV-양성반응 등)이 첨가된다. 사실상, 우리는 때때로 이것을 생물심리사회(biopsychosocial)적 접근이라고 부른다(Dorfman, 1996).

사회복지실천에 체계이론과 생태학이론이 도입되면서 인간행동은 개인적 요인과 사회적 요인 그리고 이 둘의 상호작용 및 상호 교류로 이루어진다고 생각하게 되었다. 우리가 사회복지실천의 고유초점이라고 일컫는 '환경 속 개인(person-in-environment)'은 바로 이것을 말하는 것이다.

인간행동은 개인이 발달하면서 변화한다. 사회복지사는 발달 및 성장하고 있는 클라이언트의 생물학적, 심리학적, 사회적 측면과 이들의 상호작용을 이해하면서 클라이언트의 행동을 사정(assessment)하게 된다. 사회복지사는 인간의 발달, 그리고 이에 관련하여 일어나는 성숙과 성장의 상황을 이해하여 이를 클라이언트에게 적용한다. 그렇게 될 때 최종적으로 클라이언트 발달, 성숙, 성장에서의 정상/비정상, 환경에의 적응/부적응, 사회복지실천의 개입/불개입이 사정될 것이다. 여기서 환경에의 적응/부적응을 판단하는 데는 클라이언트의 환경체계가 사정되어야 하는데 미시체계에서부터 거시체계에 이르는 환경이다.

사회환경은 인간행동에 영향을 미친다. 가족은 여전히 가장 강력한 환경요인이며 개인의 정서적, 사회적, 심리적, 그리고 물리적 환경에 가장 큰 영향을 행사하고 있다(Turner, 1994). 또한 인간발달에 영향을 미치는 체계 중에서 가족은 가장 이른 시기에, 가장 집중적으로, 그리고 가장 강하게 영향을 미치고 있다(Patterson et al., 1989). 그래서 우리는 클라이언트의 가정환경 요인을 중요시하면서 그 외의 미시, 중간, 외, 그리고 거시체계들이 상호 의존·상호 교류하면서 클라이언트와 주고받은 영향을 사정한다.

이와 같이 인간행동, 발달, 사회환경은 사회복지실천의 기초 지식이며 사회복지사가 갖추어야 할 필수적인 지식이다.

1. 인간행동과 사회복지실천

사회복지사, 교육자, 의사와 같이 사람을 대상으로 서비스를 제공하는 전문가들을 우리는 휴먼서비스(human service) 전문가라고 부른다. 휴먼서비스 전문가에 있어 인간행동에 대한 이해는 필수적이다. 그리고 인간행동을 설명하는 수많은 심리학적, 사회학적 이론들은 그 어떤 이론도 그 하나로써 인간행동을 완전히 설명해 줄 수 없기에 우리는 될 수 있는 한 많은 이론들을 학습하여 인간행동에 대한 완전한 설명을 가지려고 노력한다. 이러한 기본적인 내용들 역시 사회복지실천에 중요한 함의를 갖는다.

첫째, 「인간행동과 사회환경」이라는 교과목은 정상행동을 다룬다.

「인간행동과 사회환경」이라는 교과목에서 우리가 배우는 인간행동은 이상행동이 아니라 주로 정상행동에 관련된 것들이다. 정상행동은 이상행동을 판단하는 기준이 되기 때문이다. 즉, 정상행동을 알아야 이상행동을 판별해 낼 수 있기 때문이다.

둘째, 인간행동에 관한 개념은 사회복지실천이론과 직결된다.

임상사회복지사들의 주된 관심은 정상 혹은 비정상적인 인간행동이다. 사회복지실천의 많은 분야들, 가령, 아동복지, 정신건강, 가족실천 등에서 핵심 질문은 "정상적 개인이란 무엇인가?"이다. 사회복지서비스는 일반적으로 클라이언트들이 정상이라고 간주되는 수준으로 기능하지 않는다는 가정 아래 제공되고 있다. 그리고 서비스들은 클라이언트가 어떤 정상적인 기능 수준을 달성하도록 돕게끔 설계되어 제공되고 있다. 클라이언트들이 정상적인 방법으로 생각하고, 느끼고, 혹은 행동하는가라는 관점에서 볼 때 사회복지사들은 클라이언트가 정상임을 보증하거나 그렇지 않다면 그가 정상을 달성할 수 있는 원조를 주의해서 찾게 된다. 근래 사회복지실천 이론에서 강조하는 유능성(competence) 혹은 임파워먼트(empowerment)는 정상행동이라는 개념과 밀접히 연관되고 있다. 즉, 사회복지사는 클라이언트의 대처 및 적응 전략을 사정하여 보다 높은 기준을 설정하고 클라이언트가 이 유능성 기준에 도달하거나 혹은 파워를 획득하도록 돕고 있는데 이러한 것들은 클라이언트를 정상 수준으로 이끌려고 하는 시도들이라 할 수 있다(Longress, 1995).

2. 인간발달과 사회복지실천

인간행동은 발달단계에 따라 달리 나타난다. 사회복지사는 클라이언트의 행동을 이해하고 사정할 때 이 점을 고려하게 된다. 예를 들어, 아동기의 클라이언트와 청소년기의 클라이언트의 행동은 다르게 나타난다. 뿐만 아니라 각 발달단계에서 개인이 수행해야 하는 과업도 다르게 나타난다. 사회복지사는 발달단계에 따라 인간행동이 어떻게 다른가, 또 각 발달단계에서의 과업은 무엇인가에 대한 충분한 지식을 가지고 클라이언트를 사정하고 개입계획을 세우게 된다. 또한 이러한 지식에 입각하여 클라이언트를 상담하고 조언을 하게 된다. 예를 들어, 9개월 된 아기가 혼자 서지를 못한다면 사회복지사는 발달에 개인차가 있으니 좀 더 기다려 보자고 아기 엄마에게 말할 수 있을 것이다. 그러나 24개월 된 아기가 혼자 걷지를 못한다면 사회복지사는 아기 엄마에게 가능한 한 빨리 병원에 가서 진단을 받을 것을 권고할 것이다.

1) 인간발달 고찰이 사회복지실천에 주는 함의

인간발달을 고찰하는 것이 사회복지실천에 주는 함의를 그린(Greene) 외는 다음과 같이 요약하여 제시하였다(김동배 외, 2011, 재인용).

① 생활주기를 순서대로 정리할 수 있는 준거 틀을 제공해 준다.
② 임신에서부터 사망에 이르기까지의 각 단계에서 수행해야 할 발달과업이 무엇인지 제시해 준다.
③ 전 생애에 걸쳐 일어나는 안정성과 변화의 과정을 설명할 수 있다.
④ 생활변천(life transition)에 따른 안정성과 변화를 파악할 수 있다.
⑤ 특정 발달단계에서 특징적으로 나타나는 발달적 요인을 설명해 준다.
⑥ 발달을 구성하는 다양한 신체·심리사회적 요인을 파악할 수 있다.
⑦ 이전단계의 결과가 다음 생활단계에 미치는 영향을 파악할 수 있다.
⑧ 이전단계의 결과에 의해서 형성된 각 단계에서의 성공과 실패를 설명할 수 있다.
⑨ 개인적인 발달상의 차이를 파악할 수 있다.

2) 발달단계별 발달과업의 총체적 검토

인간발달단계를 구분하는 시도는 여러 학자들이 수행하였다. 여기서는 하비거스트(Havighust)의 구분에 따라 주요 발달과업을 하나의 도표로 제시한다(김동배 외, 2011, 재인용).

〈표 1-1〉 발달단계별 발달과업(Havighust)

발달단계	발 달 과 업
영·유아기	① 보행학습 ② 고형분 음식의 섭취학습 ③ 언어학습 ④ 배설 통제학습 ⑤ 성 차이 인식 ⑥ 생리적 안정 유지 ⑦ 환경에 대한 단순개념 형성 ⑧ 타인과의 정서적 관계 형성 학습 ⑨ 양심의 발달
아동기	① 놀이에 필요한 신체기술 학습 ② 자신에 대한 건전한 태도 형성 ③ 또래친구 사귀는 법 학습 ④ 성역할 학습 ⑤ 기본 학습기술의 습득 ⑥ 일상생활에 필요한 개념 학습 ⑦ 양심, 도덕, 가치체계의 발달 ⑧ 사회집단과 제도에 대한 태도 발달
청소년기	① 자신의 신체 및 성역할 수용 ② 동성 또는 이성친구와의 새로운 관계 형성 ③ 부모 및 다른 성인으로부터 정서적 독립 ④ 경제적 독립의 필요성 인식 ⑤ 직업선택 및 준비 ⑥ 유능한 시민으로서의 기본적인 지적 기능과 개념 획득 ⑦ 사회적 책임에 맞는 행동 ⑧ 결혼과 가정생활 준비 ⑨ 과학적 세계관에 근거한 가치체계의 발달
청년·성인 초기	① 배우자 선택 ② 배우자와의 생활방법 학습 ③ 가정형성 ④ 자녀양육과 가정관리 ⑤ 시민으로서의 의무 완수 ⑥ 친밀한 사회적 집단 형성
중·장년기	① 사회적 의무 완수 ② 경제적 표준생활 확립과 유지 ③ 10대 자녀의 훈육과 선도 ④ 적절한 여가활용 ⑤ 배우자와의 친밀한 관계 유지 ⑥ 중년기의 생리적 변화 인정 및 적응 ⑦ 노년기 부모에의 적응
노년기	① 신체적 건강쇠퇴에의 적응 ② 은퇴와 수입 감소에의 적응 ③ 배우자의 사망에 대한 적응 ④ 동년배와의 유대관계 형성 ⑤ 사회적 시민의 의무수행 ⑥ 생활에 적합한 물리적 환경의 조성

3. 사회환경과 사회복지실천

사회환경에 대한 지식이 사회복지실천에 주는 함의는 대략 다음 세 가지로 요약될 수 있다.

첫째, 인간행동에 미치는 사회환경의 이해 측면이다.

사회복지사는 인간행동에 미치는 환경의 영향을 광범위하게 이해하고 사정한다. 여기에는 비단 사회환경뿐만 아니라 물리적 환경으로써의 자연환경과 인공환경에 대한 이해를 포함한다. 자연환경으로서의 기후, 지형, 지역 등은 확실히 인간행동의 영향변인이며, 인공환경으로서의 인간이 축조한 건물, 교통매체, 통신매체 등 역시 영향변인이다. 사회환경으로서의 개인·집단·가족·지역사회와 계층·제도·사회망·그리고 문화도 결정변인이다. 따라서 사회복지사는 환경에 대한 이러한 지식을 기초로 클라이언트의 환경을 광범위하게 사정한다.

둘째, 사회환경의 변화 측면이다.

기후나 지형 등 자연적 환경을 변화시키는 데 사회복지사의 영향력은 미비할 수 있다. 그러나 사회환경은 그렇지 않다. 사회복지사는 클라이언트와 함께 클라이언트를 둘러싸고 그에게 좋지 않은 영향을 미치는 사회환경을 끊임없이 변화시켜 이것이 클라이언트와 적합관계를 유지할 수 있도록 노력한다. 정상은 개인의 특성이 아니라 개인과 환경 사이의 상호작용에 대한 특성이다. 따라서 개인이 정상적이라는 아이디어는 사회환경이 정상일 것을 주장한다. 사회환경은 그 안에 속한 사람들의 욕구를 충족하는 데 어떤 책임을 갖는다. 사회환경은 반드시 정상적 기능 수행을 위한 수요를 공급해야 한다. 사회복지사는 사회환경이 정상적으로 개인의 욕구충족을 위한 책임을 다하도록 사회환경을 변화시키려고 노력한다.

셋째, 자원동원으로서의 사회환경 측면이다.

사회환경은 클라이언트의 이해와 문제사정에 활용될 뿐만 아니라 클라이언트의 문제해결을 위한 자원으로서도 활용된다. 문제해결에 자원동원은 필수적이다. 자원은 클라이언트의 내·외부 양쪽에 존재한다. 사회복지사는 외적인 사회환경을 사정하여 클라이언트의 문제해결에 도움이 되는 자원을 동원할 뿐만 아니라 이것을 만들어 내기도 한다.

참고문헌

김동배 · 권중돈(2005). 인간행동과 사회복지실천(증보판). 학지사.

____________(2011). 인간행동과 사회환경. 학지사.

김태련 외 15인(2004). 발달심리학. 학지사.

노안영 · 강영신(2003). 성격심리학. 학지사.

송명자(2011). 발달심리학. 학지사.

우국희(1990). 사회사업실천에서의 환경연구. 석사학위논문. 서울대학교.

정미경 외 5인(2009). 심리학 개론. 양서원.

정옥분(2004). 발달심리학: 전생애 인간발달. 학지사.

최옥채 외(2011). 인간행동과 사회환경(제4판). 양서원.

홍기원 · 최영안 · 이종택(2009). 알기 쉬운 심리학. 양서원.

Barber James, G. (1995). *Social Work with Addictions*, The Macmillan Press LTD.

Bronfenbrenner, Urie(1977). Toward an Experimental Ecology of Human Development. *American Psychologist, 32*, 513-531.

____________(1979). *The Ecology of Human Development: Experiments by Nature and Design*. Havard University Press. 이영 역(1995). 인간발달 생태학. 서울: 과학교육사.

____________(1989). Ecological Syst em Theory. *Annals of Child Development, 6*, 187-249.

____________(1993). *The Ecology of Cognitive Development: Research Models and Fugitive Findings*. Hillsdale, NJ: Lawrence Erlbaum Associates.

____________(1999). Environments in Developmental Perspective: Theoretical and Operational Models. In S. L. Friedman & T. D. Wachs.(Eds.). *Measuring Envirnment Across the Life Span: Emerging Methods and Concepts*. Washington, DC: American Psychological Assiciation.

Compton Beulah R. & Galaway Burt(1999). *Social Work Processes*(6th ed.), Brooks/Cole Publishing Company.

Dorfman, Rachelle A.(1996). *Clinical Social Work: Definition, Practice, and Vision*, New York: Brunner/Mazel Publisher.

Germain Carol Bailey.(1976). Time: An Ecological Variable in Social Work Practice. *Social Casework. 57*(7). 419-426.

____________(1978). Space: An Ecological Variable in Social Work Practice. *Social Casework. 59*(9). 515-522.

____________(1981). The Ecological Approach to People-Environment Transaction. *Social*

Casework. 62(6). 323-331.

__________________(1984). *Social Work Practice in Health Care: An Ecological Perspective*. New York: The Free Press.

Longress John F. (1995). *Human Behavior in the Social Environment*(2nd ed), Itasca, Illinois: F. E. Peacock Publisher, Inc.

Monkman Marjorie McQueen. & Allen-Mears Paula(1985). The TIE Framework: A Conceptual Map for Social Work Assessment. *Arete. 10*(1). 41-49.

Patterson, W. M., Dohn, H. H.. Bird, J., & Patterson, G. A. (1989). Evaluation of suicidal patterns: the SAD PERSONS scale, *Psychosomatics, 24*(4). 343-349.

Schoeny Michael Edward(2000). An Ecological Model of Adolescent Risk and Resilience: The Influence of Family, Peers, and Mentors. Dissertation. DePaul University.

Turner, S.(1994). Family Variables Related to Adolescent Substance Misuse: Risk and Risiliency Factors. In Gullota, T. & Adams, G. R. & Montemayer, R.(1994). *Substance Misuse in Adolescence*. Sage. 36-55.

Zastrow Charles & Karen K. Kirst-Ashman(2002). 김규수 외 역. 인간행동과 사회환경, 나눔의 집.

CHAPTER 02

인간행동에 관한 주요이론 : 정신역동이론

정신역동이론의 관점은 프로이트(Freud)와 그의 추종자들에 의해 이루어진 이론에 기초를 두고 있는데, 이 관점의 주요 핵심은 "행동은 정신 내의 운동 및 상호작용에서 비롯된다"는 가정을 가지고 의식적·무의식적으로 인간행동에 영향을 주는 인지적·심리적·동기적 과정들에 초점을 두고 있다. 즉, 정신이 행동을 어떻게 자극하는가? 정신과 행동이 개인의 사회환경과 어떻게 상호작용하는가에 초점을 두기 때문에 정신역동이론이라 불린다.

정신역동이론은 다음과 같은 기본 가정으로부터 출발한다(Norlin et al., 2003; 이윤로, 2006).

- 행동의 주요 결정요인은 성적 그리고 공격적 충동(drives)으로부터 발생된다.
- 행동은 무의식적 요인에 의해 결정된다.
- 발달은 점성원리[1], 즉 쾌락원리는 현실원리(reality principle)에 의해 통제된다.

1) 점성원리 : 유기체는 미분화된 일련의 수정란으로부터 일련의 고정된 단계를 거쳐 성숙한 상태로 발달한다는 개념임. 이러한 단계 중, 어느 것도 건너뛸 수 없으며, 한 단계에서의 어려움은 다음 단계에서 역경적 결과를 가져오는 경향이 있다고 봄.

현실원리는 자아(ego)의 행동을 안내한다.

인간에 대한 이론이 정신분석이론에 기초하여 전개되었지만 기존의 정신분석학파가 강조했던 인간의 본능과 리비도(Libido) 등 성 정신적 단계에만 집중했던 것을 비판하고 점차 개인의 자아(ego)와 사회환경을 강조하며 새롭게 이론을 구축하여 나간 이론들을 우리는 신 정신역동이론이라 부른다. 신 정신역동이론 학자로는 에릭슨(Erikson), 융(Jung), 아들러(Adler), 프롬(Fromm), 설리번(Sullivan) 등이 있다.

신 정신역동이론이 인간을 심리치료적인 관점과 철학적 관점에 의하여 이해하려는 관점은 많은 이들에게 설득력 있게 전개, 발전되었으나 그들의 관점은 과학적으로 검증되지 못했다는 단점이 있다(이효선 외, 2006).

1 프로이트(Freud)의 정신분석이론

1. 지그문트 프로이트의 생애(Sigmund Freud, 1856~1939)

정신분석이론의 창시자인 프로이트(Freud)는 1856년 5월 6일 체코슬로바키아 도시 메렌(Mahren)의 프라이베르크(Freiberg)에서 유태계 상인이던 아버지(Jacob Freud)와 유태인이던 어머니(Amalia: 남편보다 20살 어린) 사이에서 7남매 중 장남으로 태어났으며, 비엔나에서 성장했다. 그는 그 당시 유행하였던 다윈(C. R. Dawin)의 이론에 깊은 인상을 받았으며, 칼 브릴(Carl Brilhl)교수가 행한 괴테의 『자연(The Nature)』에 대한 공연에 큰 감명을 받아 비엔나 의과대학에서 의학을 공부한 의사이다. 1886년 유대인의 딸 마르타 베르나이스(Martha Bernays)와 결혼하여 6명의 자녀를 낳았다. 그의 막내딸 안나 프로이트(Anna Freud)는 그 후 정신분석학자가 되어 자아방어기제를 연구하였다.

1985년 프로이트(Freud)는 개업의사로 활동하다가 파리로 유학을 가서 신경생리학자인 장 샤르코(Jean Charcot)로부터 최면술을 통한 히스테리의 치료법을 배웠다. 프로이트(Freud)는 심리적인 질환의 원인은 뇌에 있는 것이 아니고 마음에 있을 것이라는 생각을 하게 되었다. 주로 중상층에 속한 히스테리 여성 환자들에 대한 임상실천의 경험으로부터 심리성적(psychosexual) 이론을 발전시켰고 임상치료와 심층사례 연구결과, 망상·불안 등 신경장애는 '무의식'이라는 잠재된 힘이 의식세계에 영향을 미침으로서 발생한다고 규정지었다. 인간의 성격은 인생의 초기 경험에 의해 형성된다고 믿었다.

프로이트(Freud)는 1895년 요셉 브로이어(Hosef Breuer)와 공동으로 『히스테리 연구』라는 책을 출판하였는데 이 연구는 정신분석이론의 효시가 되었다. 프로이트(Freud)는 히스테리 환자들을 위한 치료기법으로 최면법을 포기하고 자유연상법을 개발하였다. 그 후 억압이론은 신경증 이해를 위한 초석이 되었고, 치료의 목적은 억압을 찾아내어 이전에 거부되었던 것을 받아들이거나 폐기하도록 하는 행위로 억압을 대체하는 것이다. 그는 이러한 방법을 정신분석(Psychoanalyse)이라 불렀으며 신경증적 증상은 실제의 체험과 직접적으로 관련이 있는 것이 아니라 희망 섞인 환상과 관련이 있고, 신경증에는 물질적인 실제보다 정신적인 실제가 보다 중요하다는 사실을 깨닫게 된다.

그는 자신의 꿈, 기억, 어린 시절의 경험이 저장된 무의식을 분석하기 시작하여 1900년 『꿈의 해석(The Interpretation of Dreams』을 출판하였다. 1902년 비엔나 정신분석학회가 창립되었고, 많은 프로이트(Freud) 동료들은 그 후에 심리학자가 되었는데, 프로이트(Freud) 대열에서 이탈하여 신프로이트학파를 만든 그의 동료들은 융(Carl Jung), 아들러(Alfred Adler), 삭스(Hans Sachs), 랭크(Carl G. Otto Rank) 등이 있다.

2. 프로이트의 정신분석이론 특성

프로이트(Sigmund Freud)의 정신분석은 정신의 모든 작용과 내용에 대한 심층적인 분석을 의미하는 것으로 프로이트는 개인이 겪은 과거 체험은 결코 소멸되지 않고 정신의 흔적 속에 보관되며, 특히 무의식에 억압된 흔적들은 원상태 그대로 생생하게 영원히 보존된다고 하였다. 이러한 흔적들은 억압된 충동에너지와 결합하여 의식이 예측하지 못하는 순간에 증상, 실수, 꿈 등의 상징적인 형태로 나타나는데, '현재의 나'를 완전하게 인식하기 위해서는 나 자신의 최초 형성 및 발달과정으로부터 억압된 무의식에 대한 자기 직면과 자기 분석과정을 거쳐야만 된다고 하였다.

아울러, 프로이트는 인간을 의식의 영역 밖에 존재하는 비합리적이고 통제할 수 없는 무의식적 본능으로 지배받는 존재로 보고 있으며, 인간의 모든 행동, 사고, 감정은 신체적 긴장상태에 의해 유발되는 무의식적인 성적 본능과 공격적 본능에 의해 결정된다고 보고 있다.

그리고 인간은 이러한 본능의 긴장을 해소하기 위해 행동을 하며, 인간의 자유의지·책임감·자발성·자기결정과 선택을 할 수 있는 능력을 인정하지 않고 인간의 행동은 무의식적인 힘의 지배를 받는 수동적인 존재라고 보았다(전병재, 1993; 김동배 외, 2006).

3. 주요 개념

1) 역동적 모델: 정신 에너지, 본능이론

프로이트는 성격의 주요한 추진력을 추동(drive) 또는 충동(impulse)으로 보았으며 이를 본능으로 믿었고 이는 정신 에너지(psychic energy)로 구성된다고 보았다. 본능은 인간 성격의 기본 요소로 행동을 추진하고 방향을 지배한다. 신경에너지, 본능 에너지, 욕구 에너지, 리비도 등과 같이 여러 명칭으로 불리고 있는 이 정신 에너지는 우리의 모든 생각, 감정, 행동을 지배한다(정옥분, 2004). 프로이트는 이러한 인간의 정신적 활동에 작용하는 에너지를 생의 본능과 죽음의 본능으로 나누었다(Giovacchini, 1977; 이인정 외, 1999). 생의 본능인 에로스(eros)는 생명을 유지, 발전시키고 사랑을 하게 하는 본능이다. 즉, 배고픔, 갈증, 성욕 등이 여기에 속한다. 죽음의 본능인 타나토스(thanatos)는 생물체가 무생물체로 환원하려는 본능이다. 죽음의 본능은 종종 공격적, 파괴적 성향의 근원이 된다. 생의 본능과 죽음의 본능은 서로 영향을 미치거나 혼합된다.

(1) 삶 본능(eros)

- 인간의 생존을 위한 생물학적 욕구를 충족시키는 데 기여한다.
- 성장과 발달을 지향하는 본능이다.
- 리비도(libido): 삶의 본능에 의해 나타나는 정신 에너지로 출생 시부터 타고나며 아동의 행동과 성격을 결정하게 된다.

(2) 죽음 본능(thanatos)

- 인간이 가진 죽음에 대한 무의식적인 소망을 의미한다.
- 인간의 공격성은 죽음 본능의 주요한 구성 요소이다.

〈표 2-1〉 인간의 두 가지 본능

에로스(eros): 삶의 본능	타나토스(thanatos): 죽음 본능
생명을 유지, 발전시키고 사랑을 하게 하는 본능. 즉, 생존과 번식에 목적을 둔 신체적 욕구의 정신적 표상임.	생물체가 무생물체(무기질상태)로 환원하려는 충동으로 공격욕, 파괴욕 등이 포함됨.
이 본능 때문에 인간은 자기를 사랑하고 친밀하고 유쾌한 접촉을 가지며 타인과 사랑을 나누고 생명을 지속시키고 발전시키며, 종족을 보존시킴. 창조적 발전을 도모하게 됨.	이 본능 때문에 생명은 결국 사멸되고, 살아 있는 동안 자기를 파괴하고 자학하며, 타인이나 환경을 파괴하는 공격적 행동을 함.
배고픔, 갈증, 성욕 등	공격, 살인, 강도, 자살, 전쟁 등

출처: 김진원(2009).

2) 지형학적 모델: 의식 수준

프로이트는 인간의 정신을 지형학적으로 구분하여 의식(consciousness), 전의식(preconsciousness), 무의식(unconsciousness)으로 나누어 설명한다. 인간의 마음을 빙산(氷山)에 비유하여 물 위에 떠 있는 작은 부분을 의식, 물 표면에 나타나기도 하고 잠기기도 하는 부분을 전의식, 물속에 있는 더 큰 부분을 무의식이라 하였다. 이러한 무의식 속에는 추진력, 정열, 억압된 감정과 관념 등이 숨어 있으며, 이들은 인간 생명의 하층으로 인간의 의식적 사고와 행동을 통제하지만 인간의 눈으로는 볼 수 없는 힘(power)이다(권육상 외, 2002).

(1) 의식(consciousness)

의식이란 개인이 주의를 기울이는 바로 그 순간에 알아차릴 수 있는 정신생활의 일부분으로 합리적인 사고와 신중한 행동을 하도록 이끌어 준다. 즉, 의식은 현재 느끼거나 알 수 있는 모든 경험과 감각을 뜻한다(권육상 외, 2002).

(2) 전의식(preconsciousness)

전의식은 이용 가능한 기억이라 불린다. 즉시 인식되지는 않지만, 주의를 집중하고 조금만 노력하면 의식이 될 수 있는 정신생활의 일부분이다. 전의식은 무의식과 의식의 영역을 연결한다(의식과 무의식 사이에서 문지기 역할을 한다).

(3) 무의식(unconsciousness)

무의식은 인간 정신의 가장 크고 깊은 심층에 잠재해 있으면서 의식적 사고와 행동을 전적으로 통제하는 힘이다. 즉, 전의식의 사고 형태와는 달리 전혀 의식되지 않지만, 사람들의 행동을 결정하는 주된 원인이 된다(최옥채 외, 2004).

3) 구조적 모델: 성격구조

(1) 원초아(id)

원초아(id)는 성격의 가장 원초적인 부분으로 생물학적 본능을 충족시키려는 것이며 이 본능은 주로 성적, 공격적인 것이며 원시적이고 비합리적이며 환상지향적인 일차 과정적 사고의 특징을 지닌다. 원초아는 현실세계와 접촉이 없는 무의식 세계에 존재하며 쾌락원리(pleasure principle)에 의해 지배된다. 어린 영아는 배고프거나 기저귀가 젖었을 때 욕구가 충족될 때까지 소리 내어 운다. 아이는 자신의 인내에 대해 모른다.

(2) 자아(ego)

자아(ego)는 의식적이고 합리적인 성격요소이며 본능을 충족시킬 현실적인 수단을 찾는 것으로 이차 과정적 사고의 특징을 지닌다. 음식을 어떻게 얻었는지를 기억하고 있는 어린 아기가 배고플 때 엄마를 찾으며 '맘마'라고 말할 때 자아가 기능을 하는 것이다. 자아가 발달함에 따라 아동들은 자신의 비합리적인 원초아를 통제하는 일과 자신의 요구를 충족시킬 수 있는 현실적인 방법을 더 잘하게 된다.

(3) 초자아(superego)

초자아(superego)는 옳고 그름을 판단하는 양심의 자리이다. 초자아는 쾌락보다 완성을 중요시하며 현실보다 이상을 강조한다. 초자아는 사회적으로부터 가치관, 도덕관 등을 내면화한 개인적인 가치의 총합체로서 내면의 양심을 말한다. 초자아는 사회적 원리(social principle)에 따른다고 볼 수 있다. 초자아는 양심과 자아이상이라는 두 가지 하부체계를 발달시킨다(Frued, 1933; 이인정 외, 1999). 3세와 6세 사이의 아동들은 도덕적 가치와 부모의 기준을 내면화(자신의 것으로 취함)함에 따라 초자아가 생긴다(Freud, 1933; 송길연 외, 2005).

4) 성격의 발달: 심리성적 발달단계

프로이트는 인간의 마음상태를 빙산에 비유하여 물 위에 떠있는 작은 부분이 의식이고, 물속에 잠겨 있는 부분이 무의식이며, 파도에 의해 물 표면으로 나타나기도 하고, 잠기기도 하는 부분이 전의식이라고 보았다([그림 2-1] 참조). 의식은 언제든지 완전하게 인식하고 있는 정신작용의 부분이고, 전의식은 주의를 집중하고 노력하면 의식이 될 수 있는 정신작용의 부분이며, 무의식은 자신이 전혀 의식하지 못하지만 우리의 모든 행동에 지대한 영향을 미치는 정신작용의 부분이라고 하였다. 프로이트는 빙산의 대부분이 물속에 잠겨 있듯이 인간의 마음 역시 대부분 의식 수준 아래에 존재한다고 믿는다.

프로이트에 의하면, 성격 발달은 세 가지 기본 원칙하에서 발달되는 것으로 보았다. 첫 번째는 정신적 결정론에 의한 것이다. 이것은 인간의 정신적 활동이 이전의 행동이나 사건에 의해 결정된다는 것이다. 두 번째, 인간의 행동은 의식적 과정보다는 무의식에 의하여 동기 유발된다는 것이다. 세 번째는 성격의 발달은 본능적인 성적 에너지가 행동과 사고의 동기가 된다는 것이다

성격의 구조는 원초아(id), 자아(ego) 초자아(superego)로 구성되어 있고, 성격은 불가피하게 서로 갈등적인 관계에서 상호간의 충돌과 갈등과정을 통하여 발달된다고 보았다. 원초적 자아는 기본적인 요구를 말하고, 자아는 이런 요구가 충족될 수 있는 현실적인 방법을 찾을 때까지 충동적인 원초아를 제한하며, 초자아는 자아의 문제해결 방법이 도덕적으로 수용가능한지 여부를 결정한다. 그리하여 불안이 이러한 갈등으로부터 발생되는데, 자아는 승화, 투사, 합리화, 억압 같은 다양한 방어기제를 사용하여 불안을 다루어 간다. 부정과 투사는 미성숙한 방어기제로 정신병 환자의 경우, 부정, 투사, 퇴행 등의 원시적 방어기제를 많이 사용한다(이인정 외, 1999).

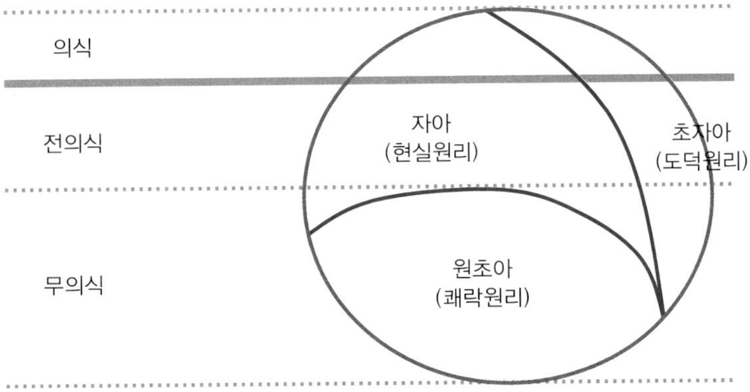

[그림 2-1] 프로이트의 의식수준 및 성격구조

프로이트(1933)는 인간의 성격발달이 성적인 욕구와 긴밀한 관계가 있다고 믿었기 때문에 프로이트의 성격발달을 심리성적 발달이라고 부른다. 그는 인간발달의 단계를 구강기, 항문기, 남근기, 잠복기, 생식기의 5단계로 구분하고 있다. 아울러, 프로이트는 고착이란 개념을 사용하여 각각의 발달단계에서 요구되는 충분한 만족(쾌락)을 느껴야 다음의 발달단계로 성숙하게 넘어가는데 그렇지 못한 경우 고착이 생긴다고 하였다. 즉, 고착이란 성숙하지 못하거나 어떤 발달단계에서 충분한 만족감을 가질 수 없어 더 이상 성숙할 수 없는 것이다. 이러한 고착현상은 일반적으로 심각한 좌절로 인해 욕구불만이 생길 때 일어나지만 과다한 만족 또한 고착의 원인이 된다(정옥분, 2007). 고착은 구강기, 항문기, 남근기 등 어느 발달단계에서도 일어날 수 있다.

(1) 구강기(oral stage)

제1단계는 구강기로서 생후 1년까지가 해당된다. 이 단계에서는 입과 구강부위가 쾌락의 주된 원천이 된다. 빨기 반사의 시작으로 빠는 행동 그 자체에서 쾌락을 추구한다. 프로이트에 의하면, 각 단계마다 쾌락을 만족시켜야 다음단계로 넘어가는데 만일 쾌락의 추구가 빈번히 좌절되면 다음 발달단계로 넘어가지 못하고 고착하게 된다고 한다.

〈표 2-2〉 구순행동과 성인기 성격의 관련성

구순행동		성인기 성격
집어넣기	→	붙임성, 애교
물고 떨어뜨리지 않기	→	고집, 결단성
깨물기	→	파괴성, 공격성
토하기	→	거부, 거만
입 다물기	→	거부, 소극성

출처: 김동배 외(2006).

(2) 항문기(anal stage)

항문기는 1세부터 3세까지 해당된다. 장 운동과 배설로부터 쾌감을 느낀다. 배변훈련이 시작되는 시기이며, 이 시기에 지나치게 엄격한 배변훈련을 받게 되면 고착현상이 일어나며 성격상 문제를 갖게 된다.

(3) 남근기(phallic stage)

남근기는 3세부터 6세까지 해당된다. 남근이 관심의 대상이 된다. 이 단계에서 남아는 오이디푸스 콤플렉스를, 여아는 엘렉트라 콤플렉스를 경험한다. 즉, 성적으로 어머니를 소유하려는 욕망이 남근기에 있는 모든 남아들의 특징이라고 믿는다. 남아는 어머니를 최초의 애정 대상으로 추구하고 아버지를 경쟁자로 인식하여 적대감을 갖게 된다(오이디푸스 콤플렉스). 이때 아버지에게 거세불안(castration anxiety)을 느끼게 되어 어머니에 대한 성적 욕망을 포기하고 아버지에게 느꼈던 적대감정을 억압하며 아버지를 닮으려 노력한다(동일시). 이러한 동일시 과정을 통하여 초자아가 발달한다.

(4) 잠복기(latency stage)

잠복기는 약 6세경에 시작하여 11세경에 끝난다. 부모와 동일시가 강력해지고 그로 인해 초자아가 발달되는 시기이다. 초등학교 시기에 해당된다. 이 시기에 공격적인 행동, 성적 본능, 그리고 리비도의 힘은 잠복상태에 있게 된다. 원초아(id)

의 충동으로부터 자유로워지면서 자신의 에너지를 스포츠, 동성 친구, 학교 등의 외부세계로 돌리게 된다. 이 시기는 학습 및 중요한 사회적, 도덕적 가치를 습득하는 시기이다.

(5) 생식기(genital stage)

생식기는 약 12세에 시작하여 성인기 이전까지 해당된다. 생식기에는 심한 생리적 변화가 특징이며, 격동적 단계로 불린다. 남근기까지는 자기애적 성본능이 강한 전생식기(pregenital stage)에 해당되며 사춘기 동안 지속되는 생식기(genital stage)는 정신적 사랑을 하게 된다. 이 시기에는 잠복기에 억압되었던 성적·공격적 충동을 잘 다루어야 한다. 이 시기 리비도는 다시 유아기의 애정대상을 향한다. 소년이 중년남성이나 부인에게 끌리는 심리를 제2의 오이디푸스 콤플렉스 현상이라 보았다. 이상적인 생식기적 성격발달을 위해서는 근면을 배워야 하고, 즉각적인 만족을 지연시켜야 하며, 책임감이 있어야 한다. 아동기 초기에 심각한 외상(trauma)으로 성적 에너지의 고착이 있으면 생식기에는 적응이 어렵다(이인정 외, 1999).

〈표 2-3〉 프로이트(Freud)의 심리성적 발달단계와 성격 특성

단계	나이	성적초점	주요 활동	고착	방어기제
구강기	출생~1세	입	빨기, 깨물기 등	강박적 식습관, 흡연, 알코올중독, 수다스러움	투사, 거부 내면화
항문기	1~3세	항문	배변 배출/보유	강박증, 소유욕, 완고함	반동형성 격리
남근기	3~6세	생식기	이성교제 (오이디푸스 콤플렉스) 동성부모의 동일시	동성애, 자기도취, 거만함, 현란함	억압
잠복기	6~11세	없음	사회적 기술 습득 및 관계 형성		
생식기	12세 이후	생식기 (성교)	이성 간의 친밀한 관계 형성		승화

출처: 김진원(2009); 이윤로(2006), 재구성.

5) 방어기제(defence mechanism)

자아가 갈등을 어떻게 다루는가 하는 것이 성격의 중요한 특징 중의 하나이다. 사회적 책임을 이유로 원초아에 대해 통제를 행사하려는 자아와 초자아의 욕구는 더 많은 갈등을 초래하는데 불안(anxiety)이 이러한 갈등의 결과이다. 자아는 다양한 방어기제를 동원하여 불안을 다룬다. 프로이트(Freud)가 방어기제 용어를 최초로 사용하고 안나 프로이트가 방어기제를 체계화시켰으며 특징적 방어기제들은 특정 발달단계에서 생긴다고 보았다.

(1) 억압(repression)

억압은 불안에 대한 1차적 방어기제로 가장 흔하게 사용되는 무의식 방어기제이다. 고통스러운 충동이나 불안을 일으키는 생각이나 기억, 욕망, 충동 등을 의식적으로 무의식 속으로 추방하는 것이다. 특히 수치심이나 죄책감, 또는 자존심을 상하게 하는 경험일수록 억압되기 쉬운데 이러한 억압된 것들이 완전히 사라지는 것은 아니다.

특히 어린 시절의 불우한 기억들, 고통스러운 감정과 관련된 사건들, 실연의 추억, 창피를 당한 기억들을 머리에서 지우려는 경우 등이다.

(2) 투사(projection)

자아가 보호하고자 하는 어떤 것과 관련된 원치 않은 생각이, 우리 마음속에서 다른 사람이나 물건에 부착되는 것을 말한다. 즉, 자신의 불안을 일으키는 생각이나 감정을 다른 사람에게 전가하는 것이다. 바람 난 아내가 '다 저 사람 탓이야', '당신이 날 사랑해 주지 않아서 나를 사랑해 주는 다른 남자를 찾은 것'이라며 비난의 화살을 남편에게 돌리는 것도 투사이다.

(3) 부정(denial)

고통스러운 환경이나 위협적인 사실·정보를 거부함으로써 자신의 불안으로부터 도피하려는 것이다. 어머니에게 주위 사람들이 그녀의 아들이 나쁜 짓을 한다고 정보를 제공해 주어도 내 아들은 착해 그럴 리가 없다고 부정하는 것이다.

(4) 반동형성(reaction formation)

반동형성은 용납할 수 없는 감정이나 충동을 정반대의 감정이나 행동으로 대체시켜 표현하는 방어기제이다. 겉으로 나타나는 태도나 언행이 마음속의 욕구와 반대인 경우이다. 증오는 애정으로 대체되고, 관심은 무관심으로, 질책은 칭찬으로 표출되는 경우가 있다.

(5) 취소(undoing)

취소는 용납할 수 없거나 죄책감을 일으키는 행동, 사고, 감정을 상징적인 방법을 통해 취소 또는 무효화하는 것으로 심리적인 말살이라고 불리기도 한다. 예를 들어, 비서에게 성적으로 끌리는 것을 인지한 사장님이 부인에게 줄 비싼 목걸이를 사는 것이다.

(6) 합리화(rationalization)

불합리한 태도나 생각, 행동을 합리적인 것처럼 정당화시키기 위하여 설명이나 변명을 하는 것이다.

(7) 전치(displacement)

갈등이나 노여움의 감정을 풀기 위해 실제 대상보다 좀 더 안전한 대상으로 옮겨 가는 것이다. 아버지에게 꾸중 듣고 동생에게 화풀이를 하는 경우가 있다.

(8) 퇴행(regression)

퇴행은 긴장이나 어려움을 피하려고 불안이 덜한 이전 단계로 되돌아가는 것이다. 첫째 아이가 새로 태어난 동생 때문에 관심을 끌기 위하여 예전에 하지 않던

옷에 오줌을 싸는 행동이나 아기 젖병을 빠는 행동을 하는 것 등이다.

(9) 행동화(acting out)

행동화란 뒷일을 생각하지 않고 불안한 감정이나 이와 관련된 생각들을 피하기 위한 무의식적인 소망이나 충동을 직접적으로 표현하는 것이다. 자신에게 위협적이고 긴장을 초래하는 상황을 참을 수 없어 먼저 행동으로 옮김으로써 자신의 불안감을 감소시키며 안도감을 얻게 되는 것이다. 행위를 통해 개인은 심리적인 긴장과 갈등으로부터 안도감을 얻는다. 10대 청소년들의 비행적 행동이 행동화의 한 유형이다.

(10) 유머(humor)

갈등이나 불안한 상황을 감소시키면 스트레스와 갈등을 잘 다루도록 도울 수 있다.

불안한 마음이 들면 괜히 콧노래를 부르거나 웃음으로 스트레스 상황을 넘기려는 것이다. 프로이트(Freud)는 유머를 방어기제 중에서 가장 최상의 것으로 간주했다.

(11) 승화(sublimation)

승화는 성적, 공격적 감정이나 충동을 사회가 수용할 수 있는 행동으로 전환하는 것이다.

이것은 가장 건강한 방어기제이다. 다른 기제와는 달리 원초아를 반대하지 않고 자아의 억압이 없으며 충동 에너지가 그대로 사회적으로 유용하게 전환된다. 성적 충동을 예술 활동이나 운동 등을 통하여 표출해 내거나 열등감이 심한 사람이 공부를 열심히 해서 훌륭한 학자가 되는 경우 등이다.

방어기제의 위계서열은 좀 더 정교한 방어기제들이 위에 있으며 아래로 내려갈

수록 더 원시적이며 초기발달단계에서 사용되는 방어기제이다. 방어기제 위계서열의 중요한 기준은 현실검증의 정도를 말한다. 예를 들면, 합리화는 현실을 최소로 왜곡하는 반면 부정은 전적으로 현실을 부인한다. 부정의 방어기제를 사용하는 어머니는 죽은 아이를 마치 살아 있는 것처럼 계속 돌보기도 한다.

〈표 2-4〉 방어기제의 위계서열

1	합리화	7	반동형성 혹은 과잉보상
2	억압	8	취소
3	전치	9	내면화
4	동일시	10	투사
5	전환	11	부정
6	격리 혹은 지성화		

출처: Giovacchini(1977).

4. 사회복지실천과의 연관성

정신분석이론은 20세기 사회과학에서 가장 큰 혁명이라는 것에 동의한다. 정신분석은 무의식 및 그와 관련된 개념들을 통해 인류에게 새로운 연구 틀을 제시하였으며, 지난 몇 백 년 동안 널리 퍼졌던 철학에서 존재하는 행복의 가능성을 분명하게 해 주었다. 아울러, 정신분석은 인간의 모든 심리적 기능과 사회적 기능에 대해 연구할 수 있는 기반을 마련했다(Allan, 1974; Auden, 1947; Hale, 1971; Jones, 1953; Parson, 1951; 유태균 외, 2004). 정신분석이 사회복지사에게 줄 수 있는 가장 유용한 관점이 구조적 관점이다. 인간의 정신에는 원초아, 자아, 초자아가 있고, 이들이 어떻게 기능하고 있는지를 이해하여야 하며 클라이언트의 장애 정도가 심하면 심할수록 자아기능이 떨어지고, 불안에 대하여 방어기제를 사용한다고 하였다. 그러므로 정신분석이론은 사회복지사가 클라이언트 자이의 강점과 약점을 사정하여 클라이언트의 적응 정도를 파악하고, 이러한 정신적 기제들이 어떻게 상호작용하는가를 주목하여 클라이언트의 문제를 해결하는 데 유용하다.

아울러, 프로이트의 정신분석이론이 사회복지실천에 미친 영향을 소개하면 다음과 같다(엄명용 외, 2003). 먼저, 정신분석이론은 심리내적 상황에 대해 관심을 집중시켜 무의식의 존재, 무의식이 성격발달에 미치는 영향, 성격의 구조 및 무의식과 성격의 상관관계를 이해하도록 하기 위해 원초아·자아·초자아의 개념을 활용하게 되었다. 또한 자아와 방어기제의 역할 등에 많은 관심을 갖게 하였다. 프로이트의 정신분석이론은 가족관계의 심리성적 측면을 중요시하였으며, 특히 유아기의 아동에 대한 영향을 강조하여 가족적응이나 아동의 심리를 주로 취급하는 사회복지에 큰 영향을 주었으며, 심리성적 요인의 분석을 통하여 인간행동의 역동성을 이해하는 데 기여하였다. 아울러, 가족 내의 역동적인 상호 관계에 대한 주의를 환기시킴으로써 부부간·부모자녀 간·형제간의 관계에 관심을 갖게 하였는데, 특히 유아기의 가족경험이 개인행동의 중요한 결정요인이 됨을 인식시키고 있다.

2 에릭슨(Erikson)의 심리사회이론

1. 에릭슨(Erik Erikson)의 생애(1902~1994)

에릭슨(Erikson)은 독일 프랑크푸르트에서 덴마크 부모(유태계 어머니)로부터 태어났으나, 친부는 출생 전에 헤어졌고, 에릭슨(Erikson)이 3살이 되었을 때 어머니는 재혼하였다. 에릭슨(Erikson)의 어머니와 계부는 유태인이었고 그는 북구적(北歐的) 금발과 푸른 눈을 가져 유대인 친구들에게 종종 놀림을 당하였으며,

이러한 경험으로 성장과정 속에서 자신의 정체성 문제로 많은 고민을 하였다. 청소년기의 대부분을 유럽에서 방황하며 보냈다. 25세에 안나 프로이트로부터 아동정신분석에 대한 훈련을 받았고, 1933년 히틀러의 유태인 탄압으로 미국으로 건너갔다. 에릭슨은 정식교육과 학위가 없는 데도 불구하고 임상가와 대학교수로 활발한 활동을 하였으며, 예일 대학, 캘리포니아 대학, 하버드 대학 등에 재직하는 동안 아동·인디언·전쟁용사·남부의 시민권 노동자 등을 대상으로 아동분석 연구, 문화인류학적 비교연구 등을 수행하였다. 에릭슨은 이러한 다양한 사회집단을 통하여 인간발달의 사회적 맥락을 강조함으로써 프로이트(Freud)의 심리성적 발달의 5단계를 확장하여 8단계 이론을 정립하였다. 즉, 인간발달은 전 생애를 통하여 계속적으로 발전된다는 이론을 최초로 주장한 사람이다.

2. 에릭슨의 심리사회이론의 특성

에릭슨(Erik H. Erikson)은 인간은 일생 동안 여러 단계의 심리사회적 위기를 경험하게 되는데, 그 위기의 결과로 성격이 발달하는 것으로 보았다. 즉, 그는 사회가 개인에게 미치는 영향과 개인이 개인적, 사회적 위기를 극복하면서 '나는 누구인가?'에 대한 해답을 찾아 가는 과정에 초점을 두고 있으며 프로이트와는 달리 개인적 기능의 중추적 요소로서 자아기능을 강조하였다. 에릭슨은 사회적·문화적인 환경이 개인의 성격발달에 미치는 영향을 강조하였기에 그의 이론은 심리사회이론(pshychosocial theory)이라 불리고 있는데, 이 이론은 주로 자아의 기능이 성격을 통합시키는 구조로 보고 있기 때문에 자아심리이론이라고도 불리고 있다.

에릭슨은 스스로를 정신분석적 사고의 주류라고 주장하지만 그의 이론은 프로이트의 정신분석적 이론과는 다음과 같이 세 가지 측면에서 근본적으로 구별된다(Maier, 1969; 이인정 외, 1999).

첫째, 인간의 행동과 기능의 기초로 원초아보다 자아를 강조하였다는 것이다. 자아를 인간발달의 가장 중요한 요인으로 보고 자아개념을 통하여 인간은 문제해

결과정에서 합리적이고 이성적으로 해결할 수 있는 존재로 보았다.

둘째, 가족 상황 속에서 개인과 그 부모와의 관계뿐만 아니라 그 가족이 위치한 역사적, 문화적 상황 속의 사회적 관계에 관심을 두었다. 즉, 심리사회적 환경의 중요성을 강조하였다는 것이다.

셋째, 삶의 심리적 위험을 극복할 수 있는 인간능력에 관심을 가졌다는 것이다. 에릭슨은 모든 개인적·사회적 위기가 성장으로 이끄는 요소를 제공한다고 보았다.

아울러, 프로이트와 달리 에릭슨은 실패에 대한 수정은 주위의 사랑과 관심으로 언제든지 가능하다는 낙관론적 입장을 취하고 있다. 에릭슨의 이론은 인간의 행동과 그가 속한 사회문화적인 환경 간의 상호 관계의 중요성을 역설하고 있고 자아의 기능을 강조하기 때문에 사회복지의 근간을 이루는 철학과 가치와 일치하며 사회복지실천 방법론에도 중요한 영향을 미치고 있다.

에릭슨의 심리사회이론은 다음과 같은 몇 가지 가정들이 중심을 이룬다(Norlin & Chess, 1997; 이효선 외, 2006).

- 개인의 삶의 가정에서 발달단계들은 서로 독립적이다. 즉, 잉태에서부터 죽음까지 서로 구분된다. 그리고 이러한 단계는 보편적이다.
- 발달단계는 보다 일반적인 성숙과정과 연결되고, 분명한 순서로 나타난다.
- 각 발달단계는 이전 단계에 의해 영향을 받는다.
- 인간을 바라보는 관점에 있어서 신체적·심리적·사회적·정신적 차원의 전체적인 관점을 가져야 한다.
- 개인의 행동에 관한 이해는 행동이 발생하는 사회적인 맥락뿐만 아니라 삶의 단계도 구체적으로 고려해야 한다.
- 자아는 삶의 전 과정에서 발달·변화하며, 자아에 대한 의식은 삶의 단계와 관련된 결과로 고려할 수 있다.

3. 주요 개념

1) 자아(ego)

프로이트는 자아가 원초아와 초자아의 중간에 있다고 믿었으나 에릭슨은 이 두 세력을 무시하고 자아가 자율적인 기능을 하는 것으로 보았다(Erikson, 1963). 에릭슨은 프로이트와 달리 성격이 본능이나 부모에 의해서 영향을 받는 것으로 생각하지 않고 부모, 형제·자매, 다른 사람들을 포함한 사회의 구성원에 의해 영향을 받으며 지속적으로 사회와의 상호작용 속에서 발달한다고 보았다.

2) 자아정체감(ego identity)

에릭슨은 자아정체감(ego identity)이 두 가지 측면을 가지고 있다고 보았다. 먼저, 내적 측면으로(제1의 측면) 시간적 동일성과 자기 연속성의 인식이다(Erikson, 1959). 이것은 시간이 경과하면서 자기 자신을 이제까지의 자신과 같은 존재로 지각하고 수용하는 것이다. 두 번째는, 외적 측면(제2의 측면)인데 문화의 이상과 본질적인 패턴을 인식하면서 그것과 동일시하는 것이다(Erikson, 1968). 즉, 타자와 본질질인 특징을 공유하는 것이다. 에릭슨은 자아정체감이 없는 상태에서 자아정체감의 상태로 이동하는 인간발달을 '내적, 외적 갈등의 과정이고 인간이 위기를 극복하면서 통합감, 판단력, 자기 자신과 주위 사람들의 판단 기준에 적합한 대처방식을 익히면서 성장하는 과정'이라고 하였다(Erikson, 1968).

3) 점성원칙(epigenetic principle)

심리사회적 자아발달은 점성원칙(epigenetic principle)을 토대로 한다. 점성원칙이란 성장하는 모든 것은 기초안을 가지며 이 기초안으로부터 부분이 발생되고, 각 부분이 특별히 우세해지는 시기가 있으며, 이 모든 부분이 발생하여 기능하는 전체를 이루게 되는 것이다. 즉, 생물학적으로 인간은 수태되면서 이미 기본적인 요소들을 가지나 시간의 경과에 따라 이 요소들이 결합, 재결합하여 새로운 구조를 형성하듯이 심리사회적 성장도 이 원리를 따른다는 것이다. 즉, 건강한 성격은 각 요소가 다른 모든 요소에 체계적으로 관련되면서 적절하게 연속적으로 발달하는 것이다(Erikson, 1968; 이인정 외, 1999).

4. 심리사회적 발달단계

인간의 심리사회적 자아발달은 생물학적인 성숙과정의 요구와 사회의 요구 및 사회적 압력 간의 상호작용에서 비롯된다고 가정하면서, 인간의 발달은 첫째, 전 생애에 걸쳐 성장하며, 둘째, 인간이 생물학적 혹은 환경적인 영향에 전적으로 좌우되지 않으며, 셋째, 문화가 개인의 성장에 영향을 미친다고 본다. 생물학적 요구와 환경 두 측면이 각 단계마다 영향을 미치나 위기의 해결은 전적으로 개인에게 달려 있다고 가정한다. 즉, 성숙의 힘에 의해 지배되는 일련의 발달단계가 있는데 이 단계의 시작을 자극하는 힘은 생물학적 성숙이며, 이 단계를 이끄는 것은 사회의 요구로 이 요구가 심리사회적 위기를 낳는다는 것이다. 성격은 이 위기가 어떻게 해결되는지 그 결과에 의해 결정된다고 보았다.

심리사회이론에서 삶의 단계를 심리사회적 위기에 따른 발달적 활동을 통하여 8단계로 나누었는데 그 단계들을 살펴보면 〈표 2-5〉와 같다.

〈표 2-5〉 에릭슨의 심리사회적 발달단계

I 유아기	기본적 신뢰감 대 불신감							
II 초기 아동기		자율성 대 수치/회의						
III 유희기			주도성 대 죄의식					
IV 학령기				근면성 대 열등감				
V 청소년기					자아정체감 대 역할혼란			
VI 성인초기						친밀 대 고립		
VII 성인기							생산성 대 침체	
VIII 노년기								자아통합 대 절망

출처: Schriver(1995); 이효선 외(2006).

1) 유아기: 신뢰감 대 불신감 – 희망(출생~1세)

이 시기는 프로이트의 구강기에 해당되며, 출생 후 1세 때까지의 시기로, 성취과업은 기본적인 신뢰감이다. 건강한 성격의 기장 기본적 요소 중 하나는 신뢰감이며, 자신과 타인에 대한 신뢰감은 생후 1년 동안 발달한다. 기본적인 신뢰감을 발달시키는 데 중요한 것은 구강적인 욕구의 양적 충족보다 어머니(또는 1차적인 양육자)와의 관계의 질이다. 만약, 돌보아 주는 사람이 거부적이거나 비일관적인 태도로 영아를 양육하게 되면 영아는 세상에 대해 불신감을 형성하게 된다는 것이다. 신뢰감은 다른 사람과의 유대감이나 애착을 형성하는 데 필수적이다. 기본적 신뢰 대 불신의 갈등이 성공적으로 해결되어 얻어진 심리사회적 능력은 바로 희망이며, 이와 반대로 실패의 결과는 공포이다.

2) 초기아동기: 자율성 대 수치심 – 의지력(1~3세)

프로이트의 항문기에 해당되는 시기로, 성취과업은 자율성을 발달시키는 것이다. 이 단계의 아동은 신경계의 발달로 괄약근을 조절할 수 있어 변을 배설하든지 혹은 보유할 수 있다. 아동은 자율적이 되는 것, 즉 아동이 자기 스스로 하려고 하는 행위들, 자기 발로 서고, 손을 사용하는 능력이 발달하면서 "나 혼자서 할 수 있어", "내가 할 거야" 등 독립적인 것을 학습하는 시기이다. 아동은 '나'와 '너'를 구분하고 '내 것'과 같은 자기 세계를 분명히 한다. 이때 부모가 아이의 의사를 무시하지 않고 사회적으로 기대되는 행동을 배우게 허용하면 자율성은 발달된다. 그러나 이와 반대로 독립성을 키우는 데 실패하게 되면 아동은 자신의 능력을 의심하고 수치심을 느끼게 된다. 과잉보호나 무관심은 자율성 발달의 저해요소이다. 이 단계의 위기를 성공적으로 극복하면 의지력이 생긴다. 하지만 실패하면, 자신의 의지력을 불신할 뿐만 아니라 다른 사람도 자기를 지배하고 이용하려 한다고 불신함으로써 의심에 빠지게 된다.

3) 유희기: 주도성 대 죄책감 – 목적(4~5세)

프로이트의 남근기에 해당되는 시기로, 성취해야 할 긍정적인 과업은 주도성이다. 주도성이란 아동이 자신과 자기 세계를 구성하는 것에 대해 책임의식을 갖는 것을 의미한다. 이 시기에 아이는 신체적으로 더 자유롭고 언어능력이 발달하여 이해의 폭이 넓어지고 많은 것을 질문하게 되는 시기이다. 또한 언어능력과 운동능력이 인지적 활동을 확대시켜 사고하고 상상하며 행동할 수 있게 되며, 아동은 가정 밖에서의 사회적 놀이에 참여한다. 이 시기는 성적 호기심, 성기의 흥분, 성적인 문제에 과잉 관심이 생기는 단계이므로 아동이 주도하는 행동은 때때로 제재를 받을 수 있다.

이들은 새로운 것을 해 보려는 호기심을 갖게 되어 다양한 행동들을 시도하려고 하는데 이러한 아이들의 목표와 활동은 때때로 부모나 가족의 목표 및 활동과 갈등을 갖게 될 수 있다. 이럴 때 아이들의 목표 활동들이 자유롭게 허용되어야 주도성이 발달하게 되는데, 이러한 갈등은 아이에게 죄의식을 느끼게 할 수 있다. 이 시기는 아동이 주도성을 계속 유지하며 타인의 권리, 특권, 목표를 침범하지 않는 것을 학습해야 하는 시기이다. 주도성 대 죄의식의 갈등해결에 관련되는 주된 기제는 동일시이므로 동일시의 주대상자인 부모와 가족은 가장 중요한 영향을 미친다. 부모가 자신의 권위를 절대시하지 않으면서 아동의 주도성을 격려하여 이끌어 주면 아동은 자신의 열망과 대범성을 성인기 사회생활 목표에 맞게 부합시킬 수 있다. 이 단계의 성공적인 결과는 목적을 갖게 한다. 지속적인 죄의식은 성인기의 소극적인 성격 등 정신 병리적인 행동을 유발시킨다.

4) 학령기: 근면성 대 열등감 – 능력(6~11세)

프로이트의 잠재기에 해당되는 시기로, 성취해야 할 긍정적인 과업은 근면성이다. 이 시기는 학동기로 아동은 중요한 인지적, 사회적 기술을 학습하게 되며, 자신과 또래를 비교하는 시기이기도 하다. 아동은 기초적인 인지기능과 사회적 기능을 익히게 되며 동시에 또래들과 어울려 또래문화를 배우고 적응하는 사회적 훈련을 학습한다. 순조로운 학습과 적응은 근면성을 발달시키지만 학습이나 놀이에서 실패하거나 배제되면 열등감이 생긴다. 에릭슨은 이 시기를 자아성장의 전환기로 보았으며, 사회의 성원이 되기 위한 근면성이 발달하는데 아동의 주위환경이 지지적이면 근면성이 발달하기 쉽다고 하였다. 근면성은 다른 사람과 나란히 함께 일하는 것을 의미하는 것으로 사회적으로 가장 결정적인 단계가 된다. 이 단계를 성공적으로 극복하면 개인적으로나 사회적으로 자신감을 갖는다. 반면 실패하면 무력감을 낳는다.

5) 청소년기: 정체성 대 정체성 혼미 – 성실성(12~20세)

이 시기는 12세부터 20세까지로 아동기가 끝나는 시점부터 성인기가 시작되기 직전까지가 해당된다. 이 시기에 성취해야 할 긍정적인 과업은 자아정체감이다. 이 시기에는 단순한 성장만이 아닌 생식기관의 성숙과 2차 성징의 출현, 성욕의 증가 등 새로운 경험들을 가지게 된다. 이 시기는 아동기에서 성인기로 옮겨 가는 과도기이며, 사회적·직업적 역할을 탐색하는 심리사회적 유예기간(psychosocial moratorium)이기도 하다(이인정 외, 1999). 청소년의 경우에는 "나는 누구지?" 라는 질문과 함께 "미래의 나는 어떻게 될 것인가?" 등의 의문으로 자아정체감을 형성하게 되는 시기이다. 이 시기의 자아정체감 확립은 초기 단계의 기초적인 신뢰감 못지않게 매우 중요하며 청년기의 정체감 형성에 결정적인 시기라고 할 수 있다. 정체감은 사회로부터 개인에게 저절로 주어지는 것이 아니라 지속적인 개인의 노력에 의해서 획득되는 것이며 이 위기를 성공적으로 넘기면 성실성이 발달한다. 성실성은 사회적 관습, 윤리, 가치를 지각하고 이를 지키는 능력을 의미한다. 정체감 탐색에 실패한 청년은 정체감 혼미를 경험하게 되고, 경우에 따라서는 이러한 불안을 떨치기 위해 약물이나 알코올 남용에 빠진다. 지속적인 정체감 혼미 상태는 만성적 비행이나 병리적 성격장애를 유발할 수 있다.

6) 성인초기: 친밀성 대 고립 – 사랑(20~24세)

이 시기는 20~24세에 해당되는 성인기 초기로 비교적 단기간이다. 이 단계의 일차적인 과업은 친밀감으로 성적인 것 이상을 의미하며 사회적 친밀감을 포함한다. 즉, 강력한 우정을 만들고 사랑과 동료애 등 가족구성원 이외의 사람과 친밀한 관계를 형성하는 것을 말한다. 친밀성은 이전의 발달 과제인 부끄러움, 죄, 열등감, 소외감 등이 확립된 후에 나타나는 개인적 정체감이 한 단계 발전된 것으로 공유된 정체감(shared identity)으로 표현된다.

자아정체감을 확립하는 과제에서 실패한 사람은 친밀감을 가질 수 없어 고립에 빠지거나 또는 진지한 관계가 되지 못하는 일시적인 관계들을 통하여 거짓된 친밀관계를 만들어 낸다. 자아도취된 사람은 직업도 소용없다고 여기므로 직업에서도 소외감을 갖기 쉽다. 이 단계의 과업을 성공적으로 해결하면 사랑의 능력이 생기며 사랑은 다른 사람에 대한 보호, 존경, 책임으로 나타난다. 이와 반대의 경우에는 외로움과 고립감이 생긴다.

7) 성인기: 생산성 대 침체 – 배려(25세~65세)

25세~65세 해당하는 성인기에는 다음의 세대를 양육하는 것이 가장 중요한 과업이다. 여기서 중요한 것은 다른 사람에게 필요한 사람이 되고 싶은 소망이다. 성인기는 자녀를 생산하여 양육하고 교육하는 시기이다. 생산성이 결핍되면 성격이 침체되고 황폐화된다. 즉, 혼자라고 느끼거나 피상적이고 위장된 친밀감으로 퇴행하는 자기중심성 내지 자아도취에 빠진다. 이 단계에 성공한 사람은 다른 사람에 대해 배려할 줄 안다. 생산성 확립에 실패한 사람은 침체감을 가지게 되는데, 이는 개인적인 욕구나 안위를 주된 관심으로 하는 자아도취 상태에 빠지게 되며, 이 단계의 실패는 자기중심적이 된다.

8) 노년기: 통합성 대 절망 – 지혜(65세 이후)

인생의 마지막 시기인 노년기로 신체적, 사회적 상실에 직면하는 시기이다. 직업에서의 은퇴, 친구나 배우자의 사망 등이 공상과 무력감, 실망을 증대시킨다. 절망의 반대는 통합이다. 자아통합을 성취하기 위해서는 이전 단계들을 성공적으로 통과해야만 한다. 자신의 지나온 날들에 대해 인정하고 수용하며 가치 있다고 여기게 되면 죽음을 위엄과 용기로 직면할 능력을 갖게 되나, 그렇지 못한 경우 상실은 죽음에 대한 공포로 나타나며 절망은 인생을 돌이킬 수 없다는 후회, 그리고 자신의 부족과 결함을 외부세계로 투사하며 인생의 무의미를 느끼게 된다. 이 단계를 성공적으로 극복한 결과가 지혜이다. 지혜는 한 시대를 살면서 얻은 지식으로 인생에 대한 초연하면서도 적극적인 관심을 갖는 것을 의미한다.

〈표 2-6〉 에릭슨의 심리사회적 발달단계

단계	생활주기	심리사회적 위기	기본 강점	중요한 관계 범위	핵심병리
I	유아기	신뢰 대 불신	희망	어머니 (주 양육자)	고립
II	초기 아동기	자율 대 수치	의지	부모	강박증
III	학령전기 (유희기)	주도성 대 죄책감	목적	가족	생각이나 표현 억제
IV	학령기	근면 대 열등	능력	이웃, 학교	불활동, 타성(inertia)
V	청소년기	정체감 대 정체감 혼미	성실	또래집단과 외집단	거절
VI	성인초기	친밀 대 고립	사랑	우정, 성, 경쟁, 협동의 상대들	배타성
VII	성인기	생산성 대 침체	배려	직장과 확대가족	이기주의
VIII	노년기	자아통합 대 절망	지혜	'인류', '동족'	모욕감 (경멸)

출처: 이윤로(2006); 이인정 외(1999), 재구성.

5. 사회복지실천과의 연관성

인간의 자아기능에 관한 심리사회이론은 사회복지실천에 유용한 기초 이론으로 활용되고 있으며, 사회복지실천과의 연관성은 다음과 같다(이인정 외, 2004; 이효선 외, 2006; 김진원, 2009).

자아심리이론의 영향으로 사회복지실천에서는 내담자가 자신의 환경을 지배하는 방법을 어떻게 학습하는가에 초점을 두게 되었으며, 성격과 상황적 요인 사이의 균형을 이루는 데 관심을 갖게 만들었다. 이러한 영향에 대하여 해밀턴(Hamilton, 1958)은 자아심리학이 자율적이고 분리되며 특정 성격구조인 자아에 대하여 초점을 둠으로써 사회복지실천이 근본적으로 재구조화되었다고 평가하고 있다.

에릭슨의 자아기능에 관한 견해는 사회복지실천방법론에 중요한 영향을 미쳤다고 평가된다. 개인의 자아를 강화하고 클라이언트를 둘러싼 환경적인 조건을 향상시킴으로써 클라이언트의 문제를 해결할 수 있다는 관점은 사회복지의 핵심적인 시각이라 할 수 있다.

에릭슨은 인간의 성격이 전 생애에 걸쳐 생물학적 요인과 개인의 심리사회문화 영향의 상호작용에 의해 결정된다고 보았다. 또한 사회에 관심을 두고, 특히 개인-부모와의 관계와 가족관계 및 사회적 관계에 관심을 가져야 한다고 지적하였다. 이는 아동에서부터 노인에 이르기까지 전 생애 발달에 관심을 갖는 사회복지의 이론적 배경이 되었고, 개인발달에 사회환경을 강조했다는 점에서 의미가 있다. 클라이언트의 생애를 통해서 그들의 욕구와 문제를 정확히 파악하고자 하는 클라이언트의 생애사 연구에 에릭슨의 생애발달주기 8단계는 매우 유용하게 사용할 수 있다. 에릭슨은 원초아보다 자아를 강조함으로써 개인의 자율성을 중요시했으며, 인간을 상황 속에서 이해하고, 자율적인 결정을 스스로 할 수 있는 존재이며, 심리사회적 위기를 극복할 수 있는 존재로 보고 있다. 이는 사회복지사가 클라이언트의 자율성을 존중해 주고 클라이언트의 잠재능력을 개발시켜 줌으로써 자신의 문제를 스스로 해결할 수 있도록 하는 역할과 유사한 맥락으로 볼 수 있다.

3 융(Jung)의 분석심리학

1. 융의 생애(1875~1961)

칼 구스타브 융(Carl Gustav Jung)은 1875년 7월 26일 스위스 동북부 투르가우 주의 작은 마을에서 목사의 아들로 태어났으나 교회 다니는 것을 싫어하여 아버지와 논쟁이 많았다. 융의 아버지는 문헌학 전공의 철학박사였으나 목사가 되었고, 친할아버지는 외과의사·교수였으며, 외할아버지는 목사 등 아버지와 삼촌 2명, 외조부와 외삼촌 6명 등이 모두 목사였다. 이러한 가정 배경은 융에게 종교, 초자연 그리고 신에 대한 깊은 관심을 갖게 하였다. 하지만 융의 사상은 환경의 산물이라기보다는 자신의 경험과 내면에서 끊임없이 제기된 삶과 신의 물음, 회의, 갈등 등에 대한 대답이었다.

융은 바젤(Basel) 대학에서 자연과학을 공부한 후 1900년에 정신의학으로 박사학위를 받았다. 프로이트(Freud)의 '꿈의 해석'으로 인하여 정신분석에 관심을 가졌고 1907년 프로이트(Freud)와 처음으로 만난 후 프로이트(Freud)의 후계자로 많은 관심을 받았다. 1910년 새로 결성된 국제정신분석협회 회장직을 맡아 정신분석에 관한 연구 활동을 하였으나 프로이트(Freud)의 리비도와 성욕 본질에 대한 근본적인 견해가 달라 헤어졌다. 그 후 융은 자신의 심리학을 '분석심리학(Analytical psychology)'이라 명명하였고, 인간의 성격구조와 그 기능, 집단 무의식, 원형론, 개별화과정에 대한 이론을 정립하여 1920년 '심리적 유형론(Psychological Types)'을 발표하였다. 인종학, 종교심리학에도 많은 관심을 가졌고, 하버드 대학교, 예일 대학교 등에서 강의 및 명예박사학위(하버드대)를 받았다. 국제의학정신요법회장(1933), 스위스 연방공업대학 교수(1935~1942), 스위스 아카데미 명예회원(1943)이었던 융은 1948년 융 연구소(C. G. Jung institute)를 설립하는 등 1961년 85세의 나이로 퀴스나흐트 자택에서 사망하기까지 왕성한 활동을 하였다.

2. 융의 분석심리학 특성

융(Carl Gustav Jung)은 심리적 건강의 이상형은 의식이 무의식을 지도 감독하는 것으로 보았고 정신을 의식과 무의식으로 구분하고, 무의식으로 개인 무의식과 집단 무의식을 들었다. 이는 의식의 세계와 무의식의 세계가 융화되어 양쪽이 모두 자유롭게 발달되도록 허용해야 한다는 것이다. 그는 또한 개인적·사회문화적 원형이 갖는 힘의 상호작용을 고려하지 않고는 정신을 이해할 수 없다고 믿었으며 인류 역사를 통해 발달해 온 정신과 개인이 속한 문화적 바탕으로 형성된 정신적 소인의 중요성을 강조하였다. 그리하여 융의 분석심리학은 고고학, 연금술, 점성술, 신화, 동서철학, 천문학, 종교에 대한 광범위한 관심을 반영하였다. 또한 융의 내향성-외향성(introversion-extroversion)은 성격을 구체적인 특질로 조명하여 성격에 대한 이해를 확대시켰다. 그가 인간의 전체성을 강조하고, 행동뿐만 아니라 존재의 가치를 강조하고 있다는 점을 들어 하나의 과학적 이론이라기보다 철학이나 인간학으로 보는 것이 더욱 타당하다는 경우도 있다(이인정 외, 1999; 김진원, 2009).

융의 분석심리학 특징은 목적론과 인과율을 결합시키는 것이다. 인간의 행동은 개인적인 것과 종족의 역사 및 목적, 소망에 따라 좌우된다는 것으로 실재했던 과거와 가능성을 지닌 미래가 동시에 인간의 현재 행동을 이끌어 간다는 것이다. 융의 성격에 대한 관점은 미래의 발달관점을 내다본다는 점에서 예기적(豫期的)이고 과거를 고려한다는 점에서 회고적이라 할 수 있다. 즉, 프로이트에게는 죽을 때까지 본능적인 과거가 반복되고 있는데 반하여, 융은 창조적 발달과 전체성, 완전성 추구, 그리고 새로운 삶의 열망이 계속되고 있는 것이다(최순남, 2005).

3. 주요 개념

1) 정신(psyche)

융은 퍼스낼리티 전체를 정신이라 일컬었으며, 정신을 생리적 충동에 예속되지 않은 독자적인 실체로 보았다. 즉, 인간이 퍼스낼리티의 전체성을 가지고 태어나는 것으로 간주했다. 여기서 정신은 영(spirit)과 혼(soul) 그리고 마음(mind)이라는 의미를 포괄하는 것으로 의식적, 무의식적인 모든 생각·감정·행동을 포함한다.

2) 자아(ego)

자아(ego)는 '나'(self)의 중심이다. 자아(ego)는 의식의 개성화(individuation) 과정에서 생기며, 개성화란 개인의 의식이 다른 사람으로부터 분리되는 과정을 말한다. 의식의 시작은 곧 개성화의 시작이고 의식이 증가하면 개성화도 증가하게 된다(이인정 외, 1999).

3) 의식(consciousness)

나(self)와 관련된 심리적인 요소를 통틀어 말하는 것으로 내가 의식하고 있는 모든 것, 나의 생각, 내 마음, 내 느낌, 나의 이념, 나의 가치관, 내가 아는 세계 등 자아를 통하여 연상되는 모든 정신적 요소들을 의식이라 말한다.

4) 개인적 무의식(personal unconsciousness)

사람이 이 세상에 태어나서 자라는 동안 겪은 개인 생활에서의 체험 내용 가운데서 무슨 이유에서든 잊어버린 것, 현실세계의 도덕관이나 가치관 때문에 현실에 어울리지 않아 억압된 여러 가지 내용으로서 반드시 성적인 것에만 국한되지 않고, 그것을 포함한 모든 그 밖의 심리적 경향, 생각들, 억지로 눌러 버린 괴로운 생각이나 감정, 그리고 의식에 도달하기에는 그 자극의 강도가 미약하여 의식에 도달할 수 없거나 또는 의식에 머물 수 없는 모든 경험들이 개인적 무의식에 저장된다.

개인 무의식은 정서적 색채가 강한 관념과 행동적 충동이라는 하는 콤플렉스(complex)를 중심으로 모여 있다. 개인 무의식 속에는 자신도 모르는 또 다른 자신이 존재하고 있어 자신의 모습과 전혀 모순된 행동을 하게 만들기도 한다. 즉, "등잔 밑이 어둡다"는 말처럼 등잔이라는 자아의 이면에 자신이 모르는 자신의 분신인 음영(shadow, 그림자)이 존재한다(이부영, 2009).

5) 집단 무의식(collective unconsciousness)

융은 모든 인류에게 공통적으로 유전되어 온 집단 무의식이 정신의 심층에 존재한다고 주장하였다. 집단 무의식은 모든 인류에게 공통적인 생리적 유산으로 개인의 두뇌 구조 속에 존재하는 인류 진화의 전체적인 정신적 유산이며, 집단 무의식은 인간에게 주어진 여러 가지 근원적인 유형(원형, archetype)에 의하여 구성되어 있다고 하였다. 근원적인 유형 또는 원형이란 지리적 차이, 문화나 인종의 차이와 관련 없이 존재하는 가장 원초적인 행동유형을 말하는 것으로, 멀리 떨어져 있는 지역에서의 상징 신화가 서로 비슷한 것을 예로 들 수 있다. 즉, 어느 민족이나 태양에 관한 신화가 있고, 뱀이나 어둠에 대한 두려움이 있는데 이는 경험 이전의 것으로 융은 이것을 원시시대로부터 전승된 기억의 산물이라고 하였다(이인정 외, 1999). 집단 무의식은 인간이 역사와 문화를 통하여 공유해 온 모든 정신적 자료의 저장소이고 생명의 원천이자 창조적 가능성을 가진 심연의 무의식적 영역이다(김동배 외, 2006).

6) 자기(self)

자기(self)는 중심성·전체성의 의미를 무의식적으로 추구하는 원형이다(Jung, 1961, 이인정 외, 1999). 이것이 원형으로 다루어지는 이유는 전체가 되고자 하는 힘이 원초적으로 인간에게 조건 지어져 있다는 견해에서 온 것이다. 융에 있어서 전체성(wholeness)은 의식의 인간뿐만 아니라 그림자, 아니마, 아니무스 등 무의식의 모든 속성을 포함한 전체를 의미한다. 의식과 무의식을 포함한 전체 정신의 중심인 자기(self)는 태어날 때부터 원형이므로, 의식의 중심인 자아(ego)는 의식의 영역밖에 볼 수 없지만 자기(self)는 모든 것을 볼 수 있고 통합시킬 수 있다. 자기(self)란 그 사람의 있는 그대로의 전부이며, 그 사람의 본성이다(이부영, 2009). 자아는 의식을 전부라고 여기고 의식의 판단에 따라 행동하므로 무의식과는 단절되어 있다. 그러므로 무의식은 끊임없이 꿈, 사건 등을 통해 자아에 무의식이 존재한다는 것을 알리려고 자극한다. 자아의식이 확대되어 무의식을 깨달을 때 자아는 자기(self)에 가까워진다. 융은 꿈이 상당히 직접적으로 무의식을 드러낸다고 보았고, 꿈이 성격의 상이한 체계들의 상호작용 결과이기 때문에 의식과 무의식이 호혜적이고 보충적인 관계로 존재한다고 보았다(Jung, 1934; 이인정 외, 1999).

성격의 궁극적인 목표는 자기실현(self-actualization)이다. 자기실현은 다른 말로 개성화(individualization)라고도 한다. 진정한 개성을 실현한다는 뜻이며 그 사람의 전부가 된다는 의미이다. 개인의 자기실현은 자신에 대한 정확한 지각과 인식이 선행되어야 하므로 자아의 협력이 필수적이다. 융은 자기실현보다 더욱 중요한 것은 정확한 자기인식(self-knowl edge)이라 하였는데, 자기인식은 무의식의 내용들을 인식하는 과정이다. 끊임없는 자기 수련 과정을 통하여 자기인식을 갖게 되면 궁극적으로 자기실현 상태에 가까워질 수 있다(이부영, 2009).

7) 그림자(shadow)

그림자는 자아나 자기상(self-image)과는 반대되는 개념으로 우리 자신이 용납하기 힘든 특징과 감정으로 구성된다. 즉, 지킬박사와 하이드의 경우처럼 개인의 의식적인 자아와 상충되는 무의식적인 측면이다. 그림자는 자신 속에 있는 정열, 충동성, 공격성, 잔인성, 부도덕성 등 프로이트 성격구조의 원초아(id)와 비슷하다(김진원, 2009). 의식되지 않은 자아의 부분으로 나의 어두운 면이며, 무의식적 측면에 있는 나의 분신이다. 자아의식이 강하게 조명되면 될수록 그림자의 어둠은 짙어지게 마련이다. 의식의 뒷면에 있는 여러 가지 심리적 내용으로 열등한 인격과 같은 것이다. 그것은 마치 어두운 창고에 내버려진 곡식이나 연장과 같은 것으로 오래 두면 곰팡이와 녹이 슬게 된다. 즉, 의식될 기회를 잃었으므로 미분화된 채로 남아 있는 원시적인 심리적인 경향, 심리적 특징들이다. 그림자는 긍정적인 자기상과 반대되기 때문에 대부분의 경우가 부정적이지만 의식적인 자기상(self-image)이 긍정적이라면, 무의식적 그림자는 긍정적인 모습이 된다(Jung, 1961).

8) 외적 인격(persona)

페르소나(persona)란 고대 그리스의 연극에서 배우들이 쓰던 가면을 말한다. 페르소나는 내가 나로서 있는 것이 아니고 '타인에게 보이는 개인' 또는 '사회가 그 개인에게 담당하기를 기대하는 배역'이라 할 수 있다. 페르소나는 진정한 자신과는 다른 것이며, 사회적 적응 과정 중에 형성되는 행동 양식이나 외적 태도이다. 페르소나에 입각한 태도는 주위의 일반적인 기대에 맞추는 태도이며, 외계와의 적응에서 편의상 생긴 기능 콤플렉스이고, 적응의 원형이라 할 수 있다(이부영, 2009). 사회에 적응하기 위해서는 어느 정도 페르소나가 필요하나, 개인이 사회적 역할에만 사로잡혀 페르소나가 동일시되면 내면세계로부터 유리될 위험이 있다.

9) 내적 인격(anima, animus)

융은 인간이 본질적으로 양성동물(兩性動物)이라고 표현했다. 즉, 생리적으로 남성과 여성 모두 양성의 호르몬을 분비하고 있으며, 심리적인 면에서도 남성과 여성 모두에게 양성의 특성이 나타나고 있다(최순남, 2005). 아니마, 아니무스는 인간의 무의식에 내재되어 있는 내적 인격의 특성을 말하며, 남성의 무의식 속에 있는 여성적 요소인 '아니마', 여성의 무의식 속에 있는 남성의 요소를 '아니무스' 라고 부른다. 남자가 남성적 측면만을 나타내면 그의 여성적 측면은 무의식에 그치며, 발달되지 못하고 원시적인 상태에 머물러 있게 된다. 그 때문에 무의식은 나약성, 과민성을 띠게 된다. 외형적으로 지나치게 여성다운 여자가 남자의 완강하고 남성적인 성질을 무의식적으로 갖고 있는 경우도 있다. 이러한 이미지는 기본적으로 무의식적이고, 원형(archetype)이다. 남성의 무의식 속에 있는 여성적 요소인 아니마(anima)는 감성, 느낌, 정서(emotion), 분위기, 수동성, 주관적, 예감 능력, 사적(私的) 관계를 의미하며, 여성의 무의식 속에 있는 남성적 요소인 아니무스(animus)는 이성, 판단, 생각, 객관성, 능동성, 사회성, 사고적, 공적(公的)관계 등을 의미한다. 남성에 있어 아니마(anima)가 너무 억압되면 내적 인격이 열등하게 되어 변덕스러운 남자, 감정 폭발이 심한 남자, 질투, 의혹에 사로잡히는 성향을 나타내는 남자가 되고, 여성에 있어 아니무스(animus)가 너무 억압되면 편견과 고집스러움, 비합리적인 자기주장을 강하게 내세우거나 지나치게 따지는 것을 잘하는 여자가 된다(한국MBTI연구소, 2010).

10) 원형론(archetype)

집단 무의식의 여러 가지 내용은 원형론(archetype)이라 불린다. 이는 일정한 행동유형을 가능하게 하는 선험적 조건이나 틀을 의미하며, 표상 불가능한 무의적이고 선험적인 이미지를 의미한다. 원형(原型)은 인간이면 누구에게나 존재하는 인간정신의 보편적이며 근원적인 핵(核)이다. 융은 출산, 죽음, 권력, 마법, 영웅, 신, 악마, 거인, 나무, 태양, 달, 바람, 강 등 무수히 많은 원형들을 설명했다. 원형은 시간, 공간을 초월하며 인종과 문화적 차이도 초월하고 누구에게나 주어지며 인간의 근원적인 행동 유형을 가능하게 하는 선험적인 조건이며 인간으로 하여금 인간답게 하는 가장 기본적인 조건이다. 원형의 출처는 원시신앙, 종교 현상, 정신분열증 환자의 체험 내용, 정상인의 꿈, 예술작품(샤갈의 그림, 베토벤의 음악 등) 등에 나타난다(한국MBTI연구소, 2010).

4. 성격의 발달

융에 의하면, 인간의 성격 발달은 전 생애에 걸친 연속적인 과정이라 보면서도 4단계로 나누어 설명하고 있으며(Jung, 1933; Jung 1961; Jacobi, 1959; 이인정, 1999) 중년기와 노년기를 중요하게 다루고 있다.

1) 아동기

이 단계는 출생부터 사춘기까지로, 출생 후 몇 년 동안은 정신이 완전히 본능에 의해 지배되므로 이 시기 동안 전적으로 부모에게 의존한다. 유아의 행동은 본능에 의해 지배되므로 심리적인 문제는 있을 수 없다. 심리적 문제란 의식부에서 자아가 존재해야 생기는 것인데 이 시기에 아직 자아는 형성되지 않았기 때문이다. 따라서 의식의 연속성도 자아정체감의 감각도 없다. 아동기 후반부에 가서 기억이 지속되고 자아정체감의 감각과 관련된 지각이 축적되면서 자아가 형성된다. 자아는 아동기에 원시적인 방식으로 발달하는데 학교에 들어가면서 부모로부터 점차 분리되기 시작한다.

2) 청소년기와 성인기

이 단계는 사춘기에 일어나는 생리적인 변화로 시작되어 35~40세 사이에 끝난다. 융은 이 시기를 정신적 탄생(psychic birth)이라 불렀다. 정신적 탄생과 부모로부터 자아의 의식적 분리는 청년기에 일어난다. 생리적 변화가 이러한 정신적 혁명을 수반한다. 청년기는 본인과 부모 모두에게 어려운 시기이다. 성인기는 외양적으로 팽창하는 시기이며, 성숙의 힘에 이끌려 자아가 발달하고 외부세계에 대처하는 능력이 발달한다. 따라서 경력을 쌓고 가정을 이루며 사회적 성공을 얻기 위해 노력한다. 즉, 활력은 외부로 향하고 외향적 태도를 취하기 쉽다. 대개 남자는 남성적인 원리를, 여자는 여성적인 원리를 발달시키고, 내향적인 사람보다는 외향적인 사람이 이 시기를 순조롭게 보낸다.

3) 중년기

35~40세를 전후해 정신적 변화가 오게 되며, 외향적 목표와 야망은 중년이 되면 그 의미를 잃기 쉽다. 융은 그러한 변화가 일어나는 것은 사회가 보상한 성취가 성격의 어떤 측면을 희생시킨 대가로 얻어진 것이기 때문이라 하였다. 중년기에는 외부세계를 정복하는 데 쏟았던 에너지를 자신의 내부에 초점을 맞추도록 자극받으며 잠재력에 대해 깊은 관심을 갖게 된다. 따라서 남자는 여성적인 측면을, 여자는 남성적인 측면을 표현하게 된다. 남자들은 공격적인 야망을 덜 갖고 그동안 소홀했던 대인관계에 관심을 갖게 되지만, 여성들은 보다 공격적이고 독립적이 된다.

융은 전 인생주기를 통한 지속적인 성장·발달과 자아실현에 강조를 두었으며, 특히 개별화(individualization)를 통해 중년기 심리적 발달을 설명하였다. 개별화는 중년기에 자아를 외적·물질적 차원으로부터 내적·정신적 차원으로 전환시키는 것을 말한다. 인생의 전반기의 삶의 목적이 외부세계와의 적응이므로 자아를 강화하는 것인데 반하여 인생 후반기는 내면세계로 에너지를 돌려 무의식을 의식화하여 자기를 강화하는 것이 목적이다. 그러나 인생 전반기의 자아강화 없이는 후반기의 자아강화가 어렵다. 따라서 엄격한 의미의 개별화과정은 인생 후반기의 자기실현을 의미한다.

4) 노년기

노인의 삶이 더 이상 상승할 수 없으며 인생의 마감을 앞두고 있다는 것을 알아야 한다. 융은 "사람이 나이가 들어서 명상과 회고를 많이 하게 되면, 자연적으로 내적 이미지가 이전과 달리 큰 비중을 차지하게 된다"고 보았으며, 또한 "노인은 죽음 앞에서 생의 본질을 이해하려고 애 쓴다"고 말하였다(Jung, 1961; 이인정 외, 1999). 그는 노인이 내세의 이미지를 갖고 있지 않으면 건전하게 죽음에 직면할 수 없다고 믿었다. 나이든 사람에게도 미래를 향한 목표는 필요하며 죽음의 불가피성은 어느 정도 죽음 자체가 하나의 목표로 간주되어야 함을 시사한다.

융의 관점에서는 사후의 생도 인생의 연속성에 있는 것으로 보고 죽은 사람도 노인처럼 존재의 의문에 대해 계속 씨름하고 있다고 가정한다. 그들은 생(生)을 완전하게 만들고, 또 거기에 의미를 부여하는 것이 무엇인지를 궁금해 하는 것이다.

5. 심리적 유형론[2)]

1) 유형론의 배경과 주요 특징

융은 1920년 심리학적 유형에 관한 논문을 집대성하여 출간할 때, 서문에서 이 책이 거의 20년에 걸친 연구의 성과라는 것을 지적하였다. 그의 이론은 정신과 의사로서 그동안 관찰해 온 모든 경험들, 사회 계층 간의 인간관계, 프로이트와 반대론자들과의 대결과 갈등, 그의 학설에 대한 다른 학자들의 비판의 근거를 분석하면서 생겨났다. 융의 심리유형론은 모든 사람들은 각기 다르지만 자세히 살펴보면 몇 가지 특징적인 경향으로 나눌 수 있다는 것을 지적한 것이다. 내가 남과 다르다는 것을 인정하는 것은 결국 근대 서구 사회의 개성 존중의 풍조를 바탕으로 산출된 것으로 보이나 고대 그리스 히포크라테스의 4액(四液)에 바탕을 둔

2) 이부영(2009); 한국표현예술심리치료협회(2012); 한국MBTI연구소(2010), 참고.

네 가지 성격특징이라든가, 동양 고대의 역(易)의 사상도 융의 심리학과 상통하는 바가 있다. 즉, 태극이 양의(兩儀)를 낳고 음양강유(陰陽剛柔)의 사상(四象)을 낳고, 사상(四象)에서는 팔괘(八卦)가 생기는 변환의 법칙은 융이 경험적으로 파악한 외향, 내향, 의식, 무의식의 대극형성과 그 상호 보완 또는 전환의 원리와 공통점을 가지고 있다.

이것은 교육에 있어 지적인 편중, 즉 합리적인 사고 기능의 일반적인 평가가 우세한 현대에 있어서 그로 말미암은 전시기능의 불균형, 그 장애의 근거를 이해하고 치료하는 데 유익한 가설이 되고 있다.

2) 일반적 태도의 유형

융은 심리학적 유형을 두 가지 측면에서 이해하는데, 첫째는 일반적인 태도상에서 보는 내향적 태도, 외향적 태도를 말하며 둘 중 어디에 더 많이 의지하며 사느냐에 따라 각각 내향형, 외향형이라 한다. 내향적, 외향적 태도의 구별은 그 개체의 주체(subject)와 객체(object)에 대한 태도에 따라 내릴 수 있다. 그 사람의 태도가 객체를 주체보다 더 중요시하면 외향적 태도를 취한다고 말할 수 있고, 반대로 객체보다도 주체를 중요시하면 그는 내향적 태도를 취한다고 할 수 있다.

둘째는 정신의 네 가지 기능으로 사고, 감정, 감각, 직관기능이다. 판단기능에 관여하는 사고와 감정기능을 한 묶음으로 하는 합리적 기능과 직관, 감각을 한 묶음으로 하는 비합리적인 기능이 있다. 사람은 평생을 두고 어떤 우월기능에 쫓아서 살아가고 있느냐에 따라 사고형, 감정형, 직관형, 감각형으로 불린다. 이를 외향형에 따라 내향적 사고형, 외향적 사고형 등으로 구분하게 되면 8가지 유형이 생기고, 아울러 가장 잘 발달된 주 기능 다음으로 발달된 제2기능이 어느 것이냐에 따라 다시 두 가지 경우로 구분되어 최소한 열여섯 종류의 심리학적 유형을 생각해 볼 수 있게 된다.

- 외향형(Extraverted Type): 객체의 의미를 더욱 높이 평가하고, 객관적 기준과 가치를 우위에 둔다. 객체가 주체보다 위에 있다. 주체, 즉 주관적 견해를 그대로 놓고 객관적으로 사물을 보려고 한다. 최근의 지식 동향을 잘 전달하는 능력이 있다. 명랑하고 사교적이며 자유롭게 환경에 작용한다. 외향적 태도가 극단화될 때 자기의 주체를 소홀히 하게 될 위험성을 가지고 있으며, 주관적인 사실로서 가장 소홀히 되는 것이 신체인데 외향형은 신체가 외적이고 객관적인 것과는 거리가 먼 것처럼 보이기 때문이다. 그 예로, 갑작스레 명성을 올린 가수가 감당할 수 없을 정도의 기대를 맞추려 하다가 갑자기 높은 소리가 나오지 않는 증세를 나타낸다든가 자수성가하여 성공일로를 걷던 한 기업가가 호흡곤란 증상을 일으킨다든가 하는 것이다.

  외향형에게 가장 특징적인 신경증은 히스테리성 노이로제이다. 이것은 항상 남의 관심을 끌고 주변에 인상을 남기려는 것인데 이것은 정상적인 외향적 태도가 과장된 것이다.
- 내향형(Introverted Type): 객체에 대한 추상적인 개념을 가지고 주관적인 가치를 더욱 높이 평가한다. 주체가 객체보다 위에 있다. 객체의 에너지를 빼앗아 주체정립(주관적 견해 정립)에 이용한다. 내향적 태도의 특징인 주관 중심 경향을 절대시하면 주관주의적, 자기중심주의에 빠지게 되어 편협한 관점에 사로잡힌다. 정상적인 경우의 내향적 태도는 전승으로 주어진 정신 구조에 순종하는 태도라고 말한다. 이러한 구조는 자아가 아니라 자아 이전에 존재하던 것, 다시 말해서 원형의 세계이며 자아를 훨씬 능가하는 자기이다. 건전한 내향형은 자기 자신을 들여다보며 이에 입각하여 판단하고 행동하는 사람이며 자아에 매달리는 사람이 아니다. 그러나 내향형은 자아를 자기와 혼동해서 뒤바뀌는 위험성을 가지고 있는데 자아의 판단을 극대화하고 그것이 절대적임을 주장하게 된다. 이때 그의 장점인 무의식에의 깊은 통찰을 못하게 될 가능성으로 인하여 엄청난 권력욕이 생기기도 한다.

3) 정신의 4기능

정신의 기능은 네 가지로 분류되는데 사고, 감정, 감각, 직관이다. 사고와 감정은 합리적인 기능, 감각과 직관은 비합리적인 기능이라고 구분하여 각 기능을 구성하는 두 기능은 서로 극을 이루어 대립되고 있다고 한다.

- 합리적 기능 – 사고(thinking), 감정(feeling): 평가하고 판단하는 기능, 이치에 맞게 진행되는 기능이다.
  - 사고기능: 사고란 주어진 관념내용을 그 고유의 법칙에 따라 서로 연관시키는 정신기능으로 판단 작용이 수반된다.
  - 감정기능: 쾌 또는 불쾌, 수용 또는 거부의 기능에 기초를 둔 감성적 평가를 통하여 세상을 이해하려는 것이다.
- 비합리적 기능 – 감각(sensation), 직관(intuition): 이성(理性)을 방해하며 판단력을 가지고 움직이지 않고 단순한 지각작용에 의해서만 움직인다.
  - 감각기능: 감각이란 물리적인 자극이 인식을 매개하는 심리기능으로 감각은 사물을 있는 그대로 감지하는 현실적인 기능이다.
  - 직관기능: 직관이란 무의식적인 방법으로 인식을 유도하는 심리기능으로 "그 파악하는 내용이 무엇이든 하나의 본능적 파악이다"라고 한다. 직관은 사건의 내면적 의미와 그것이 가지고 있는 의미 이외의 의미 및 효과를 식별하는 능력으로 어린이나 원시인에게 이념의 전 단계인 신화의 상을 인식시키도록 한다. 생(生)에 있어서 일반적인 입장이 직관의 원리, 즉 무의식의 지각에 그 근거를 둘 때 그를 직관형이라 부른다.

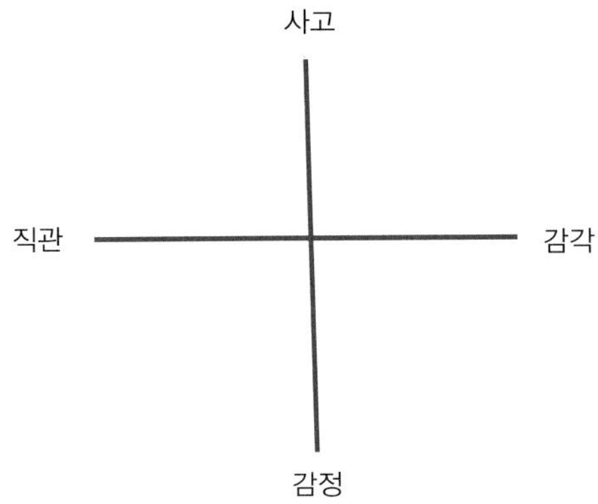

출처: 이부영(2009: 114).

[그림 2-2] 정신의 4기능

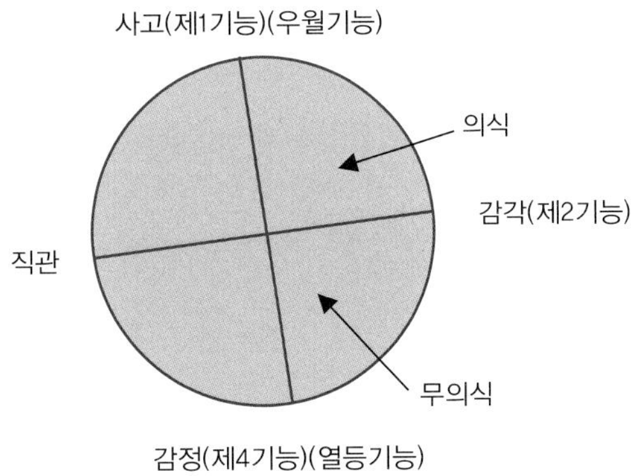

출처: 이부영(2009: 114).

[그림 2-3] 사고형의 4정신기능의 분화정도

4) 열등기능의 인식과 자기실현

열등기능은 언제나 무의식으로 건너가는 징검다리의 기능을 하며 인간의 무의식적 상징적인 세계로 향해 있기 때문에 한 인간을 이해하는 관건이 된다는 것이다. 또 다른 열등기능의 특징은 주 기능에 비해서 일반적으로 느리게 움직인다는 것이다.

융은 이를 열등기능의 유아적(infantile)이고 전제적인(tyrannical)인 특성으로 보았다. 일반적으로 주 기능은 빠르게 나타나며 적응적이지만, 열등기능은 실제로 어느 곳에 있는지 알기가 어려울 뿐만 아니라 느리게 나타난다. 이 때문에 사람들은 자신의 열등기능을 개발시키는 데 어려움을 느끼게 된다. 또 다른 열등기능의 특징으로 중요한 것은 아주 많은 정서가 그 열등기능 안에 포함되어 있다는 사실이다. 즉, 열등기능은 그 안에 폭탄을 품고 있는 것과 비슷하다고 볼 수 있다. 그러므로 일단 열등기능이 건드려지면 그 사람은 정서적으로 고양되고 만다. 열등기능에는 삶의 에너지가 강하게 함축되어 있기 때문에 때로 주 기능의 에너지가 소진되어 약해진 상태라면 열등기능의 에너지가 바로 연결되어 그 사람은 다시 생기를 찾을 수도 있게 된다. 열등기능은 언제나 열등한 채로 있는 기능이라기보다는 분화될 수 있고, 전인격의 실현을 위해 분화되어야 할 기능이다. 열등기능의 분화발달은 자기실현(self-actualization)의 중요한 과제이다. 열등기능이란 무의식화 된 기능이며 무의식의 의식화가 자기실현의 핵심적인 과정이다.

자기실현은 '자기가 되는 것'이다. 즉, 우리가 이 세상에 태어날 때 가지고 나온 모든 정신능력을 남김없이 발휘하고 통합하는 것이다. 그런 상태에서 우리는 거리낌 없이 자유롭고 자연스러운 사람이 된다. 이럴 때, 우리는 우리 자신의 존재, 그 자체를 통해서 바로 다른 사람에게 도움을 줄 수 있는 성숙한 성격의 사람이 될 수 있다. 융이 이야기하는 개성화의 과정, 즉 자기실현이란 무의식이 지니고 있는 이런 가능성을 살려내서 온전한 자기 자신의 전체성(全體性)에 이르는 길이며 이는 바로 나의 본래모습(自己)에 이르는 긴 과정을 말하는 것이다.

6. 사회복지실천과의 연관성

융의 분석심리학은 사회복지 분야에서 인간이 속한 환경과 행동 간의 관계, 성격 형성 및 인간발달에 관한 이해를 넓히는 데 크게 기여하고 있다. 프로이트의 경우에는 개인의 문제를 부모-자녀 간의 상호작용 관계 속에서 일어나는 부분과 개인 무의식에 초점을 두었으나 융은 집단 무의식을 설명하면서 인간의 성격 발달 범위를 훨씬 확대시켰다. 또한 인간의 내향성과 외향성, 현상학, 실존주의, 명상, 개성화와 자아실현 등 융 이론의 특성과 주요 개념들, 심리적 유형, 중년기 마음에 대한 연구는 인간이 그가 속한 사회환경 속에서 일어날 수 있는 역동에 대하여 많은 부분들을 설명하고 그것을 이해하는 데 매우 유용하다.

4 아들러(Adler)의 개인심리이론

1. 알프레드 아들러(Alfred Adler)의 생애(1870~1937)

아들러는 1870년 2월 7일 비엔나의 인근지역인 펜지히에서 5남 2녀 중 셋째로 태어났다. 아들러는 아래로 어린 네 동생과 큰 형이 있었는데, 그는 맏이인 형에 대한 질투로 인하여 어린 시절을 불행한 시기로 회상한다. 그는 병약하여 동생이 태어나기 전에는 어머니의 사랑을 독차지했으나 동생들의 출생 후에는 독차지한 어머니의 사랑을 상실하게 되었다. 아들러는 다섯 살 때 심한 폐렴에 걸려 죽을 고비를 넘겼고, 사고로 두 번이나 죽을 뻔 했다. 만성적으로 병약했던 그는 자신의 허약함과 열등감을 극복하려고 꾸준히 노력했고, 초기 학교생활은 아주 평범했으나 아버지의 격려와 자신의 노력으로 나중에는 우수한 성적을 올렸다.

아들러는 정신과 의사가 된 후 1902년부터 1911년까지 프로이트와 같이 활동하였다. 그러나 점차 프로이트와 대립하게 되었고, 1911년 비엔나 정신분석학회를 떠나 자유정신분석학회를 창설하여 1912년 학회 명칭을 개인심리학회로 변경했다. 아들러는 자신의 성장과정에서 직접 경험한 열등감과 보상추구, 출생서열, 사회적 관심 등 훌륭한 이론을 만들어 냈다고 평가되고 있다. 그는 1937년 5월 28일 강연 도중 사망하였으나 그의 생애 동안 300여 권의 책과 논문을 발간하였고 그의 이론은 현대 임상 및 성격심리학의 발달에 많은 영향을 끼쳤다(이인성 외, 1999).

2. 아들러의 개인심리이론 특성

알프레드 아들러(Alfred Adler)의 개인심리이론은 인간을 전체적으로 보는 관점을 갖고 있다. 개인심리학의 첫 번째 전제는 인간이 통일된, 자아 일치된 유기체라는 점이다(Adler, 1927). 아들러는 이 통일되고 자아 일치된 성격구조를 생활양식이라 하였고, 인간을 전체적 관점에서 보았다. 두 번째로 인간은 역동적으로 완성을 추구하며, 개인적으로 중요한 인생목표를 향해 전진한다는 것이다. 세 번째는 개인의 창조적인 힘을 가지고 자기 삶을 결정할 수 있다는 것이다. 네 번째는 모든 사람은 협동하고 상호작용하는 사회적 관계를 맺을 수 있는 선천적인 능력을 가지고 태어난다고 보았다(Ansbacher, 1971).

3. 주요 개념

1) 열등감과 보상(inferiority feeling and compensation)

아들러는 어떤 사람이 왜 특정한 병에 걸리며, 왜 신체의 특정한 영역이 영향을 받는지에 관심을 가지면서 열등감에 관심을 가지게 되었다. 처음에 그는 인간의 어느 한 부분이 기본적으로 열등하거나 약하기 때문에 병에 걸린다고 보았다(Adler, 1956; 이인정 외, 1999). 그는 동물원에 구경 간 세 아이들의 반응으로 열등감의 다양한 형태를 예시하였다. 첫 번째 아이는 어머니에게 집에 가고 싶다고 보챘고, 두 번째 아이는 얼굴이 창백해지고 벌벌 떨면서 조금도 무섭지 않다고 했으며, 세 번째 아이는 사자를 노려보며 "침을 뱉어 줄까"라고 말했다. 각자는 열등감을 자기의 생활양식과 일치된 방식으로 표현한 것이다.

아들러는 심한 신체적 약점이나 결함이 있는 사람이 연습이나 훈련을 통해 이를 보상하려는 노력을 하며, 이들 중 일부는 결국 그 약점을 보상하는 것에 주목하였다(Addler, 1956; 이인정 외, 1999). 열등감을 결코 약점이나 비정상이 아니라고 하였으며, 이를 부정적으로 보지 않았다. 그는 열등감이 "개인이 어떤 상황에 대하여 잘 적응하지 못하거나 준비가 미흡하여 그것을 해결할 수 없음을 스스로 확신할 때 나타난다"고 보았다. 따라서 열등감은 모든 사람들에게 더 발전하고자 하는 노력을 하게 만드는 추진력이 된다고 하였다(이효선 외, 2006). 열등감이 있으면 보통 사람들은 이 열등감을 보상하기 위해 더 높은 수준의 발달을 향해 노력하고, 목표했던 그 수준에 이르면 다시 열등감이 생겨 또다시 더 높은 수준으로 오르려는 노력을 하게 된다. 이처럼 열등감과 그에 대한 보상 노력이 인간을 발전시키는 원인이 되고 있다. 보상은 잠재력을 발휘하도록 인간을 자극하는 반응이다.

2) 우월을 향한 노력(striving for superiority)

아들러는 우월성(superiority)이란 개념을 자기완성 혹은 자아실현이란 의미로 사용하였으며, 자기신장, 성장, 능력을 위한 모든 노력의 근원이 열등감이라고 말하였다(Hjelle & Ziegler, 1976; 김진원, 2009). 우월을 향한 노력은 열등감을 보상하려는 욕구에서 나오며 환경을 더욱 잘 통제할 수 있도록 권력 혹은 힘을 성취하려는 것이다. 우월을 향한 노력은 선천적이라고 생각하였는데 우월을 향한 선천적인 노력은 잠재적으로 존재하나 이 잠재력이 실제로 어떻게 구현되는가는 개인마다 다르다. 이것은 우월을 향한 목표가 개개인마다 고유한 것이며, 각자가 인생에 부여하는 의미에 따라 다르기 때문이다. 우월의 목표는 긍정적인 경향 혹은 부정적인 경향을 취할 수 있다. 긍정적인 경향은 사회적인 관심이나 다른 사람의 행복을 지향하는 이타적인 목표이고, 부정적인 경향은 개인적인 우월성을 추구하는 자기존중, 권력, 개인적인 허세 같은 이기적인 목표이다(이인정 외, 1999).

3) 사회적 관심(social interest)

아들러는 프로이트와 달리 인간이 성적 충동보다 사회적 충동에 의해서 주로 동기화된다고 주장하면서 사회적 관심이란 각 개인이 이상적인 공동사회의 목표를 달성하고자 사회에 공헌하려는 성향을 의미한다고 했다. 이것은 개인적 우월의 목표가 사회적 목표로 이동하는 것으로 다른 사람들의 행복에 기여하기 위해서 개인적 우월의 목표를 포기하는 것을 말한다. 아들러는 사회적 관심을 문화 인류학적 측면에서 인간이 타고난 자연적인 약점을 보상하기 위하여 진정으로 필요한 도구로 설명하고 있다. 여기서 사회적 관심은 독일어 'Gemeinschaftsgefuehl'의 공동체의식 또는 결속감을 의미하는데, 사회에 대하여 동일시와 감정이입(empathy)을 하는 것으로 타인의 눈으로 보고, 타인의 귀로 듣고, 타인의 마음으로 느끼는 것이다(Hooper & Hloford, 1998; 이효선 외, 2006).

사회적 관심의 잠재력이 선천적이라고 보았으나 다른 선천적 경향과 마찬가지로 사회적 관심도 자동적으로 발생하는 것이 아니고 의식적 개발을 필요로 한다고 간주하였다. 일반적으로 사회적 관심은 가족관계 및 다른 아동기 경험의 맥락에서 발달하는데, 특히 협동심, 연대의식, 동료의식 같은 사회적 관심의 발달에 가장 큰 영향을 주는 사람은 어머니이고, 아버지는 사회적 관심에 영향을 미치는 두 번째로 중요한 사람이다. 이상적인 아버지란 자녀 모두를 동등한 인격체로 대하고, 아내와 동등한 위치에서 협력하며, 자녀를 돌보는 사람이다. 아버지가 배우자, 직업, 사회에 대해 긍정적인 태도로 성숙된 사회적 관심을 보여 준다면 아동은 사회적 관심을 발달시키기가 더욱 쉽다(이인정 외, 1999).

4) 생활양식(life style)

아들러의 생활양식은 우월성 추구의 개념을 더욱 확장시키고 체계화한 성격이론을 잘 나타낸 개념이다. 인간을 근본적으로 우월을 추구하는 존재로 보고 생활양식은 개인의 행동, 사고, 이해에 대한 개인만의 독특한 방법으로 인생과업에 대한 이해의 선택으로 보았으며(Hooper & Holford, 1998), 자기 혹은 자아, 성격, 성격의 통일성, 개성, 문제들에 대처하는 방법, 삶에 공헌하는 소망 등을 의미한다(Ansbacher & Ansbacher, 1956). 아울러 모순되어 보이는 행동들도 모두 자신의 목표를 추구하기 위한 수단이며, 유전적 요인이나 과거 개인의 경험에 비추어 자신의 생활양식을 선택하는 것으로 보았다.

생활양식이 기본적으로 결정되는 시기는 4~5세경이라고 보았고(Alder, 1963), 자라면서 가족관계 및 다른 중요한 사회적 경험들, 즉 환경적인 요소에 영향을 받지만 기본적인 생활양식은 크게 변하지 않는 것으로 보았다.

인생과업에 접근하고 이를 해결하는 태도에 따라 생활양식을 몇 가지로 나타내었는데, 사회적 관심과 활동수준에 따라 다음과 같이 네 가지 유형으로 나누었다(Ansbacher & Ansbacher, 1995; 이효선 외, 2006).

(1) 지배형(the ruling type)

부모가 지배하고 통제하는 독재형으로 자녀를 양육할 때 나타나는 생활양식이다. 부모가 막무가내로 힘을 통하여 자녀를 통제할 때 자녀의 생활양식은 지배형을 형성하게 된다. 독단적이고 공격적이며 활동수준은 높으나 사회적인 인식이나 관심은 거의 없다.

(2) 획득형(the getting type)

활동수준은 높으나 사회적 관심은 낮은 기생적인 방식으로 외부세계와 관계를 맺으며, 다른 사람에게 의존하여 자신의 욕구를 충족시킨다. 인생의 주된 관심사는 가능한 많은 것을 타인으로부터 얻어내는 것이다.

(3) 회피형(the avoiding type)

사회적 관심도 적고 활동수준 또한 낮은 유형으로 성공에 대한 욕구보다 실패에 대한 두려움의 비중이 더 크기 때문에 인생과업으로부터 도피하는 행동을 주로 한다.

(4) 사회유용형(the socially use type)

사회적 관심과 활동수준 모두 높은 유형으로 사회적 관심이 커서 자신과 타인의 욕구를 동시에 충족시키면서 인생과업을 완수하기 위해 다른 사람과 협동한다.

〈표 2-7〉 아들러의 생활양식유형

구분	사회적 관심	활동수준
지배형	↓(낮음)	↑
획득형	↓	↓(중간수준)
회피형	↓	↓
사회유용형	↑(높음)	↑

출처: 이효선 외(2006: 139).

5) 자아의 창조의 힘(creative self)

아들러는 인간을 경험에 의해 결정된 존재가 아닌 각자가 스스로 자신의 삶을 만들어 가는 삶의 창조자로 보았다. 자신의 삶을 만들어 가는 자아의 창조적 힘은 인생목표와 그 목표를 추구하는 방법을 결정하며 사회적 관심을 발달시킨다는 것이다. 인간이 스스로 자신의 성격을 만든다는 주장으로 인간에게 유전과 환경은 성격형성에 있어 재료일 뿐이며, 인간이 그 재료를 가지고 창조적 자아를 통하여 자신의 생활양식을 만들어 간다고 믿었다.

6) 가상적 목적론(fictional finalism)

아들러는 우월에 대한 추구와 완전성을 향한 인간의 노력은 각 개인들이 주관적으로 생각하는 최고의 목표를 추구할 때 구체적으로 나타난다고 보았다. 프로이트와 결별 후 철학자 한스 바힌거(Hans Vaihinger)에 의해 많은 영향을 받았는데(Ansbacher & Ansbacher, 1995; 이효선 외, 2006), 특히 그의 『믿음의 철학(the philosophy of 'as if')』이라는 책에서 많은 사람들이 진실에 의해 행동하는 것이 아니라 진실이라고 믿는 것에 의해 동기 유발되어 실제로 현실에 아무 근거가 없음에도 이것을 믿고 행동하며 살아간다는 생각에서 착안하여 '가상적 목적론'이란 이론이 만들어졌다. 특히 이 가상적 목적의 개념은 프로이트와 달리 인간의 행동이 과거에 대한 경험보다는 미래에 대한 기대로 인해 동기화된다고 보았고, 각 개인의 우월성 추구는 그들이 선택한 가상의 목표에 의해 결정된다고 했다(Hjelle & Ziegler, 1976). 가상적 목적은 미래에 실재할 것보다는 주관적으로 또는 정신적으로 현재의 행동에 영향을 주는 이상으로 지금, 여기에 존재하는 것이다(이효선 외, 2006).

7) 인생과업(task of life)

아들러는 일, 우정, 사랑을 인간이 살아가면서 반드시 만나는 '인연'이라 표현하면서 인간은 이러한 세 가지 과제에 지속적으로 부딪치면서 살아가며, 이를 해결하는 과정은 각 개인의 생활양식에 영향을 받는다고 보았다. 첫 번째 과업인 일은 인간이 살아남기 위한 방편으로 직업을 찾는 것을 말하고, 두 번째 우정은 서로 다른 사람들이 삶의 과제를 해결하기 위하여 상호 협력하는 관계를 어떻게 발견할 것인지를 찾아야 한다는 것이며, 세 번째는 사랑이다. 사랑이란 남자와 여자라는 두 이성이 인류의 존속을 위하여 사랑에 의지하여 자신들을 적응시키는 방법을 말한다.

4. 성격의 발달과 유형

1) 성격의 발달

아들러는 성격발달에 영향을 주는 요인들로서 가족 및 사회적 요인, 즉 부모와 자녀관계, 가족의 수, 형제간의 관계, 아동의 출생순서 등을 지적하였고, 불완전한 신체기능, 과잉사랑, 거부 등과 같이 생활양식을 왜곡시키기 쉬운 세 가지 상황을 지적하였다.

(1) 병약하거나 허약체질인 아동

신체기관의 열세는 어떤 기술을 습득하는 데 방해를 받게 되어 열등감을 경험하게 된다. 따라서 이러한 신체기능의 불완전 수준 정도에 따라 자신의 발달에 한계를 경험하게 된다. 신체적 결함이 정신에 영향을 미치는 정도는 그 신체적 결함 자체가 아니고 결함에 대한 태도와 훈련이다. 주위 사람들의 태도, 동정이나 기피, 조소 등으로 열등감이 심각해지기도 한다. 하지만 이러한 신체적 결함을 극복하고 인간승리를 이루어내는 사람들도 있다.

(2) 거부당하는 아동

아동의 신체적 결함이나 부모의 불행한 결혼, 혹은 가족 문제 등으로 부모로부터 거부당한 아동은 잘못된 훈련을 받기 쉽다. 거부의 유형은 폭력과 같은 외형적일 수도 있고 심리적 학대 등 내면적일 수도 있다. 거부당한 아동은 세상이 적대적이며 위협적이라고 지각하기 때문에 반항적이고 사람과의 관계 형성에 어려움을 겪게 된다. 아울러 권리를 위해 싸우는 것을 생활양식으로 선호한다. 거부당한 아동은 신뢰할 수 있는 사람을 접해 본 경험이 없어 사랑이나 협력 등을 배울 수 있는 기회가 없으며 다른 사람에게 유익한 행동을 보여 줌으로써 타인으로부터 애정이나 존경을 얻게 된다는 것을 이해하지 못한다.

(3) 응석받이 아동

지나친 사랑은 부적응의 주된 결정 요인이 된다. 응석받이 아동은 다른 사람을 배려하기보다 다른 사람에게 기대하는 데 익숙하다. 이러한 아동은 요구하는 것만 배우지 좌절에 대처하는 방법을 배울 기회가 없었기 때문에 어려움에 부딪치면 자신이 그 문제를 해결하기보다 다른 사람에게 요구하게 된다. 응석받이 아동의 관심은 오로지 자기 자신뿐이고 협동에 대해 잘 모른다. 이러한 아동은 어려움이 있을 때 퇴행함으로써 반응한다.

2) 출생순위와 성격 특성

아들러는 출생순위 또한 각자의 생활양식에 큰 영향을 미칠 수 있다고 보았으며, 출생순위 중 특히 첫째, 둘째, 막내, 외동자녀에게 관심을 가졌다(Adler, 1931; 이인정 1999). 아들러의 출생순서에 따른 생활양식은 모두 가능성을 지적한 것이지 가족의 역동성은 각 가정마다 다르다. 출생순위가 성격 형성에 영향을 미치게 되는 것은 출생에서의 숫자가 아니라 태어난 상황을 말하는 것이다. 예를 들면, 맏이가 의지박약하거나 억눌렸다면 둘째 자녀는 맏이의 생활양식을 가질 수 있다. 대가족 속에서 두 자녀가 다른 자녀들보다 훨씬 늦게 태어나 위의 형제들과 떨어져 함께 자란다면 이들 중 손위가 맏이의 특성을 가지기 쉽다.

〈표 2-8〉 아들러가 제시한 출생순위와 성격 특성

출생순위	성격의 특성
첫째 아이	• 부모의 모든 사랑과 관심을 받음 • 둘째 아이가 태어나면 '폐위된 왕'이 됨(열등감 심화) • 권위의 중요성을 잘 이해함
둘째 아이 또는 중간 아이	• 가장 큰 특성: 경쟁 • 어떤 경우에는 강한 협력의 태도 발견 • 경쟁의 태도가 너무 강하여 혁명가가 될 수도 있음
막내 아이	• 과잉보호될 가능성이 가장 큼 • 문제아가 될 수 있음
독자	• 가족 내에서 경쟁할 사람이 없음 • 자신의 중요성에 대한 과장된 견해 소유 • 소심하고 의존적

5. 사회복지실천과의 연관성

프로이트와 에릭슨의 이론에 비하면 아들러의 개인심리이론은 사회복지현장에서 등한시되어 온 것은 사실이나, 아들러의 주요 개념들은 사회복지와 밀접하게 연관되고 있다. 아들러의 사회목적론 접근은 인간이해를 위한 기존의 인과론적 또는 유물론적 입장에서 벗어나 인간의 주체성에 입각한 개인의 자기결정 능력과 자아통제 및 조정능력을 인정하는 전제 하에서 인간을 바라보고 있다. 아들러는 인간에게 있어 사회성을 매우 강조했는데, 이는 개별사회사업에서 추구하는 사회기능과 동일한 개념이다. 아울러 가족분위기, 가족형태, 가족구성원의 생활양식 등에 초점을 둔 아들러의 이론은 가족상담에 유용한 지식기반이 될 수 있다(이효선 외, 2006; 조휘일 1982; 김진원, 2009).

아들러는 열등감이 집단을 통하여 효과적으로 도전받고 극복될 수 있다는 점과 잘못된 생활양식이 집단 경험을 통하여 변화될 수 있다는 가능성을 보여 주었기에 사회복지실천 현장에서 집단사회사업 분야에 유용하게 사용될 수 있고(이인정 외, 2000), 내담자로 하여금 비논리적이고 잘못된 신념 기대를 수정하도록 도와주었는데 좋은 감정과 행동을 수행하기 위해서는 먼저 합리적인 생각이 필수적인 것으로 믿음으로써 인지행동치료에도 영향을 미치고 있다. 아들러의 성장, 문제예방, 그리고 사회개발에 대한 관심 또한 아동지도센터(Child guidance center)와 부모교육의 발전에 영향을 미쳤다고 할 수 있다(Davison & Neale, 1990).

참고문헌

권육상 · 이명재(2002). 인간행동과 사회환경. 서울: 학지사.

김동배 · 권중돈(2006). 인간행동이론과 사회복지실천. 서울: 학지사.

김삼복(1996). 에릭슨의 사회심리적 발달이론에 대한 한국적 이해와 비평". 교수논총 7. 부천: 서울신학대학교.

김진원(2009). 인간행동과 사회환경. 대왕사.

노안영 · 강영신(2003). 성격심리학. 서울: 학지사.

송길연 외 역(2005). 발달심리학. 시그마프레스. David Shaffer(2005). Childhoold & Adolescence.

엄명용 외(2003). 사회복지실천의 이해. 서울: 학지사.

유태균 외(2004). 사회복지실천 이해와 적용. 서울: 나남출판사.

이부영(2009). 분석심리학: C. G Jung의 인간 심성론. 일조각.

이윤로(2006). 인간행동과 사회환경. 서울:창지사.

이인정 · 최해경(1999). 인간행동과 사회환경. 서울: 나남.

__________(2000). 인간행동과 사회환경. 서울: 나남.

__________(2004). 인간행동과 사회환경. 서울: 나남.

이효선 · D. Garz (2006). 사회복지실천을 위한 인간행동과 사회환경의 이해. 서울: 공동체.

전병재(1993). 사회심리학. 서울: 경문사.

정옥분(2004). 발달심리학: 전생애 인간발달. 서울: 학지사.

____(2007). 아동발달의 이해. 학지사.

조휘일(1982). "케이스 워어크 진단과정에 있어서 애들러(Adlerian) 이론적용에 관한 연구". 서울여자 대학 논문집, 제11호.

최순남(2005) 인간행동과 사회환경. 한신대학교출판부.

최옥채 외(2004). 인간행동과 사회환경. 경기: 양서원.

한국표현예술심리치료협회(2012). 한국표현예술심리치료. 초급교육과정자료집.

한국MBTI연구소(2010). MBTI와 Jung의 분석심리학.

Adler, A. (1927). *The Practice and Theory of Individual Psychology Compensation: A Contribution to Clinical Medicine*, New York: Nervous and Mental Disease Publishing Company, 1907/1917.

_____ (1931). What Life Should Mean th You, Boston Little, Brown and Company.

_____ (1956). *The Individual Psychology of Alfred Adler: A Systematic Presentation in Selections from His Writings*, H.L. Ansbacher & R. R. Ansbacher(Eds.), New York: Basic Books.

_____ (1963). *The Problem Child: The Life Style of the Diffifult Child as Analyzed in Specific Cases*, New York: Capricorn Books.

Allan, E. (1974). *Psychoanalytic thoery. In F. J. Turner(Ed.) Social work treatment.* New York: Free Press.

Ansbacher, H. L. (1971) "Alfred Adler and Humanistic Psychology", *Journal of Humanistic Pscychology, 11*.pp 53-63.

Ansbacher, H. L. & Ansbacher, R. (1995) *Alfred Adlers Individual Psychologie.* Ernst Reinhardt Verlag Muenchen Basel.

Auden, W.(1947). *The age of anxiety.* New York: Randon House.

Davison, G. C. & Neale, J. M. (1990). *Abnormal Psychology*, Wiley.

Erikson, E. H. (1959). *Identity ad the Life Cycle; Selelcted Papers*, New York: International University Press.

__________(1963). *Childhood and Society*, New York: W.W. Norton

__________(1968). *Youth and Crisis*, New York: W.W. Norton,

Freud, S. (1933). *New Introductory Lectures in Psychoanalysis.* New York: Norton.

Giovacchini, P. L. (1977) "Pshchoanalysis" In R.J. Crosini(Ed.), *Current Personality Theories*, Etasca, III: F. E. Peacock Publishers, Inc.

Hale, N. (1971). *Freud and the Americans.* New York: Oxford University Press.

Hamilton, G. (1958). "A Theory of Personality: Freud's Contribution to Social Work", In H. J. Parad(Ed.), *Ego Psychology and Casework Theory*, New York: Family Service of America.

Hjelle, L. A. & D. J. Ziegler(1976) *Personalty Theories: Basic Assumption, Research and Application, 2nd (ed.)*, New York: McGraw-Hill Book Co.

Hooper, A. & J. Holdpord(1998). *Adler For Beginners.* Writers and Readers Publishing, Inc.

Jacobi, J. (1959). *Complex/Archetype/Symbol in the Psychology of C. G. Jung*, Princeton, NJ: Princeton University Press.

Jones, E. (1953). *The life and work of Sigmund Freud(Vol.1).* New York: Basic Books.

Jung, G. G. (1933). *Modern Man in Search of a Soul*, New York: Harcout, Brace and Company.

__________(1934). *The Practical Use of Dream Analysis, Collected Works, Vol. XVI.* Princeton, NJ: Princeton University Press.

__________(1961). *Memories, dreams, reflections, A. Jaffe(Ed.)*, New York: Vintage Books.

Maier, H. (1969), Three Theories of Child Development: The Contributions of Erik H. Erikson, Jean Piage, Robert R. Sears, and Their Applicatoins, New York: Harper & Row.

Norlin, J. & Chess, W. (1997). *Human Behavior and the Social Environment - Social System Theory.* Allyn and Bacon.

Norlin, J. M., Chess, W.A., Dale, O. & Smith, R. (2003). *Human behavior and the social environment: Social systems theory(4th ed.)*, Allyn and Bacon.

Parsons, T. (1951). *The social system. Glencoe*, IL: Free Press.

Schriver, J. M. (1995). *Human Behavior and the Social Environment.* Allyn and Bacon.

CHAPTER 03

인간행동에 관한 주요이론 : 인지행동이론

1 인지이론

인지 발달이란 아동이 언어적인 기술을 획득하는 것처럼 사고와 추론 기술을 발달시키는 과정을 말한다(김수희 외, 2011).

1. 피아제(Piaget)의 이론

1) 주요 개념

피아제(Piaget)의 인지 발달이론을 이해하기 위해서는 도식, 적응, 동화, 조절, 평형 등의 개념에 대한 이해가 선행되어야 한다(Ault, 1977; Flavell, 1977; Ginsburg & Opper, 1979).

(1) 도식(schema)

사물이나 사건 또는 사실에 대한 전체적인 윤곽이나 개념을 일컬으며, 유기체가 가지고 있는 '이해의 틀'을 의미한다.

도식은 유기체가 생래적으로 가지고 태어나는 것이 아니라 유기체와 환경과의 접촉에서 반복되는 행동과 경험에서 형성되는 것이다. 도식 자체는 일반적으로 외현적 행위의 기초가 되는 내적 정신구조를 가리키는 것으로, 조직화된 행동패턴을 가능하게 하고 이에 기초가 되는 인지 능력을 말한다. 예를 들어 입에 닿는 것은 무엇이든지 자동적으로 빠는 어린 유아는 '빨기도식'을 가지고 있는 것으로 볼 수 있다는 것이다.

피아제는 아동의 두뇌는 생물학적으로 충분히 발달되지 않았고 경험의 폭이 좁으므로 이들이 지니고 있는 도식은 질적으로 성인의 도식과는 다르다고 믿었다. 이것은 연령이 증가함에 따라 그리고 많은 경험을 통해 인지구조가 발달하게 되는데 이것이 도식의 질적 변화를 의미한다(조복희 외, 1997).

(2) 적응(adaptation)

적응은 환경과의 끊임없는 상호작용을 통해 도식이 변화하는 과정이며 인지적인 적응은 동화와 조절 사이의 평형으로부터 생겨난다. 동화(assimilation)는 이미 갖고 있는 도식 또는 체계에 의해 새로운 대상이나 사건을 해석하고 이해하는 인지과정이다. 사자를 고양이라고 생각하는 아이는 고양이라는 자신의 정신적 개념에 사자를 동화시키는 것이다. 조절(accommodation)은 기존의 인지구조로 새로운 대상을 받아들일 수 없는 경우에 기존의 인지구조를 변화시키는 과정이다. 이를 통해 인간은 외부 세계에 대처하는 방법을 더욱 효율적이고 정교하게 구성할 수 있다. 사자와 고양이는 다르다는 것을 알려 줌으로써 사자라는 새로운 도식을 형성하게 된다.

(3) 평형(equilibrium)

평형은 동화와 조절의 상호작용을 통하여 유기체가 자신과 환경 간의 균형상태를 이루는 인지과정이다. 균형상태는 사고의 평형을 의미하며 평형은 정지된 상태가 아니라 동적이며 효과적인 도식을 점차적으로 만들어 간다.

2) 피아제(piaget)의 인지 발달단계

개인의 일생 동안의 인지 발달을 설명한 가장 대표적인 학자인 피아제(Piaget)는 인지의 양적인 접근에서와 달리 정신능력에 대한 개인차에 별로 관심을 두지 않았다. 대신 그는 개인이 일생 동안 인지적으로 몇 단계에 걸쳐 주요한 질적 변화를 경험한다고 보고 이를 4단계로 정리하였다(한국청소년개발원, 2006; 최옥채 외, 2011; 이종복 외, 2011; 박경애 외, 2010).

(1) 감각운동기

감각운동기는 출생부터 약 2세까지의 기간으로 이 기간 동안 영아는 환경에 대한 추론이나 사고능력보다는 주로 감각 및 반사능력을 통해 세상을 지각한다. 이 시기에 영아는 출생 시부터 갖고 있는 몇 가지의 감각능력과 반사행동을 통해 자신의 행동과 그 결과 간의 관계를 연결하면서 세상을 배워 나간다. 이러한 감각운동들은 점차 정교해지고 좀 더 큰 단위로 상호 결합되면서 보다 효율적인 인지구조를 형성하게 된다.

감각운동기에 획득되는 중요한 능력으로 대상영속성(object permanent)이 있는데 이는 유아가 대상이나 사건을 직접적으로 감각을 통해 지각할 수 없을 때에도 계속 존재하고 있는 것으로 이해할 수 있는 능력이다.

이 시기는 다음의 여섯 단계로 나누어진다.

1 반사활동기(출생~1개월)

초기 한 달 동안의 시기에 해당되며, 유아의 행동은 반사적이다. 행동을 유발하는 자극이 없어도 그 행동을 시작한다. 아기는 입술을 반지기만 해도 반사적으로 빨고 모든 대상을 빨기 도식에 동화시키려 한다. 반사활동기에는 동화가 주된 활동이나 자신의 행동을 조절하는 과정도 시작한다.

2 1차 순환반응기(1~4개월)

순환반응은 유아가 우연히 일어났던 흥미 있는 행동을 반복한다는 의미이다. 여기서 1차적이라는 의미는 이러한 행동이 생물학적인 반사에 그 근원이 있기 때문이다.

이 단계에서 유아의 감각운동 도식이 계속해서 발달하고, 한 도식과 다른 도식의 점진적인 협응이나 통합이 이루어진다.

3 2차 순환반응기(4~10개월)

순환반응이 유아 자신의 신체에 한정된 것이 아니라 신체 이외의 것에서 어떤 결과를 얻기 위해 의도적인 행동을 반복한다. 즉, 인과관계의 법칙을 발견하기 시작한다. 아직은 우연히 발견한 후 목표를 추구하는 단계로서 물체를 따라 눈을 움직이지만 물체가 시야에서 사라지면 곧 찾기를 멈춘다.

4 2차 도식의 협응(10~12개월)

이 단계의 특징은 의도적인 수단을 사용, 목표 행동을 나타낸다는 것이다. 목표를 달성하기 위해 두 가지 행동을 협응하기 때문에 2차 순환반응의 협응기라고 부른다. 원하는 바를 성취하기 위해 문제해결 방법을 생각할 수 있고, 이때 방해가 되는 장애물을 제거할 수 있다. 예를 들어 아이가 상자를 잡으려 할 때마다 손으로 막으면 손을 밀치고 상자를 손으로 잡는다.

또 하나의 특징은 대상영속성이 급속하게 발달한다는 것이다. 아이가 가지고 놀던 장난감을 이불 속에 숨기면, 숨겨진 장난감을 찾을 수 있게 된다. 이제 물체가 보이지 않아도 사라지는 것이 아니라는 것을 이해했기 때문이다.

5 3차 순환반응기(12~18개월)

유아가 걷기 시작하게 되면서 새로운 것 자체에 대한 흥미를 보이게 되는데 이

때문에 3차 순환반응기라고 부른다.

문제해결과정에 있어 시행착오를 겪으면서 새로운 행동들을 시도하는 독창성을 보여 준다. 예를 들어 유아의 손이 닿지 않는 곳에 있는 물체를 손에 넣으려고 끈을 당기거나 그 밑에 깔려 있는 깔개를 잡아당김으로써 손에 넣을 수 있게 된다. 또한 늘 가지고 놀던 놀잇감을 다른 방법으로 가지고 놀기 시작한다.

6 사고의 시작(18~24개월)

행동을 하기 전에 그에 대해 생각하고 상징에 의해 인지대상을 표상할 수 있게 된다. 상징들을 조작할 수 있게 되면 아동은 직접 경험하기보다는 언어를 사용하고 자신이 모방할 수 있는 대상이 눈앞에 보이지 않더라도 그 행위를 모방할 수 있다. 이처럼 정신적 표상이 가능해지면 이전까지 불가능했던 지연모방이 가능해진다.

(2) 전조작기

2세부터 7세까지의 기간을 말하며 감각운동적인 기능들이 내면화되는 시기를 말한다. 조작(operation)이란 사람, 물체들 간의 관계를 이해하고 적용할 수 있는 내면화된 논리적 패턴을 말한다. 조작의 가장 중요한 특징은 가역성으로 이미 행해진 일을 거꾸로 돌려 원래의 형태나 상태를 유추해 내는 것이다. 그러나 전조작기라는 명칭이 말해 주듯 이 시기는 아직 조작이라는 인지기능이나 가역성의 특징이 나타나지 않는다. 따라서 이 시기 아동들은 보존개념의 원리를 이해하지 못하여 배열방식이 달라져도 주어진 양은 같다는 것을 이해하기 어렵다.

전조작기 사고의 특성에는 자아중심성, 직관적 사고, 물활론, 상징적 기능, 타율적 도덕성, 꿈의 실재론 등이 있다.

(3) 구체적 조작기

학령기 아동에게 나타나는 인지적 특성을 구체적 조작이라 한다. 이 시기의 아동들은 이전에 비해 자신의 경험과 환경의 자극을 더 체계적으로 생각하고 계획성 있게 문제를 해결해 나간다. 그리고 직관적인 판단과 자아중심성에서 벗어나

타인의 입장을 고려하고 추론할 수 있게 되며, 논리적인 조작을 통해 어떤 행동에 대한 내적 표상을 할 수 있게 된다.

그러나 구체적 조작기의 아동들이 갖고 있는 이러한 능력은 현재 다루고 있는 구체적인 상황에 국한되어 추상적이거나 미래에 대해 인지적으로 조작하거나 추론하기가 어렵다.

구체적 조작기에는 인지 능력이 발달하여 보존개념, 분류화, 서열화, 탈중심화, 자율적 도덕성 등을 갖게 된다.

(4) 형식적 조작기

12세가 되면서 아동은 구체적 조작기의 아동과 달리 직접적으로 경험하지 않아도 추상적으로 사고하고 추론을 통해 가설을 세워 검증할 수 있는 형식적 조작기에 이른다. 추상적이고 형식적(formal)인 부분으로의 지적 능력이 가능한 이 시기는 추상적 사고, 메타 인지(사고과정에 대한 사고), 가능성에 대한 사고, 가설연역적 사고 등의 독특한 인지적 특징을 지니게 된다.

3) 평가

피아제는 아동발달의 연구와 이론에 큰 영향을 미쳤으나 다음과 같은 비판을 받고 있다.

첫째, 단계구분의 근거가 명확하지 않고 아동의 능력을 과소평가하고 있다.

둘째, 훈련과 학습을 통한 인지단계의 가속화나 고차원의 기술에 대한 선수지식의 가능성, 효과를 무시했다는 점이다.

셋째, 단계구분에 있어서 일관성의 결여이다.

넷째, 수학적, 과학적 사고의 발달이론은 인정하나 문학, 미술, 음악 등에 포함되는 정의적 발달에 대한 부분은 소홀했다는 점이다.

다섯째, 인지 발달에서 개인차를 충분히 고려하지 않았으며, 사회문화적, 역사적 영향을 과소평가했다는 비판을 받고 있다(정옥분, 2003).

2. 피아제의 도덕성 발달이론

피아제는 규칙이나 정의, 의도성에 대한 이해, 벌에 대한 태도 등의 질문을 근거로 하여 아동의 도덕성 발달단계를 타율적 도덕성과 자율적 도덕성의 단계로 구분하였다(정옥분, 2005; 최옥채 외, 2011).

타율적 도덕성 단계의 아동(4~7세)은 규칙이 신이나 부모와 같은 권위적 존재에 의해서 만들어진 것으로 믿으며, 그 규칙은 신성하고 변경할 수 없는 것으로 이를 위반하면 벌을 받아야 한다고 생각한다. 또한 행위의 의도성에 대한 이해에서도, 어떤 행동의 옳고 그름을 행위자의 의도와는 상관없이 단지 행동의 결과만을 가지고 판단한다. 예를 들면, 어머니가 설거지하는 것을 도와드리다가 실수로 컵을 열 개 깨뜨리는 것이 어머니 몰래 과자를 꺼내 먹다가 컵을 한 개 깨뜨리는 것보다 더 나쁘다고 생각한다.

7~10세까지는 일종의 과도기적인 단계로서 타율적 도덕성과 자율적 도덕성이 함께 나타나는 시기다. 그리고 10세경이 되면 대부분 자율적 도덕성 단계에 도달하게 된다. 이 단계의 아동은 점차 규칙은 사람이 만든 것이고, 그 규칙을 변경할 수 있다고 생각하며, 도덕적 판단에서 상황적 요인을 고려하는 융통성을 보인다. 옳고 그름에 대한 판단도 행위의 결과가 아닌 의도성에 의해 판단하게 된다. 또한 이 단계의 아동은 규칙을 위반하더라도 항상 벌이 따르지 않는다는 것을 스스로의 경험에 의해 알게 되었기 때문에 더 이상 내재적 정의를 믿지 않는다.

피아제에 따르면 타율적 도덕성 단계에서 자율적 도덕성 단계로 발달하기 위해서는 인지적 성숙과 사회적 경험이 중요한 역할을 한다고 한다. 인지적 요소로는 자기중심성의 감소와 역할수용능력의 발달을 들 수 있는데, 도덕적 문제를 여러 가지 각도에서 조망할 수 있도록 해 주기 때문이다. 그는 또래와의 대등한 위치에서의 상호작용을 통한 융통성 있고 자율적인 도덕성 발달을 중요시한다.

3. 콜버그의 도덕성 발달이론

1) 콜버그의 이론

콜버그는 피아제의 도덕발달이론을 발전시켜 도덕발달 수준을 전인습적 수준, 인습적 수준, 후인습적 수준으로 나누고 각 수준에 2단계씩 총 6단계를 거쳐 발달한다고 보았다. 전인습적 수준에서의 아동은 규칙이 내면화되어 있지 않으므로 벌을 피하기 위해 혹은 보상을 받기 위해 외부에서 주어진 규칙을 따른다. 인습적 수준에서는 다른 사람의 승인을 얻기 위해 또는 사회적 질서를 유지하기 위해 규칙과 사회적 규범을 따르려고 한다. 이때는 외적인 벌과 보상 대신에 사회적 칭찬과 비난에 대한 회피가 도덕적 행위의 동기가 된다. 후인습적 수준은 옳고 그름을 정의의 원리에 의해 판단한다. 즉, 도덕적으로 옳은 것과 법적으로 타당한 것이 항상 같은 것은 아니라는 사실을 알게 되면서 법과 무관한 자율적이고, 독립적인 사고를 한다. 따라서 사람들의 욕구와 복지가 중요하게 생각되면서 진정한 도덕성에 도달한다. 하인츠의 사례를 중심으로 각 단계를 살펴보면 다음과 같다(Crain, 1983; 서봉연·이순형, 1983; 한덕웅, 2001).

* 하인츠의 사례: 유럽의 한 마을에 사는 하인츠는 아내가 암에 걸려 거의 죽어가고 있는 것을 보고 어쩔 줄 몰라 한다. 의사가 그녀를 살릴 수 있는 특효약을 하인츠에게 말해주었는데, 그것은 그 마을에 사는 약제사가 최근 발명한 라듐 계통의 약이었다. 하인츠가 그 약제사를 찾아갔더니 그는 그 약의 제조 원가의 10배가 되는 2,000달러를 요구했다. 하인츠는 이리저리 돈을 빌리러 다녔으나 겨우 1,000달러밖에 구할 수 없었다. 하인츠는 약제사에게 약값을 할인해 주거나 나중에 갚게 해달라고 간청했다. 그러나 하인츠는 거절당했고, 절망 끝에 부인을 위해 약제사의 가게에 몰래 들어가 약을 훔쳐왔다(Kohlberg, 1981, 문정화, 2008, 재인용).

(1) 전인습적 수준: 1단계-복종과 처벌 지향(처벌회피 단계)

의심할 여지없이 복종해야 하는 고정불변의 규칙이 있다고 생각한다. 이러한 규칙은 강한 권위자가 내려 준 것이므로 규칙을 어겼을 경우 벌을 받고, 벌을 받는 것은 나쁜 것이라고 판단한다. 따라서 훔치는 일은 벌을 받기 때문에 하인츠의 행동이 나쁘다고 판단한다. 즉, 이 시기의 아동은 행동이 어떤 결과를 수반하느냐에 따라 달라지는데 결과상 벌을 받는 것은 나쁘다고 판단한다.

(2) 전인습적 수준: 2단계-상대적 쾌락주의

이 단계에서는 도덕적 행위가 자신과 타인을 만족시켜 주는 수단이지 더 이상 고정적이거나 절대적인 것이라고는 생각하지 않는다. 즉, 모든 문제가 한 가지 이상의 측면을 가지고 있다고 생각한다. 1단계가 처벌을 회피하고자 하는 단계라면 2단계는 보상을 추구하는 단계이다. 즉, 각자의 입장에서 보상받는 것을 선택한다. 따라서 하인츠의 사례에서 하인츠는 아내를 구하기 위한 것이었으므로 훔치는 것이 정당하다고 생각할 수 있으나 약제사의 입장에서는 도둑질은 나쁘다고 생각할 수 있다고 본다. 즉, 어느 쪽의 입장에서 생각하느냐에 따라 결과가 달라질 수 있다는 것이다.

(3) 인습적 수준: 3단계-착한 소년/소녀지향

인습적 수준에서는 사회적 승인과 사회질서를 염두에 둔 판단을 하는데 3단계에서는 행위자가 '착한가'에 따라 판단한다. 즉, 동기와 감정이 정의로운가에 비추어 생각하며 결국 타인으로부터 얼마나 인정받을 수 있는가에 따라 판단한다. 따라서 하인츠는 '아내를 사랑했다', '생명을 구하려고 애썼다' 그래서 착한 것이고, 반대로 약제사는 '탐욕스럽다', '자신의 이익 때문에 생명에 무관심하다'라고 생각하면서 몹시 분노하며 약제사를 감옥에 보내야 한다고 응답한다. 이 시기의 올바른 행동이란 착하고 이해성 있는 모든 이들이 인정하는 선의의 행동으로 이루어져야 한다고 생각한다.

(4) 인습적 수준: 4단계-사회질서와 권위의 유지

일반적인 사회질서에 대해 보다 광범위하게 사고하며, 사회질서가 유지되기 위해서는 법에 복종해야 한다는 것을 강조한다. 따라서 하인츠에게 동정적이지만 그럴 만한 이유가 있을 때마다 모두가 법을 어기면 사회가 어떻게 되겠느냐고 반문하면서 하인츠가 불가피한 상황에서 약을 훔쳤다면 그에 따른 처벌도 함께 받아야 한다고 생각한다. 왜냐하면 법이 존중되어야 사회가 적절히 기능할 수 있다고 생각하기 때문이다. 이 단계의 답은 1단계의 답과 유사하지만 1단계에서는 그 이유가 단순히 "훔치는 것은 나쁘다"이었다면 4단계에서는 사회를 위한 법의 기능을 개념화하고 있다는 점에서 다르다.

(5) 후인습적 수준: 5단계-민주적으로 용인된 법

법이란 사람들이 화목하게 살기 위해 공동체가 동의한 장치이므로 사람들에게 필요한 바를 충족시키지 못하면 상호 동의나 민주적인 절차를 통해 변경시킬 수 있다고 본다. 즉, 개인의 가치가 법보다 상위에 있음을 알며 법이 개인을 무시하면 사람들을 설득시켜 법을 개정해야 한다고 생각하지만 여전히 법에 깊은 합리성을 부여하고 있으므로 진퇴양난이 된다. 따라서 하인츠 아내의 살 권리가 중요하다는 것을 알지만 그렇다고 도둑질한 것을 옳다고 할 수 없어 옳고 그름을 분명히 이야기할 수 없다고 한다.

(6) 후인습적 수준: 6단계-보편적 원리

가장 높은 도덕단계로 옳고 그름을 개인의 양심에 비추어 판단하여야 한다는 것이다. 이 양심의 원리는 구체적 규칙이 아니고 법을 초월하는 '인간의 존엄성'이나 '정당성'과 같은 보편적 정의의 원리이다. 즉, 사회질서의 중요성을 인식하고 있으나 질서정연한 사회라고 하여 모두 행복한 것이 아니므로 사회질서보다 중요한 원리를 실현시켜야 한다고 깨닫는다. 따라서 하인츠가 도둑질을 할 법적 권리는 없지만 보다 상위의 도덕적 권리를 갖고 있다고 응답한다. 그러나 보편적 원리인 6단계에 도달하는 사람은 많지 않으며 간디, 소크라테스 같은 위대한 철학자, 종교적 지도자 등만이 여기에 도달했다고 보았다.

또한 소설『허클베리 핀의 모험』에서 우리는 도덕성의 인습적 단계에서 벗어나 자율적 단계로 들어가는 과정을 볼 수 있다. 허클베리 핀이 자신의 양심과 주변 어른들의 규범 사이에서 딜레마에 빠지는 것을 보게 된다. 허클베리 핀은 도덕성의 인습적 단계에서 벗어나 자율적 단계로 들어가는 수준이다. 허클베리 핀은 때때로 교묘하게 어른들을 속이고 자신의 '버릇없는' 규범을 따르기도 하지만, 발달된 도덕성 때문에 도망 중인 노예 짐을 노예 사냥꾼에 넘겨주지 못한다. 허클베리 핀은 성인 사회의 편견을 받아들일 수 없어서 거짓말을 했지만, 잠시 후 자신의 양심과 싸워야만 했다.

허클베리 핀의 모험의 유명한 말은 "그렇다면 나는 지옥으로 가겠다"이다. 주인공인 허클베리 핀은 금광을 발견하여 벼락부자가 되지만 문명생활에 싫증이 난 나머지 뗏목을 타고 미시시피 강을 내려간다. 그 뗏목에 도망친 흑인 노예 짐이 올라탄다. 당시 노예의 도망을 돕는 사람은 지옥에 떨어진다고 믿어졌다. 허클베리는 자기를 어디까지나 믿는 친구가 된 짐을 한쪽으로 하고, 다른 한 쪽을 지옥으로 해서 이 두 물체를 천 평 저울에 올려놓고 달아보는 등 고민한다. 그런 끝에 내면의 목소리에 따라 짐을 고발하지 않고 자기가 지옥에 가기로 결심한다. 이것이 서두에 쓴 "그렇다면 나는 지옥으로 가겠다"이다. 이 말은 모든 악에 대한 참된 인간의 목소리이며 또 이 작품의 주제이기도 하다(정성훈·김상헌 역, 2004).

2) 평가

콜버그의 이론은 도덕발달단계의 대표적 이론으로 나이와 도덕적 추리의 상관관계를 입증하는 중요한 가치가 있음에도 불구하고 몇 가지 점에서 비판을 받고 있다(최경숙, 2000; 한덕웅, 2001; 서봉연·이순형, 1983; 최옥채 외, 2011).

첫째, 콜버그의 이론이 개인의 가치와 권리를 높이 평가하는 서구 사회의 문화적 편향성을 보인다고 비판하면서 실제 사회적 조화와 집단적 가치를 우선시하는 문화에서는 후인습적 수준을 발견할 수 없고 그들은 대부분 인습적 수준에 있지만 그것이 결코 낮은 개념의 도덕이라고 할 수 없다는 것이다.

둘째, 콜버그의 이론을 비판하는 대표적인 학자 길리건은 콜버그가 남성만을 대상으로 하였다는 점을 비판하면서 실제 여성은 남성과 다른 도덕적 관점을 가지고 있다고 주장했다. 즉, 남성은 법을 통한 정의에 초점을 두는 정의의 도덕성을 갖는 반면 여성은 책임이나 배려에 더 많은 초점을 두는 타인배려의 도덕성을 가진다고 했다.

셋째, 높은 단계의 도덕적 추리를 하는 사람이 낮은 단계의 도덕적 추리를 하는 사람보다 더 높은 도덕적 행동을 한다고 주장했으나 도덕적 사고와 행동간 관계에 대한 연구가 부족하여 도덕적 추리단계가 어느 정도 도덕적 행동을 예측할 수 있는지 알기 어렵다. 도덕적 행동은 일반적으로 도덕적 추리 이외에 개인의 다른 특성과 많은 상황적 요인들에 의해 영향을 받기 때문이다.

4. 앨리스의 합리정서행동치료이론

1) 앨리스의 이론

벡(Beck)의 인지치료의 목표는 클라이언트가 더욱 건설적이고 목표 지향적인 활동에 참여하면서 자신의 능력에 대한 부정적이고 파괴적인 추론을 변화시키는 것이다. 인지치료자는 클라이언트에게 인지치료에 대한 이론적 근거를 설명하여 이해시키고 자동적 사고를 탐색하여 유용한 사고와 유용하지 못한 사고를 구별하게 한 후 유용하지 못한 사고에 초점을 두어 사고에 따른 감정과 행동을 개념화하여 인지왜곡을 식별하여 합리적인 대안을 생각해 내도록 돕는다(Beck, 1979).

합리정서행동치료(Rational-Emotiona Behavior Therapy: REBT)는 앨리스에 의해 고안된 기법으로 기본 개념은 장애를 유발하는 것이 생활사건 자체가 아니라 사건에 대한 왜곡된 지각 때문이라는 가정에서 출발한다. 그리고 이 왜곡된 지각 및 잘못된 생각의 근거에는 비합리적이고 자기패배적인 관념들이 깔려있다고 본다. 이 관점에서는 인간은 태어날 때, 논리적이고 합리적인 사고의 가능성을 가지고 태어나지만 어렸을 때 형성된 '왜곡된 사고(crooked thinking)'에 의해 비논리적이고 무절제한 사람이 된다고 보고 있다. 따라서 클라이언트에게 합리적인 생각을 갖도록 도와서 보다 적절한 정서와 행동이 이루어지도록 하는 것이 핵심과제이다(장성화 외, 2011).

합리정서행동치료과정은 ABCDE로 설명될 수 있다(홍경자, 1995). 즉, A는 선행 사건(activating event)으로 개인에게 혼란을 야기하는 특정 사건을 의미하며, B는 신념체계(belief system)로 어떤 사건이나 행위 등의 자극에 대해 개인이 갖는 태도나 사고방식이며 합리적 신념(rational Belief: rB)과 비합리적 신념(irrational Belief: iB)이 있다. C는 결과(consequence)로서 그 사건을 신념에 의거해 해석해서 느끼는 정서적 결과이다. D는 논박(dispute)으로 클라이언트가 가지고 있는 비합리적 신념이나 사고에 전하고 그것이 사리에 맞는지를 검토하는 것이고, E는 효과(effect)로 클라이언트의 비합리적 신념에 대해 논박하여 합리적 신념으로 대체한 뒤 느끼는 수용적이고 긍정적인 감정이다.

합리정서행동치료에서는 인지적 설명기법으로 암시, 자기방어의 최소화, 대안의 제시, 기분전환 시키기, 인지적 과제수행, 정확한 언어 사용, 유추기법, 유머의 사용 등을, 정서적 환기기법으로 합리적 정서 상상, 역할 연기, 감정적 언어 사용뿐만 아니라 행동적 지시기법으로 보상기법, 과제부과, 자극통제 등의 다양한 치료기법을 활용한다(장성화 외, 2011).

2) 사회복지실천과의 연관성 및 평가

인지치료이론은 다양한 문제에 적용할 수 있고 클라이언트 자신의 삶에 대한 책임을 강조하며 교육을 통한 능동적 변화방법을 제시했다는 점에서 사회복지실천에 기여할 수 있는 바가 매우 크나 지적 수준이 낮거나 현실감이 없는 클라이언트에게는 효과를 기대할 수 없고 치료방법이 지시적이고 교육적이므로 가치중립적이지 못할 수 있다는 점, 모든 문제를 인지와 신념의 문제로 볼 수 없다는 점 등의 한계점 또한 가지고 있다(홍경자, 1995).

2 행동주의이론

경험주의에 바탕을 둔 행동주의이론에서는 인간의 행동은 배우고 습득되는 것이며, 행동을 학습하는 과정은 일정한 원리를 따른다고 보았다(김규수 외 역, 2002; 오창순 외, 2009).

또한 인간을 이해함에 있어 환경의 중요성을 부각시킨 행동주의적 접근은 사회적 변화를 포함한 환경을 변화시킴으로써 더 나은 인간 삶의 조건을 만들 수 있다고 본다. 행동주의는 행동변화를 위해 학습원리들을 체계적으로 적용하는 행동수정기법의 토대가 되었으며, 강화와 모델링을 적용하는 것은 사회복지뿐만 아니라 다양한 영역에서 활용되고 있다(박희숙 외, 2010).

여기서는 파블로프의 고전적 조건형성이론, 스키너의 조작적 조건형성이론, 반두라의 사회학습이론을 중심으로 살펴본다.

1. 파블로프와 스키너의 이론

1) 파블로프의 고전적 조건화

고전적 조건화는 일정한 자극에 의해 자연적으로 일어나는 반응을 그것과 전혀 관계가 없는 중성자극과 연합시킴으로써 그 중성자극이 조건 자극으로 변화되어 조건 반응을 일으키게 되는 것을 말한다(천덕희 외, 2011).

파블로프는 개의 실험에서 중립자극이 무조건적 자극과 반복적으로 결합되면 무조건 자극 없이도 중립자극이 무조건적 반응을 유도하는 것을 발견하였다(황철수 외, 2011).

고전적 조건형성을 일상생활의 사례에서 보면 큰 교통사고를 당했던 사람이 이후에 차만 보면 마음이 불안해지는 현상, 전쟁에 참가한 군인들의 외상 후 스트레스 등과 같이 강렬한 자극을 겪은 사람이 그 자극과 조금이라도 관련된 것을 보면 움츠러드는 현상을 들 수 있다(천덕희 외, 2011).

2) 왓슨의 고전적 조건형성

왓슨은 인간의 반사행동을 주된 대상으로 했던 파블로프의 조건형성과정을 인간의 정서에 적용함으로써, 반사행동뿐 아니라 인간의 정서도 조건형성이 가능하다고 보았다(황혜정 외, 2012). 그는 앨버트라는 생후 11개월 된 유아가 공포증을 습득하는 과정을 통해 선천적인 것으로 여겨지던 정서반응이 중립자극에 대해 조건형성된다는 사실을 입증했다. 처음 앨버트는 흰쥐(중립자극)에 대해 공포감을 전혀 나타내지 않았다. 그러나 흰쥐를 보여 주면서 망치소리(무조건 자극)를 들려주었더니 앨버트는 격렬하게 몸부림치며 울음을 터뜨렸다(무조건 반응). 이러한 과정을 여러 차례에 걸쳐 반복했더니 앨버트는 흰쥐만 보아도 울음을 터뜨렸으며(조건 반응) 그 후 토끼나 쥐의 비슷한 털을 가진 다람쥐, 개, 모피, 외투, 목화, 산타클로스의 수염에도 공포감을 나타낸다는 사실을 알아냈다(구혜영, 2009).

이러한 원리로 그는 환경의 영향을 극단적으로 강조하면서 “나에게 12명의 건강한 영아를 준다면 어떤 형태의 전문가나 심지어 거지나 도둑을 만들 수 있다”고 주장하기도 했다(박희숙 외, 2010).

또한 그는 빈도법칙(frequency)과 최근법칙(recency)의 원리를 통해 인간행동의 원리를 설명했는데 빈도법칙은 어떤 자극에 반응을 자주 할수록 점차 그 자극에 대해 같은 반응을 보이는 것을 말하며, 최근법칙이란 특정한 자극과 특정한 반응 간의 연합이 시간적으로 근접해 일어날수록 그 연합이 다시 일어날 가능성이 커지는 것을 말한다(황혜정 외, 2012).

3) 스키너의 조작적 조건형성이론

스키너는 모든 인간의 행동은 환경에 의해 결정된다고 보았다. 즉, 인간은 그의 행동을 스스로 창출하는 존재가 아니라 그가 속한 환경에서 행동을 습득한 유기체로, 인간의 행동은 그 자신이 속해 있는 객관적 세계에서 경험한 과거의 경험, 혹은 현재의 경험에 의해 결정된다고 본다(Nye, 1992).

그리고 인간의 행동과 개입의 대상이 되는 행동이 측정 가능한 것이어야 한다고 보았다. 이러한 주장은 개입의 과정과 목표를 측정하고 평가할 수 있어야 한다는 사회복지실천의 효과성을 보여 주는 객관적 이론으로 인식되도록 하였으며, 단일체계연구방법의 개발과 실증적 실천모델로 활용되는 데 기여했다. 개입과정에서 클라이언트가 문제행동을 지속시키는 선행조건과 강화요인이 무엇인지 사정하는 데 유용하며 문제행동의 강도와 빈도를 양적으로 측정하여 개입을 통한 문제행동의 해결정도와 목표달성의 정도를 지속적으로 평가하는 데도 도움을 주었다(최순남, 2002).

스키너는 인간의 행동이 고전적 조건형성에 설명하고 있듯이 수동적이고 기계적인 반응행동만 있는 것이 아니라 유기체 스스로 행동을 일으키고 환경을 통제하고 그것에 의해 통제받는 의지적으로 자발적인 조작행동이 더 많다고 보았다.

스키너의 조작적 조건형성이론은 강화에 의해 반응행동을 변화시키려는 방법이기 때문에 강화이론이라고 불린다(구혜영, 2009). 예를 들어 스키너 상자에서 쥐가 지렛대를 누르는 행동을 하는 이유는 먹이라는 보상을 통해 그 행동을 강화시켰기 때문이며, 영아가 어머니에게 지속적으로 자신을 돌보아 달라는 신호를 보내지만 어머니가 무관심하게 반응할 경우, 이후에 영아가 어머니에게 더 이상 신호를 보내지 않게 되고 어머니에게 다가갈 가능성은 낮아진다(천덕희 외, 2011).

4) 주요 개념

(1) 강화

강화(reinforcement)란 보상을 제공하여 행동에 대한 반응의 빈도를 증가시키는 활동이며(Engler, 1991), 강화물은 반응의 빈도를 증가시키는 구체적인 어떤 것을 의미한다. 이러한 강화의 형태에는 음식 등 애초부터 강화 속성을 가진 사건이나 대상인 일차적 강화물과 연결되어 강화력을 가지게 된 자극인 이차적 강화물이 있다(정은, 2010). 이차적 강화물은 개인의 과거조건화 과정에서 일차적 강화와 밀접한 관련이 있는 미소, 칭찬, 돈 등과 같은 대상이다(Zimmerman, 1957).

구체적으로 보면 긍정적 강화와 부정적 강화가 있는데 긍정적 강화는 유기체가 유쾌하게 느끼거나 좋아하는 자극을 제공하거나 늘이는 것(상, 칭찬, 금전, 장난감, 사탕 등)을 의미하고, 부정적 강화는 유기체가 불쾌하거나 싫어하는 자극을 제거해 주거나 줄여 주는 것(숙제 양 줄이기, 청소면제 등)을 의미한다(구혜영, 2009).

(2) 처벌

처벌은 반응의 빈도를 감소시키는 자극을 의미한다(구혜영, 2009).

처벌에도 정적 처벌과 부적 처벌 두 가지 형태가 있다. 첫 번째는 불쾌한 자극을 가하는 것으로, 예를 들어 자녀가 한 말에 대해 어머니가 야단치는 것을 예로 들 수 있다. 두 번째는 유쾌한 자극을 없애는 것으로, 아이가 학교 과제를 하지 않았을 때 용돈을 주지 않는 것을 예로 들 수 있다. 이는 재미있는 놀이를 하던 아동이 친구와 싸웠을 경우, 놀이를 중지시키고, '생각하는 의자'에 앉게 하는 것과 같이 강화물로부터의 퇴장, 즉 타임아웃하는 것이다(표갑수, 2012).

그러나 벌은 바람직하지 않은 행동을 그치게 하는 효과보다 처벌만을 피하는 방향으로 행동하게 하는 경향이 있고, 벌과 자신의 행위를 연관시키는 것이 아니라 벌을 가한 사람과 연관을 시켜서 그 사람을 미워하게 만들기 때문에 벌보다 칭찬을 사용하는 것이 바람직하다(Crain, 2000).

따라서 벌을 다룰 때에는 다음과 같은 점에 유의해야 한다. 벌은 바람직하지 않은 행동 직후에 즉시 적용되어야 한다. 벌을 받은 대상에게 벌을 받게 된 이유와 과정에 대해 알려 주어야 한다. 강화나 벌을 줄 때, 나이, 그리고 행동적 통제의 관련성 등이 고려되어야 한다. 또한 벌은 일관성이 있어야 한다. 벌에 대한 대안으로 바람직하지 않은 행동에 대한 동기의 축소나 제거를 사용할 수 있다. 바람직하지 않은 행동에 대한 동기가 감소되지 않으면 바람직한 행동을 가르치는 편이 훨씬 낫다(이옥형 외, 1992).

처벌과 부적 강화의 차이는 처벌은 체벌과 같은 혐오자극을 제공하거나 보상을 제공하지 않음으로써 특정 행위의 발생을 억제하는 것인데 비해 부적 강화는 혐오자극을 제거함으로써 특정 행위의 반응비율을 증가시키는 것이다(Crain, 1983).

(3) 일차 강화물과 이차 강화물

일차 강화물은 음식물이나 물과 같이 생물학적 욕구를 충족시키는 것이며, 이차 강화물은 돈과 같이 과거에 일차 강화물과 연합되어 강화효과를 가지는 것을 말한다(구혜영, 2009).

(4) 강화계획

강화계획, 혹은 강화 스케줄(reinforcement schedule)은 원하는 행동을 증가시키기 위해 사용하는 강화의 빈도와 관련된 계획을 의미하며, 강화간격과 강화비율의 두 가지 기준에 따라 구분된다(천덕희 외, 2011). 계속적 강화는 계속적으로 강화를 제공하는 것으로 행동을 빨리 변화시키기 때문에 학습 초기 단계에 가장 효과적이다. 간헐적 강화는 간헐적으로 강화를 제공하는 것으로 계속적 강화보다 행동의 중지에 대한 저항이 강하기 때문에 행동을 유지하는 데 유용하다(구혜영, 2009).

예를 들어 담배를 피우지 않을 때마다 지속적으로 보상을 해 주면 더 빨리 담배를 끊게 되며, 사람들이 토요일 저녁마다 로또에 집착하는 이유는 어쩌다 한 번씩

당첨되는 것으로 인해, 언젠가는 될 거라고 생각하기 때문이다(천덕희 외, 2011).

강화계획은 가변비율계획, 고정비율계획, 변동간격계획, 고정간격계획의 순으로 높은 반응을 보이는 것으로 알려져 있다(최덕경 외, 2013).

첫째, 고정간격계획은 반응에 대해 일정한 시간 간격으로 강화를 주는 것으로 일당, 월급 등을 예로 들 수 있다. 둘째, 변동간격계획은 강화를 준 후 임의의 평균시간 간격을 두고 강화를 주는 것으로 낚시를 예로 들 수 있다. 셋째, 고정비율계획은 일정한 수의 반응 후에 강화물을 제공하는 것으로 작업성과제 보상을 들 수 있으며, 넷째, 가변비율계획은 미리 정해 둔 평균적인 임의의 수의 반응 후에 강화물을 제공하는 것으로 도박을 들 수 있다(표갑수 외, 2012).

(5) 행동조성

행동조성(shaping)은 유기체의 행동이 바람직한 것에 가까워질 때까지 점진적으로 행동을 형성해 가는 과정이다(Engler, 1991). 원하는 반응에 접근할 때마다 강화가 주어지므로 점진적 접근법이라고도 한다(장수한 외, 2011). 스키너는 조작적 조건형성의 행동조성방식은 조각가가 조각품을 만드는 방법과 유사하다고 보았다(최덕경 외, 2013). 즉, 복잡한 행동을 학습시킬 때 모든 가능한 행동들을 구체적으로 세분화된 단계로 구분하여 점진적으로 접근하는 것이다.

(6) 미신행동

미신행동은 강화와 반응 간의 우연한 연합으로 조건형성되는 것을 말한다. 즉, 이는 우연히 생긴 결과가 마치 인과관계인 것처럼 생각되어 그것이 미래의 행동을 다시 일으키는 것이다. 미신의 대부분은 전설, 마술, 원시문화 등의 형태로 계승되어 직접적인 행운이나 불운을 경험하지는 않지만 문화적·사회적 배경을 통해 전해지고 강화되어 미신으로 남아 있게 된다고 한다(Hjelle & Ziegler, 1976).

(7) 자극 일반화

자극 일반화(generalization)는 특정 상황에서만 반응을 보이던 것이 그와 비슷한 다른 상황들 속에서도 반응을 보이게 되는 것을 말한다(Hjelle & Ziegler, 1994). '자라 보고 놀란 가슴 솥뚜껑 보고 놀란다'는 말은 자극의 일반화를 뜻한다. 자극의 일반화에 대한 기본 법칙은 새로운 자극이 원래의 조건 자극과 유사할수록 일반화의 가능성도 높아진다는 것이다(구혜영, 2009).

(8) 자극 변별

변별(discrimination)은 주어지는 자극에 대해서 선택적으로 반응을 보이는 것을 말한다. 이는 자극 일반화 이후에 어떤 자극에 반응하는 행동은 강화해 주고 다른 자극에 반응하는 행동은 강화하지 않음으로써 학습된다. 스키너에 의하면 건강한 성격은 일반화와 변별의 능력을 혼합한 결과로 발달한다고 한다(Hjelle & Ziegler, 1976).

변별은 인간행동에서 빈번히 일어난다. 예를 들어 가게에 갔을 때 'Sale'이라는 글자를 보면 더 많이 사게 되고, 사회적으로 성숙한 성인은 언제 말을 하고 언제 침묵을 지켜야 하는지를 가린다(박희숙 외, 2010).

(9) 소거

소거(extinction)는 더 이상 강화되지 않아서 반응이 약화되거나 사라지는 경향을 말한다(Hjelle & Ziegler, 1994). 즉, 조건형성이 이루어진 후 무조건 자극 없이 조건 자극만 반복해서 제시하면 조건 반응이 약해져서 마침내 일어나지 않는다. 즉, 획득된 조건 반응에 강화가 주어지지 않을 때 반응이 사라지는 것을 소거라 한다(구혜영, 2009).

(10) 자발적 회복

소거된 조건 반응에 조건 자극이 다시 제시되면 소거된 것으로 보이던 조건 반응이 되살아나게 되는데 이를 자발적 회복이라 한다(구혜영, 2009).

5) 개입기법

고전적 조건형성은 임상적인 장면에서 자신이 속한 환경이나 문화에서 정상적인 감정이나 태도를 학습하지 못한 사람에게 재학습시키는 방법으로 많이 사용되고 있는데, 그 예로 어떤 행동을 할 때마다 혐오스러운 자극을 주는 혐오치료, 주로 공포증 환자를 대상으로 하는 충만노출(flooding), 불안이나 공포를 야기하는 상황을 약한 것에서부터 강한 것까지 점진적으로 겪으면서 극복하게 하는 행동수정기법인 체계적 둔감법 등이 있다(권순종 외, 2011).

6) 사회복지실천과의 연관성

행동주의이론에서는 관찰 가능한 객관적 행동에 강조점을 두기 때문에 적응과 부적응 행동에 더 많은 관심을 두었다. 여기서 부적응적 행동은 내면적 갈등의 산물이 아니라, 단순히 특정 자극에 대해 반응을 하지 못한 것뿐이라고 본다. 즉, 인간이 부적응 행동이나 신경증적 행동을 하는 이유는 특수한 상황에서 부적절한 반응을 하도록 학습이 되었거나, 아니면 바람직한 반응을 하는 것을 전혀 학습하지 못했기 때문이라고(Kanfer & Grimm, 1977; 최덕경, 2013) 보고 구체적인 인간행동의 개념과 행동수정의 지침을 제공하였다는 점에서 다른 이론들보다 효과적이라고 볼 수 있다.

인간행동을 결정함에 있어 고도의 정신과정이 중요함에도 인지의 창조적인 면을 염두에 두지 않은 점(최덕경, 2013) 등의 한계점에도 불구하고 행동주의이론은 사회복지사로 하여금 클라이언트의 관찰 가능한 행동에 초점을 둘 수 있게 하였다는 점, 사회복지사가 클라이언트의 상황에서 '문제'의 정의를 내리는 데 도움을 주었다는 점, 다양한 사회복지실천영역에서 사용될 수 있는 행동수정기법들을 제공하고 있다는 점, 개인적 경험의 독특성을 인정하고 개인적 역량 강화에 초점을 둘 수 있는 기반을 제공해 주었다는 점에서 사회복지실천에 큰 영향을 미쳤다고 볼 수 있다.

2. 반두라의 사회학습이론

반두라는 인간의 행동발달이 보상이나 칭찬, 벌의 조작결과로 형성되는 것이 아니라 다른 사람의 행동을 관찰하고 모방한 결과로 형성된다고 하는 사회학습이론을 제시하였다.

정신분석학자는 인간이 무의식적 정서에 의해 지배된다고 하고, 행동주의자들은 인간이 환경에 의해 지배된다고 하였다. 이에 반해 반두라와 같은 사회학습이론가들은 인간이 무의식적 정서의 영향을 받지만 이를 극복할 인지적 능력도 갖고 있다고 본다. 또한 환경이 인간에게 영향을 미치지만 인간은 특정한 상황을 피해갈 수 있고, 스스로 자기통제를 할 수 있다고 보았다(오창순 외, 2009). 또한 인간의 행동을 내적 과정과 외적 과정을 결합한 결정체로 보아 인간의 행동이 사회적 상황 속에서 개인의 내적, 인지적 과정과 환경적 영향력 간의 상호작용으로 결정된다고 보았다(구혜영, 2009).

반두라의 사회학습이론은 '관찰학습', '대리학습', '모방학습' 등과 같은 다양한 명칭으로 불린다(권순종 외, 2011).

1) 주요 개념

(1) 모델링(modeling)

모델이 되는 사람의 행동을 모방하는 것을 모델링이라고 한다(박희숙 외, 2010).

아동이 모방하는 모델의 특징은 따뜻하고 반응적이며, 능력과 권위가 있고, 자기주장과 행동이 일치하는 사람, 자신들과 비슷하거나 동일한 성별의 사람이며 처벌을 가하는 사람이나 벌을 받는 모델에 대해서는 거의 모방하지 않으려 한다고 한다(문정화 외, 2008).

(2) 인지

인지는 사고능력을 의미하며 인간행동의 상징적 표현은 언어적 정보와 모델에 관한 관찰을 통해 발달한다(최덕경, 2013). 학습된 반응을 수행할 의지는 인지의 통제 아래 있으므로 사회적 학습은 인지적 학습이라 할 수 있다(구혜영, 2009).

(3) 상호결정론

반두라의 상호결정론에 의하면 인간의 성격은 개인, 행동, 환경 간 상호작용에 의해 발달한다고 한다(Bandura, 1977). 즉, 한 사람의 행동은 자신의 행동적, 인지적, 환경적, 기질적인 요인과 사회적, 상황적 요인이 지속적으로 상호작용하여 사회학습에 영향을 미친다(Shaffer, 2005).

(4) 관찰학습

관찰학습이란 인간의 행동은 환경적 자극에 대한 반응을 통해 형성되는 것이 아니라 타인의 행동을 관찰함으로써 형성된다는 것이다. 이때 단순한 모방이 아니라 타인들이 행동을 할 때 어떤 결과가 나타나는지를 보게 되는 내적인 인지요소가 포함된다.

관찰학습은 주의집중과정, 보존과정, 생산과정, 동기화과정 등을 통해 이루어진다(천덕희 외, 2011).

첫 번째, 주의집중과정은 모델의 행동을 보고 어느 것을 선택적으로 지각하고, 어느 것을 습득할 것인가를 결정한다(Schultz & Schultz, 1994). 감각능력과 욕구수준이 높고, 모델을 관찰하려는 준비가 되어 있고, 과거에 긍정적인 보상을 많이 받았던 아동일수록 모델에 대한 집중도가 높다(천덕희, 2011).

두 번째, 보존과정은 모델에게서 주의 깊게 관찰한 행동을 기억하여 장기간 보존하는 과정이다(Engler, 1991). 모델의 행동이 더 이상 없는 경우에도 영향을 받으려면 모델의 반응을 단어(word)나 심상(image)과 같은 상징적인 형태로 저장해야 한다(정은, 2010).

세 번째, 운동재생과정은 모델을 모방하기 위해서 모델행동의 상징적 표상을 적절한 행동으로 전환하는 과정이다(Engler, 1991). 관찰한 행동을 정확하게 재생하려면 신체적 수행능력을 가져야 한다(천덕희, 2011).

네 번째, 동기화 과정으로 단순한 관찰만으로는 모델의 행동을 올바르게 수행할 수 없다. 동기화과정은 상징적으로 부호화된 기억을 적절한 행동으로 전환하는 과정이다. 적절한 행동을 수행하려면 운동 동작의 지속적인 실천과 정보의 피드백에 근거한 자기교정적 조정이 필요하다(정은, 2010).

(5) 자기강화와 자기효능감(self-efficacy)

자기강화는 성취 기준을 설정해 놓고 그것에 도달하거나, 초과 또는 미치지 못할 때 자신에 대한 보상과 처벌을 스스로 관리하는 것이다(권중돈 외, 2005). 자기강화는 자신의 행동을 평가하는 수행의 내적 표준 및 주관적인 기준을 요구한다. 과거의 행동은 때로 현재의 행동을 평가하는 준거 틀이 되며, 미래의 더 나은 수행을 위한 자극이 된다(Schultz & Schultz, 1994).

자기효능(self-efficacy)은 강력한 자기규제과정의 하나(정은, 2010)로 자신이 스스로 상황을 극복할 수 있고 자신에게 주어진 과제를 성공적으로 수행할 수 있다는 신념이나 기대, 즉 개인의 능력에 대한 신념(Eden & Aviram, 1993)을 의미한다. 자기효능감이 높은 사람은 어려운 과제를 잘 수행하고, 자기 스스로 활동을 선택하며, 노력하고 끈기 있는 인내심으로 높은 성취를 이루는 경향이 있는데 특히 청소년기의 자기효능감은 학업성취에 상당한 영향을 미친다(Collins, 1982).

자기효능감은 실제 성취경험, 대리경험, 격려의 말, 피로감이나 긴장 등 생리적 징후의 네 가지 요인을 통해 형성된다고 보았다(Bandura, 1986).

따라서 자기효능을 높이기 위해서는 도달할 수 있는 목표를 세우고 수행능력을 증진시켜 성공한 경험을 갖게 하며, 대리적으로 성공의 경험을 증진시킬 수 있는 모델과 접하게 해야 한다. 또한 언어적인 설득과 격려, 힘을 증진시키는 운동 프로그램, 스트레스 감소, 대처능력의 향상 등을 통하여 심리사회적 능력을 촉진해야 한다(Schultz & Schultz, 1994).

2) 실천기법

반두라의 이론에 의한 실천기법으로는 인지적 재구조화, 인지적 자기지시기법, 인지적 심상기법, 자기주장훈련 등을 들 수 있다.

인지적 재구조화는 클라이언트의 사고에 들어 있는 잘못된 논리를 표현하게 하고 불합리한 사고과정을 논리적이고 합리적인 사고유형으로 대치하는 기법이며, 인지적 자기지시기법은 자신에게 힘을 주는 "I can do it"과 같은 내적 대화를 반복함으로써 부적응 행동의 원인이 되는 자기 패배적 사고에서 벗어나게 할 수 있다. 또한 인지적 심상기법은 공포나 불안을 야기하는 사건에 대한 비생산적 반응을 소거하기 위한 기법으로, 가장 두려웠던 순간을 상상하게 함으로써 실제 두려운 상황에 직면했을 때 이를 극복할 수 있도록 원조하는 것을 말한다. 자기주장훈련은 분노나 적개심을 잘 표현하지 못하는 사람 등 자기를 잘 드러내지 못하는 사람들에게 지시, 환류, 모델링, 행동연습, 사회적 강화 등의 기법을 활용하여 자신의 느낌, 생각, 신념, 태도 등을 직접적으로 표현하도록 유도하는 것이다(구혜영, 2009).

3) 사회복지실천에의 적용

반두라의 사회학습이론은 초기 학습이론에 비하면 인간의 인지체계를 통해 연결된 환경과 행동을 강조하는 것이기 때문에 보다 완성도가 높다고 할 수 있다. 그러나 이러한 인지체계가 어떻게 발달하고, 이러한 발달이 관찰학습에 어떻게 영향을 미치는가 하는 점은 규명되지 않아 비판받고 있다(구혜영, 2009).

또한 행동수정을 위해 처벌이나 부적강화기법을 활용하는 것은 윤리적인 측면에서의 어려움을 야기한다. 특히 어린이나 정신적으로 손상이 있는 경우처럼 취약한 사람들에게 행동수정기법을 적용하는 경우 더욱 그러하다(서혜석 외, 2009).

마지막으로 임상현장에서 실시된 행동수정으로 인한 행동의 변화가 클라이언트의 일상생활에까지 확대, 유지되는 데 한계가 있다(오창순 외, 2009)는 점도 지적할 수 있을 것이다. 그러나 이러한 비판에도 불구하고 반두라 이론의 주요 개념들은 사회복지실천에 있어 지대한 영향을 미쳤다. 우선 상호결정론은 '환경 속의 인간의 관점'을 견지하는 사회복지실천에서 개인, 행동, 환경의 상호성에 대한 시각을 제공했다(오창순 외, 2009). 또한 사회학습이론은 오늘날 인간을 돕는 현장에서 매우 유용하게 활용되고 있으며, 인간을 더욱 낙관적으로 바라보며, '여기 그리고 지금' 또는 미래에 대하여 강조점을 두고 있다는 장점이 있다. 반두라는 사회학습이론을 자극-반응모델의 패러다임 이상으로 전개시키면서 학습을 매개하는 중요한 요소인 인지과정을 강조하였으며, 이상행동에 초점을 두는 정신역동이론을 근본적으로 거부하면서 성격이론의 발달에 있어 중요한 분수령을 나타냈다. 이러한 노력의 결과 사회학습이론은 사회복지실천에 있어 원조전략의 발전뿐 아니라 장래의 사회심리적 사고의 발달을 위해 지대한 공헌을 하였다(최옥채 외, 2007).

1980년대 이후로 반두라의 이론은 보다 넓게 확장되었는데, 특히 자기효능감 이론을 통해 성공적인 수행에 있어 모델링보다는 자기효능감이 더 큰 영향력을 갖는다고 하였다. 반두라의 자기효능감에 대한 연구결과를 토대로 이후 연구자들은 다양한 사회계층 및 연령층의 자기효능감을 증진시키기 위한 프로그램(예: 흡연청소년을 위한 자기조절효능감 증진 프로그램)을 개발하여 적용하고 있다(천덕희 외, 2011).

반두라의 사회학습이론이 자기강화와 자기효능감에 강조를 두고 있다는 것은 임파워먼트이론과 맥을 같이 하고 있기 때문에 클라이언트의 참여를 극대화하고 그들의 장점과 잠재력을 활성화하고자 하는 최근의 사회복지실천의 경향과 일치한다고 할 수 있다(장수한 외, 2011).

참고문헌

구혜영(2009). 인간행동과 사회환경. 신정.

권순종 외(2011). 인간행동과 사회환경 2판. 양서원.

권중돈 · 김동배(2005). 인간행동과 사회환경. 학지사.

김규수 · 김인숙 · 박미은 · 박정위 · 설진화 · 우국희 · 홍선미 역(2002). Zastrow, C. & Kirst-Ashman, K. 인간행동과 사회환경. 서울: 나눔의 집.

김수희 외(2011). 아동발달 3판 개정판. 경기: 양서원.

문정화(2008). 아동발달. 파란마음.

박경애 · 김혜원 · 주영아(2010). 청소년심리및상담. 공동체.

박희숙 · 박영아(2010). 인간행동과 사회환경. 창지사.

서봉연 · 이순형(1983). 발달심리학: 아동발달. 서울: 중앙적성출판사

서혜석 · 송유미 · 이미영(2009). 인간행동과 사회환경. 청목출판사.

오창순 · 신선인 · 장수미 · 김수정(2009). 인간행동과 사회환경. 서울: 학지사.

______________________(2010). 인간행동과 사회환경 제2판. 서울: 학지사.

이옥형 · 이종숙 · 임선빈(1992). 교육심리학. 서울: 집문당.

이종복 · 전남련(2011). 인간행동과 사회환경. 학현사.

장성화 외(2011). 상담의 이론과 실제. 정민사.

장수한 외(2011). 인간행동과 사회환경 2판. 공동체.

정성훈 · 김상헌 역(2004). Dorothy G. Singer & Tracey A. Revenson. 피아제입문서 아이들은 어떻게 생각할까. 하나의학사.

정옥분(2003). 청년발달의 이해. 서울: 학지사.

______(2005). 청년심리학. 서울: 학지사.

정은(2010). 인간행동과 사회환경. 서울: 학지사.

조복희 외(1997). 아동발달의 이해. 경기: 교육과학사.

천덕희 외(2011). 인간행동과 사회환경. 서울: 창지사.

최경숙(2000). 발달심리학. 서울: 교문사.

최덕경 외(2013) 인간행동과 사회환경. 경기: 양서원.

최순남(2002). 인간행동과 사회환경 제3판. 경기: 법문사.

최옥채 · 박미은 · 서미경 · 전석균(2007). 인간행동과 사회환경. 경기: 양서원.

________(2011). 인간행동과 사회환경 제4판. 경기: 양서원.

표갑수 · 김혜정 · 유옥현 · 박영 · 김현진(2012). 인간행동과 사회환경. 신정.

한국청소년개발원(2006). 청소년문화론. 서울: 교육과학사

한덕웅(2001). "인간은 어떤 과정을 거쳐서 발달하는가?" 한덕웅 외 편. 인간의 마음과 행동. 서울: 박영사. pp. 183-243

홍경자(1995). "합리적 정서적 치료." 윤순임 외 편. 현대상담. 심리치료의 이론과 실제. 서울: 중앙적성출판사. pp. 288-314.

황철수 · 박준섭 · 안우상 · 오정옥 · 이시진(2011). 인간행동과 사회환경. 경기: 양서원.

황혜정 · 김연 · 한태숙 · 정인희 · 박연경(2012). 인간행동과 사회환경. 경기: 공동체.

Ault, R. L. (1977). Children's cognitive development: Piaget's theory and the process approach. New York: Oxford University

Bandura, A. (1977). *Social Learning Theory*. Englewood Cliffs. N.J.: Prentice Hall.

__________(1986). Social Foundations of Thought and Action: A Social Cognitive Theory. Prentice-Hall.

Beck, A. (1979). *Cognitive Therapy of Depression*. New York: The Guilford Press..

Collins, J. (1982). Self-effiacy and ability in achievement behavior. Paper presented at the annual meeting of the American Educational Research Association, New York.

Crain, W. C. (1983). 발달의 심리. 서봉연 역. 서울: 중앙출판사.

Eden, D. Y. & Aviram, A. (1993). Self-effiacy training to speed reemployment: helping people to help themselves. *Journal of Applied Psychology, 78*, 352-260.

Engler, B. (1991). *Personality Theories*(3rd). Boston: Houghton: Houghton Miffilin Company.

Flavell, J. H. (1977). *Cognitive development*. Englewood Cliffs, N. J. : Prentice-Hall, Inc

Ginsburg, H., & Opper, S.(1979). *Piaget's theory of intellectural development*(2nd ed.). Englewood Cliffs, N. J.: Prentice-Hall, Inc.

Hjelle, l. A & Ziegler, D. J. (1976). *Personality Theories*. London: McGraw-Hill, Inc.

Kanfer, F. H. & Grimm, L. G. (1977). Behavioral Analysis: Selecting Target Behaviors in the Interview. *Behavior Modification, 1*, 7-28.

Kohlberg, L.(1981). The philosophy of moral development: Moral stages and the idea of justice. New York: Harper & Row Publishers, Inc.

Nye, R. D. (1992). The legacy of B. F. Skinner: Concepts and perspectives, controversies and misunderstandings. Belmont, CA: Thomson Brooks/Cole Publishing.

Schultz, D. & Schultz, S. E. (1994). *Theories of personality*(5th ed.). Pacific Grove, CA: Brooks/Cole.

Shaffer, D. R. (2005). 발달심리학. 송길연 · 장유경 · 이지연 · 정윤경 역. 서울: 시그마프레스.

Zimmerman, D. W. (1957). "Durable secondary reinforcement: Method and theory." *Psychology Review, 14*, 373-383.

CHAPTER 04

인간행동에 관한 주요이론 : 인본주의이론

1 인본주의이론의 발달과정

인본주의이론은 1960년대 초에 당시 가장 영향력 있던 두 조류(潮流)인 정신분석이론과 행동주의이론에 대항하여 활력 있는 이론적 대안을 세우고자 아브라함 매슬로우(Abraham Maslow)를 중심으로 결속된 심리학자들에 의해 탄생되었다(최순남, 1993). 인본주의이론에서는 인간의 본성은 생물학적인 것이 아니라 사회적·문화적인 데 있다고 주장하는 신프로이트학파와 인간은 환경과의 상호작용에서 그 행동을 규정하고 이해할 수 있다는 형태주의학파나 장(場)의 이론, 개인의 특수성과 통합하려는 지각주의, 현상학, 실존주의이론 등을 총 망라한 것이라고 할 수 있다(최정훈, 1982). 이러한 지지자들 간에도 다른 견해가 있지만 근본적으로 인간 본성에 대한 공통적인 개념을 갖고 있다. 즉, 인간은 단순히 기계적인 특성을 가진 존재가 아니며 단순히 무의식적인 욕망의 포로도 아닐 뿐만 아니라 자신을 창조하는 과정에 있으며 생의 의미를 창조하여 주관적인 자유를 실천해 가는 존재라는 것이다(최순남, 1993).

인본주의이론은 인간을 지금까지 인식되어 온 것보다 훨씬 더 자유롭고 긍정적인 존재로 평가한다. 인본주의이론에서는 정신분석적 인간관에서 볼 수 있는 음울한 비관론과 절망, 행동주의이론에서 볼 수 있는 인간을 로봇으로 보는 생각에 반대한다. 인본주의이론은 인간은 보다 희망적이고 낙관적이며 인간이라면 누구나 자신의 내부에 건전하고 창조적인 성장을 위한 가능성을 가지고 있다고 본다. 만약 이러한 가능성을 인식하지 못한다면 그것은 부모의 훈육, 교육, 다른 사회적 압력의 속박적이고 왜곡적인 영향력 때문이라고 믿는다(최순남, 1993). 이러한 견해가 인본주의이론의 기초를 이루어 그 후 켈리(Kelly), 로저스(Rogers) 등은 자아개념과 자아실현에 대한 욕구를 통해 현상학적 인본주의이론을 확립하는 데 공헌하였다. 인본주의 관점에 속하는 대표적인 이론으로는 로저스(Rogers)의 현상학적 이론과 매슬로우(Maslow)의 인본주의이론을 들 수 있다. 그러나 인본주의이론은 실험실의 단편적인 행동에 대한 연구에서 탈피하여 인간복지와 인간의 잠재력 실현을 강조함으로써 높은 평가를 받았음에도 과학적인 연구방법을 도외시한 채 현대사회의 복잡한 문제들을 해결할 수 있다고 주장한 점은 비판을 받고 있다.

인본주의 심리학은 정신분석이론, 행동주의이론과 더불어 미국 심리학의 3대 세력이라고 할 수 있다. 로저스의 인간관은 '자기이론', '현상학적 이론' 또는 '자기실현이론'이라고 불린다. 로저스는 인간을 이해하는 데는 문제의 역사보다 '지금 여기에'를 강조하므로 현상학적 성격이론이라고 한다. 인간은 통합된 유기체로서 행동하기 때문에 전체론적 관점에서 접근해야 하며 인간의 의식과 자아인식이 성격이라고 설명한다. 인간의 행동은 무의식적인 어떤 힘에 의해 야기되는 것이 아니기 때문에 행동을 잘 이해하기 위해서는 개인의 내적 준거 틀을 이해할 필요가 있다는 것이다. 로저스는 인간 본성의 핵심을 목적적이고 전진적이며 건설적이고 현실적이며 신뢰할 수 있다고 주장하면서 주요 개념들을 제시하였다.

인본주의이론은 두 조류에서 주장하는 인간의 본질에 대한 근본적인 불만에서 비롯되었다. 인간을 환경의 산물이라고 규정하고 자율성을 부정하는 행동주의와 인간을 악하고 충동적이며 저돌적인 본성을 지닌 음울하고 비관적인 존재로 묘사하는 정신분석이론에 회의를 품고 인간의 본성에 대해 긍정적인 면을 묘사하고 있다.

이러한 맥락에서 보면 인본주의이론은 일차적으로 행동주의이론에 대한 반발로 시작되었다고 볼 수 있다. 행동주의이론은 객관적인 행동을 측정하고 그 행동이 외부환경에 있는 관찰 가능한 자극들에 의해서 어떻게 통제되는가를 연구함으로써 합리적이고 과학적인 학문이 되어야 한다고 주장한다. 따라서 행동주의이론에서는 사고, 감정, 환상 등과 같은 내적 세계는 과학적으로 증명될 수 없는 부분이라고 주장한다. 그러나 인본주의이론에서는 행동주의이론의 장점이 어떻든 간에 인간의 본질에 대해 극히 일반적인 모습만을 제시하고 있다고 논박했다. 인본주의이론에서는 인간은 겉으로 드러나는 반응들로만 구성되어 있지 않으며 전적으로 외부환경에 의해 지배당하는 존재도 아니라고 주장한다. 인간은 성장하고 생각하고 느끼고 꿈꾸고 자신을 창조하며 사는 존재라는 것이다. 그렇다고 인분주의이론이 과학적 탐구에 전적으로 반대하는 것은 아니며 다만 심리학은 측정 가능하고 환경적으로 통제 가능한 측면뿐만 아니라 인간경험의 전 범위에 걸쳐 관심을 가져야 한다고 주장했다. 반면에 정신분석이론에 대해서는 양가적(ambivalence)이다. 인본주의이론은 인간의 내면세계를 가장 깊은 수준까지 탐색하려는 정신분석적 시도를 높이 평가했다. 그러나 정신분석이론은 인간의 창의성이나 자유선택에 대한 역량을 비관적으로 보는 것을 못마땅하게 생각한다. 정신분석이론은 인간을 충동적인 본능과 갈등을 지닌 존재로 묘사하면서 황량한 인간 본성이 인간의 행동을 통제하는 요인으로 무의식 속에 있는 비합리적인 힘에 의해 지배된다고 보고 있다.

2 로저스의 이론

로저스(Carl Ranson Rogers, 1902~1987)는 1902년 1월 8일 미국 일리노이주 시카고 근처 오크 파크에서 5남 1녀 중 넷째로 태어났다. 아버지는 엔지니어와 청부업자로 일했기 때문에 그의 어린 시절은 경제적으로 어려움은 없었으나 종교적, 윤리적 규율이 엄격한 가정 분위기에서 성장하였다. 그의 가족은 로저스가 12살 되던 해에 시카고 서쪽에 있는 농장으로 이주하였고 가족 외에는 가깝게 지내는 친구도 없이 고립된 채 고등학교를 마쳤다. 1919년 그의 부모와 형들이 다닌 위스콘신 대학교에 입학하여 농학을 전공하면서 고독한 생활이 변화되기 시작했다. 그는 대학생활 동안 교회활동에 매우 적극적이었다. 그는 북경에서 열린 세계기독학생연합회에 참가하여(미국의 12명 대학생 중 한 사람으로 선발됨) 6개월 동안 중국에 머물기도 했다. 로저스는 이때 자신이 심리적 독립을 성취했다고 생각했다. 그 후 그는 1924년에 위스콘신 대학교 역사학과를 졸업했다. 대학시절 로저스의 관심사와 전공은 농업에서 역사, 종교 마침내 임상심리로 변화하였다. 그는 어린 시절부터 알아온 헬렌 엘리엇(Hellen Elliott)과 결혼하여 두 아이를 두었다. 로저스는 위스콘신 대학교에서 공부를 하다가 임상 및 교육심리학을 공부하기 위해 컬럼비아 대학교로 옮겨 1928년에 석사학위를 받았고 1931년에는 컬럼비아 대학교 사범대학에서 임상 및 교육심리학(아동의 성격측정을 위한 검사에 관한 연구)으로 박사학위를 받았다.

이후 뉴욕의 로체스터에 있는 아동상담소에서 비행청소년, 장애아동, 불우청소년 등을 진단하고 치료하는 일을 하며 10여 년간 근무하였다. 그는 이곳에서의 경험을 바탕으로 1939년 『문제아동의 임상치료』라는 책을 출간하였다. 성공적인 저서를 낸 결과로 1940년에 그는 오하이오 주립대학교 교수로 초빙되었다. 1945년부터 1957년까지 시카고 대학교의 심리학과 교수이자 상담소장으로 일하면서 『내담자 중심치료』를 출간하였다. 1957년에는 위스콘신 대학교로 옮겨 1963년까지 근무했다. 이 기간 중에 그는 당시의 주류적 위치에 있는 정신분석적 접근이나 행동주의적 접근과는 다른 자신의 이론을 지속적으로 제시하였다. 1963년에는 교직을 떠나 캘리포니아 주로 이주하여 라 졸라에 있는 서부행동과학연구소의 상임연구원으로 옮겨 근무한 후, 1968년에는 인본주의를 지향하는 동료들과 '인간연구센터'를 설립하였다. 이 시기에는 자신이 기존에 주장하던 개인치료 대신 개인과 개인, 개인과 집단 혹은 사회 등의 관계에 주목하였고 이것은 저술활동에도 반영되었다. 현상학적 인간연구도 이 시기에 진행하였다. 그는 1964부터 1967년까지 미국심리학회 회장을 지냈으며 1956년에는 미국심리학회로부터 우수과학공로상, 1972년에는 미국심리학회의 우수공로상을 수상했다.

말년에는 사회갈등, 인종문제, 세계평화문제 등에 관심을 갖고 인종 간의 긴장 완화와 세계평화를 위해 관련된 활동에 주력하다가 1987년에 85세의 일기로 생을 마쳤다(최순남, 1993; 이인정 외, 2000).

1. 이론의 내용

로저스는 오랜 임상경험을 바탕으로 인간은 기본적으로 자유로워지면 자신의 행동에 책임을 지고 목적을 가지며 합리적이고 건설적인 방향으로 지속적인 성장을 추구하는 미래지향적인 존재가 된다고 보고 있다. 그러므로 이러한 선천적 잠재력을 발휘할 수 있는 조건들이 적절히 갖춰진다면 인간은 무한한 성장과 발전이 가능하다고 결론지었다. 로저스의 인간관은 자유, 합리성, 자아실현의 경향이 서로 연결되어 있으며 구체적으로 설명하면 다음과 같다(김동배·권중돈, 1998; 최순남, 1997).

첫째, 인간의 삶은 자신이 통제할 수 없는 어떤 힘에 의해 조종당하는 피동적인 삶이 아니라 각 개인의 자유로운 능동적 선택의 결과이다. 모든 인간은 자신의 과거와 현재 생활 상태를 정확히 인식할 수 있기 때문에 자신의 삶과 미래를 능동적으로 선택할 수 있다. 즉, 인간은 선천적으로 타고난 성장 가능성을 실현하는 과정에서 자신의 인생목표와 행동방향을 스스로 결정하며 이러한 결정에 따르는 책임을 수용하는 자유로운 존재라는 것이다.

둘째, 인간을 합리적 존재로 규정한다. 일상적으로 나타날 수 있는 살인, 강간, 이상적 충동, 반사회적 행동 등은 진정한 인간의 내적 본성과 화합하지 못한 결과라고 주장하면서 인간이 합리적 존재라는 것이다. 인간의 합리성은 자아실현의 경향이 강해지고 인간이 자유로워질수록 강하게 표출된다고 하였다.

셋째, 모든 인간은 자신의 내부에 자기이해, 자기개념, 기본적 태도의 변화와 자기 지향적 행동을 위한 거대한 자원을 갖고 있다고 하였다. 이러한 선천적 능력의 표현이 바로 자아실현의 경향이며 자아실현의 경향은 자기충족, 성숙의 방향을 지향하여 모든 동기를 포함하는 각 개인의 진보주의적 추진력이라고 하였다. 로저스는 이러한 자아실현의 경향을 성취하기 위해 인간은 항상 노력하고 도전하며 어려움을 극복함으로써 진정한 한 개인이 되어 간다고 보고 있다. 그러나 그는 자아실현을 최종적인 것으로 간주하지 않고 인간은 항상 발전하고 성장할 수 있는 창조성이 있으며 또 그럴 가능성이 무한이 잠재되어 있다고 본다.

넷째, 인간을 통합적 존재로 규정하고 있다. 자아는 항상 더 원대한 전체성으로 이동해 간다고 하였다. 즉, 인간의 발달은 유아의 미분화된 현상학적 장에서 출발하여 자아개념의 발달로 장(field)이 자아와 환경으로 분화되고 각 개인은 자아의 일관성(consistency)을 계속 추구하면서 발달의 최정점에 이를 수 있으므로 인간을 항상 전체성과 통합성을 향하여 발전해 가는 존재로 본다(강인숙 외, 2006).

2. 주요 개념

로저스의 이론은 개인의 고유하고 주관적인 경험을 강조한다. 개인의 행동은 그가 삶 속에서 대상을 바라보고 해석하는 방식에 의해 결정된다고 본다. 로저스의 주요 개념에는 유기체, 현상학적 장, 자아, 가치의 조건화, 완전히 기능하는 인간 등이 있다.

1) 유기체와 현상학적 장

유기체는 개인의 의식적, 무의식적인 모든 경험의 소재이다. 로저스는 '경험은 나에게 최고의 권위'라고 한 것처럼 유기체의 경험을 강조한다. 경험은 어떤 순간에 유기체 내에서 진행되는 자각에 잠재적으로 이용될 수 있는 모든 것을 포함한다. 이러한 경험의 전체가 현상학적 장(phenomental field)을 구성한다. 이 현상학적 장은 경험의 주체인 유기체로서 개인의 주관적 현실이며 이것이 개인의 행동에 결정적인 영향을 미친다.

2) 자아

자아는 유기체와 더불어 로저스의 이론에서 핵심을 이루고 있는 개념이다. 유기체로서의 개인은 외적 대상을 지각하고 경험하면서 의미를 부여하는 존재라고 주장한다. 그러므로 자아는 유기체로서의 개인이 경험을 통해 형성된 현상학적 장에서 나와 관련된 지각이나 거기에 부여된 가치들로 구성된 부분이다. 이것은 곧 '나는 ~한 사람이다'라는 자기에 대한 관점, 즉 '자아개념'과 같은 의미이다.

자아 혹은 자아개념은 조직화되고 일관된 지각의 형태를 나타낸다. 따라서 자아는 쉽게 변하는 것이라고 볼 수 없다. 그러나 자아라는 것은 유기체로서의 개인이 경험하는 현상학적 장 가운데서는 자기와 관련된 지각이므로 현상학적 장의 변화에 따라 끊임없이 변화하며 유동적으로 형성된다.

로저스는 자아를 '이상적 자아(Ideal self)'와 '실제 자아(real self)'로 구분하였다. 이상적 자아는 개인이 소유하고 싶은 자아개념으로서 잠재적으로는 자아와 관련되어 있고 개인이 높게 가치를 부여하는 지각과 의미를 포함한다.

3) 실현 경향성과 자아실현

로저스는 유기체가 자신을 충족시키고 실현시키며 보존·향상시키려는 경향을 지닌다고 보았다. 이러한 유기체의 실현 경향성은 인간을 비롯한 모든 생명체가 생득적으로 지닌 성숙의 잠재력이다. 로저스는 인간이 실현 경향성의 일종인 자아실현의 경향성을 지니고 태어나는 진취적인 존재라고 주장했다. 즉, 로저스가 주장하는 인간의 궁극적인 동기는 자신을 유지하고 향상시키기 위해 모든 잠재능력을 개발하는 자아실현이라고 강조한다.

4) 가치의 조건화

로저스는 인간이 보편적으로 타인들로부터 인정과 사랑을 받고자 하는 욕구를 지니고 있다고 가정한다. 이 욕구는 인간의 성격발달과정에서 결정적이고 강력한 작용을 하며 이러한 긍정적 존중에 대한 욕구가 충족되거나 좌절되면 경험으로부터 스스로를 존중하고자 하는 가치존중 욕구가 발달하게 된다는 것이다.

특히 유아나 아동이 부모의 인정과 사랑을 받고자 하는 욕구는 행동방식이나 자아개념 형성에 유기체적 평가과정보다도 중요한 영향을 미치기도 한다. 한 개인이 무조건적·긍정적 존중만을 경험한다면 유기체와 자아 사이에 모순이 빚어지지 않는다. 이 경우에는 긍정적 존중욕구와 자기존중욕구가 유기체적 평가과정과 일치를 이룸으로써 심리적으로 안정되고 충분히 기능하는 상태를 유지시킬 수 있다. 그러나 현실적으로 인간이 이렇게 무조건적·긍정적 존중만을 경험하는 경우는 없다. 부모는 자신의 기준에 따라 아동의 행동을 평가하며 아동은 이를 통해 자신의 행동 중 가치 있는 것과 가치 없는 것을 구분하게 된다. 이때 자신이 유기체적 평가과정에서 긍정적으로 판단된 행동이라도 그것이 부모의 인정을 받지 못하는 가치 없는 것이라면 아동은 이를 회피하게 된다. 이는 부모로부터 긍정적 존중을 받지 못하는 자기 자신을 존중할 수 없기 때문이다. 이것은 결국 유기체의 경험과 자아를 일치하지 않게 만들고 아동은 실제 자아와 괴리가 큰 이상적 자아개념을 추구하게 된다. 이렇게 개인이 유기체적 실현 경향과 별개로 자기존중에 대한 욕구를 따라 경험을 선택하거나 회피하는 경향을 보일 때 이 사람은 가치조건(condition of worth)을 획득하였다고 본다. 자아와 유기체적 경험의 불일치 속에서 특정 행동들만 선택적으로 지각하고 나머지 것들은 부정하거나 왜곡하는 방어과정은 이러한 가치조건에 근거하여 작동하는 것이다.

갈등, 불안, 공포 등의 정서적 문제도 가치의 조건화와 관련된 것으로서 가치의 조건화로 인해 긍정적 자기존중을 받으려는 욕구에 반(反)하는 어떤 경험을 회피하고 왜곡하고 부정함으로써 나타나게 된다. 이러한 가치의 조건화에 따른 행동은 실현 경향성을 이루려는 유기체의 경험과 마찰하게 됨으로써 이 마찰이 위협으로 느껴지면 갈등과 불안을 야기한다. 의미 있는 대상으로부터 주입된 행동을 하면 '나쁜' 아이라는 가치의 조건화가 실존적 존재로 주관적 내적 경험과 불일치를 이루게 되며 불일치는 긍정적 자기존중을 잃을 것이라는 위협을 느끼고 그 위협은 불안과 두려움을 야기하게 된다.

5) 완전히 기능하는 인간(훌륭한 삶의 성격)

로저스가 말하는 훌륭한 삶은 고정된 상태가 아니므로 흔히 말하는 덕행, 만족, 해탈 또는 행복의 상태가 아니라 과정이며 방향이다. 로저스는 훌륭한 삶의 과정이 공통적으로 갖는 특징을 5가지로 제시하였다. 첫째, 체험에 대해 개방적이 되는 것이다. 자신의 감정을 민감하게 인식하며 억압하지 않고 체험에 완전하게 개방적인 사람은 자기 자신을 들을 수 있으며 자신의 내면에서 무엇이 일어나고 있는지를 체험할 수 있다는 것이다. 그러므로 공포, 실망, 고통의 느낌에 개방적이면 용기, 애정, 경외의 느낌에도 개방적일 수 있다. 둘째, 매 순간 충실하게 사는 것이다. 이러한 사람은 다음 순간이 어떻게 될 것인지와 무엇을 할 것인지가 그 순간에 나오며 자신 또한 타인에 의해 미리 예측될 수 없음을 깨닫게 된다. 셋째, 실제 상황에서 가장 만족스러운 행동을 할 자신을 신뢰하는 것이다. 완전히 기능하는 사람은 자기의 유기체적 경험을 그가 해야 할 것과 하지 말아야 할 것을 결정하는 기준으로 삼기 때문에 현재 상황에서 욕구를 최대한 만족시키는 행동을 한다. 넷째, 자유로운 것이다. 사람이 심리적으로 건강할수록 선택이나 행동에 자유로움을 체험한다고 로저스는 확신한다. 다섯째, 창조성이다. 모든 상황에서 독창적 사고력과 창조적 삶으로 스스로를 표현하며 사회문화적 구속에 동조하거나 수동적으로 적응하지 않는다는 것이다.

로저스의 '완전히 기능하는 사람'의 실제적 의미는 계속 성장하고 충족하는 방향으로 건설적인 이동을 할 수 있는 사람이다. 완전히 기능할 수 있는 중요한 요인은 어릴 때 중요한 타인으로부터 받은 긍정적 관심과 조건 없는 사랑과 수용이다.

3 매슬로우의 인본주의적 성격이론

매슬로우는 인간이란 보편적이고 선천적인 일련의 욕구들에 의해 동기화되며 그 욕구들에 의해 생리적 욕구, 안전에 대한 욕구, 소속감과 사랑에 대한 욕구, 자아존중의 욕구, 자아실현의 욕구가 있고 그것들은 일정한 서열과 위계를 이루고 있다고 본다. 하위에 있는 욕구일수록 강하고 우선순위가 높으며 상위의 욕구는 욕구발생 과정뿐만 아니라 개인의 발달단계에서도 늦게 발현된다.

매슬로우의 인본주의 성격이론의 기본적 전제는 세 가지로 정리될 수 있다 (Maslow, 1970).

첫째, 각 개인은 통합된 전체로 간주되어야 한다.

둘째, 인간의 본성은 본질적으로 선하며 인간의 악하고 파괴적인 요소는 나쁜 환경에서 비롯된 것이다.

셋째, 창조성은 인간의 잠재적 본성이다.

매슬로우는 행동주의와 정신분석이론에 대한 반동(反動)으로 탁월한 자아실현자들을 연구한 결과, 내적으로 잠재력을 완전히 실현한, 즉 자유롭고 건강하며 두려움 없는 사람이 사회에서 완전히 기능한다는 것을 발견하였다. 따라서 성장, 자아실현, 건강에 대한 열망, 정체감과 자율성의 추구, 향상을 향한 노력 등을 보편적 인간의 성향으로 간주하였다. 매슬로우는 유전이 성격발달에 중요한 역할을 수행하고 있으며 유전구조 속에 잠재적 재능이나 흥미가 결정지어져 있다고 인정하였지만 이러한 유전적 토대 위에서 자아실현은 환경에 의해 결정된다고 하였다 (이인정 외, 2000).

1. 매슬로우의 생애

매슬로우(Abraham Maslow, 1908~1970)는 1908년 4월 1일 뉴욕의 브루클린

에서 7남매 중 장남으로 태어났다. 그의 부모는 러시아로부터 이민 온 교육받지 못한 유태인이었다. 그는 이웃에 유태인 친구가 전혀 없는 곳에서 대부분의 시간을 혼자서 책과 씨름하며 청소년기까지 불행한 시절을 보냈다. 이후 아버지의 권유로 처음에는 뉴욕 시립대학에서 법학공부를 시작하였으나 2주 후에 그만두고 코넬 대학으로 옮겨 공부를 하다가 3학년 때 또 위스콘신 대학으로 옮겨 1930년에 심리학 학사과정을 마치고 1931년에 심리학 대학원에서 석사를, 1934년에 박사학위를 받았다. 그는 대학시절(20세)에 베르타 구드만(Bertha Goodman)과 결혼하여 두 아이를 두었다. 그가 위스콘신 대학에서 심리학을 공부하기로 결심한 것은 왓슨(Watson)의 행동주의 이론 영향 때문이다. 그의 박사학위 논문은 '원숭이의 성적 특성과 지배특성에 관한 관찰연구'였다. 그는 실제로 동물의 성적(sexuality)인 것과 애정(affection)에 대한 변함없는 관심을 가지고 있었는데 후에는 그 관심을 동물에서 인간으로 전환하였다. 그는 컬럼비아에 있을 때 손다이크(Thorndike)의 연구 조교로 일한 적도 있었으며 1951년까지 브루클린 대학에서 교수로 교직했다. 또 그는 손다이크와 할로우 밑에서 엄격한 실험훈련을 받았으며 이상심리학에 관한 교과서를 집필하기도 하였다. 매슬로우는 심리학을 처음 시작할 무렵 행동주의에 빠졌다고 회고하면서 어떤 의미에서는 자기는 결코 행동주의를 배척한 적이 없다고 말하기도 했다. 매슬로우의 행동주의에 대한 강한 열정은 첫 딸이 태어날 때 사라졌다. 그는 그의 딸이 나타낸 복잡한 행동을 통한 경험으로 행동주의는 사람보다는 동물의 이해에 적합한 학문이라고 믿게 되었기 때문이다. 매슬로우의 인생은 2차 세계대전에서 인간의 편견과 증오를 경험하면서 결정적으로 인본주의 심리학으로 방향을 전환하게 되었다. 그에게 전쟁은 인간의 편견, 미움, 더러운 욕심으로 요약되었기 때문이다. 그는 인간이 외부환경 조건형성에 의해 크게 지배된다는 사실을 깨닫게 되었다. 그는 1951년 브랜다이스 대학의 심리학과과장으로 임명되어 1961년까지 재임했으며 그 후 계속 심리학 교수로 재직하였다. 매슬로우는 62세 되던 1970년 6월 8일에 심장마비로 사망하기까지 미국 심리학계의 인본주의 운동의 가장 주목받는 인물이었다(최순남, 1997). 그의 주요 저서로는 『존재의 심리학』(1962), 『종교, 가치 그리고 절정체험』(1964), 『동기와 성격』(1970) 등이 있다.

2. 주요 개념

1) 결핍욕구와 성장욕구

매슬로우는 생리적 욕구, 안전의 욕구, 소속감과 사랑의 욕구, 존중의 욕구를 '결핍욕구(d-need, deficit need)'라고 부른다. 배가 고프면 밥을 먹어야 하듯, 정신건강을 유지하기 위해서는 이런 욕구가 반드시 충족되어야 한다는 것이다. 배가 부르면 식욕이 사라지는 것처럼 이러한 욕구들도 채워지면 곧 없어진다.

매슬로우의 이론은 마음에서 결핍된 지점을 확인시켜 주는 리트머스 시험지와 같다. 열흘 굶은 사람에게 명예를 지키라는 말은 공허한 수사에 지나지 않는다. 반면, 풍요와 관심 속에 자라난 엘리트에게 자존심의 상처는 목숨을 걸 만큼 중대한 문제가 될 수 있다. 생리적 욕구에서 존중의 욕구단계를 알고 있다면 각각의 욕망에 걸맞은 맞춤형 서비스가 가능하다. 그러나 매슬로우의 이론이 이것뿐이라면 콤플렉스(complex)의 원인을 충족되지 못한 욕구로 풀어 보려는 여느 정신분석 이론들과 별 다를 것이 없다. 결핍욕구의 최종 목표는 충족을 통해 욕구 자체를 없애는 것이다. 그러나 궁극적으로 모든 욕망이 사라진 상태는 곧 죽음에 지나지 않기 때문에 결핍욕구만을 추구하는 삶은 결국 허무로 끝날 수밖에 없다.

매슬로우의 위대함은 결핍욕구를 넘어선 지점에서 비로소 빛을 발한다. 모든 욕구가 충족되었다고 해도 인간의 욕망은 사라지지 않으며 오히려 자신을 옭아매던 결핍욕구에서 벗어난 순간, 인간은 비로소 진정한 자신을 실현하려고 하는 욕구에 휩싸인다. 매슬로우는 이것을 자기 자신이 되려는 욕망, 즉 성장(존재)욕구(b-need, being need)라고 부른다.

성장욕구는 채우면 채울수록 줄어들지 않고 오히려 강해진다. 예를 들면 지존의 음악가는 모든 부와 명성을 얻은 후에도 더 완벽한 연주를 위한 노력을 포기하지 않는다. 능력은 곧 욕구이기 때문이다. 근육이 발달한 사람이 몸을 쓸 때 쾌감을 느끼는 것처럼 사람은 누구나 자신이 완전히 기능할 때 최고의 행복을 느낀다는 말이다. 이른바 자아실현이란 이런 상태를 말한다.

2) 욕구단계

매슬로우는 인간의 본성에 대하여 세 가지의 가정을 세우고 동기부여론(motivation theory)을 개발하였다.

첫째, 인간은 만족할 수 없는 욕구를 갖고 있다.

둘째, 인간의 행동은 만족하지 못한 욕구를 채우는 것을 목표로 한다.

셋째, 인간의 욕구는 기본 욕구(생리적 욕구, 안전의 욕구)에서부터 상위욕구(소속감과 사랑의 욕구, 존중의 욕구, 자아실현의 욕구)까지 5단계로 이루어져 있다. 기본적인 욕구가 채워지면 인간은 상위욕구를 채우려고 한다. 따라서 상위욕구는 하위욕구가 충족될 때 동기요인으로서 작용한다.

(1) 1단계: 생리적 욕구

생리적 욕구(physical needs)는 먹고 자고 종족보존을 하는 것 등 최하위 단계의 욕구이다. 생리적 욕구는 유기체의 생물학적 유지에 직접적으로 관련된 것으로 다음 단계의 욕구들을 충족시키기 전에 충족되어야 하는 욕구이다. 예를 들어 음식, 안전, 애정, 존경이 결핍된 사람은 그중 어떤 것보다 더 절실하게 배고픔을 느낀다.

(2) 2단계: 안전의 욕구

안전의 욕구(safety needs)는 추위, 질병, 위험 등으로부터 자신을 보호하려는 욕구이다. 장래를 위해 저축하는 것도 안전욕구의 표출이라고 할 수 있다. 안전에 관한 욕구는 특히 아동에게서 뚜렷하게 드러난다. 아이들은 일반적으로 모든 행위가 무세한적으로 허용되는 환경보다는 일정한 제한이나 제약이 있는 환경을 더 안전하게 느낀다고 한다. 신경증이 있거나 정서적으로 불안정한 성인도 안전에 대한 욕구 때문에 어느 정도의 제약을 가하는 질서를 필요로 한다.

(3) 3단계: 소속감과 사랑의 욕구

소속감과 사랑의 욕구(belongingness and love needs)는 가정을 이루거나 친구를 사귀는 등 어떤 단체에 소속되어 애정을 주고받는 욕구이다. 집단의식이 개인의 주요 목표가 된다. 건전한 사회를 유지하려면 소속과 애정의 욕구를 충족시켜야 한다.

(4) 4단계: 존중의 욕구

존중의 욕구(esteem needs)는 소속단계의 구성원으로 명예나 권력을 누리려는 욕구이다. 이러한 욕구가 충족되면 자신감이나 가치, 힘, 능력에 대한 확신을 얻게 되는 반면, 이것이 결여되면 열등감이나 무력감을 갖게 된다. 매슬로우는 참된 자아존중은 자기 스스로의 능력, 자질과 노력을 통해 남들의 인정과 존경을 받게 될 때 이루어진다고 보았다.

(5) 5단계: 자아실현의 욕구

자아실현의 욕구(self-actualization needs)는 자신의 재능과 잠재력을 충분히 발휘해서 자기가 이룰 수 있는 모든 것을 성취하려는 최고 수준의 욕구이다. 자신의 잠재력을 발휘하여 최선을 다 하는 것은 바로 자아실현의 욕구가 표출된 것이다.

매슬로우는 건강하고 바람직한 성장과 자아실현은 외부로부터 형성되는 것이 아니라 타고난 잠재력과 흥미를 실현시킴으로써 이루어지는 것이라고 보았다. 인간은 자신의 잠재력에 맞는 일을 할 때 기쁨을 느끼고 그 일들을 남들보다 잘 할 수 있다. 그러나 자신의 기쁨과 부모의 기쁨이 충돌할 경우, 대부분의 아동들은 안전에 대한 욕구나 소속감과 사랑에 대한 욕구를 충족하기 위해 부모의 기쁨 쪽을 따르게 된다. 이러한 과정이 계속되면 성인이 된 이후에도 자아실현 욕구가 충족되지 않아 권태, 삶의 의욕상실과 같은 존재의 병이 생길 수 있다. 자아실현의 욕구 속에는 인지적 욕구와 심미적 욕구 등도 포함된다.

결국 인간이 원하는 것은 위의 5단계 중 어느 한 단계에 속한다고 할 수 없으며 육체의 평온을 통해서나 사랑을 통해서, 명예나 자신의 잠재력 개발을 통해서 나름대로 행복을 추구하는 것이다.

4 사회복지실천과의 연계성

로저스는 실제로 체계적인 성격발달단계에 대한 이론을 갖고 있지 않았으며 이에 관한 장기간의 연구나 부모-자녀의 상호작용에 관한 연구도 하지 않았다. 로저스는 기본적으로 성장의 힘은 모든 개인들 안에 존재한다고 믿었기 때문이다. 자아는 현상학적 장에서 분리된 부분이고 점차적으로 복잡하게 성장한다는 것이다. 자아가 출현될 때 개인은 긍정적 존중에 대한 욕구를 발달시키기 때문에 만약 타인들에 의한 긍정적 존중에 대한 욕구가 자신의 감정보다 더 중요하게 되면 개인은 다양한 경험들을 의식 밖으로 내보내게 되고 부조화의 상태에 빠진다는 것이다.

로저스의 발달적 관심은 아이가 자아실현을 위한 조화로운 상황에서 자유스럽게 성장했는가, 아니면 아이가 방어적이거나 부조화 상태에서 기능하는가이다. 자아의 발달은 부모가 아이의 특정한 행동을 용납하지 않을 때에도 아이가 충분히 경험하고 그 자체를 수용할 때 이루어진다고 하였다. 또 부모도 아이의 특정행동을 용납하지 않을 뿐, 아이의 전부를 거부하지 않는 분위기에서 아이가 건강하게 발달한다는 것이다. 이 점은 대부분의 아동정신의학자나 심리학자들에 의해 강조되고 있다. 이것은 아이들에게 '나는 네가 하고 있는 행동을 좋아하지 않는다'와 '나는 너를 좋아하지 않는다' 라고 말하는 부모의 자녀양육에 대한 차이를 살펴보면 더욱 잘 이해할 수 있다. '나는 너의 행동을 좋아하지 않는다' 라고 말하는 부모는 아이의 행동을 용납하지 않는다는 뜻이지 아이 사체는 수용한다는 것이다.

이와 같이 인본주의이론은 아동을 비롯한 모든 사회복지 대상자를 존엄한 자로 수용하는 사회복지사들의 가치관과 깊은 관련을 맺고 있다.

인간의 기본욕구의 단계를 연구한 매슬로우는 자신의 재능을 최대한 살리고 자아실현을 이룬 것으로 생각되는 48명을 연구대상으로 삼았는데 그들은 학생, 지인, 유명한 역사적 인물(링컨 대통령, 루즈벨트 대통령 부인, 토마스 제퍼슨 등)들로서 생존해 있는 사람들에게는 면접, 자유연상, 투사적 기법으로, 이미 세상을 떠난 사람들에게는 전기와 자서전 등의 자료로 분석하였다. 이들에게서 나타난 특징으로 인간의 성격 특성을 다음과 같이 제시하고 있다.

첫째, 현실에 대한 객관적인 지각능력과 판단능력을 가지고 있다. 자기 자신, 타인 그리고 환경적 상황을 자신이 원하거나 필요한 방식대로 보는 것이 아니라 가능한 자신의 편견, 소망, 욕구를 배제한 상태에서 있는 그대로 현실을 본다는 것이다. 자신과 타인을 왜곡하지 않기 위해서는 '과연 나(또는 그)는 어떤 사람이며 어떤 능력, 성격, 욕구, 가치관을 가졌는가?, 어떤 장·단점과 강·약점을 가지고 있는가?, 어떻게 생각하고 행동하는가?' 등의 질문을 통해 자신과 타인에 대한 깊은 이해가 필요하다. 이러한 바탕 위에서 환경적 상황에 대한 객관적 파악과 편견 없는 판단이 가능해진다는 것이다.

둘째, 이들은 인간의 본성과 자기 자신과 타인의 속성에 대해서 수용적인 태도를 갖고 있다. 자아실현을 한 성숙한 사람들은 자신과 타인의 장점뿐만 아니라 약점과 결점을 불평이나 걱정 없이 받아들인다. 즉, 인간의 본성을 있는 그대로 받아들인다. '바위는 단단하고 물은 부드러우며 꽃은 붉고 나뭇잎은 푸르다'고 불평하지 않듯이 자신과 타인의 속성을 있는 그대로 자연스러운 것으로 인정하고 수용한다. 따라서 자신에 대해 교만해하거나 열등감을 갖지 않으며 타인에 대해서도 질투하거나 원망하고 비난하지 않는다.

셋째, 자신을 가식 없이 솔직하게 자발적이고 자연스럽게 나타낸다. 불필요한 열등감과 수치심으로 자신을 다른 모습으로 위장하지 않으며 자기표현을 지나치게 억제하지도 않는다. 그러나 타인에 대해서는 신중하고 사려가 깊어서 타인에 대한 솔직하고 자연스런 감정표현이 상처를 입히지 않도록 노력한다.

이러한 세 가지의 특징, 즉 자신과 타인에 대한 객관적 이해, 수용적인 태도 그리고 솔직하고 자연스러운 표현은 성숙한 사람의 기본적인 태도를 이루고 있다.

이러한 태도와 더불어 성숙한 사람들은 넷째, 민주적인 성격구조를 갖고 있다. 그들은 사회계층이나 교육수준, 정치적 의견, 학연과 지연, 인종과 종교에 구애받지 않고 모든 사람에게 관대하고 수용적이며 차별 없이 대한다. 그들은 무엇인가 자기에게 가르침을 줄 수 있는 사람 모두에게서 듣고 배울 태도를 가지고 있다. 성숙한 지식인은 자신이 갖지 못한 기술과 지식을 가진 노동자나 목수도 진정으로 존중하고 존경한다.

다섯째, 성숙한 사람들은 타인과 확고한 인간적 유대를 가질 수 있는 능력이 있다. 타인과의 깊은 우정과 사랑, 동료애, 가족에 대한 진지한 관심과 열정을 지닌다. 때로는 가까이 하는 사람의 범위가 좁고 수가 적기도 한다. 그러나 이들의 사랑과 애정은 굶주린 사람이 음식을 갈망하고 구걸하듯이 결핍욕구에 의한 것이 아니기 때문에 이들은 애정의 결핍 때문에 괴로워하지도, 질투하지도 않으며 애정을 갈구하지도 않는다. 타인에 대한 이들의 관심과 사랑은 자신과 타인의 성장과 발달을 함께 생각하고 추구하는 이타적인 태도로서 인간적인 유대관계를 유지한다. 이러한 타인에 대한 사랑은 결핍동기보다는 성장 동기에 뿌리를 두고 있으며 서로 기쁨과 즐거움과 웃음, 위로와 지지를 함께 나누는 인간관계로 발전한다. 성숙한 사람들은 흔히 재치와 유머감각을 지니고 있다. 이들의 유머와 재치는 타인에게 상처를 입히는 적의 농담, 타인에 대한 우월감에 근거한 유머, 음탕하거나 조소적인 유머와는 다른 것이다. 흔히 누구나 미소 짓고 수긍할 수 있는 교훈적인 깊은 뜻이 담긴 재치와 유머를 사용할 줄 안다.

여섯째, 성숙한 사람은 모든 인간이 처한 상황에 대해서 공감과 애정을 느끼며 모든 인간에 대한 인류애와 형제애를 느낀다. 고독한 존재로서 같은 운명을 지니고 인생을 살아가는 모든 인간에 대하여 현실적인 인간사회 속에서 희로애락으로 고통 받고 즐거워하는 한 인간으로서 공감과 애정을 느낀다. 이러한 태도는 자신에게 피해를 입히고 잔인한 행동을 하는 사람에 대해서 적개심과 공격성을 보이기보다는 이해와 용서를 할 수 있는 넓은 마음의 바탕을 제공한다.

일곱째, 성숙한 사람은 자기가 하는 일에 대해서 애정을 갖고 몰두하며 동시에 책임감을 갖는다. 이들에게 일이란 자기가 하고자 하는 일, 즉 단순히 생계를 잇기 위한 수단으로서의 일이 아니라 실제로 자신이 해야 한다고 느끼는 그런 것이다. 성숙한 사람은 일에 대한 몰두와 그에 따른 만족감 때문에 미숙한 사람보다 더 열심히 일한다. 그들에게 일은 마지못해 하는 싫은 것이 아니라 사명감을 갖고 해야 하는 뜻있고 즐거운 것이다.

여덟째, 자아실현을 한 사람은 독립성과 자율성에 대한 강한 욕구가 있다. 그들은 스스로 결정할 수 있는 능력이 있어서 스스로 결정을 내리고 자율적으로 행동한다. 때로는 고독과 개인적인 생활을 즐기기도 하지만 인간과의 접촉에서 지나치게 고립되지 않으며 또 타인에게 의존하거나 매달리지도 않는다.

아홉째, 자아실현을 한 사람은 매우 창의적이다. 물론 그들이 모두 작가나 예술가도 아니며 항상 예술적인 창조 작업을 한다는 의미는 아니다. 그들은 자신이 종사하는 분야에서 독창적이며 새로운 것에 대한 강렬한 추구가 있고 혁신적인 창조적 노력을 기울인다.

마지막으로 자아실현을 한 사람은 생활 속의 여러 가지 체험을 즐거움과 경이로움으로 신선하게 받아들이고 새로운 체험에 대해 열린 자세를 가진다. 자연, 사람, 예술과 문학, 학문, 진리 등에 대해서 즐거움과 아름다움을 느낄 수 있는 감상 능력이 있다. 따라서 그들은 삶의 경험에 대해 싫증을 내거나 지루해하지 않으며 삶 속에서 소유하고 경험하는 것에 대해 감사할 줄 안다. 자아실현을 한 사람은 인생의 여러 가지 과정에서 때때로 종교적 경험과 비슷한 강렬하고 저항할 수 없는 황홀감과 경외감을 경험하게 된다. 매슬로우는 이러한 경험을 절정경험(peak experience)이라고 하였다.

매슬로우의 연구 대상자 대부분은 위에서 언급한 성격 특성을 많이 소유하고 있었지만 그것이 이들이 완벽하다는 것을 의미하는 것은 아니다. 오히려 매슬로우는 이들에게서 많은 단점을 발견하였다. 이들은 지루하고 따분하고 고집 세고 허영심이 강하고 분별없는 습관이 있는 경우도 있고 때로는 죄책감과 불안감 및 경쟁심을 느끼기도 함으로써 내적 갈등을 경험할 수도 있다. 그들은 가끔 놀라울 정도의 무정함도 보이는데 이것은 친구에게 속았다고 느끼거나 정직하지 못하다고 느낄 때 나타나며 이런 경우에는 얼음같이 차고 냉정하게 그 관계를 끊어 버린다.

위에서 살펴본 자아실현에 성공한 사람들의 특성을 요약하면 다음과 같다(강인숙 외, 2006).

① 효율적인 현실적 판단을 하며 불확실성과 모호성을 잘 수용한다.
② 자기나 타인을 있는 그대로 받아들인다.
③ 자발적으로 행동한다.
④ 문제 중심으로 사고하며 중요한 목표가 있다.
⑤ 사생활을 중시하며 혼자 있는 것도 꺼리지 않는다.
⑥ 환경에 의존하지 않고 자율적으로 행동한다.
⑦ 반복되는 경험도 새롭게 평가한다.
⑧ 가끔은 황홀한 느낌에 빠진다.
⑨ 공동체 의식이 있다.
⑩ 몇 사람과 깊은 대인관계를 갖는다.
⑪ 고정관념으로 사람을 판단하지 않는다.
⑫ 수단과 목표를 구별한다.
⑬ 유머가 있다.
⑭ 창의성이 있다.
⑮ 특정 문화에 집착하지 않는다.

이와 같은 인간의 특성을 통해 사회복지사들은 클라이언트를 이해하고 수용하고 문제해결을 돕고 사회적 기능을 강화하는 역할을 수행할 수 있을 것이다.

참고문헌

강인숙 · 김지영 · 유영금 · 정인숙 · 정태근(2006). 인간행동과 사회환경. 태영출판사.

김동배 · 권중돈(1998). 인간행동과 사회환경. 학지사.

김윤재 외(2009). 인간행동과 사회환경. 신정.

김혜란 · 홍선미 · 공계순(2002). 사회복지실천기술론. 나남출판사.

대한신경정신의학회편람(2003).

박두병(1996). 일반정신의학. 하나의학사.

신종우 외(2007). 인간행동과 사회환경. 동문사.

이소희 외(2005). 인간행동과 사회환경. 학현사.

이인정 외(2000). 인간행동과 사회환경. 나남출판사.

이종복 · 전남련(2007). 인간행동과 사회환경. 학현사.

최순남(1993). 인간행동과 사회환경. 한신대학교출판부.

최순남(1997). 인간행동과 사회환경. 한신대학교출판부.

최옥채 외(2002). 인간행동과 사회환경. 양서원.

최정훈(1982). 지각심리학. 을유문화사.

Bandura, A.(1977), *Social learning theory, Englewood Cliffs*, NJ: Prentice-Hall.

Heider, F. (1959), *The Psychology of Interpersonal Relationship*, NY: Wiley.

Maslow, A. (1970), *Motivation and personality*, NY: Harper & Row.

CHAPTER 05

인간행동에 관한 주요이론 : 사회체계이론

사회는 하나의 체계(體系)로 이해된다. 사회복지학 분야에서 사회를 이해하는 체계이론에 대한 이해는 전문성을 갖는 필수불가결요소(prerequisite essential, 必須不可缺要素)라고 할 수 있다. 체계는 원자분자체계에서부터 우주·천체체계에 이르기까지를 망라하여 구성된 우주 존재의 실존현상이라고 할 수 있다. 본 장에서는 사회체계이론(social system theory)에 대한 이해의 접근으로써 사회체계의 구성인자인 미시체계, 즉 개인으로부터 거시사회체계까지의 기초에 대한 이해와 인간행위의 단초(端初)이며 중심이 되는 의사소통체계, 환경과의 상호작용의 현상에 대한 유·무형의 사회체계이론을 이해한다.

1 사회체계이론의 개관

인간을 이해하는 방법은 두 차원에서 고려될 수 있다. 그 하나는 성격이론적 접근법의 차원이고, 다른 하나는 체계론적 접근법이다. 현대 사회과학에서 가장 광범위하게 사용되고 있는 모형이 사회체계이론이다. 인간사회환경의 시스템을 전문적 시각으로 이해하는 데 있어서 체계에 대한 이해는 필수적이라고 할 수 있다. 사회체계이론은 여러 종류의 체계모형이 있고 각 분야에서 널리 다루고 있지만, 여기에서는 사회복지학에서 중시하는 사회체계이론을 중심으로 살펴본다.

사회체계이론(social system theory)은 구조기능론의 거시적 접근방법으로서 사회를 실체로 보고 사회 실체의 본질이 무엇인가에 대한 규명으로부터 전개된다(최순남, 2001). 사회체계는 사회 구성요소들이 서로 관련을 갖고 영향을 주고받으며 상호작용하는 유기적 기능의 조직체이다. 이러한 조직체는 관념적, 가시(可視)적, 불가시(不可視)적, 기능적 조직체를 망라한다. 사회체계는 상호작용하는 단위들로 구성되고 각 단위는 그 자체의 부분체계이며 각 단위는 보다 큰 전체체계의 부분이 된다. 보다 큰 체계는 개인과 가족, 조직, 지역사회, 문화들이 포함되며 모든 형태의 인간 생활환경에서 상호작용하고 서로의 체계에 영향을 주고받는 사람들이 집단으로 이해된다.

사회체계는 개인·문화·사회에 이르는 모든 분야에 존재함으로써 사회체계의 단위를 어디에 두느냐에 따라 관점이 달라진다. 거시적 기능주의자들은 전체사회체계를 중요한 관점으로 본다. 개인들의 행동은 사회체계에 의한 종속적 영향의 사회변동을 강조한다. 반대로 사회적 행동주의자나 사회적 상호작용주의자들은 체계의 최소 단위의 개인행동에서 사회구조가 형성되는 것으로 본다. 즉, 개인의 일상적, 지속적 행위들이 사회체계를 형성한다는 미시적인 견해를 가졌으며 체계의 역기능에 대한 치료적 접근을 중시한다.

2 사회체계의 구조

사회체계는 크게 미시체계(microsystem), 중간체계(mesosystem), 거시체계(macrosystem)로 본다. 개인은 사회체계의 기초 구성인자가 되며 부부가 결합함으로서 일차적 사회체계를 구성한다. 즉, 하위 기초체계로부터 상위체계로 연결되는 구조를 갖는다. 가족과 소집단체계의 범위를 미시체계(microsystem)로, 지역사회 생태환경체계를 중간체계로, 상위 지방정부와 중앙정부·국가를 거시체계로 볼 수 있다. 사회체계적 관점은 양극 중의 한 입장이 아니다. 사회적 실체는 그것이 크든 작든, 복잡하든 단순하든, 하나의 부분임과 동시에 하나의 전체라는 것이다. 케슬러(Koestler, A.)는 이를 홀론(holon)[3]의 개념으로 설명하였다.

홀론 개념은 대상체계의 지정을 필요로 하며 관련된 환경(상위체계)과 대상체계의 하위체계에 관심을 갖게 한다. 예를 들면 가족이 대상체계가 될 때 가족성원들은 물론, 지역사회, 직장, 다른 가족과 같은 생태환경도 한 몸으로서의 체계적 개념을 중시한다. 인간행동과 사회를 이해하는 중요한 개념으로 사회체계적 관점은 특정 시점에서의 사회변동체계의 본질과 중요성에 대해 거시적, 미시적, 내적, 외적체계(exosystem)입장 모두를 통찰하는 것이다.

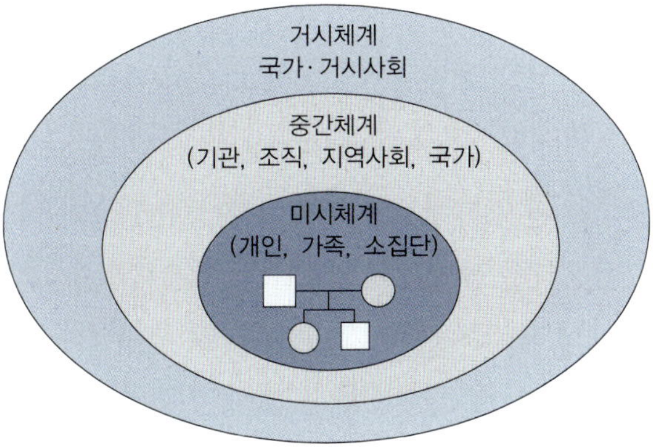

출처: 형성훈(2013).

[그림 5-1] 통합사회체계 층위도

3) 홀론(holon)은 그리스어의 전체(hole)를 뜻하는 홀로스(holos)에서 유래되었다. 하위체계(부분체계)로서의 전체체계이면서 동시에 상위체계를 구성하여 전체체계를 구성하는 속성이다. 즉, 전체체계에 관여하는 동시에 하위체계로서의 자율적 통합을 가진 단위로 생물에 대한 기관(器官), 기관에 대한 세포와 같은 단위 따위가 있다. 케슬러(Koestler, A.)가 제창하였다.

1. 미시체계

사회사업실천(social work practice)에서 중시하는 미시체계는 개인의 미시환경 상호작용체계의 기능을 중시한다. 브론펜브레너(U. Bronfenbrenner)는 인간의 일차적 발달요인이 미시환경의 상호작용 기능에 따르는 것으로 본다. 브론펜브레너는 크게 미시체계(microsystem), 중간체계(mesosystem), 외체계(exosystem), 거시체계(macrosystem), 시간체계, 다섯 가지의 체계를 제시한다. 미시체계는 개인이 실제로 부딪히는 가장 가까운 체계라고 한다. 사회체계는 사회적 최소 단위인 일차 부부하위체계로부터, 자녀하위체계, 부모자녀하위체계, 형제하위체계, 가족하위체계로 체계는 생산되고 분화된다. 브론펜브레너(U. Bronfenbrenner)는 개인과 직접 상호작용하는 일차적 가족구성원들과의 관계와 도구, 즉 아이의 장난감, 개인 컴퓨터, 휴대폰 등도 미시체계라고 한다.

탈코트 파슨즈(Talcott Parsonse)는 관념과 행위의 조직과 경계를 갖는 상호작용체계를 중시한다. 비고츠키(Vygotsky)는 사회문화적 행동 역시 미시체계로 보며, 개인의 발달과정을 개인과 환경의 상호작용과 제도적인 측면에서 이해하고자 하는 연구방법을 중시한다. 다양한 생태행위체계 수준, 주위환경이 어떻게 아동의 발달에 영향을 미치는지를 제시한다. 그는 확장된 환경과 아동과의 상호작용을 중시하면서, 아동은 단순히 환경에 영향을 받는 존재가 아니라, 환경에 영향을 주기도 하는 능동적 존재임을 강조하였다. 이러한 생태학적 접근에서 아동에게 영향을 주는 환경은 미시체계, 중간체계, 외체계, 거시체계, 연대체계의 5가지 수준의 구조이다.

미시체계(microsystem)는 아동을 중심으로 가장 안쪽에 위치하는 환경으로서, 아동과 직접 접해 있는 환경 사이의 관계를 나타낸다고 한다. 중간체계(meso-system)는 아동의 가정, 학교, 또래집단과 같은 미시체계들 간의 연결이나 상호관계이다. 외체계(exosystem)는 아동이 직접 접촉하고 있지는 않지만, 아동에게 영향을 주는 환경이다. 거시체계(macrosystem)는 아동이 속해 있는 사회의 가치, 법률, 관습 등을 의미한다. 연대체계(chronosystem)는 아동의 발달이 시간적 차원 안에서 일어남을 강조한다. 생태학적 접근은 환경을 고정된 방식으로 아동에게 영향을 주는 정적인 성격으로 보지 않고, 개인과의 상호작용에 의한 역동적이며 변화하는 체계로 본다. 행위체계의 중요한 통합문제는 그것의 일차 구성단위인 개인들을 조정하는 것이다. 특별한 목적을 위해서는 집단체가 행위자로 취급될 수도 있다.

1) 체계의 상호작용

탈코트 파슨즈(Talcott Parsons)는 실증주의적 상호작용의 기능을 강조하고 있는데 이는 사회생활의 물리적 매개 변수에 대한 주의를 환기시켜 주었고 또 많은 사회조직에 대해 이 매개변수들이 미치는 결정론적 영향에 대해서도 주목하게 해 주었다. 마지막으로 관념론을 평가하면서 파슨즈는 관념들이 개인적 과정과 사회적 과정을 한계지어 준다는 점을 중시하였다.

체계이론 수립 전략에 파슨즈(Parsons)가 사회조직에 대한 하나의 기능적 이론을 구축하기 시작했던 것은 이 자원주의적 행위이론에서 시작한다. 최초의 정식화에서 파슨즈는 자원론을 개별 행위자들의 주관적 의사결정과정들이라고 개념화하면서도 이러한 결정은 규범적이며 상황적인 어떤 제약들의 부분적 산물이라고 보았다. 그러므로 자원주의적 행위이론의 바탕에 깔려 있는 몇 가지 전제를 볼 수 있다. [그림 5-2]에서 도식화된 과정들은 종종 단위행위라고 부르며 사회적 행위는 하나 혹은 그 이상의 행위자들의 연속이다. 파슨즈의 단위행위는 그의 사회학 이론의 전개에 가장 기초적인 단위가 되고 있다. 그것은 파슨즈의 사회학적 이론구성으로 보다 복잡한 과정과 구조가 세워지는 가장 기본적인 단위의 체계적 특징들을 개념적으로 분리해 내는 것으로 이해된다. [그림 5-2]에서 도식화된 과정들은 단위행위라고 부르며 사회적 행위는 하나 혹은 그 이상의 행위자들의 연속이다. 단위행위 이론의 전개는 가장 기초적인 단위가 된다.

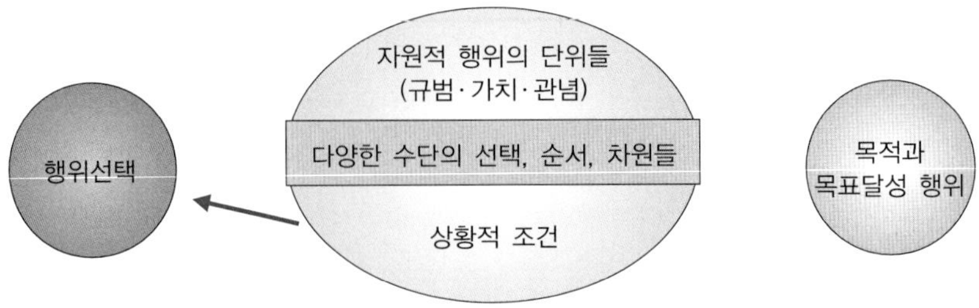

출처: 형성훈(2013).

[그림 5-2] 파슨즈의 미시적 행위 도식

그림에서 도식화된 과정들은 행위를 결정하는 선택자원에 대한 자원주의적 체계의 자원단위로 볼 수 있고, 이러한 행위적 자원의 단위는 목적과 목표달성 행위의 선택자원이라고 볼 수 있다.

① 행위자가 선택한 개별 행위체계로 본다.

② 행위자는 목적과 목표를 달성하기 위한 여러 가지 수단들을 선택한다.

③ 행위자는 목표와 수단의 선택에 영향을 미치는 여러 가지 다양한 상황적 조건에 직면한다. 즉, 외부적인 생태학적 제약들, 자신의 생물학적 욕구와 개별성 등 상황적 조건에 직면한다.

④ 행위자는 가치, 규범, 여타의 관념들에 의해 지배되는데, 이 관념들은 목표설정과 달성을 위한 수단의 선택에 영향을 미친다.

2) 체계의 기능

체계를 이해하는 데 필수적 동반개념은 체계의 기능에 대한 이해이다. 체계의 속성은 기능을 내포한다. 기능주의 이론은 여러 가지의 개념과 사상들이 형성되고 발전되어 왔다(Turner, 1991). 체계의 기능을 유기체론으로 설명하는데, 유기체의 성장과 발전을 사회의 기능과 분화와 같은 원리로 보았다. 사회적 실체는 부분과 상호 관련성을 가지는 체계로 보는 것이다. 에밀뒤르켐(Emile Durkheim)의 사회분업론(Division of labor in society)에서는 사회를 고유한 특성을 가진 실체의 체계로 보고 그러한 사회적 실체의 체계에 대한 설명에는 원인과 기능에 대한 설명이 필요하다는 주장에서 기능적 설명이 필요하다고 하였다. 래드클리프브라운(Radcliff-Brown)과 말리노우스키(Malinowski)의 인류학적 연구에서 생존을 위해 기능적으로 필수불가결한 기능적 요건의 개념을 취하였고, 막스베버(M. Weber)의 사회학적 사고로부터 사회행위를 개별행위와 집단행위의 수준으로 분석하였다(최순남, 2001).

이러한 체계의 기능주의 이론은 첫째, 사회적 세계는 체계로 구성되어 있으며 체계를 구성하고 있는 부분(하위체계)들은 상호 연관되어 있다. 둘째, 각각의 체계는 생존을 위하여 만족되어야 할 욕구와 요건이 있다. 셋째, 이러한 체계는 성장·발전하면서 정상적 상태와 병리적 상태를 가지고 균형과 항상성(homeostasis)을 지니고 있어서 균형과 항상성이 깨어지거나 위협받으면 원래의 상태로 돌아가려는 경향이 있다.

이러한 체계의 초기 기능주의 이론은 탈코트 파슨스(Talcott Parsons)가 기능적 분석을 중심으로 이론을 정교화시킴으로써 현대적 기능주의 이론으로 발전되었다. 기능주의의 전반적인 틀 속에서도 분석적 기능주의(analytical functionalism), 경험적 기능주의(emprical functionalism), 신기능주의(neo-functionalism), 일반체계적 기능주의(general system functionalism), 생태적 기능주의(ecological functionalism), 생물학적 기능주의(biological functionalism) 등 다양한 분파적 이론이 일컬어지고 있다(최일섭 외, 2005).

2. 중간체계

중간체계는 개인체계 위의 층위 체계들과의 상호작용이다. 중간체계는 미시체계와 거시체계의 사이에서 영향을 미친다. 중간층위의 물리적, 사회문화체계 측면은, 미시체계와 거시체계의 중간에서 상호작용하는 가족체계, 즉 가족환경이면서 지역사회환경의 상황이 놓여 있다. 파슨즈는 사회체계의 구조가 행위자의 상황이란 준거 틀에서 직접 도출될 수는 없으며 여러 행위자들의 상호작용의 복잡성을 기능적으로 분석해야 한다고 한다.

파슨즈에 의하면 사회란 하나의 특수한 체계이며, 사회체계를 인간의 행위체계에 있어서의 하나의 하위체계로 다루며, 나머지는 행동유기체, 인간의 품성(personality), 그리고 문화체계로 나눌 수 있다고 보았다. 사회체계를 제외한 나머지 셋은 사회체계의 기초 환경을 구성하는 것으로 보며, 행위의 네 가지 하위체계들 간의 구별은 기능에 따른다. 하위체계들은 모든 행위체계가 충족시켜야 하는 네 가지 중요 기능 즉, 통합, 유형유지, 목적 달성, 적응의 관점에서 묘사될 수 있다(윤원근, 1999). 그러면 이 네 가지의 하위체계들의 기능에 대해 좀 더 살펴보도록 한다.

1) 문화체계

첫째, 가치와 관습과 시대적 변천의 생활양식이다. 상징적 수단인 언어와 문자, 지식, 도덕, 제도 등의 유형유지와 창조적 변동은 문화체계의 주된 기능이다. 사회체계가 사회관계의 접합을 중심으로 조직되는 반면, 문화체계는 상징적 의미복합체들의 특성들, 즉 이들이 정형화된 규약들, 이들이 사용하는 특수한 일단의 상징들, 그리고 행위체계의 부분으로서 이들이 이용되고 유지되고 변동되는 조건들을 중심으로 조직된다.

둘째, 목적달성은 개인의 인성의 주된 기능이다. 인성체계는 행위과정의 주요작용 요인으로서 문화의 원리들과 요구들을 수행한다(이종수, 1998). 인성에 동기를 부여하는 보상수준의 관점에서 보면 행위의 일차 목적은 만족의 최적화이다.

셋째, 행동유기체는 적응을 담당하는 하위체계로 본다. 다른 체계들의 토대가 되는 인간의 중요한 편의시설들이 여기에 포함된다. 행동유기체는 행위가 적응해야 하는 일련의 조건들을 구체화한다. 그것은 물리환경과 관계하는 중요한 메커니즘(mechanism)을 포함한다.

〈표 5-1〉 각 체계와 주요기능

하위체계	중요 기능
사회체계	통 합
문화체계	유형 유지
인성체계	목적 달성
행 동	유기체 적응

이러한 파슨즈의 도식을 이해할 때 가장 중요한 것은 이 체계들 간에 본질적으로 상호 침투현상이 존재한다는 것이다. 예를 들면 개인의 인성 속에 사회적 대상, 즉 사회적 대상은 서로 반응하면서 행위자와 상호작용하는 대상을 말한다. 행위자와 서로 반응하면서 상호작용하지 않은 대상을 물리적 대상으로 본다. 또 사회적 대상과 물리적으로 상호작용하지 않는 대상의 의미를 일반화해 주는 정보를 문화적 대상이라고 한다. 문화규범이 내면화되어 있으며, 또한 유기체의 기억장치 속에 조직, 학습된 경험내용이 저장되어 있고, 문화체계의 규범적 구성요소들이 제도화되어 사회체계의 구조를 이룰 수 있다. 즉, 상호 침투영역들을 근거로 해서 체계들 간의 상호교환이 생겨날 수 있는 것이다.

상징적인 의사소통을 위해 개인들은 언어와 같은 문화적으로 조직된 공통규약을 가지고 있어야 하는데, 이러한 공통규약은 개인들의 사회적 상호작용체계 속으로 통합된다. 또한 중추신경계(인간의 내면)에 저장된 정보를 인성(personality)적으로 사용하기 위해 행동유기체는 상호 침투를 통해 인성수준에서 조직된 동기들을 보조하는 동원과 검색 메커니즘을 가지고 있어야 한다. 다시 말해 파슨즈의 기능적 요건은 문화, 사회, 인성(personality)체계의 행위구성 요소들의 내적 요소뿐만 아니라 상호 연결에도 관련된다.

2) 사회제도체계

이러한 사회체계의 개념화에서 파슨즈가 제시하는 것은 '제도화의 개념'이다.

이 제노화는 다양한 지위를 차지하고 있는 행위자들 사이의 상대적으로 안정적인 상호작용 유형을 말한다. 그러한 상호작용 유형은 규범적으로 규제되고, 또 문화유형들이 주입되어 있다. 이러한 가치주입은 다음 두 가지 방법으로 가능하다.

첫째, 역할행동을 규제하고 있는 규범은 문화의 일반적인 가치와 신념을 반영할 수 있다. 둘째, 사회적 가치와 여타의 문화유형론은 퍼스낼리티(personality)에 의해 내면화될 수 있으며, 따라서 그것은 퍼스낼리티의 욕구구조에 영향을 줄 수 있고, 다시 이것은 사회체계 내에서 역할을 수행하고 있는 행위자의 의향을 결정하는 것이다.

파슨즈는 제도화에 대해 과정과 구조의 두 가지 면에서 파악하였다. 과정으로서의 제도화는 다양한 지향들을 지닌 행위자들이 그들이 상호작용해야만 하는 상황구도 속으로 들어가고 행위자들이 어떤 지향을 갖느냐 하는 것은 그들의 욕구구조와 또 이 욕구구조가 문화유형의 내면화에 의하여 어떻게 변화되었는가를 반영한 것이다. 그리고 특수한 상호작용을 통해서 행위자들이 상호간에 그들의 지향을 조정하는 과정에서 규범이 출현하며 규범은 행위자들 상호간에 그들의 지향을 조정하는 하나의 방법으로 출현하지만, 동시에 일반적 문화유형에 의해서 한계지어진다. 그리고 이 규범들이 이후의 상호작용을 규제하고 그 상호작용에 안정성을 부여한다. 제도화된 유형들이 창조되고, 유지되고, 변화하는 것은 이와 같은 과정을 통해서 이루어진다. 즉, 사회의 안정과 유지되는 체계의 과정을 제도화로 본다.

3. 거시체계

1) 사회 통합체계

통합기능은 주로 사회체계가 담당한다. 로크우드(Lockwood)는, 체계통합의 두 형태는 같은 것이 아니며, 사회의 어떠한 분석이라도 이 둘 사이를 주의 깊게 구분해야 한다고 말하고 있다. 하나는 가치에 대한 합의이자 사회화로부터 얻어지는 사회로의 통합이다. 하나는 사회적 하부체계 작용의 결과로서 일어나는, 즉 권력구조자든지 경제관계의 의도하지 않은 결과로서 나타나는 통합을 말한다. 기든스(Giddens)는 사회통합은 개별적인 사회행위자의 대면적인 상호작용으로부터 일어나는 것으로 본다.

통합 하위체계의 일차기능은 전체 성원뿐만 아니라 사회 내의 다양한 여러 지위와 역할범주들이 사회집합체에 대해 이행해야 하는 충성의 의무를 규정하는 것이다. 충성심은 집단 또는 공공의 이익이나 필요의 이름으로 정당화된 호소에 얼마나 반응하느냐의 문제이다. 원칙적으로 충성심은 모든 사회공동체에 특히 중요하며, 정부 기관들은 일반적으로 사회에 대한 충성심을 호소하는 동시에 규범들을 이행하는 담당자들이다.

하위 집단들과 개인들의 전체사회에 대한 충성과 다른 집합체들에 대한 충성 간의 관계는 특히 중요하다. 같은 사람이 몇 개의 집합체와 관련되어 있는 역할다중은 모든 인간사회의 근본 특징이다. 그러므로 공동체 자체에 대한 충성과 여러 다른 집합체들에 대한 충성을 규제하는 것이 사회공동체의 통합에 주요한 문제이다. 즉, 사회공동체는 집합체들과 그에 대한 충성심을 관통하는 하나의 복합적인 연결망이자, 기능적 분화와 분절의 특징을 갖는 하나의 체계이다. 친족, 가족, 기업, 교회, 정부단위, 교육 단체 등은 서로 분화되어 있고, 많은 각양의 집단적 단위를 주위에 두고 있다.

그러나 사회공동체(social community)에 대한 충성은 충성서열에서 가장 높은 지위를 차지하지는 못한다. 가장 높은 지위를 점하는 것은 한 사회의 규범질서에 대한 문화적 정당성이다. 서열 면에서 사회공동체의 규범적 질서화는 계층등급으로 이루어져 있다. 계층은 여러 하위 집합체들과 지위, 역할들 그리고 사회의 성원들에 대해 대체로 정하여져 있는 위상 등급을 일컫는다. 이러한 계층은 가치와 규범이 통합되고 정당화되어 있는 한에서만 가능하며 계층등급은 한편으로는 성원의 자격을 결정하는 문화규범에 따라, 다른 한편으로는 하위 집합체들과 지위,

역할들의 기능들 사이의 분화요소들에 따라 조정된다.

역할다중은 특히 복잡한 계층체계에서 개인들의 지위(地位)문제를 나타낸다. 계층 메커니즘(mechanism)들은 일반적으로 개인들을 큰 집단체계에, 그리고 개인의 지위를 규정하는 성원의 자격요건에 확산적으로 통합되어 있는 것으로 취급해 왔다. 혈통, 인종집단, 신분, 사회계급은 이러한 방식으로 유지되어 왔는데, 현대사회는 개인의 지위가 연줄에 의한 확산적인 유대감으로부터 분화될 것을 요구하며, 이것이 바로 현대계층체계의 독특한 특성이다.

2) 사회문화체계

사회문화체계는 문화적 가치환경까지 포함하는 가변적 체계이다. 문화가 사회 안에서 어떤 작용과 기능을 하고 있는가이다. 문화적 정당성의 근거는 사회 전체 수준에서의 가치헌신(價値獻身)에 기초하는 것으로 상황에 따라 변화가 많은 영향력, 이해관계, 유대감 같은 직접적인 관심사들을 초월한다. 집합체에 대한 충성과는 대조적으로 가치헌신의 참된 특징은 상대적인 이익이나 불이익, 사회적이거나 환경적인 긴급사태에 거의 구애받지 않고 의무수행이 요구된다는 것이다.

가치에 대한 헌신은 일반적으로 구체적인 행위 속에서 가치를 수행하는 데 도움을 주는 의무를 가정하며, 특히 현대사회에서처럼 일반적으로 가치체계가 행동주의적인 곳에서는 가치에 대한 헌신이 집단 행위의 어떤 조건들을 액면 그대로 수행한다는 의미를 내포하고 있다. 이처럼 가치체계는 가치 있는 결사체(結社體)에 대한 헌신의 범주, 정당한 집합적 관계와 일에서의 유대감을 포함하는 것이다. 어떤 결사체들이 가치 있는가하는 것은 사회마다 아주 다르며 아주 구체적으로 정의된 행위들만을 정당한 것으로 제한함으로써 단체의 정당성을 확인하려는 것은 불가능하다.

그 이유는 행위자들이 변화무쌍한 환경 속에서 자신들의 가치를 수행하려면 상당한 범위의 자유재량이 필요하기 때문이다. 이러한 범위가 어느 정도인가를 정해 주는 것이 가치의 일반화라고 부를 수 있는데, 이 가치의 일반화는 개개의 행위를 아주 구체적으로 금지하지 않고서도 가치가 효과적으로 사회행위를 규제할 수 있게 되었다. 우리가 보통 사회도덕이라고 부르는 것이 문화의 수준에서는 가치라고 표현된다. 그리고 사회관계의 맥락에서 경험대상을 평가하는 것에 관계한다. 도덕행위는 타인과의 상호작용을 포함하는 사회적 상황 속에서 문화적 가치를 수행하므로 상호작용 시에, 그것은 행위자들을 상호 구속하는 기준을 마련하고 있다.

3) 사회정치체계

사회정치체계는 첫째, 정치는 가치의 권위적 배분과정이다. 둘째, 그러한 과정은 정책으로 표출되며 정책의 결정은 입안권(立案權)을 부여받은 체계에 의해서 이루어진다. 셋째, 정책이 결정되는 것은 정부의 자의성에 의해서가 아니라 국민의 요구와 지지를 바탕으로 해서 정해진다. 넷째, 한번 결정된 정책은 다시 국민의 요구에 어느 정도 부응하는가에 따라서 새로운 요구로 나타나게 되며 이러한 일련의 과정에 의하여 사회정치체계의 전반적 과정을 형성하게 된다.

소속감과 충성심 그리고 문화적 정당화의 중심이 되는 사회의 규범질서는 대규모의 복잡한 사회체계에서 충분한 구속성(拘束性)을 가질 수는 없다. 구속성을 가진다는 것은 비동조자(非同調者)에게 부정적인 제재를 가하는 것을 의미하는데, 이 같은 제재에는 비동조행위를 단념시키는 것과 비동조행위가 발생할 때 그러한 위반행위를 벌하는 것이 포함된다. 사회가 조직화된 규제활동을 통해 비동조행위를 할 의도가 있는 의심스러운 행위자에게 위협 등의 방법으로 부정적인 제재를 행사하는 것을 강제기능이라고 명명할 수 있다(윤원근, 1999).

사회가 분화될수록 강제는 경찰력과 군대제도 같은 전문화된 기관들에 의해 시행되는 경향들이 있으며 강제가 제대로 시행되기 위해서는 무엇이 규범 위반인지, 누가 규범을 위반하는지, 어떤 환경에서 규범 위반이 발생하는지를 결정하는 어떤 양식이 필요하다. 이러한 사정으로 인해 사회공동체와 정치조직체 사이의 관계에 대한 문제들이 제기된다. 정치적이라는 개념은 사회공동체와의 관계에 있어서 정부의 일차기능뿐만 아니라 모든 집합체의 이에 상응하는 측면들을 포함한다(정근식·김해식 역, 2004). 즉, 어떤 현상이 어느 한 집합체의 목표 달성을 위한 자원의 조직과 동원을 포함한다면 그것은 정치적으로 취급된다.

현대사회의 분화가 진행되어 감에 따라 정부는 두 가지 중요한 기능에 집중하는 경향이 있다. 첫 번째 기능은 정당한 규범질서와 특별한 관계를 갖고 일반화된 위협으로부터 사회공동체의 통합을 보호, 유지하는 책임에 관여한다. 더군다나 정부 분화의 일반과정은 새로운 규범을 만들고 공포하는 분야들을 창출하는데 여기서는 입법기능까지지도 갖게 된다. 두 번째의 주요한 기능인 행정은 어떤 상황에서든지 공공의 이익 때문에 구체적인 조치가 취해져야 할 필요가 있다고 보이는 집단행위에 관여한다. 집단행위를 위한 이 같은 책임은 영토방위와 공공질서 유지와 같은 본질적인 문제로부터 공공의 이익과 관련되어 있는 거의 모든 쟁점들을 포함 관여(management system)한다.

3 사회체계의 기본 개념

1. 체계의 경계

체계는 외부환경으로부터 구분하는 일종의 테두리(frame)이다. 경계는 체계의 모든 영역에 존재한다. 이는 감정체계, 의사소통체계, 체계와의 상호작용체계의 경계는 물론, 규범의 성문적 경계(成文的境界), 문화적 경계, 지리적, 행정지역, 정치성향, 법적 정의, 인종 등 무형·유형체계의 경계를 망라한다. 이는 전문적 객관적인 이론 기준에 의한 영역(boundary)이다. 경계는 체계의 정체성(正體性)

을 규정하고 주위환경과의 내적·외적 교환을 통제한다. 경계와 경계는 부분적으로 침투할 수 있으며 경계를 통해 에너지와 정보의 전달이 가능하다. 경계를 통한 개방성과 침투성 정도를 파악한다. 체계의 경계는 적절한 에너지를 주고받는 반투과성체계를 이상적인 경계로 본다.

2. 개방체계와 폐쇄체계

개방체계는 외부체계와의 경계가 개방되어 있다. 체계 내에서 체계 외부와의 자유로운 정보교환과 자원교환, 상호작용을 허용한다. 이는 건전한 체계가 가지는 경계로 미시체계인 인간관계체계와 거시체계인 내국국가에서 외국제관계까지 망라한다. 개방체계는 에너지를 교환하는 열린 상호작용이다. 체계가 성장하고 발달하려면 다른 체계들로부터의 투입이 어느 정도 개방적이어야 한다. 그러나 자기 체계의 정체성과 보존성을 유지하는 에너지 교환, 즉 에너지교환의 상호작용은 여과(filtering)되고 선별되어 상호 체계에 유익한 에너지가 교환되는 반투과성체계가 사회의 건강성이 반영되는 체계이다.

폐쇄체계는 다른 체계들과 상호작용하지 않는 닫혀 있는 체계이다. 외부환경과 고립되어 다른 체계와의 에너지 교환이 없고 투입과 산출이 없는 엔트로피 속성을 가지고 있다. 즉, 폐쇄적 체계에서 에너지의 흐름이 소멸되면 시간이 지나면서 체계 내의 모든 요소들이 소멸 또는 비슷해짐으로 결과적으로 체계와 조직의 효과적인 기능상실·소멸이 초래되는 현상이다. 이러한 체계를 가진 개인과 조직사회는 외부와의 정보교류가 없고 새로운 에너지를 유입하지 않는다. 개인과 개인, 조직과 조직, 즉 하위체계 간, 상위체계와 에너지 교류가 폐쇄적이므로 개인의 삶과 집단의 에너지가 침체되는 현상을 초래한다.

3. 대상체계 · 상위체계 · 하위체계

대상체계(對象體系)는 분석의 대상이 되는 특정한 사회체계를 말한다. 상위체계는 대상체계의 외부체계에 있으며, 대상체계에 기능적으로 연결되어 환경적 영향을 미친다. 하위체계는 대상체계의 내부에 있으면서 내부의 다른 하위단계의 단위들과 상호작용하고 동시에 상위체계와 상호작용한다.

4. 균형 · 항상성 · 안정성

균형(均衡), 항상성(恒常性), 안정성(安定性)은 경계(境界)의 개방성에서 상이한 정도를 반영하는 개념이다(Anderson & Carter, 1990). 균형(equilibrium)은 외부환경으로부터 새로운 에너지의 투입 없이 현상을 유지하려는 체계의 속성이다. 고정된 구조를 가지고 주위환경과 수직적 상호작용을 하지 않는 폐쇄체계는 수평적 상호작용만으로 이루어지며 폐쇄체계는 내부균형을 이룬다(이윤로, 2006).

항상성(恒常性)과 안정성(安定性)은 개방체계(開放體系)를 전제로 한다. 항상성은 환경과 지속적인 상호교환을 하는 체계에 존재하는데 그 결과는 안정적이지만 정적인 균형이 아니라 역동적인 균형으로 나타난다. 이를테면 어머니가 사고로 장기간 입원을 하게 됨으로 집안 가사 일을 할 수 없어 가족체계에 균형이 깨졌을 때, 장녀가 역동적으로 어머니의 역할을 함으로써 깨어진 가족체계의 균형을 회복하려는 것이다.

안정성은 부분들 간의 관계를 유지시킨다. 체계가 쇠퇴해서 붕괴되지 않도록 에너지가 계속적으로 사용되는 상태를 의미한다. 안정성은 환경과의 교환뿐 아니라 변화하는 여건에 적응하기 위해 구조를 변경시킬 수 있는 개방체계에 존재한다(Lewin, 1961). 즉, 영업이 되지 않는 업종 또는 구조보완, 고장 난 기계를 대치하여 영업을 지속하도록 보완, 조정하여 안정을 추구함으로써 회사를 유지해 나갈 수 있을 것이다. 이러한 건강한 개방체계는 현상유지만 지향하거나 욕구완화에만 집착하지 않고 긴장이나 갈등을 성장의 전제조건인 건전한 자극으로 간주한다(이인정·최해경, 2004).

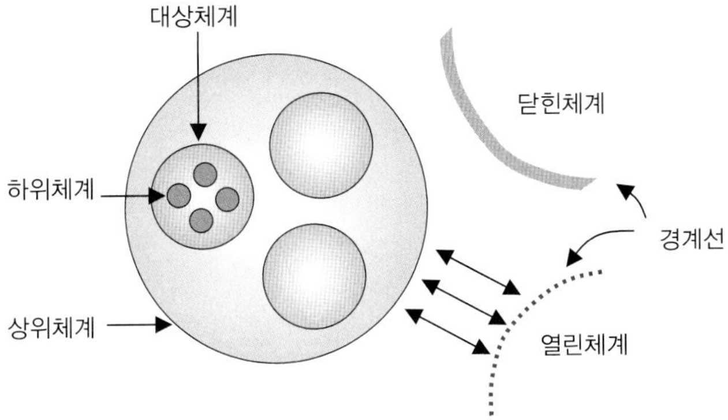

출처: 임은희(2005).

[그림 5-3] 체계의 주요 구조: 하위체계, 상위체계, 대상체계, 경계

5. 체계의 투입·전환·산출

이러한 개념적 도식(圖式)으로 실체를 좀 더 잘 이해할 수 있다고 한다. 그러면 네 가지 행위체계를 어떻게 상호 연관 지을 수 있는가. 분석적 강조점을 네 가지 행위체계 사이의 "투입(input)→전환과정(conversion)→산출(output)→투입의 환류(feedback)", 관계로 제시된다. '기본 작용구조의 도식'은 체계의 속성상, 인성체계, 의사소통, 상호작용, 미시체계, 중시체계, 거시체계를 망라하는 체계의 기본 순환구조의 특성을 나타낼 수 있다.

투입은 체계가 환경에서 에너지, 사물, 정보 등을 받아들이는 과정이다. 과업과 관련된 투입이라면 그 사회체계가 관심을 갖는 지각된 욕구, 문제, 혹은 기회로 인해 발생한다. 유지와 관련된 투입은 지각된 욕구를 충족하고 기회를 모색하거나 이용하는 데 필요한 자원을 투입하는 과정이다. 전환은 투입물을 변형하고 재구조화하는 구조조직과정이다.

이러한 재구조과정의 상호작용은 실제 행동 그 자체에서 소통하고 재조직 에너지를 조직하는 수평적·수직적 작업과정이다. 수평적 상호작용이란 외부의 에너지를 유입하지 않고 자체 체계 내에서 일어나는 상호작용이고, 수직적 상호작용이란 자체 체계의 경계를 넘어 보다 하위체계와 보다 상위체계의 에너지를 주고받으며 상호작용하는 체계이다. 산출은 과업산출·유지산출·소모로 산출된다. 재조직화한 투입물을 다른 체계로 내보내는 피드백과정이다. 과업산출은 과업과 관련된 투입이 처리된 결과를 도출한다. 유지산출은 투입물이 향상된 기능으로 재조직화되어 도출된 것이다. '소모'산출물은 과업산출(課業産出)과 유지산출(維持産出)과정에서의 소모적 비적절성으로 인한 소모물이다. 자원의 비효과적, 비효율적, 혹은 부적절한 사용을 한다(이윤로·조휘일, 2003; 임은희, 2005).

6. 체계의 순환시스템

체계의 기본 순환시스템에서 피드백은 정보의 투입일 수 있고 산출물의 순환이다. 산출된 행동 또는 에너지를 새로운 정보를 포함하여 환류(feedback)하므로 투입하는 순환시스템이다. 이러한 체계는 목표를 달성하기 위한 노력을 더 효과적으로 조정할 수 있다. 피드백의 종류로는 부정적인 피드백이 있는데 체계가 목표를 성취하기 어려운 방식으로 행동하고 있다는 정보를 주어서 목표와 조화를 이루도록 행동을 수정하게 한다. 긍정적인 피드백의 종류로는 체계가 목표와 관련하여 적절하게 행동하고 있으며 그 같은 행동이 더욱 요청된다는 의미를 전달한다. 이러한 기본시스템은 사회과학의 행동체계에서 다양하게 응용할 수 있다.

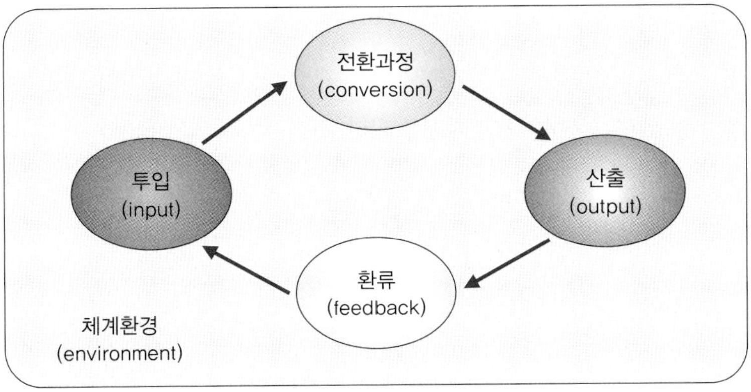

출처: 형성훈(2013).

[그림 5-4] 체계의 순환시스템

4 사이버네틱체계의 구조

사이버네틱체계는 사이버네틱스의 초기연구(Winer, 1961; Ashby, 1960)의 항해원리에서 출발하였다. 사이버네틱스(cybernetics)[4]체계는 마치 항해사가 운항목표로 향하기 위한 과정을 조직하는 것으로 이해될 수 있다. 또 의도적 경로의 역학적(力學的) 메커니즘 조절 시스템으로 이해된다. 생물체계와 사회화체계의 생명력이 피드백(feedback)속성에 의존한다는 것으로 설명된다(Orrin, 1973). 위너(Winer)의 정의에 따르면 사이버네틱스란 어떤 체계에 포함되는 두 종류의 변량(變量)이 있는데, 그 하나는 우리가 직접 제어할 수 없는 것이고, 나머지는 우리가 제어할 수 있는 것으로 한다. 이때 제어할 수 없는 변량의 과거로부터 현재에 이르기까지의 값을 바탕으로 하여 제어할 수 있는 변량의 값을 적당히 정하여, 이 체계

4) 사이버네틱스(cybernetics)는 1947년 미국 수학자 로버트 위너를(Norbert Weiner) 중심으로 하는 과학자 그룹을 일컬었는데, 어원은 키잡이[舵手]를 뜻하는 그리스어 kybernetes이다. 즉, 배와 조타수인데 조타수가 정보를 받아 방향을 설정하여 운항의 키를 조정하고 움직이는 원리의 기능조작을 의미로 사용한다.

를 가장 바람직스러운 상태로 도달시키는 시스템을 부여한다. 의도적 목적을 달성하기 위한 이론으로 이해하며 사이버네틱스 개념 중에서 핵심적인 것은 정보에 대한 피드백(feedback)을 통한 방향조절이다(김영애 외 역, 2008).

위계적 사이버네틱 체계

파슨즈는 네 가지 하위체계 간의 상호 관계를 중시한다. 각 행위체계를 한층 더 포괄적이며 전면적인 위계적 행위체계의 하위체계로 파악한다. 그 결과로 나타난 것이 통제(統制)의 위계적 정보(位階的情報)이다. 즉, 문화는 사회체계를 정보상으로 한계 지으며, 사회구조는 퍼스낼리티(personality)를 정보상으로 규제하며, 퍼스낼리티는 유기체적 체계를 정보상으로 규제한다는 것이다. 예를 들면 문화적 가치지향은 사회체계의 규범적 변량 범위를 한계 짓거나 제한한 것으로 간주될 것이다. 다시 규범은 역할을 수행하는 행위자에게 기대로 전입되므로, 규범은 퍼스낼리티체계에서의 동기와 의사결정 과정의 종류를 제한하는 것으로 간주될 것이다. 그리고 이러한 퍼스낼리티체계의 특징들은 유기체의 생화학적 과정들을 한계 짓는 것으로 간주되는 것이다(김진균 외 역, 1989).

위계상의 각 체계는 바로 위의 체계에서의 행위에 필요한 에너지 조건을 제공하고 있는 것으로 간주된다. 즉, 유기체는 퍼스낼리티체계에 필요한 에너지를 제공하고 퍼스낼리티체계는 사회체계에 에너지 조건을 제공하고 퍼스낼리티체계들 간의 사회체계로의 조직화가 문화체계에 필요한 조건을 제공한다. 이와 같은 도식을 파슨즈는 통제의 사이버네틱(cybernetic)위계라고 했다.

〈표 5-2〉 통제의 사이버네틱 위계

전반적 기능	체 계	체계수준들 간의 상호 관계	
잠재성	문화체계	정보적 통제	↑
통 합	사회체계	↓	
목표달성	퍼스낼리티 체계		
적 응	유기체적		에너지 조건

5 기능적 체계의 복잡성이론

루만(Luhmann)의 사회체계이론은 한마디로 오늘날 복잡한 사회체계 현상에 대해 포스트모더니즘적 체계개념의 다양성과 창발성(創發性), 복잡성으로 설명하고 있다. 루만의 이론과 번역서들의 단점은 쉬운 내용을 지나치게 난해하게 설명하고 있어 루만 이론의 접근성을 어렵게 한다. 그럼에도 불구하고 본 장에서 잠시 개략개념을 보고자 함은, 오늘날의 복잡한 포스트모던시대를 반영한 뉴패러다임적 복잡체계에 대한 새로운 접근 방법의 하나로 볼 수 있기 때문이다.

전통적 체계학의 이해와 다른 니콜라스 루만(Niklas Luhmann)의 체계론 특징은 사회체계는 환경의 조건에서 창발적으로, 즉 예측적이지 않는 돌출상황과 행위가 나타나며, 사회체계를 이루는 구성요소는 인간이 아니라 소통이라고 본다. 따라서 인간은 사회적 체계와 상호 침투할 수 있으면서도 그 환경에 머물게 된다고 한다. 첫째, 사회적인 것이 무엇인지 밝혀냈고, 둘째, 사회적·일반적인 것을 다룰 수 있는 기초 이론을 마련했고, 셋째, 이를 토대로 한 사회이론을 제시했으며, 넷째, 더 나아가 21세기의 복잡한 포스트모더니즘 사회체계의 미시적·광의적·초현대적 의미를 광범위한 영역으로까지 설명한다. 니콜라스 루만(Niklas Luhmann)은 파슨즈가 강조하는 체계의 구조를 인정하면서도 체계의 구조에 영향을 미치는 환경으로부터의 기능성을 강조하였다. 특히 복잡한 산업사회인 현대에서는 환경구조적 기능 역시 복잡한 환경 속의 기능으로부터 분화된 것으로 본다고 할 수 있다.

루만(Luhmann)이 파악한 현대사회의 가장 큰 특징은 복잡성이다. 그는 현대성이나 현대화라는 표제어로 논의되는 것을 '복잡성 또는 복합성'이라는 개념으로 요약하고 있다. 즉, 복합성은 다층성(多層性)을 의미한다. 현대사회의 기능방식과 구조는 여러 측면에서 서로 얽혀있으나 한 체계의 모든 요소가 서로 결합될 수 있는 것은 아니다. 개인에게 있어서는 언제나 현실화될 수 있는 것 이상의 체험과 행위, 가능성이 존재하는 것이다(이남복, 1997).

현대사회의 구조는 전통사회보다 더 이질적인 요소들을 두루 가지고 있다고 본다. 사회문제와 사회문화, 사화과학·사회복지학 차원에서 이해될 수 있다. 가령 상부와 하부만 있는 것이 아니라 산업화와 노동분화를 통하여 생산과 소비영역이 확대되었으며 교육수준과 이동성이 증대되었고, 신에 대한 믿음이 지식으로 대체되기도 한다. 즉, 이러한 복합성 때문에 현대인은 질서의 의미 부여에 도움을 주는 메커니즘(mechanism)에 의지하고 있으며, 현대사회의 주요한 과제는 바로 이 복합성의 축소인 것이다.

이러한 이론적 전환에 따르자면 사회체계는 그 자체가 동원하는 모든 것을 단위로서 취하여 스스로를 구성하는 그런 체계이다. 이를 위해서 체계이론은 환경 복잡성도 동시에 축소되어야 한다고 전제한다(박여성, 2007). 복합성이란 다수의 사건가능성이 개방되어 있거나 다양한 사례가 제시될 때 나타나는 것이다. 가령 체계이론에서는 한 체계의 상태가 계속될 경우 다양한 가능성이 존재할 때 구조적 복합성이라고 말한다. 다양한 사건이 다양한 가능성을 내보일 수 있는 경우에 다양성이나 복합성이 나타날 수 있는 것이다. 다양성이나 복합성이 무한히 클 수는 없다. 체계는 질서보다는 혼돈을 내보이면서 소멸되어 가기 때문이다. 체계는 그 환경에서 생존할 수 있을 만큼의 구조적 복잡성을 허용하는 경향을 띤다.

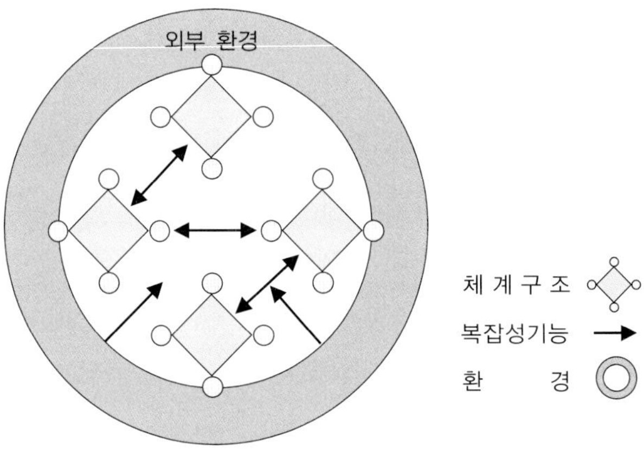

출처: 형성훈(2013).

[그림 5-5] 루만의 기능적 복잡성체계도

◉ 기능적 체계환경

루만은 파슨즈의 구조기능주의가 현실로부터 동떨어지고, 지나치게 체계유지적이라는 학계의 비판에는 동조하였지만, 사회현실을 분석하기 위한 추상적, 특히 생산이라는 목표는 보존하였다. 그는 인간행위가 체계로 조직화되고 구조화되었으며 몇몇 사람들의 행위가 상호 관계될 때 사회체계가 존재한다고 생각하였다. 모든 사회체계는 체계가 다루어야 하는 잠재적으로 무한한 복잡성을 취하게 하는 다차원적 환경 속에 존재한다. 복잡한 환경 속에서 생존하기 위하여 사회체계는 환경 속으로 융합되지 않도록 복잡성을 감소시키는 메커니즘(mechanism)을 개발해야 한다. 루만의 분석에서 이러한 기능적 요건은 상호 관련된 행위체계에 관하여 환경의 복잡성을 줄이기 위한 욕구이다. 즉, 모든 사회환경들은 환경과 관련하여 복잡성을 줄이기 위한 기능이란 측면에서 분석된다.

이러한 메커니즘들은 환경의 복잡성을 줄이는 3가지 차원들이 있다(정태환, 2010). 먼저 시간적 차원은 시간이 항상 체계에 복잡성을 제공한다는 전제에서 출발한다. 시간은 과거에 이르고, 또한 시간은 현재 행위의 복잡한 배열을 구현하기 때문이다. 그리고 시간은 미래의 광대한 지평을 포함하는 것이다. 따라서 사회체계는 시간의 복잡성을 감소시키기 위한 메커니즘을 개발해야 하며 체계는 행위가 과거, 현재 그리고 미래로 향하는 절차를 개발함으로써 이 차원을 정돈하는 방식을 찾아야 한다.

두 번째로 루만은 환경의 물질적 차원에 관심을 둔다. 물리적 공간에서 상호 관련 있는 행위들을 정돈하기 위해서 필요한 구조와 형식, 물질적 공간에서 행위들 사이의 모든 가능한 관계들에 대하여 관심을 두는 것이다. 마지막으로 루만은 인간체계의 세 번째 차원을 상징적이라고 보았다. 인간이 생각할 수 있다고 상상되는 모든 복잡한 상징들과 그 상징의 결합 속에서 어떤 메커니즘이 다른 상징들을 제치고 특정한 상징들을 선택하고, 수많은 잠재적 대안들 대신에 사회체계가 어떤 종류의 상징적 매체를 사용하는가에 대한 물음이다.

하나의 체계는 조작적으로 환경에서 배제되고 자연을 관찰하면서 환경에 포함된다. 재귀준거(再歸準據)와 외율준거(外律準據)의 차이로서 환경에 대한 차이는 체계 고유의 관찰에 기초가 된다. 체계는 배타문화를 통하여 환경에서 일어나는 것과의 관계에서 전적으로 무관심하다. 그러나 이러한 무관심은 체계 자체의 복합성을 증축하기 위한 방패처럼 사용된다. 이러한 복합성은 체계 내부에서 정보의 형식으로 자연을 감지할 수 있는 환경에 의한 자극에 대해 아주 민감할 수 있는 것이다. 합리성은 체계와 체계 내 환경과 차이의 일관성을 성찰할 수 있다는 것을 의미한다(이남복, 2010).

이상 환경의 복잡성을 감소시키는 3가지 차원들은 복잡한 현대사회에서 기능적 체계들이 생존을 위해 진화해 나가는 방법을 요약한 것으로 여겨진다. 그러면 루만이 말한 사회체계란 어떻게 분석될 수 있는가. 그는 의미 있게 상호 관련되고 상호 연관될 때 사회체계가 존재하며, 기능적 선택에 의해서 시간적, 물리적, 상징적 환경으로부터 사람들을 구획 짓는다고 생각하였다. 루만이 분석한 세 가지 기본적 유형의 사회체계, ① 상호작용체계, ② 조직체계, ③ 사회적 체계를 살펴본다.

1. 상호작용체계

상호작용체계는 개인들이 존재하면서 서로의 존재를 인지할 때 나타난다.[5] 그러한 체계는 대면적인 의사소통에서 언어 및 문화의 교환에서 정교화되며 이런 과정을 통하여 시간적, 물질적, 상징적 차원에서 복잡성을 줄이게 되는 것이다. 그러나 상호작용체계는 어떤 내재적 한계와 취약점을 드러낸다(박여성, 역, 2007). 첫째, 모든 사람들이 동시에 이야기하여 체제가 붕괴되지 않도록, 한 가지 주제만이 한 번에 토론될 수 있다. 둘째, 참여자들이 다양한 대화상의 자원은 누가 이야기할 것인가를 놓고 종종 경쟁을 이끌어낸다. 이 경쟁은 잠재적으로 갈등과 체계 붕괴

5) 지각이라는 바로 그 행위는 경계를 만들어 내며, 그 행위는 사람들을 구획하여 훨씬 복잡한 환경으로부터 분류하는 작업이다.

로 이어질 수 있는 불평등과 긴장을 야기한다. 셋째, 이야기와 대화는 연속적이기 때문에 시간을 소비하는 일로 여겨진다. 따라서 상호작용체계는 매우 단순하며 동시에 존재하고, 인지되는 사람들에게만 관련된다. 예를 들면 수업시간에 교수와 학생들은 강의실에 출석함으로써 상호작용체계가 구축된다고 할 수 있다. 상호작용체계는 단순한 체계이며 내적으로 노력을 해서 지속적인 부분체계를 공고히 할 수 있는 것이다.

2. 조직체계

이 체계는 특정한 조건에 관련한 개인들의 행위를 조정한다. 조직체계는 가입과 탈퇴의 규칙을 가지고 있으며, 이 체계의 주요 기능은 장시간에 걸쳐서 고도로 인위적인 행위양식을 안정화시키는 것이다. 조직은 개인들의 도덕적 헌신에 의존하지 않으며 특정한 과제를 수행하고자 하는 욕구를 화해시켜야 하는 기본적 문제를 해결한다. 다시 말하면 조직은 규범과 동의를 요구하지도 않으며 오히려 가입과 탈퇴의 규칙은 개인들의 조직과 완전히 동일시하지 않고 요구되는 일을 할 수 있는 방식을 알려 주는 것이다.

정리하면 조직체계가 환경의 복잡성을 감소시키는 방법은 첫째, 시간적으로는 가입과 탈퇴의 규칙을 만들고, 현재와 미래의 활동을 명하며, 둘째, 공간적으로는 권위가 조정하는 분업을 창출하며, 셋째, 상징적으로는 무엇이 적절한 것인가, 어떤 규칙을 적용할 것인가를 정하는 것이다.

3. 사회체계의 작용

우리의 사회체계는 공동체의 포괄적 형태이다. 공동체는 그들의 기능과 역할에 의하여 공동체의 반응이 일어나고 공생이라는 체계적 기능을 갖는다(Dale, O. et al., 2009). 사회체계는 정치나 규범적 합의에 의해 결합되는 것은 아닌 것으로 본다. 루만은 탈분화될수록 갈등의 해결로서 상호작용을 단결시킴으로써 사회가 존속하는 데 있어서 덜 위태로워진다고 한다. 전체사회는 의사소통적으로 서로 도달할 수 있는 모든 행위를 포함하는 사회체계라고 할 수 있다. 사회적 체계는 상호작용체계와 조직체계를 가로지른다. 즉, 서로 접근 가능한 모든 의사소통의 포괄적인 체계이며, 환경의 복잡성을 줄이기 위하여 화폐와 권력과 같은 고도로 일반화된 의사소통 규약을 사용하는 체계인 것이다.

따라서 이 체계는 어떻게 그리고 어디에서 행위가 상호작용과 조직체계 안으로 상호 관계되는지에 대한 대략적 제한을 설정한다. 이 체계는 또한 시간을 어떻게 인지하고 행위를 과거, 현재, 미래로 지향할 것인가를 조직한다. 그러면 이러한 구분은 무엇에 기인한 것인가. 루만의 체계개념은 전체사회와 결부되지 않는다. 체계는 내부와 외부 차이의 안정화를 통하여 생겨난다고 할 수 있다. 체계의 외부는 환경이며, 환경이란 체계의 주위에 있는 복합성 모두를 말하는 것이다. 루만은 환경을 비체계로 이해했으며 환경과 비교할 때 체계는 덜 복합적인 특성을 지닌다. 그것은 체계가 환경과의 복잡성을 줄이는 방법으로 생존할 수 있기 때문이다.

4. 체계의 통합과 분화

상호작용체계, 조직체계, 사회체계는 완전히 분리될 수 없는 체계이며, 서로 밀접한 관계를 맺고 있다. 모든 사회적 행위는 체계의 작용적 발생이며, 궁극적으로는 단지 상호작용의 형식으로만 가능하기 때문이다. 매우 단순한 사회에서는 이 세 가지 체계들이 서로 융합되어 나타나지만, 사회가 점점 커지고 복잡해짐에 따라 이 체계들은 서로 환원(還元)되고 분화(分化)될 수밖에 없다. 이 체계들의 분화는 보다 포괄적 체계에 대한 몇 가지 문제를 제기한다. 첫째는 루만이 병목이라고 부른 현상이다. 상호작용체계는 사람들이 자신들의 자원을 사용할 때 자신의 역학을 따른다. 즉, 상호작용체계는 종종 조직의 효율성을 방해하는데, 상호작용은 이때 수행되지 않거나 과소 수행된 조직의 특정 과제에 대하여 비공식적 동의에 이르고, 여기서 시간을 소비하게 된다.

또한 조직체계가 스스로의 구조와 프로그램을 개발할 때 그 체계는 충돌하며 사회적 수준에서의 행위 요건에 병목 현상이 나타나게 된다. 두 번째는 분화된 체계의 갈등의 문제이다. 상호작용하는 사람들은 주제에 대하여 이견을 나타낼 수 있으며 대화상의 자원에 대하여 각기 다른 이해관계를 가지고 있다. 즉, 조직적 수준에서 다양한 조직들은 조직과 보다 포괄적인 사회적 체계 모두에 파괴적인 방식으로 자신의 이해를 추구할 수 있다.

하지만 사회적 통합을 유지하는 과정이 이 파괴적 과정을 상쇄시킨다. 이것은 체계가 환경과의 복잡성을 줄여 나가는 것으로 이해할 수 있는 것이다. 상호작용체계 내부의 행위는 조직체계 내부에서 종종 키워지며, 조직행위는 사회적 체계 내부에서 행하여진다. 이러한 과정을 통하여 보다 포괄적인 체계는 두 가지 방식으로 통합을 증진시킬 수 있다. 첫째, 그 체계는 행위의 선택에 관한 시간적, 물리적, 사회적 조건을 제공한다. 둘째, 체계는 모든 하위체계 내부의 주변 환경에 질서나 구조를 부과한다. 즉, 조직체계는 공간에 그리고 권위의 위계에 사람들을 배분하며 사람들을 시간에 순응시키고 적절한 의사소통 규약을 지정한다. 그리고 모든 상호작용체계의 주변 환경을 정돈한다.

이러한 성장 과정에 덧붙여 통합은 다양한 기능적 영역에서 여러 가지 조직에 걸쳐서 사람들의 활동을 편향(偏向)시킴으로써 증진된다. 많은 조직들이 사회에 존재할 때, 어떤 조직이라도 개인의 정체의식과 자아의식을 다 소비하지 못한다. 왜냐하면 사람들의 활동은 여러 조직체계에 걸쳐서 퍼져 있기 때문이다. 그리고 또한 개별 성원들을 감정적으로 갈등에 몰아넣지 못할 때 사회적 붕괴의 가능성은 낮아진다. 하지만 이런 요소들보다 갈등을 완화시키는 가장 큰 원천은 조직의 가입과 탈퇴의 규칙이다. 가입과 탈퇴의 규칙이 위계, 등급 등으로 정교화될 때 이 규칙들은 조직 외부에서 성원들의 갈등 가능성을 줄이게 되는 것이다.

지금까지 살펴본 대로 세 가지 체계수준들의 분화가 통합의 문제와 갈등을 야기하는 조건을 창조하지만, 이것은 또한 통합하려는 상쇄적인 힘을 만든다. 이러한 주장에서 복잡한 체계의 질서는 공통의 가치, 믿음, 그리고 규범에 대한 합의에 의해서 유지되지 않는다고 강조한다(정태환, 2010). 루만은 사회적 구조물에 대한 개인들의 도덕적, 감정적 애착은 사회통합에 필수적이지 않다고 강조하며, 복잡한 사회체계에서 많은 사람들이 가지는 몰개인성(沒個人性)과 중립성을 병리적 현상으로 바라보기보다는 정상적인 것으로 생각하였다. 파슨즈가 체계는 그 환경과의 관계를 안정시킴으로써 기능적으로 형성될 수 있다는 것을 기본적인 가정으로 하였다면, 루만은 복잡한 환경의 영향을 받는 체계의 창발적 현상들과 기능들의 질서에 대한 물음으로부터 사회적 체계의 속성을 논하고 있다.

참고문헌

김영애 · 김정택 · 송성자 · 심혜숙 · 정문자 · 제석봉 역(2008). 가족치료 개념과 방법. 서울: (주) 시그마프레스.

김진균 외 역(1989). 사회학 이론의 구조. 경기: 한길사.

박여성 역(2007). 사회체계이론 1. 경기: 한길사.

________(2007). 사회체계이론 2. 경기: 한길사.

윤원근 역(1999). 탈코트 파슨즈의 현대 사회들의 체계. 서울: 새물결.

이남복(1997). 현대 사회학 이론의 가능성과 한계. 청주: 청주대학교 출판부.

이남복(2010). 루만의 체계이론과 실학의 합리성. 한국사회과학연구, 31(2),1-14.

이윤로(2006). 인간행동과 사회환경. 서울: 창지사.

이윤로 · 조휘일(2003). 사회복지실천론. 서울: 학지사.

이인정 · 최해경(2004). 인간행동과 사회환경. 서울: (주)나남출판.

이종수 역(1998). 사회의 유형: 진화와 비교의 관점. 서울: 홍성사.

임은희(2005). 인간행동과 사회환경. 경기: 양서원.

정근식 · 김해식 역(2004). 사회변동의 이론과 전망. 경기: 도서출판 한울.

정태환 역(2010). 현대 사회학 이론. 경기: 나남 출판.

최순남(2001). 인간행동과 사회환경. 경기: 한신대학교 출판부.

최일섭 · 최원규 · 최성재 · 이혜경 · 윤찬영 · 박종우 · 김혜란 · 감정기(2005). 사회문제와 사회복지. 경기: (주)나남출판.

Anderson D. F. & Carter, I. E. (1990). *Human Behavior in the Social Environment: A Social System Approach, 4th ed.* Chicago: Aldine.

Ashby, W. R. (1960). An Introduction to Cybernetics. London : Chapman & Hall.

Lewin, K. (1961). *Quasi-stationary Social Equlilibria and the Problem ofPer-manent Change, in W. G. Bennis et al. (Eds.), The Planning of Change.* New York: Holt, Rinehart, & Winston.

Orrin, E. K. (1973). *Models of Social Oder.* Palo Alto: National Press Book Dale, O., Smith, R., Norlin, M., Chess, W., (2009). *Human Behavior and The Social Environment: Social Systems Theory.* Boston: Pearson/Allyn and Bacon.

Turner, J. H. (1991). *The Structure of Sociological Theory, Belmont.* California: Wadsworth.

Winer, N. (1961). Cybernetics. Cambridge, MA : MIT Press.

CHAPTER 06

인간행동에 관한 주요이론 : 생태학이론

1 특징

1. 발달배경

인간은 생물학적 유기체인 동시에 사회적 존재로서 환경과 상호작용을 한다. 인간의 적응과 발달, 환경 속의 유지보존을 위한 자원의 창출, 사용, 관리적 측면에서 인간의 행동을 설명하는 체계이론은 크게 사회체계이론, 일반체계이론, 생태체계이론으로 구분하여 설명하고 있다. 이 중에서 생태체계이론은 인간인 유기체와 환경 간에 이루어지는 상호작용과 유기체가 환경 속에서 어떻게 역학적인 평형상태를 유지하고 성장하는가를 설명하는 이론이다. '생태학(Ecology)'이라는 용어는 1866년 독일의 생물학자 헤켈(E. H. Haeckel)이 처음으로 사용하면서 모든 생물들의 복잡하고 다양한 상호 관계를 연구하는 학문에서 유래되었다. '인간생태학(Human Ecology)'이라는 용어는 1920년대에 사용되었으나 생태학을 인간사회로 확대하려는 노력 끝에 1960년대 중기에 환경오염과 관련하여 생태학으로 유형처럼 확대되었다. 생태학 이론을 연구한 학자로는 브론펜브레너(Bronfenbrenner), 그린(Greene), 저매인(Germain), 기터맨(Gitterman) 등이 있다(김만두, 1989).

2. 전제조건

브론펜브레너(Bronfenbrenner, 1979)는 생태이론을 "성장하는 활동적인 인간과 환경 간의 일생을 통하여 이루어진 진보적이고 상호 적응하는 과정을 과학적으로 연구하는 것"이라고 하였다. 따라서 유기체와 환경은 분리할 수 없으며 이는 상호작용하는 체계이므로 인간과 환경 간의 상호 보완성을 설명하는 데 관심을 두며 환경과 인간을 하나의 총체로 간주한다.

브론펜브레너(Bronfenbrenner)는 '인간이 자신의 환경을 자각하고 다루는 방식에서 지속적인 변화를 주장하면서 다음과 같은 기본 전제조건을 제시하였다.

첫째, 발달하는 개인을 단순히 환경의 영향을 받는 백지상태로 간주하는 것이 아니라 환경을 재구성하는 존재로서 성장하는 역동적인 실제로 간주하였다.

둘째, 환경도 상호조절과정을 요구하고 발휘하기 때문에 개인과 환경 간의 상호작용은 호혜성을 특징을 가진 것으로 간주하였다.

셋째, 생태학적 환경의 개념은 개인이 직접 참여하는 장면에 국한되는 것만이 아니라 개인이 직접 참여하는 상황과의 상호 연관과 개인이 속해 있지 않은 외부 환경으로부터 오는 영향까지도 포함하였다.

3. 기본 가정

생태학이론은 생태학, 동물행동학, 자아심리학, 스트레스 이론, 행태심리학, 역할이론, 문화인류학, 인본주의 심리학, 상징적 상호작용이론, 일반체계이론,

권력관계의 역동이론과 같은 다양한 이론의 영향을 받았다.

그린(Greene, 1991)은 다양한 이론이나 학문의 내용 중에서 생태학 이론을 설명하는 생태학적 관점을 기본 가정으로 제시하였다.

첫째, 환경과 상호작용하고 타인과의 관계를 맺는 인간의 능력은 타고난 것이다.

둘째, 유전적, 다른 생물학적 요인은 환경과 상호작용하는 과정에서 다양한 방식으로 표현된다.

셋째, 개인의 환경은 인간과 환경이 상호 영향을 미치는 단일체계, 즉 호혜적 관계를 형성한다.

넷째, 적합성이란 적응적 개인과 양육환경 사이의 상호작용을 통하여 형성되는 상호적 인간–환경과정이다.

다섯째, 사람은 목적 지향적이다. 인간은 유능성을 획득하기 위하여 노력한다. 개인이 환경에 대해 갖는 주관적 의미가 발달의 열쇠이다.

여섯째, 사람은 자연스러운 환경과 상황 속에서 이해되어야 한다.

일곱째, 성격은 개인과 환경 사이의 상호작용의 산물이다.

여덟째, 긍정적 변화는 생활경험으로부터 야기된다.

아홉째, 생활상의 문제는 전체적 생활공간 내에서 이해해야 한다.

열째, 내담자의 원조를 위하여 사회복지사는 내담자의 생활공간에 개입할 준비가 되어 있어야 한다.

2 주요 개념

인간과 환경의 전체성, 상호 영향성, 관계성 등을 반영한 인간행동에 대한 이해의 틀로서 생태학적 개념은 새로운 다양한 변수들을 고려해야 한다. 이들 변수들 중에서 사회복지실천의 틀 형성에 중요한 개념을 정리해 보면 다음과 같다.

1. 상호 교류(transaction)

상호 교류는 개인과 환경이 일원적 체계 속에서 끊임없이 서로 교류한다는 것이다. 이는 시간이나 과정의 흐름에 따라 발생하는 관계를 강조한다. 이와 반대로 상호작용은 개인과 환경이라는 두 요소가 서로 영향을 미치지만 분리된 정체성을 보유한다는 것이다.

직선적인 인과관계인 상호작용(X=Y)과 달리 상호 교류는 현실적으로 인간과 환경이 마주치는 지점에서 상호적인 인과관계를 가져오는 순환적인 피드백 과정(A↔B)에서 발생한다. 이러한 관계는 인간과 환경 두 속성 모두 중요하며 동시에 양자의 교환작용도 중요한 것으로 간주된다. 그러므로 생태학적 관점은 인간, 환경, 그리고 상호 교류 모두에 초점을 둔다.

2. 적합성 · 적응성 · 유능성

인간과 환경의 상호작용이 긍정적인 방향을 지향할 때 인간의 성장과 발달, 정서적·신체적 만족감이 조성되고 지지된다. 반대로 부정적인 결과는 인간에게 적응상의 문제를 야기하게 된다. 이와 관련된 주요 개념들을 살펴보면 다음과 같다.

1) 적합성(goodness of fit)

인간의 적응 욕구와 환경의 속성이 서로 조화를 이루는 정도를 말하는 것으로 인간이 자신의 성장과 발전을 위하여 환경에 기대하는 욕구와 환경, 제공하는 자원이 상호 적합하거나 부적합한 정도이다. 인간은 환경이 그들의 요구에 적합하도록 환경을 변화시키고 이러한 변화에 적응해 나간다. 그러나 인간이 지나치게 환경을 훼손하고 파괴하면 환경은 더 이상 인간을 지지할 수가 없게 되고 환경도 인간이 필요로 하는 욕구를 충족시켜 주지 못한다면 인간이 생존을 위협하고 훼

손할 수 있다.

2) 적응성(adaptiveness)

적응이란 주변의 환경에 맞춰서 자신을 조절하여 변화하는 능력으로 한 개인이 효과적으로 기능하기 위해서는 새로운 조건과 환경적 요구에 따라 자신이 스스로 변화하고 조절한다. 새로운 환경은 상당한 적응적 노력을 요구하며 이러한 상황에서 사회복지사는 사람들을 돕는 일을 한다. 이와 같이 인간과 환경 사이에 발생하는 문제가 바로 적응과정이다.

3) 유능성(competence)

생태학 관점은 '사람은 누구나 더 유능해질 소양이 있다'는 데서 시작된다. 유능함은 환경과 성공적인 상호작용을 경험할 때 형성되는 것이므로 일생에 걸쳐 신장된다고 본다. '발달'은 개인의 유능성이 계속 성장하는 과정과 같은 것이다. 자아심리학에서와 같이 유능성은 매순간 달라지며 주어지는 과업들을 수행하면서 환경과의 관계에서 발생하는 결과들을 통제함으로써 우리가 한평생 키워 갈 능력을 키운다는 것이다. 유용성은 자신에게 영향을 미치는 환경자원이나 지지체계를 충분히 활용할 줄 알고 자신의 욕구와 목적달성을 위해 환경을 재조정해 나갈 줄 아는 능력이 포함되어 있다.

심리학적으로 해석하면 유용성은 자신에 대한 안정된 정체감과 높은 자존감을 갖고 타인과 건강한 관계를 유지하는 것이다. 그러므로 유능감을 촉진시키기 위한 주요 기법은 개인의 정체감과 자존감을 신장시키는 기법과 같다. 타인과 관계를 맺어 긍정적인 정체감과 자존감을 형성하고 키워 나가는 선천적 능력은 평생동안 확대될 수 있기 때문에 누구나 현재보다 더 유능해질 수 있는 것이다(김동배·권중돈, 2005).

3. 생활스트레스와 대처기술

생활스트레스와 대처기술은 상호 교류적 성격을 지닌다(Germain, C. B. & Gitterman, A., 1980). 스트레스는 개인이 환경적 요구에 적절하게 적응하지 못할 때 개인과 환경 사이에 발생하는 생리적, 심리적, 사회적 불균형 상태를 말한다. 생활스트레스는 인간이 그들의 인간적, 환경적 자원을 관리할 수 있는 것으로 인식하는 생활과제에 의해서 발생하며 사회적, 발달적 과제의 외상적 생활사건, 현실생활에의 적응과 적합성을 방해하고 위협하는 생활과제를 포함하며, 정적 스트레스(eustress)와 부적 스트레스(distress)가 있다.

생활스트레스에 대한 대처기술은 스트레스를 관리하기 위해 특별하게 고안된 적응 행동이다. 부적 스트레스의 발생 시에는 정서적 고통을 극복하기 위해서 대처기술이 요구된다. 대처기술에는 내적 자원과 외적 자원이 필요하다. 내적 자원은 자아존중감과 문제해결 기술과 같은 개인의 능력이며 외적 자원은 가족, 사회적 관계망 및 조직원의 지원을 말한다. 대처기술이 효과적으로 사용되면 생활스트레스를 일으키는 요구는 제거되고 개선될 수 있다. 그러나 성공하지 못하면 스트레스가 계속되고 심한 경우에는 신체적 기능장애, 정서적 장애 또는 사회적 기능상의 붕괴를 초래할 수 있다. 그러므로 사회복지사는 인간과 환경 양자에 초점을 두어야 한다.

4. 관계성 · 역량 · 자기지향 · 자기존중

생태학적 관점에서 개인의 발달과 기능에 대하여 많은 관심을 가짐과 동시에 두 사람의 관계, 가족관계, 집단, 네트워크, 지역, 이웃 간의 관계성과 같은 역동적인 과정에 대해서도 관심을 가져야 한다. 특히 이 네 가지 개념은 개인의 인간적인 특징이며 동시에 인간과 환경의 상호 교환적 의미를 지닌다(김만두, 1998).

1) 관계성(relatedness)

관계성의 기원은 보울비(Bowlby)의 애착이론에 있다. 인간에게 있어서 관계성은 애착, 친구, 긍정적 관계, 지지적인 사회적 네트워크에 대한 소속감을 의미한다. 이러한 관계성은 생활스트레스로부터 인간을 지켜 주고 인간관계에서의 상호의존성, 상호 교류를 잘 표현해 주는 개념이다. 뿐만 아니라 지식 정보화 사회의 정서적 고립, 사회적 고립문제에 대처하는 매우 중요한 자원이다.

2) 역량(competence)

역량은 화이트(White)가 강조한 개념으로 개인이 환경과 효과적으로 상호작용하는 능력이며 일생 동안 발달하고 어린 시절에 아이의 욕구에 대한 부모의 반응을 통해서 성공적인 체험을 하게 되고 이를 통해서 아이는 스스로 효과성과 생산성을 발전시키게 된다. 성인이 되어서도 성공적인 체험이 성인의 역량을 발달시키는 요인으로 작용하기 때문에 연령에 적합한 탐색과 자율성, 자기선택을 발전시키는 경험이 중요하다.

3) 자기지향성(self-direction)

자기지향성은 자아심리학에서 발전하였다. 이는 내적, 외적 욕구를 관리할 수 있는 개인의 자율성을 의미한다. 인간의 외적 환경이 선택과 기회를 충분히 제공해 주어야 자기지향성이 발달할 수 있다.

4) 자기존중(self-esteem)

자기존중은 자기정체성에 대한 개념으로서 자아개념에서 매우 중요하다. 이는 인간의 사고와 행동에 중요한 영향을 미치며, 높은 자기존중은 기쁨과 만족감을 주고 낮은 수준의 자기존중은 자신에 대해 고통스러운 감정을 갖게 된다.

5. 억압과 공해(oppression & pollution)

억압과 공해는 인간 대 환경의 부정적인 측면을 나타내는 개념으로서 인간과 환경의 힘이 악용되는 경우에 해당되며 이는 인간의 성장, 건강, 사회적 기능을 위협하게 된다.

억압은 지배적인 집단에 의한 힘의 억제이며 억압은 연령, 성별, 인종, 종교, 사회계층, 그리고 신체적·정신적 장애에 따라 행해질 수 있다. 공해도 지배적인 집단에 의한 힘의 악용으로 4가지 상황이 있는데 ① 사회적 공해(빈곤, 실업, 불충분한 복지, 교육 및 소득재분배), ② 환경적 공해(대기, 수질, 산업폐기물), ③ 독성물질에 의한 공해(직장, 학교, 거주지역에서의 독성물질의 사용), ④ 지역사회 내의 위험성 등이다. 이러한 억압과 공해는 개인이나 집단에 의해 해결되기 어려운 문제로서 사회 전체의 대응책이 필요하다.

6. 사회적 장과 물리적 환경

환경은 사회적·물리적 장을 포함하며 이들은 상호 교류를 지속적으로 하고 시간이 경과함에 따라 문화를 형성하게 되고 변화하며 지속되는 특징을 지닌다. 사회적 장은 사람들의 생활공간 속에 있는 자신 외의 다른 사람을 의미한다. 이것은 지방자치단체 수준의 제도나 정책, 보건의료체계, 주택체계 등이 포함되는 거대한 사회적 복합체이다. 물리적 환경으로는 지리적 장소, 인간의 속성, 문화양식과 사회구조를 반영한다. 물리적 환경은 인간생활에 스트레스와 고립감, 상실감을 주는 기능적 영향력을 지닌다.

3 환경체계와 인간과의 관계

브론펜브레너(Bronfenbrenner)는 인간의 능력을 선천적, 유전적인 잠재력으로 보고 인간의 행동과의 관계를 중심으로 위계와 의미가 서로 다른 층으로 구분하여 미시체계, 중간체계, 외부체계, 거시체계로 나누고 환경을 인간의 삶과 관련지어 설명하였다(김지영, 2005). 첫째, 미시체계(microsystem)는 개인에게 가장 근접한 환경이며 직접적인 환경체계로서 '소속체계'라고도 하며 유아에게는 항상 만지고 있는 장난감, 누워 자는 방의 습도나 소음, 양육자의 심리적인 애정도, 가족이나 학급, 친구들과 같이 개인에게 직접 영향을 미치는 환경과 같은 활동, 역할, 대인관계 등의 유형을 말한다. 미시체계의 양과 질은 개인에게 개인의 활동과 역할, 관계유지에서 많은 영향을 미친다. 미시체계는 연령이나 다른 체계들의 변화로 인해 달라진다는 사실에 주목해야 한다.

둘째, 중간체계(mesosystem)는 미시체계들의 연결망으로 여러 미시체계들로 구성되어 있어 미시체계들끼리의 긴밀한 관계의 정도와 같은 의미이다. 부모(미시체계1)와 교사(미시체계2)와의 관계, 부모(미시체계1)와 이웃(미시체계2)과의 관계가 어떤지와 같이 미시체계들 간의 관계적 호혜성을 뜻한다. 이는 두 가지 이상의 환경 사이에서 일어나는 연결성과 과정으로 발달하는 개인이 적극적으로 참여하는 둘 이상의 소속체계 간의 상호작용으로 이루어진다. 중간체계는 사람이 동시에 서로 다른 역할을 수행하고 있다는 사실을 전제하는 것이다.

셋째, 외부체계(exosystem)는 개인에게 직접 영향을 미치는 환경은 아니지만 실제로는 개인이 참여되어 있고 무형, 유형의 환경요소가 다 포함되어 개인의 삶에 다각도로 영향을 미치는 환경을 말한다. 이 중의 최소한 한 가지 체계는 부모의 직장과 같이 개인을 둘러싸고 있지 않은 체계이며, 미시나 중간체계와 같이 직접적으로 영향을 미치지는 않지만 대부분 비개인적이고 간접적이며 일방적인 방향으로 개인에게 영향을 준다. 아동의 경우 부모의 직장, 형제가 속한 학급, 부모의 친구들, 교육청 등이 외부체계가 될 수 있다.

넷째, 거시체계(macrosystem)는 개인이 속한 문화와 그 하위문화들로 개인에게 간접적으로 영향을 미치는 교육적, 사회적, 경제적, 법적, 종교적 체계를 뜻한다. 이는 여러 체계 간의 긴밀성 정도와 모든 체계들이 역동적으로 엮어서 만들어 내는 문화적 환경, 대중의 사회적 관심사, 유행, 돈의 향방, 직접적 선호도와 같은 생활양식의 변화까지도 포함한다. 거시체계가 다르면 개인과 개인 간에, 집단과 집단 간에 이질적인 사고와 행동을 형성하고 서로 이해할 수 없는 문화적 차이가 생겨난다는 점에서 인간의 삶과 밀접한 관련을 맺고 있는 것이다.

4 사회복지실천과의 연관성

사회복지의 실천은 사회복지사가 클라이언트를 원조함에 있어서 개인과 그의 사회환경과의 관계를 중요시하며 개인과 사회환경 간의 부조화를 의도적으로 조정하는 것이다. 이러한 환경 내의 인간이라는 관점은 1917년 메리 리치몬드(Mery Richimond)가 처음 주장하였다. 이 모델에서 전문적 개입의 초점은 개인 또는 집단, 가족, 지역사회 등과 직접적으로 관련되어 있는 환경과의 경계, 즉 사회적 관계망이므로 개인의 행동을 가족, 집단, 조직 및 지역사회의 기능으로 이해한다.

인간의 환경 중에서 가장 중요한 가족을 원조하려면 사회복지사는 가족과 환경 간의 상호작용에 초점을 두고 가족과 주변 환경 사이의 부적합성을 해결해야 한다. 이 이론에서는 클라이언트의 문제정의 및 개입과정에 가계도(genogram)와 생태도(eco-gram)를 많이 활용한다.

생태학적 이론에서는 인간이 문화를 형성함과 동시에 문화적으로 형성된 존재이므로 인간을 정확하게 이해하기 위해서는 광범위한 문화적, 역사적 맥락을 이해해야 하며 유기체와 환경 사이의 조화가 최적의 적합성을 만들어 낸다고 주장하고 있다. 또한 생활과정에도 관심을 둔다. 개인의 행동양식과 관련된 환경을 파악하는 것은 중요하기 때문에 사회적 구조와 관련된 생활사건이나 역사적 변화 등이 나타나는 개인의 생활과정에 대한 객관적인 분석은 필수적이다. 개인의 생애상의 큰 변화는 생활과정을 파악하고 생활사건과 관련된 정보를 쉽게 파악하여 진단할 수 있다.

이 이론의 주요 개념으로 가장 자주 등장하는 개념은 상호 호혜성인데 이는 환경이 물리적 혹은 사회적 환경으로 나누어 이해할 수 없으며 환경 속에 살아가는 개인과 맺은 관계의 성질에 따라 이해해야 한다는 것이다. 그러므로 사회복지의 실천 목적은 여러 방법으로 개인과 환경 간의 상호 호혜성을 파악하여 효과적인 기법을 활용함으로써 상호 호혜성을 더욱 신장시켜 적소성과 적응성을 높이는 것이다.

사회복지사들은 개인의 역량을 높이기 위해 먼저 가계도와 생태도, 사회적 관계망을 확인하여 가족문제의 발달사와 가족 간의 상호작용 및 관련성, 가족 기능의 장애수준, 사회적 경험에 대한 정보를 분석한다. 이를 통해 그 개인에게 적합한 대처기술법, 자존감 증진법, 사회적 기술 증강기법 등을 계획하고 실천할 수 있다.

생태학적 이론을 적용한 사회복지실천의 효과로는 개인에게 문제해결 능력을 높여 주는 것이다. 사회복지실천에서 사회복지사는 원조자일 뿐 지배적이고 주도적인 실행가가 아니며 클라이언트와 동반적 관계이므로 클라이언트의 내적 능력을 촉진하여 그가 스스로 문제해결 능력을 발휘하도록 돕는 자이다. 따라서 사회복지사의 역할은 중재자, 교사, 조직가, 옹호자 등과 같은 여러 가지 역할을 실천과정에 적용하는 유연성을 가져야 하며 문제해결과정에서 클라이언트의 정서적 지지를 위해 진실성과 감정이입, 공감능력 등의 원칙을 활용하는 능력을 갖추도록 노력해야 할 것이다.

참고문헌

김동배 · 권중돈(2005). 인간행동이론과 사회복지실천. 학지사.

김만두(1998). "생태이론에 기초한 사회사업실천에 관한 연구". 강남대학교 논문집, 제32권.

김윤재 외(2009). 인간행동과 사회환경. 신정.

김지영(2005). 발달심리 아동 이야기. 신지서원.

이종복 · 전남련(2007). 인간행동과 사회환경. 학현사.

임은희(2005). 인간행동과 사회환경. 양서원.

신종우 · 윤경원 · 이우언(2007). 인간행동과 사회환경. 동문사.

Bronfenbrenner, U. (1979). *Ecological of human development.* MA: Harrard University press.

Germain, C.B., & Gitterman, A. (1980). *The Life Model of social work practice*, NY: Columbia Univercity Press.

Greene, R. R. (1991). *Human Behavior Theory and Social Work Practice*. NY: Aldine De Gruyter.

White, R. W. (1959). Motivation Reconsidered: The concept of Competence, *Psychological Review: 66*.

CHAPTER 07

사회환경의 수준 : 미시체계 ~ 거시체계

인간은 태어나면서부터 가족과 집단 속에서 사람들과 관계를 맺으며 상호작용을 통해서 성장해 간다. 개인은 가족과 학교, 직장, 동호회 등을 통해 대인관계의 기초가 되는 사회적 기술을 터득하고, 사회적 규범을 습득하며, 자아정체감을 형성해 간다. 사회적 존재인 인간의 성장과 발달에 영향을 미치는 가족과 집단을 이해하기 위해서 가족과 집단은 중요하게 다루어져야 할 영역이다.

인간을 둘러싼 가장 기본적인 사회환경에는 가족, 집단, 조직, 지역사회 및 문화 등이 대표적이며 이들은 가족이나 집단을 포함하는 미시체계, 조직이나 지역사회를 포함하는 중간체계 그리고 문화를 포함하는 거시체계로 구분할 수 있다.

1 가족

1. 가족의 개념

1) 가족의 정의

가족에 대한 여러 관점으로 미루어 보아 현대의 가족에 대한 정의는 한마디로 규정하기 어렵다. 그러나 현실적으로 가족은 인간의 제도 중에서 가장 오래된 것으로 사회의 변천에 따라 여러 가지 영향을 받으며 꾸준히 지속되어 온 기본적 사회제도이다. 그런데 개인이 경험하는 가족은 역사와 민족, 시대적 변천에 따라 다양하므로 한마디로 정의하기는 어렵다. 그러나 가족에 대해 보편적으로 정의를 내리는 것은 필요하다.

가족을 연구하는 학자마다 강조하는 점이 약간씩 다르지만, 가족에 대한 정의를 사전적 정의로 보면, 가족은 대체로 혈연이나 입양, 결혼 등으로 관계되어 같이 생활하는 사람들의 집단(공동체) 또는 그 구성원을 말한다. 집단을 말할 때에는 가정이라고 하며, 그 구성원을 말할 때에는 가족이라고 한다.

가족에 대한 학자들의 일반적인 정의를 살펴보면 다음과 같다.

머독(Murdock, 1949)은 성관계가 허용되는 성인 남녀, 그리고 그들이 출산하거나 입양한 자녀로 구성되어 있으며, 같이 살면서 경제적인 협력을 하는 사회집단으로 규정한다. 베커(Baker, 1994)는 혈연, 결혼, 입양 등으로 관련된 둘 이상의 사람들로 구성되어 있으며, 동일한 가구에서 함께 거주하는 사람들의 집단으로 규정하고 있다.

국내 학자들은 대체적으로 가족의 외형에 근거하여 가족에 대한 정의를 내리고 있다. 유영주 등(2004)은 '가족은 부부와 그들의 자녀들로 구성되는 기본적 사회집단으로서 이들의 이익관계를 떠난 애정적 혈연집단이며, 같은 장소에서 기거하고 취사하는 동거동재집단이고, 그 가족만의 고유한 가풍을 갖는 문화집단'이라고 하였다. 최경석 등(2006)은 가족이란 '동일한 가구에 거주하고, 가족생활을 유지하기 위한 특정한 역할과 지위를 가진 자들의 체계'로 정의하였다. 이러한 정의는 혈연에 기반을 둔 가족 정의의 제한점을 극복하고 현대사회에서 다양하게 나타나는 가족유형을 포괄하기 위한 의도이다.

현대적 가족의 정의로서, 최근에 급변하는 사회현상으로 인해 부부가족과 1인 가구가 증가 추세에 있고 한편으로는 한부모가족, 동거가족, 미혼모가족, 공동체가족, 무자녀가족, 재결합가족, 동성애가족 등의 다양한 가족이 출현하고 있다.

따라서 오늘날에는 다양한 형태의 가족이 존재하며 가족에 대한 개념이나 견해가 다양하기 때문에 "가족이란 무엇이다"라고 단일한 개념으로 정의 내리기는 어렵다. 가족은 혈연관계라는 획일적이고 협소한 개념보다 가족의 다양성을 인정하는 기능적 측면에서 포괄하는 정의가 될 것이다.

이상에서 살펴본 바와 같이 가족의 정의를 종합하면 첫째, 그 외형적인 구성면에서 혼인과 혈연 또는 양자관계를 통하여 결합된 집단이라고 할 수 있다. 둘째, 기능 면에서의 개념 정의로 가족은 사회 전체의 맥락과 연결되는 여러 가지 과업을 수행하는 제도이다. 셋째, 가족은 가족구성원 상호간의 정서적 표현을 위한 심리적 집단이라고 정의할 수 있다.

2) 가족의 기능

가족은 개인의 성장·발달과 사회의 유지·발전을 위해 다양한 기능을 수행하고 있다. 이러한 가족의 기능은 산업의 발달과 도시화의 영향으로 많은 변화를 겪었다. 가족 기능의 일부가 다른 사회기관에 의해 수행됨으로써 그 기능이 축소·약화된 반면 자녀를 사회화시키는 기능이나 가족구성원의 긴장과 피로를 회복시키기 위한 기능, 사회 발전에 기여할 수 있는 기능은 오히려 확대·강화되고 있다. 따라서 가족의 기능이란 가족이 수행하는 역할, 행위를 의미하는 것으로 사회와 가족이 변화되면서 가족의 기능도 변화되고 있기 때문에 일괄적으로 정의 내리는 것도 어려운 일이다.

가족의 기능을 가족 내 기능과 사회적 기능, 가족 기능의 변화, 그리고 현대가족의 바람직한 기능으로 나눌 수 있지만 가족의 기능을 고유 기능, 기초 기능, 부차적 기능(파생기능)으로 나누어서 이들을 각각 가족구성원 개인에 대한 기능과 사회 전체에 대한 기능으로도 나눌 수도 있다(송정애·정해은, 2007).

첫째, 고유기능으로 가족구성원 개인에 대한 기능으로서, 성과 애정의 기능은 결혼의 기초를 이루는 것이므로 가족의 기능 수행에 매우 중요하다. 인간사회에 있어서 성적 욕구로 인한 문제는 매우 다양하게 발생하므로 사회는 안정된 부부에게만 성생활을 독점하게 함으로써 사회질서를 유지할 수 있도록 하고 있다. 또한 부부의 애정을 기초로 한 자녀출산은 사회적으로 종족보존의 기능을 갖는다.

둘째, 기초 기능인 생산과 소비의 경제적 측면으로 사회적으로는 노동력의 제공과 생활보장, 경제질서의 유지를 위한 기능이다. 그러나 오늘날 가족은 생산기능보다는 소비기능의 비중이 더 높아지고 있으며 소비자로서 가족의 역할이 중요해지고 있다.

셋째, 부차적 기능으로는 교육과 보호, 휴식과 오락, 종교의 기능이 있으며 이는 신체적·심리적·정신적으로 안정을 갖게 하여 사회안정과 유지 및 재생산의 기능을 한다.

따라서 가족의 기능은 가족 내 신뢰에 기반을 둔 관계 형성과 개별화된 보호, 양육기능을 유지하고 가족체계 내·외적으로 발생하는 가족의 문제 혹은 변화에 탄력적으로 대응함으로써 가족의 안정성을 높이는 것이라 할 수 있다(권진숙 외, 2006).

2. 가족의 형태

가족의 유형이란 가족의 가장이나 호주 한 사람 또는 부부를 중심으로 가족구성원이 이들과 어떤 관계에 있는지를 조사하여 형태를 분류하는 것으로 핵가족과 그 이외의 가족으로 분류하는 방법, 가족구성원의 결합형태에 따라 분류하는 방법, 세대 수에 따라 분류하는 방법이 있다. 가족형태는 식량공급의 안정성과 양, 가족 단위로서의 노동의 필요성, 직업에 따른 지역이동성, 재산의 형태와 양에 따라 다르게 나타난다. 가족형태를 분류하자면, 일반적으로 소가족과 대가족 및 핵가족과 확대가족, 결합형태에 따른 분류에 따라 부부가족, 직계가족, 방계가족, 과도기적 가족으로 분류할 수 있다.

1) 소가족과 대가족 및 핵가족과 확대가족

가족의 형태를 분류하는 가장 기본적인 방법은 가족구성원의 범위를 따져 보는 것이다.

(1) 소가족과 대가족

대소의 구별이 단순히 식구 수가 많고 적음을 의미하기도 하고, 때로는 혈연관계의 범위와 관련지어 사용되기도 한다. 가족구성원의 수를 기준으로 5인 이하를 소가족, 6인 이상을 대가족이라 한다.

(2) 핵가족과 확대가족

핵가족(nuclear family)은 부부와 그들의 미혼 직계자녀로 구성된 가족으로서 자녀는 결혼하는 대로 부모의 집을 떠나 새살림을 시작하는 것이 원칙이다. 그러므로 가족구성은 부모와 자녀의 2세대로 한정되는 가장 간단한 형태이며 가장 보편적으로 쓰이는 용어이다. 개별가족, 단순가족, 요소가족, 부부가족(conjugal family)이라고도 표현한다. 핵가족은 현대 산업사회에 특징적인 것으로 간주되어 왔지만 이동성이 필요한 사회에 기능적이어서 원시수렵채취사회에도 존재하였으며, 특정한 경제생활조건과 관련되어 나타나는 가족형태이다.

확대가족(extended family)은 핵가족이 확대되거나 복합된 형태, 즉 핵가족이 종적 또는 횡적으로 연결되어 형성되는 형태로 자녀가 결혼 후에도 부모와 동거하는 가족형을 말한다. 가족이 횡적으로 확대된 가족을 직계가족(stem family)이라고 한다. 한편 가족이 횡적으로 확대되어 다른 세대뿐만 아니라 세대의 형제들이 결혼한 후에도 그들의 부모와 동거하는 가족을 방계가족(collateral family)이라 한다.

2) 결합형태에 따른 분류

(1) 부부가족

자녀가 결혼하여 부모로부터 독립, 분가하여 가족을 구성하는 형태로 핵가족과 외형적으로 동일한 형태이다.

(2) 직계가족

핵가족이 종적으로 확대된 형태로서 전통적인 한국의 가족이나 일본의 가족과 같이 원칙적으로 맏아들만 본가에 남아 부모를 모시고 가계를 계승하며 그 이외의 아들은 분가하는 형태이다.

(3) 방계가족

핵가족이 횡적으로 확대된 형태로서 같은 세대의 형제들이 결혼한 후에도 부모와 동거하는 형태로 중국의 가족유형이 이에 속한다.

(4) 과도기적 가족

잠정적 기간이지만 조부모나 부모 없이 형제나 남매로 구성된 1세대 가족이다.

3) 세대 수에 따른 분류

가족을 구성하고 있는 세대 수에 따라 1세대 가족, 2세대 가족, 3세대 가족, 4세대 가족 등으로 분류할 수 있으며, 남매나 형제로 구성된 과도기적 가족은 1세대 가족이고, 부부와 미혼자녀로 구성된 핵가족은 2세대 가족이다. 또한 조부모와 부모-자녀로 구성된 직계가족과 방계가족은 3세대 가족이다.

3. 가족의 특성

1) 가족체계의 특징

가족을 하나의 체계로 보는 관점은 가족구성원 간의 상호작용뿐 아니라 가족과 주변 환경과의 상호작용까지 모두 관찰하고 개입할 수 있다는 점에서 매우 유용하다. 가족은 가족구성원 개개인으로 구성된 전체이며, 지역사회를 구성하고 이에 적응하는 부분으로서의 체계이다. 즉, 가족은 사회체계의 한 유형이다.

가족구성원은 상호 의존하는 관계특성이 있다. 체계 내 부분 간의 상호작용과 교류에 영향을 미치는 요소에는 대상과 속성, 관계, 환경이 있다. 대상은 가족구성원을 의미하며, 속성은 가족구성원의 자질이나 성격 특성, 그리고 가족이 지향하는 목표나 긴장을 의미한다. 관계는 가족체계 내 부분 간의 관계를 의미하며, 환경은 체계의 구성요소인 동시에 더 큰 사회체계로서 가족에 긍정적 혹은 부정적 영향을 미치는 이웃과 지역사회, 국가, 그리고 좀 더 광범위한 사회경제적·생태학적 체계를 포괄한다. 이러한 요소가 상호 호혜적 관계를 형성하는 정도에 따라 체계는 개방적이 되기도 하고 폐쇄적이 되기도 한다.

개방체계는 체계 내 여러 요소와 환경 간의 상호작용이 원활하게 이루어지고 이를 통해 변화를 지향하는 경우를 의미하며, 폐쇄체계는 상호작용이 잘 이루어지지 않아 에너지의 혼란상태에 이르는 것을 의미한다. 가족이 가족구성원 간의 상호 교류와 의사소통이 원만하고 상호 영향을 주고받는 개방체계일 경우에는 가족구성원의 성장을 가져다주고 가족응집력을 높인다.

한 사람의 행동이 다른 가족에게 영향을 미치며 이는 반복적 상호작용 행동으로 유형화된다. 체계로서 통합성을 유지하는 한편 경계를 형성하여 외부체계와 구분되기도 한다. 가족의 상위체계는 지역사회, 확대가족이 있고, 하위체계는 부부 하위체계, 부모–자녀 하위체계, 형제자매 하위체계 등이 있으며, 이 모든 체계들은 상호작용하면서 에너지를 교환한다.

2) 가족체계의 주요 개념

(1) 가족항상성

가족항상성은 체계로서의 가족이 구조와 기능에 있어서 균형을 유지하려는 속성으로 역동적 균형상태를 유지하기 위한 체계의 경향성을 말한다. 가족항상성은 위기이론과 관련이 있는데 가족은 위기상황 이후에 정상적 기능수행으로 되돌아가려는 경향이 있다. 사회복지사는 상호작용 패턴을 재조직하고 이러한 패턴을 조절하는 새로운 규칙을 만들어 냄으로써 새로운 균형상태를 유지하게 한다. 즉, 모든 가족구성원은 칭찬하거나 야단치는 것과 같이 상대방의 행동을 강화하는 피드백(feedback)을 통하여 가족의 균형을 유지하는 경향이 있다.

(2) 가족규칙

모든 가족은 일상생활을 영위해 나가기 위하여 가정 안에서 힘을 어떻게 나누며 누가 어떤 일을 할 것인지의 규칙을 갖게 되고 가족구성원은 그것에 따라 행동한다. 가족 내에는 암묵적 규칙이 존재하며, 가족구성원은 규칙의 지배를 받는다. 또한 가족구성원의 반복되는 상호작용을 통해 규칙은 조직화되어 은연중에 불문율이 만들어진다. 그러므로 이러한 규칙을 알게 되면, 가족이 어떻게 서로 간의 관계를 규정짓고 있는지를 알게 된다. 따라서 가족치료에서는 가족의 성장과 성숙을 방해하는 가족의 역기능적 규칙을 찾아내어 이를 수정함으로써 가족구성원의 자유로운 성장을 도울 수 있다.

(3) 가족경계선

가족의 하위체계 간에 허용할 수 있는 접촉의 양과 종류는 경계로 구분된다. 경계는 가족과 하위체계의 독립과 자율성을 보호한다. 상호 경계는 경직된 경계에서부터 산만한 경계까지 다양하다. 하위체계 간의 상호 역동은 이 경계선이 명확한지(명확한 경계선), 밀착되어 있는지(밀착된 경계선), 분리되어 있는지(경직된 경계선)에 따라서 다르다.

(4) 순환적 인과성

가족 내에서 일어나는 문제는 원인과 결과가 순환적 관계를 형성하고 있다. 그러하기에 바람직하지 못하다고 판단되는 악순환의 연쇄 고리를 끊어 건강한 연쇄 고리를 새롭게 만들어 주어야 한다. 가족 내 한 구성원의 변화는 다른 구성원을 반응하게 하는 자극이 되고, 이 자극은 다른 가족에게 영향을 끼쳐 전체에 영향을 준다. 이 영향은 처음 변화를 유발한 구성원에게 다시 순환적으로 영향을 미친다.

(5) 가족 하위체계

전통적으로 가족 하위체계는 성, 세대, 일반적 관심(지적 능력, 사회적 능력, 책임) 등에 따라서 형성되고 구분된다. 가족 내의 대표적 하위체계는 부부, 부모-자녀, 형제자매 하위체계를 들 수 있다. 부부 하위체계는 두 사람의 결혼과 더불어 형성된다. 부부 하위체계가 건강하게 기능하기 위해서 부부는 각자 원가족의 영향에서 어느 정도 독립적이고 적절히 분화되어야 한다. 부모-자녀 하위체계의 주요 기능은 자녀양육, 지도, 통제와 연관된다. 자녀는 부모의 부부관계에 개입되거나 부부간의 갈등 때문에 걱정할 필요 없이 부모의 자녀로서 독립적으로 기능하고 존재할 수 있다(정문자 외, 2007). 형제자매 하위체계에서는 상호 관계를 통하여 서로 지지하고, 분화하고, 희생자가 되기도 하는 과정을 통해 많은 것을 배운다. 협동, 협상, 강제, 반대, 친구 만드는 방법, 자신을 보호하는 방법 등을 배우며, 형제자매 하위체계를 통해서 대등하지 않은 세력과의 관계에 적응하는 방법을 배우기도 한다(권육상·이태희, 2003).

3) 가족생활주기

가족은 하나의 생태체계로서 변화하고 적응하는 모습을 보이는데 이를 이해하기 위해 가족생활주기(family life cycle)에 대해 알아야 한다. 가족생활주기란 이러한 가족 내의 발달과정을 시기에 따라 설명하기 위해 사용되는 일반적인 용어다. 가족생활주기는 결혼을 중심으로 결혼 전과 결혼한 이후의 확장단계까지 진행되는 과정, 그리고 다시 자녀를 독립시키고 축소되는 과정으로 진행된다. 각 주기마다 특징이 있고 과업이 있기에 생활주기가 전환될 때마다 가족은 변화에 적응하기 위해 문제를 일으킬 수도 있다. 가족생활주기는 특정 단계에서 일어날 수 있는 문제들을 확인해 주기 때문에 가족 기능을 평가하고 개입을 계획하기 위한 효과적인 틀을 제공해 준다(성정현 외, 2004).

가족생활주기의 단계는 학자들마다 나누는 기준이 다양한데, 일반적으로는 카터와 맥규빈(Carter & McGoldrick, 1980)의 가족생활주기를 많이 따른다. 이들은 가족생활주기를 여섯 단계로 구분하였다.

1단계는 결혼 전기로서 본인의 출생에서부터 결혼 전까지의 시기다. 이 시기에는 원가족으로부터 분화되기 시작하고 일과 재정적 측면에서 독립적이 되는 것이 중요하다.

2단계는 결혼하여 첫 자녀 출생 전까지의 결혼 적응기로 부부체계가 형성되고 배우자가 포함되도록 확대가족의 관계 재정비가 요구된다.

3단계는 자녀 아동기로 자녀들의 평균연령이 아동기에 속하는 시기다. 이때는 자녀양육과 가사 등에 부부가 공동으로 참여하는 것이 요구되며 부모와 조부모의 역할이 포함되도록 관계를 재정비해야 한다.

4단계는 자녀 청소년기로 자녀가 청소년에 돌입하면서부터 아직 결혼하지 않은 시기까지다. 이 시기에는 청소년 자녀가 가족체계에서 출입이 자유롭도록 부모와 자녀 사이의 관계 변화가 필요하며 한편으로는 노인세대를 돌보기 위한 준비가 시작되는 시기다.

5단계는 자녀 독립기로 자녀들이 결혼해서 독립해 나가는 시기이며 다시 가족체계가 부부 중심의 부부체계로 정비된다.

6단계는 노년기로 신체적 쇠퇴에 직면하게 되고 배우자 및 친구들의 죽음에 대처하면서 자신의 삶을 통합하게 된다.

〈표 7-1〉 가족생활주기

가족생활주기	전환의 정서적 과정: 주요 원리	가족 지위의 이차적 변화
1. 결혼 전기	자신에 대한 정서적·재정적 책임 수용	• 원가족으로부터의 변화 • 친밀한 이성 관계의 발달 • 일과 재정적 독립 측면에서 자신을 확립
2. 결혼 적응기	새로운 체계의 수용	• 부부체계의 형성 • 배우자를 포함한 확대가족 및 친구와의 관계 재정비
3. 자녀 아동기	새로운 가족 구성원의 수용	• 부부체계에 자녀를 위한 공간 만들기 • 자녀 양육, 재정, 가사에 공동 참여 • 부모, 조부모, 역할이 포함되도록 확대가족과의 관계 재정비
4. 자녀 청소년기	자녀의 독립과 조부모의 허약함을 고려하여 가족 경계의 융통성 증가	• 청소년 자녀가 가족체계에서 출입이 자유롭도록 부모와 자녀의 관계 재정비 • 중년기 부부의 결혼생활 및 진로 문제에 재초점 • 노인 세대를 돌보기 위한 준비
5. 자녀 독립기	가족 구성원의 증감 수용	• 부부체계를 2인군 관계로 재조정 • 성장한 자녀와 부모와의 관계를 성인 대 성인의 관계로 발전 • 사돈과 며느리, 사위, 손자녀가 포함되도록 관계 재정비 • 부모 또는 조부모의 무능력과 죽음에 대처
6. 노년기	역할 변화 수용	• 신체적 쇠퇴에 직면하면서 자신과 배우자의 기능과 관심사를 유지 • 다음 세대가 중추적 역할을 하도록 지원 • 자신의 지혜와 경험이 활용될 수 있는 여지 마련 • 배우자, 형제, 친구의 죽음에 대처하면서 자신의 죽음을 대비하여 삶을 되돌아보고 통합

출처: Carter & McGoldick(1998).

4. 사회복지실천과의 연관성

사회복지실천에서 가족에 대한 접근은 모든 가족이 사회적 체계라는 사고에 근거한다. 이러한 관점은 그동안 개인의 문제로 받아들여졌던 문제들을 관계와 사회적 상호작용이라는 측면에서 파악할 수 있게 한다.

가족은 가족 구성원 개개인뿐만 아니라 집단, 조직, 지역사회 등 그들이 상호작용하는 광범위한 환경체계에까지 영향을 미치므로 상호작용을 고려하여 사회복지실천이 이루어져야 한다. 이러한 사회복지실천에 있어서 사회복지사는 가족의 문제를 다룰 때 '어떤 일이, 왜 일어나는가'가 아니라 '무슨 일이 일어나고 있는가'에 관심을 갖고 개입을 해야 한다.

더불어, 사회복지사는 실천의 대상인 가족이 갖는 다양한 유형들과 특성에 대해서 충분히 파악하고, 가족이 직면한 복잡한 문제와 상황을 체계적인 관점에서 사정할 수 있어야 한다. 이를 바탕으로 가족의 문제를 효과적으로 해결할 수 있는 전문적인 지식과 기술을 충분히 갖추는 동시에 성적·인지적 관점에서 사회적으로 형성된 성역할과 가족 역동성을 가족 구성원이 이해하도록 도우며, 가족 구성원들이 효과적인 선택을 할 수 있도록 가족의 역량을 강화시켜야 할 것이다.

2 집단

1. 집단의 개념

1) 집단의 정의

체계로서 집단이란 '한 개인으로서 서로 인식하고 상호작용하며, 사회적 실체로서 집단에 대한 의식을 공유하고, 구성원들의 집단과 연관된 행동에 의해 영향을 받으며, 자연적이고 표현적인 행동이 지배적인 두 명 이상으로 구성된 사회조직의 한 형태'로 정의된다(Norlin & Chess, 1997).

또한 집단은 '적어도 2인 이상이 모여, 공동의 목적 혹은 인지적·감정적·사회적인 면에서 관심을 공유하면서, 서로에 대한 호감을 가지며, 규범을 형성할 뿐 아니라 집단 활동을 위한 목적을 발달시키고, 스스로 혹은 타인에 의해서 그 집단의 구성원으로 인식할 수 있는 정도의 응집력을 발달시킬 수 있도록 충분한 상호작용과 교류가 이루어지는 상태'로 정의할 수 있다(Hartford, 1971).

이러한 정의를 통해서, 집단이란 '서로 관련되어 있는 사람들의 집합으로서 개인들의 단순한 집합이 아니라 그 안에 있는 사람들의 관계가 구조화되고 유형화되어 있는 조직된 체계'라고 규정할 수 있다. 또한 이러한 집단은 적어도 두 사람 이상이 모여 공통의 목적과 흥미 혹은 관심을 공유하면서 서로에게 영향을 주고받는 모임이라고 할 수 있다.

2) 집단의 기능

집단은 여러 가지 활동을 통해서 목표 달성의 기능, 집단의 기능, 집단의 유지 기능, 개인적 기능을 갖는데, 이와 같은 기능을 구체적으로 살펴보면, 첫째, 집단은 그 집단이 갖는 목표, 즉 공동의 목표를 달성하는 기능을 가지고 있다. 이는 사회집단 목표를 좀 더 효율적으로 성취하기 위해 행하는 과업 수행으로 집단이 구성원 개개인에게 작용하는 기능이다.

둘째, 집단은 구성원의 욕구를 충족시키고 그들이 매력을 느끼도록 하여 그 집단을 계속해서 유지하려는 기능을 가지고 있다. 집단의 유지 기능은 비형식적이고 직접적인 사회집단 구조에 대등하는 사회집단의 기능으로서 사회집단의 목표달성이라는 기능과 상호작용한다.

셋째, 개인적 기능은 구성원의 자기 가치감을 높여 주는 기능, 구성원의 구체적 행동을 규정하는 기능, 구성원에게 가치관과 그 가치관을 표현하는 행동방식을 습득하게 하는 기능, 구성원에게 장래의 생활준비로서 자세를 확립시키게 하는 기능으로 나눌 수 있다(권육상·이명재, 2002).

2. 집단의 유형

1) 일차집단과 이차집단

집단을 분류하는 방법은 집단의 크기, 구성목적, 구성방법 등에 따라 다양하다. 집단 분류에 많이 사용되는 방법은 사람들 간의 관계 형성 유형에 따라 일차집단(primary group)과 이차집단(secondary group)으로 분류된다(Cooley, 1909).

일차집단은 혈연과 지연을 바탕으로 하여 자연발생적으로 형성된 집단을 말한다. 일차집단 또는 원초집단이라는 말은 쿨리(Cooley, 1909)가 처음 사용한 개념으로 가족, 어린이들의 유희집단, 이웃 등의 집단은 한 개인의 사회적 성격과 이상을 형성하는 데 가장 기본적이고 원초적인 영향을 준다고 하여 이러한 집단을 원초집단이라고 개념화하였다. 일차집단은 인간의 성격이 형성되고 지지받는 수단을 제공한다.

이차집단은 목적 달성을 위해 인위적으로 만들어진 집단을 말한다. 일차집단과의 차이점은 일차집단은 자연스럽게 형성된 집단이지만, 이차집단은 특정 목적을 수행하기 위해 의식적으로 만든 집단이라는 것이다. 이차집단은 곧 합리적, 수단적, 비인간적, 익명적, 그리고 일시적인 특징을 가진 집단이다.

2) 자연집단과 형성집단

집단 구성 동기에 따라 자연집단(natural group)과 형성집단(formed group)으로 분류한다(Pillari & Newsome, 1998). 자연집단은 자연적으로 발생하는 사건이나 대인관계상의 매력 또는 상호 인지된 욕구에 기반을 둔 자연발생적인 집단이다. 이 집단은 가족, 동료, 인구 등으로 오랜 시간을 두고 형성되며 외부인에 의해 계획적으로 만들어지는 것이 아니다. 또한 자연집단은 1차 집단의 특징을 지닌다(김동배·권중돈, 2005). 형성집단은 외부의 영향이나 개입을 통해 모인 집단으로 전형적으로 특정 목적을 가지고 만들어진다. 치료집단, 각종 위원회, 동아리, 산악팀, 클럽 등이 이에 속하며 공통의 공식적 규범을 가지며 수행해야 할 일련의 과업을 가진다.

3) 개방집단과 폐쇄집단

개방집단(open-ended group)과 폐쇄집단(close-ended group)은 구성원의 가입과 탈퇴의 자율성 여부에 따른 구분이다. 개방집단은 구성원의 가입과 탈퇴의 자율성 여부에 따른 구분이다. 개방집단은 구성원의 가입과 탈퇴가 자유로워 새로운 구성원이 들어올 때마다 집단에 새로운 생각과 신념, 가치관이 유입될 수 있는 장점이 있는 반면, 일정 수준 이상의 목적을 달성하거나 구성원에 대한 개별화를 이루는 데는 한계가 있다.

폐쇄집단은 구성원의 자격을 먼저 분명하게 설정한 후, 집단 구성원들이 동시에 들어와 집단이 운영되는 기간 동안 새로운 구성원의 유입 없이 처음부터 끝까지 일정하게 운영되는 집단을 말한다. 이 집단에서는 구성원들이 동일하기 때문에 집단에 대한 응집력이 높고, 집단의 공동목표와 개별목표를 모두 효과적으로 달성할 수 있는 가능성이 높다. 그러나 집단 구성원 선정이나 목표설정이 처음부터 잘못된 경우에는 이를 수정할 수 있는 여지가 적고, 집단을 운영하는 과정에서 구성원들이 여러 가지 이유로 중도 탈락을 하는 경우에는 집단이 소수화되어 집단역동을 기대할 수 없거나 아예 집단 운영이 어려워지는 경우가 발생할 수 있다.

4) 성장집단과 치료집단

성장집단(growth group)은 구성원들에게 자신과 타인에 대한 생각, 감정, 행동을 인식하고 확장하며 변화할 수 있는 기회를 제공함으로써 개인의 잠재력을 최대한 발휘할 수 있도록 한다. 성장집단은 심리사회적 건강을 향상시키는 데 초점을 두며, 집단을 개인의 성장 기회로 활용하려는 사람들로 구성된다. 예를 들면, 가톨릭의 참부부집단(marriage encounter: ME), 여성을 위한 의식향상집단

(consciousness raising: CR), 청소년을 위한 진로탐색집단, 은퇴 후 생애 설계에 초점을 맞춘 노인집단 등이 성장집단에 해당된다.

치료집단(therapy group)은 구성원들의 행동 변화와 개인적 문제의 해결 및 상실된 기능의 회복을 돕는다. 집단은 전문가에 의해 치료집단에 적합한지에 대한 사정(assessment) 후 공통적인 문제를 경험하고 있는 사람들로 구성된다. 집단 지도자는 전문가, 권위적 인물, 변화 매개인으로서 역할을 수행하게 되며, 집단 구성원 개개인의 치료 목표를 구체적으로 수립하여 이를 달성하도록 돕는다. 예를 들면, 정신보건센터의 심리치료집단, 단주 및 단도박집단, 금연집단 등이 치료집단에 해당된다.

5) 지지집단

지지집단(support group)은 집단이 자치력을 증가시켜 자조(self-help)와 상호 지지(mutual support)로 작용하는 집단으로, 구성원들이 생활상의 사건에 유연하게 대처하고 효과적으로 적응할 수 있도록 원조하는 데 목적을 둔다. 지도자의 역할은 자조와 상호 지지를 통해서 대처기술이 향상되도록 동기화하며, 미래에 대한 희망을 촉진하는 것이다. 지지집단은 공동의 욕구를 충족시키고, 공동의 장애와 고통을 극복함으로써 개인적으로 바람직한 변화를 가져오기 위한 상호 부조를 목적으로 구성되었으므로 구성원 간의 유대가 빨리 형성되며, 자기 표출의 정도가 높다. 지지집단은 개인적인 접촉이나 친숙한 집단행동을 통해 역기능을 예방하는 중요한 역할을 담당함으로써 동일시의 대상이 되기도 한다. 지지집단의 작업은 구성원들이 공통의 관심사 안에서 문제에 직면하여 서로를 강화하기 때문에, 혼자가 아니라 같은 배에 타고 있음을 확인하는 나눔의 과정이기도 하다. 예를 들면, 한부모집단, 암환자 가족집단, 정신장애인집단 등이 지지집단에 해당된다.

6) 교육집단

교육집단(education group)은 구성원들에게 지식, 정보 또는 기술의 향상을 제공한다. 구성원들의 자기 표출보다는 전문가의 강의 형태 또는 구성원들 간의 토의로 학습이 이루어진다. 집단은 공통의 관심사를 가진 사람들로 구성되며, 집단 지도자는 최상의 학습 효과를 얻도록 구성원의 지식, 기술, 경험 등을 고려하여 집단을 구성한다. 예를 들면, 가톨릭의 선택(배우자)집단, 예비부부 및 신혼부부 집단, 위탁가정 부모집단, 장애인 자녀를 둔 부모집단 등이 교육집단에 해당된다.

7) 사회화 집단

사회화 집단(socialization group)은 사회적 관계에서 어려움을 겪는 사람들을 대상으로 사회생활에서 효과적으로 기능하기 위해 필요한 사회기술을 학습하거나 사회적으로 수용되는 행동을 익히는 데 목적을 두고 있다. 사회화 집단은 게임, 역할 연습, 레크리에이션, 여가 활동 등 특정 프로그램 활동에 참가하여 결속력을 다지며, 대인관계 기술을 향상시킨다. 사회화 집단은 사회기술 훈련집단(예: 자기표현 훈련집단), 생활시설에서 구성원들의 역할·책임·권리를 분명히 하기 위한 자치집단, 스카우트 활동, 캠핑, 스포츠 활동 등을 주요 활동으로 하는 여가집단으로 구분된다.

3. 집단의 특성

사회체계로서의 집단은 환경과 투입과 산출을 통한 상호작용을 한다. 투입은 집단으로 하여금 기능을 수행하게 하며 올바른 궤도에서 움직이게 하는 에너지이고, 산출은 체계나 집단이 그 환경에 보내는 산물, 정보, 혹은 서비스다. 집단은 위계, 상호작용, 자기규제와 통제, 균형, 동등종결성, 규범, 의사소통, 역동성과 관련된 특징을 가지고 있다(이화여자대학교 사회사업학과, 1993).

1) 위계와 상호작용

체계로서 집단은 전체로서 서로 통합된 부분이나 요소로 구성되어 있으며 서로 영향을 미친다. 그러므로 체계의 한 부분이 변하면 다른 부분도 변하게 된다. 집단에 있어서도 마찬가지이며 집단 구성원 중 한 구성원의 행동은 전체 집단에 영향을 준다. 또한 체계에는 하위체계가 존재하는데 이러한 하위체계들은 역할과 권력, 통제의 양에 따라서 등급이 정해지고 이러한 등급의 형태를 위계질서라고 한다. 이와 관련해서 집단에서의 역할은 집단의 적응과 통합적인 기능에 따라 순위가 정해지며, 이와 같은 순위에 대해 구성원들 간에 합의가 이루어지면 그 집단은 계층화되었다고 말할 수 있다.

집단 내에서 주로 이루어지는 상호작용의 유형으로는 배제, 복종, 타협, 동맹, 통합이 있다(최순남, 2001). 배제는 서로 싸우며 필요에 따라 반대파 또는 개인을 집단 내에서 축출하려는 시도이며, 복종은 어떤 힘이나 압력 때문에 상대방이 원하는 방향으로 자신을 맡기는 것이다. 타협은 집단 내의 구성원들 또는 하위집단의 노력이나 힘이 비슷할 때 집단존속 혹은 집단행동을 위해 나타나며, 하위집단이나 구성원들이 독립성을 유지하면서 목적을 위해 협력할 때는 동맹이 이루어진다. 반면에 통합집단 내에서 구성원들이 경쟁, 배제 등의 관계를 넘어서 집단 전체의 목적을 위하여 노력할 때 나타나는 바람직한 관계를 의미한다.

2) 통제

집단도 구성원들의 행동을 제재하는데 이것을 사회통제라고 한다. 사회통제는 전체 집단에 의해서 여러 가지 수단을 통해 행사되는데 통제의 주요수단은 한 구성원에게 에너지를 주거나 혹은 주는 것을 보류하는 것이다.

집단에서 사회통제의 중요한 부분은 갈등과 이러한 갈등의 관리다. 조직화를 위해 집단은 한 부분을 다른 부분과 서로 조정해야만 하며 이 과정에서 일부 구성원들의 자유를 제한할 수도 있다. 더욱이 일부 구성원들을 다른 구성원들보다 더 수용하고 보상해야만 하는 경우도 있으며 이런 불공평은 또 다른 갈등을 만들어 내기도 한다. 끊임없이 발생하는 변화 방향과 성질은 갈등이 해결되는 방법에 의해 결정된다. 갈등에 대한 반응은 체계의 새로운 상태를 결정한다.

3) 균형

균형이란 집단이 변화하지 않음을 의미하는 것이 아니라 체계로서의 집단이 외부환경으로부터의 투입에 적응함에 따라 지속적인 변화 상태에 있음을 의미한다. 기능적인 집단은 균형이 유지될 때에만 계속 존재할 수 있으며 투입을 계속해서 받아들인다. 투입이 없는 집단은 더 이상 집단으로서 기능을 발휘할 수 없다.

4) 동등종결성

체계로서의 집단은 성취하고자 노력하는 목표나 목적을 지니는 데, 상이한 출발과 방법을 사용했음에도 불구하고 최종 상태나 목표가 같은 경우를 동등종결성이라고 한다. 집단 내에서 특정 구성원들이 자신들의 계획이나 전략이 가장 좋다고 확신할 때 다른 대안이나 방법에 반대하기 쉽다. 그러나 동등종결성을 고려하는 것이 다른 집단 구성원들의 합의와 응집력을 강화시키는 데 도움을 준다.

5) 규범

규범이란 구성원들이 집단에서 적절한 행동방식으로 믿고 있는 신념이나 기대를 의미한다. 즉, 행동방식의 규칙을 말하는데 이러한 규칙은 공식적이거나 비공식적일 수 있으며 명시적이거나 묵시적일 수 있다(이화여자대학교 사회사업학과, 1993). 규범은 구성원들의 상호작용을 통해 발전하고 구성원들이 함께 인정하는 기대와 신념이기 때문에 한 구성원에 의한 과도한 권력의 남용을 막을 수 있고 집단 외부에서 부과되는 과도한 압력을 피할 수 있게 해 준다. 또한 구성원들은 집단에서 규범에 따르도록 기대되고 있기 때문에 규범은 집단 내에서 구성원의 행동을 평가하는 준거 틀을 제공한다(손병덕 외, 2008). 예를 들면, 규범을 통해 집단 내에서 받아들여지는 행동과 받아들여지지 않는 행동이 명확해지기 때문에 행동에 대한 보상이나 벌을 받는 근거가 된다.

6) 의사소통

의사소통이란 상대방에게 의미를 전달하기 위해 상징을 사용하는 과정을 말한다. 의사소통은 집단의 기본적인 과정으로 생각, 감상, 감정 또는 신념 등을 다른 구성원에게 전달하는 것이다. 집단 내에서의 의사소통이 조화를 이룰 때에는 높은 집단 참여, 생산성, 그리고 만족감을 기대할 수 있어서 집단 목적을 성공으로 끌고 갈 수 있으나, 의사소통이 조화를 이루지 못할 때에는 집단 내에 여러 가지 문제가 발생하여 구성원의 소외감, 증오감, 갈등 등을 일으켜 효율적인 집단구조를 형성하기 어렵다.

이와 같이 집단 구성원들은 의사소통을 통해 자신들의 문제 및 집단문제에 대해 의견을 표출하고 해결해 나갈 수 있는 체계를 말한다.

7) 역동성

집단의 역동성은 집단과정에서 나타나는 독특한 힘으로서 개별 구성원과 전체로서의 집단에 영향을 준다. 집단 역동성은 내적 역동성과 외적 역동성으로 구분할 수 있다(최순남, 2001).

집단 구성원들의 상호작용의 결과로 나타나는 힘의 총화 또는 조화를 '내적 역동성'이라고 하는데 집단의 분위기, 의사소통, 집단의 참여 정도, 집단 기준, 보상과 처벌 같은 사회통제, 동일시, 동질성과 이질성, 구성원의 역할, 인간관계 기술, 집단 크기 등이 영향을 준다. '외적 역동성'은 지역사회의 가치관, 지역사회의 기대, 집단 간의 경쟁, 명예와 지위처럼 집단활동에 영향을 주는 힘들을 말한다.

이러한 외적 역동성은 특정 집단에 참여하는 구성원의 참여 동기, 목적, 수단, 진행되는 활동에 영향을 준다.

4. 사회복지실천과의 연관성

인간은 성장해 가는 동안 다양한 집단을 경험하게 된다. 인간은 집단을 떠나서는 생활할 수 없으며 성장과 발달을 가져올 수도 없다. 급격한 사회 변화로 인해 사회적 소외, 소속감의 상실, 가족 기능의 저하와 같은 문제에 직면해 있는 현대인에게 집단은 직·간접적으로 영향을 미치는 중요한 체계다.

집단의 사회복지실천은 의도적으로 집단의 경험을 제공하여 다양한 욕구를 충족시키고, 개인의 문제해결 및 자기 성장을 가져올 수 있도록 하는 전문적인 노력이다. 집단 구성원은 서로 간에 영향을 끼침으로서 변화를 경험하고, 집단은 구성원 개개인의 활동에 의해 변화된다. 집단은 또한 다른 집단에 의해 영향을 받으며, 지역사회나 국가의 기대, 가치관, 문화 등에 영향을 받는다.

집단을 이끄는 사회복지사는 건강하고 기능을 잘하는 집단을 만나는 것이 아니라 때로는 건강하지 않고 기능적이지 못한 집단을 만난다. 이때 사회복지사는 그들의 문제를 정확히 사정하고 이를 해결해 줄 수 있는 전문적인 지식과 기술이 필요하다.

도움을 요구하는 다양한 집단과 일을 할 때, 사회복지사는 구성원들의 요구와 목적에 따라 자연집단을 활용하거나 혹은 이차집단이나 형성집단을 만들어 개입한다. 즉, 사회복지사는 지지집단, 교육집단, 성장집단, 치료집단, 사회화 집단을 만들어 개방집단 혹은 폐쇄집단의 형태로 운영할 줄 알아야 한다. 나아가 효과적으로 집단을 운영하기 위해서는 구성원들의 특성과 욕구, 그리고 문제를 정확히 파악할 뿐만 아니라 실제로 집단을 이끌어 갈 수 있는 기술과 능력을 갖추어야 한다. 이외에도 사회복지사는 집단을 분석할 때, 체계로서 구조기능적인 면, 행동적인 면, 그리고 관계적인 면에서 바라볼 수 있는 능력이 있어야 한다.

3 조직[6)]

1. 조직의 개념과 목적

앞서 살펴본 가족과 집단뿐 아니라 조직 또한 우리의 삶과 밀접한 관계를 가지고 있다. 슈리버(Schriver, 1995)는 인간은 조직 안에서 태어나, 배우고, 일하면서 생존과 욕구충족에 필요한 자원을 얻고, 조직 속에서 늙고 죽어 간다(권중돈 외, 2008, 재인용)고 하였다.

그렇다면 우리와 직·간접적으로 영향을 주고받고 있는 조직이란 무엇일까? 이효선 외(2007)는 '조직은 인간이 살아가는 데 중요한 영향을 미치는 거시체계 중 하나로서, 특정한 목표를 위해 함께 일하는 사람들의 집합'이라고 하였다. 파슨즈(Parsons, 1961)도 조직을 특정 목적을 달성하기 위해 의도적으로 이루어진 사회단위라고 하였다. 이안넬로(Iannello, 1992)는 둘 또는 그 이상의 사람들에 의해 이루어지는 지속적이고 의도적이며 목표지향적인 활동체계로 조직을 정의하였다. 이상의 정의들은 목적을 이루기 위해 협력하는 사람들의 집합체로 조직을 정의하고 있다.

특별히 클라이언트를 위해 일하는 사회복지사 또한 조직 안에서 일하고 조직을 대상으로 실천하고 있다. 따라서 조직에 대한 이해와 실천은 결국 클라이언트에게 양질의 사회복지서비스를 제공하는 데 기본 조건이 되므로 사회복지사에게 조직에 대한 이해는 매우 중요하다. 조직에 따라 조직의 목적은 상이하지만, 뉴게보렌(Neugeboren, 1985)은 인간을 위한 서비스 기관이 추구하는 세 가지 목적을 다음과 같이 제시하였다.

6) 임상록·권향임·김나영(2009). 인간행동과 사회환경. 창지사. 13장 내용 발췌.

1) 사회적 보호(social care)의 목적

이것은 사람들의 삶의 질을 향상시켜서 그들이 가지고 있는 잠재력을 최대한 발휘할 수 있는 환경을 만들어 가는 것을 의미한다. 예를 들어, 빈곤 가정의 학령 전 아동들을 위한 공부방과 무료 급식소를 운영함으로써 빈곤이 아동의 발달을 저해하지 않도록 하는 환경을 제공해 주는 것이다.

유치원~초교 2학년 가르치는 미니학교 생긴다

농어촌 5곳에 K-2 시범운영

2009년부터 농어촌지역에 유치원부터 초등학교 2학년까지 학생들을 가르치는 '미니학교' K-2가 운영된다. K-2는 기존의 분교가 통합되면서 남은 공간을 이 지역 유치원생과 초등학교 1·2학년을 위한 교육·보육기관으로 이용하자는 취지로 생긴 학교다. K-2(Kindergarten~year 2)는 '유치원부터 초등학교 2학년까지'라는 뜻이다.

K-2는 결손 가정과 부모의 일자리 취업 증가로 인해 교육과 보육에 대한 수요가 늘고 있는 상황에서 버스 통학이 어려운 저학년 학생들을 대상으로 정규 수업과 방과후 수업을 통합해 실시하게 된다.

교육과학기술부는 우선 올해 전국에 5개의 'K-2'를 시범 운영한 후 이를 전국적으로 확대하겠다고 밝혔다.

이와 함께 교과부는 전국 85개 군(郡)지역 378개 유치원과 초·중·고교를 '돌봄학교'로 지정했다. '돌봄학교'는 1년 365일 쉬지 않고 학습 프로그램을 제공하는 학교로, 도시와 농어촌 간 학력 격차를 줄이기 위해 올해 처음 지정돼 운영된다. '돌봄학교'로 지정된 유치원이나 학교는 주말과 방학기간은 물론 학기 중에도 학생들에게 영어캠프, 생태학습 등 다양한 학습·복지 프로그램을 제공한다.

교과부는 "경제위기로 사회계층 간 교육격차가 더 늘어날 것으로 우려된다"며 "저소득층 자녀들을 위한 교육복지 예산을 대폭 확대하겠다"고 밝혔다.

출처: 조선일보(2009. 1. 5).

2) 사회적 통제(social control) 목적

사회적 통제 목표는 타인의 삶의 질과 잠재력의 발휘를 방해하는 사람들이나 비행과 일탈을 일삼는 사람들의 행동 통제를 목표로 하는 것을 말한다. 예를 들어, 아동을 학대한 사실이 밝혀졌을 때, 학대한 부모에 대한 법적 조치를 취하는 것이 해당된다.

3) 재활(rehabilitation) 목적

재활 목적은 개개인의 변화를 통해 삶의 질을 향상시키거나 그들 안에 있는 잠재력을 최대한 발휘할 수 있는 더 좋은 기회를 제공하여 사회 적응을 도모하는 것을 말한다. 예를 들어, 정신장애인들을 대상으로 사회기술 훈련과 직업 훈련을 통해 지역사회에 잘 적응하도록 돕는 것이 여기에 해당된다.

장애인 홀로서기 돕는 '희망 굼터'

20~30대 지적장애훈련생 10여명 파티쉐 꿈 키워
"내손으로 쿠키 만들 수 있어 행복… 편견의 벽 허물터"

"와~ 예쁘게 잘 나왔네. 과자 드셔 보실래요? 맛이 끝내줘요."

울산 북구 중산동에 있는 메아리복지원 내 '에코 베이커리'. 복지원의 장애인 직업재활시설인 '메아리 보람의터' 중 하나로 20~30대 지적장애훈련생 10여 명이 위생복 · 모자를 갖추고 바쁘게 제과 작업을 하고 있다.

A · B팀으로 나눠진 훈련생들은 각각의 작업대 앞에 서서 직업훈련교사 이대동(29)씨와 각 팀장의 지시에 따라 쿠키를 만들기 위해 재료를 계량하고 반죽을 한다. 이어 예쁘게 모양을 만들어 쿠키 팬에 올려 오븐에 구우면 고소한 냄새를 풍기는 다양한 색깔의 쿠키로 탈바꿈한다. 훈련생들이 직접 만든 쿠키는 하나하나 비닐에 담겨 포장된다. 낱개 포장된 쿠키들은 박스에 담겨져 주문처로 배달된다.

40여 ㎡의 넓지 않은 공간이지만 이곳은 지적장애인들에겐 행복한 교실이자 일터다. 에코베이커리는 지난 2003년 메아리 보람의터 훈련과정 중 하나로 생긴 제과제빵부가 2006년 제대로 된 장비와 공간을 갖춰 새로 태어났다.

훈련생들은 이곳에서 매일 오전 9시~오후 4시까지 제과제빵 기술교육을 받으며 실제 판매되는 쿠키를 만든다. '아몬드 튀일'과 '마블 쿠키' 등 이들이 만든 쿠키는 울산장애인종합복지관과 지역 특수학교 등에 판매된다. 먹어 본 사람들은 "맛이 일품"이라며 칭찬을 아끼지 않는다.

훈련생 이 모(24)씨는 "손놀림이 더뎌 원하는 대로 만들어지지 않을 때는 속상하지만 내 손으로 무언가를 직접 만들어 낼 수 있어 무척 행복하다"며 환하게 웃었다.

현재 판로가 넓지 않아 쿠키 판매로 얻은 수익금은 얼마 안 되지만 훈련생들에게 매달 일정액 지급되고 장비 투자에 쓰인다. 훈련생들은 보수를 떠나 미래의 파티쉐(제과기술자)를 꿈꾸며 온 힘을 다해 기술을 갈고 닦고 있다. 2007년에는 원생 2명이 전국 지적장애인제과대회에 출전해 수상하는 쾌거도 거뒀다. 메아리복지원은 사회적 편견 때문에 장애훈련생들이 취직하기 쉽지 않은 여건을 감안해 향후 자체 공장을 설립, 고유 브랜드 쿠키와 빵을 생산할 계획이다.

출처: 서울경제신문(2009. 1. 15).

뉴게보렌(Neugeboren, 1985)이 제시한 인간서비스 조직의 목적에서도 알 수 있듯이 조직은 하나의 목적만을 가지는 것이 아니라 둘 이상의 목적을 가지기도 한다. 따라서 어느 목적에 우선순위를 둘 것인가에 대해 갈등을 빚기도 하는데, 때로는 복수의 목적이 존재하여 본래의 목적과 반대되는 목적을 추구하기도 하는 목적치환(goal displacement)이 일어나기도 하고, 본래의 목적을 달성했거나 또는 포기하고 새로운 목적을 추구하는 목적승계(goal succession)가 나타나기도 한다(이윤로, 2006; Etzioni, 1964). 예를 들어, 소외된 이웃을 위하는 좋은 목적으로 만들어진 사회복지기관이 다양한 이용 프로그램들을 통해 영리를 추구하게 된다면, 역기능적인 목적치환이 일어난 것이다. 따라서 클라이언트를 위해 일하는 사회복지사는 역기능적인 목적치환이 일어나는 것을 방지하기 위해 조직 및 기관에 적극적인 목소리를 낼 수 있어야 한다.

2. 조직에 대한 관점

조직을 바라보는 다양한 관점들을 정리하면 다음과 같다(이윤로, 2006, 재인용; Schriver, 1995; Kirst-Ashman, 2000)

1) 과학적 관리이론

20세기 초, 테일러(Taylor)에 의해 주창된 과학적 관리는 실증주의적, 객관적, 과학적 차원의 전통적 패러다임과 일치하는 조직 관리의 이론적 틀이다. 이러한 고전적 이론은 20세기 초 산업화와 과학화를 요하던 시대에 인간행동에 대한 이해뿐 아니라 많은 조직의 구조와 과정을 이해하는 데 큰 영향을 주었다(이효선 외, 2007). 산업체의 효율성을 극대화 시키고자 한 과학적 관리에서 조직 내 피고용인은 분명하게 기술되고 전달된 직무를 수행해야 하므로, 독립적인 자율성은 최소화되고, 관리자는 피고용인의 작업을 면밀하게 검토해야 한다. 이를 위해 피고용인의 업무 수행 정도를 양적으로 측정하고 규제해야 하고, 이를 위해 피고용인들이 자신의 일에 대해 어떻게 느끼는지에 대해서는 신경을 쓰지 않아야 한다. 이러한 고전적인 과학적 관리이론이 적용된 예가 막스 베버(Max Weber)의 관료주의이다. 관료주의의 특징은 다음과 같다.

- 권위를 바탕으로 하는 안정적이고 공식적인 구조
- 성문화된 전달과 문서화에 기초한 의사소통
- 훈련과 기술로 전문화되고, 공식 업무를 우선시하는 책임감이 있는 조직 구성원
- 능력을 기반으로 하는 고용
- 분명하고 구체적인 직무 수행을 위해 고도로 분화된 단위
- 조직을 통제하기 위한 수많은 구체적 규범
- 비인격화

이러한 과학적 관리이론과 관료주의는 조직의 핵심적 자산이 조직 구성원이라는 관점을 놓치고, 개인을 조직의 효율성을 위한 도구로 전락시켰다는 비판을 받고 있다.

2) 인간관계이론

인간관계이론은 과학적 관리이론과 관료주의의 비인격화에 반대하여 등장한 이론으로, 메요(Elton Mayo, 1880~1949)에 의해 주창되었다. 그는 호돈(Hawthorne) 연구를 통해, 조직 구성원들에 대한 관심과 조직 운영에 참여하는 비공식적 요인들이 구성원들에게 동기 부여를 일으키고, 일의 능률을 향상시킨다는 것을 발견하였다.

이러한 조직 구성원 간의 인간관계에 대한 관심은 조직생활에 있어 소집단의 역할과 기능에 대한 관심을 증가시키는 계기가 되었으나, 이러한 관심들은 결국 조직의 효율성과 생산성을 최대화시키는 방안으로서 고려되었을 뿐, 인간관계이론에서도 조직의 위계적 권한과 통제에 대해 중요하게 생각하고 있었다는 점을 간과해서는 안 된다.

3) X이론과 Y이론

사회심리학자인 맥그리거(Douglas McGregor)는 조직의 관리자가 인간행동에 대해 가지는 가정이 조직 관리의 과정에 어떠한 영향을 미치는가에 대해 관심을 가졌다. 그는 인간의 동기에 대해 2가지의 가정을 공식화했는데, 하나는 X이론이고, 또 다른 하나는 Y이론이다. X이론은 조직 구성원들에게 지시하고 통제하는 관리자의 역할을 강조한 이론인 반면, Y이론은 인간은 누구나 자신의 발전과 자신이 속한 조직의 발전을 위해 배우고 노력하려는 기본 성향이 있으므로, 이러한 개인의 성향들을 지지하고 이끌어줄 수 있는 관리자의 역할을 중시한다. 다음은 두 가지 이론의 기본 가정들을 제시한 것이다(Pugh, Hickson, & Hinings, 1985).

〈표 7-2〉 맥그리거의 X, Y이론

X이론	Y이론
• 보통 사람들은 일하기를 좋아하지 않고 가능한 일을 회피하려고 함. • 보통 사람들은 스스로 일하기보다는 지시받는 것을 좋아하고, 책임을 회피하며, 야망이 작고, 안전을 추구함. • 따라서 조직의 목표를 달성하기 위해서는 구성원들에게 지시, 통제, 강요 또는 징계를 통해 위협할 필요가 있음.	• 보통 사람들은 적당한 조건 하에서는 책임을 받아들이고 또한 추구함. • 더 많은 사람들이 조직의 문제해결을 위해 창의적으로 기여할 수 있음. • 인간은 목적 수행에 있어 자기 지시적이고 자기 통제적임. • 조직에 대한 충성은 구성원들 개개인의 자기실현의 욕구를 만족시켜 줌으로써 가능함.

4) Z이론

오우치(Ouchi, 1981)에 의해 제안된 Z이론은 서구문화가 아닌 일본문화를 기반으로 개발된 조직 관리 이론으로, 일본 기업들의 특성이 반영되어 있다. 즉, Z이론은 직업의 안정성(평생 고용), 집합적 의사결정과 집합적 책임을 강조하는 이론으로, 이는 미국기업과 대조적인 기업 문화를 나타낸다고 볼 수 있다.

그러나 Z이론의 집합적 의사결정은 문화적 다양성과 다양한 가치와 의견에 대한 존중과는 거리가 있다는 비판도 있다.

5) 종합품질관리(Total Quality Management: TQM)

데밍(Deming, 1982)에 의해 주창된 TQM은 80년대 후반과 90년대에 들어서 미국보다 일본에서 먼저 받아들여진 조직 관리의 개념이다. 즉, 2차 세계대전 이후 일본 산업에서 매우 중요하게 다루어진 것은 바로 조직 산출물인 재화와 서비스에 대한 질(quality)이었다. 이러한 일본 기업들의 조직 산출물의 질을 중요시하는 조직 관리는 일본 산업의 성공을 가져오게 하였다.

바커(Barker, 1995)는 TQM의 궁극적 목적인 클라이언트와 소비자에 의해 정의내려진 질을 보장하기 위해 클라이언트의 만족과 피고용인의 권한강화가 중요하다고 하였다. 이를 위해 클라이언트의 변화하는 욕구에 민감해야 함과 동시에, 피고용인들 간 팀 접근과 친밀한 직원 문화를 만들어 가는 것을 중요하게 다루었다.

3. 조직과 사회복지실천

우리가 살아가는 모든 삶의 과정은 조직 내에서 이루어진다. 기든스(Giddens, 1981)가 말한 것처럼 우리는 병원에서 태어나고 학교 생활을 하며, 직장 생활을 통해 경제적 자립과 자아실현을 하고, 일상의 모든 일들, 예를 들어 신문을 보거나 TV를 시청하거나 수돗물을 사용하거나 하는 모든 일들이 조직에 의해, 조직을 통해 이루어지는 것을 알 수 있다. 이처럼 모든 사람들에게 조직은 하나의 중요한 사회체계가 되며 또한 조직의 성공적 발전을 위해서는 각 개인의 역량과 노력이 매우 중요하다.

특히 클라이언트에게 최상의 서비스를 제공하고자 하는 사회복지사들 또한 조직 안에서 일하고 조직을 대상으로 실천한다는 점을 기억해야 한다. 즉, 우리는 사회복지실천을 지원하는 자원체계로서의 조직을 이해해야 하고, 조직 안에서 효과적으로 일해야 하며, 조직을 관리하기도 하고, 때로는 조직을 변화시키려는 노력을 해야 한다.

예를 들어 보자. A 사회복지사는 충북 지역 노인들을 위한 재가지원센터에서 근무하고 있다. 센터의 아웃리치 프로그램들 대부분이 오전에 시작되어 점심 전에 마무리하는 것으로 되어 있었는데, 실제 A 사회복지사가 읍·면 지역의 어르신들을 방문해 보니, 농번기에는 대부분의 어르신들이 아침 일찍부터 농사일로 집 안에 계시지 않는 것을 알게 되었다. A 사회복지사는 더 많은 어르신들을 지원하기 위해 농번기 센터의 아웃리치 프로그램들을 늦은 오후 시간대로 옮길 것을 제안할 수 있을 것이다.

그러나 아직 많은 사회복지사들이 클라이언트의 이익과 양질의 사회복지실천을 위해 조직 내 또는 조직 간 변화에 관심이 적은 것이 사실이다. 그럼에도 우리는 전문직으로서의 윤리의식을 바탕으로 거시체계인 조직에 대한 이해와 실천을 통해 지속적으로 사회복지실천 현장을 발전시켜 나가야 할 것이다.

4 지역사회

1. 지역사회의 개념과 특성

일반적으로 지역사회(community)라고 하면 지리적 경계, 즉 시·군·구, 읍·면·동과 같은 행정적 경계를 중심으로 생각하기 쉽지만, 현대사회에서의 지역사회는 지역성과 공간성을 초월하여 공통의 관심사와 욕구를 가진 사람들의 모임을 의미하는 경우가 많다. 이처럼 '지역사회(community)'가 가지고 있는 의미들을 구분하기 위해, 로스(Ross, 1967)는 지역사회를 '지리적 지역사회(geographic community)'와 '기능적 지역사회(functional community)'로 나누었다. 지리적 지역사회가 일정한 지리적 영역 내에 사는 모든 사람들을 의미한다면, 기능적 지역사회는 정당, 종교단체, 전문직 단체와 같이 공동의 관심과 기능을 함께 하는 사람들의 집단을 의미한다. 이와 유사하게 버나드(Bernard, 1973)도 지리적 영역에 기반을 둔 '지역공동체(the community)'와 여러 상황에서 상호간 발생하는 공동의 유대나 연대정신을 가리키는 '공동체(community)'를 구별하여야 한다고 하였다(이인정 외, 2005).

워렌(Warren, 1978)은 지역사회를 심리적 측면, 지리적 측면, 사회적 측면의 세 가지로 나누어 제시하였는데, 먼저 '심리적 측면의 지역사회'는 구성원 상호간 공동감정, 공동이익을 추구하는 생활양식을 의미하는 로스(Ross, 1967)의 기능적 지역사회와 비슷한 개념이라 할 수 있고, '지리적 측면의 지역사회'는 사람들이 함께 모여 살아가는 특정 지역을 의미함으로써 로스(Ross, 1967)의 지리적 지역사회를 나타낸다고 하겠다. 워렌(Warren)은 이 두 가지 지역사회의 개념 외에 추가적으로 '사회적 지역사회'라는 개념을 제시했는데, 이는 앞의 두 가지 지역사회에 대한 개념을 합한 것이라고 하였다.

놀린과 체스(Norlin & Chess, 1997)는 지역사회가 다음의 네 가지 특성을 가진다고 하였다(권중돈 외, 2008).

① 물리적 또는 지리적 장소에 기반을 둔 사회조직의 형태를 띰.
② 지역사회가 추구하는 최종 목적은 지역주민의 삶의 질 향상임.
③ 공통의 욕구와 문제해결, 성장과 발전을 위해 상호 의존함.
④ 지역사회는 개인과 사회를 연결하는 중간체계임과 동시에 전체사회의 하위체계임.

2. 지역사회에 대한 이론적 관점

지역사회에 대한 다양한 이론적 관점은 다음과 같다(이윤로, 2006, 재인용; Kirst-Ashman, 2000; Schriver, 1995; Johnson et al., 1991).

1) 구조주의적 관점

'구조'라는 용어는 체계의 부분들이 전체를 이루기 위해 어떻게 구성되어 있는가를 말하는 것으로, 지역사회의 구조를 보는 방식에는 첫째, 정치적·법적 관점, 둘째, 지역사회의 지리적 조직관점, 셋째, 권력구조를 살펴볼 수 있다.

먼저, 정치적·법적 관점은 시·군·구와 같은 공식적 단위를 말하는 것으로, 지역사회는 정치적 실체로서의 기능을 수행하고, 국가와 개인을 연결하는 가교 역할을 한다. 즉, 여기서의 지역사회는 더 큰 국가와 정부라는 체계의 정치적 하부체계가 된다.

둘째, 지역사회의 지리적 조직은 지역성과 공간성에 관심을 두는 것이다. 즉,

지리적 영역 내 토지의 경계나 소유가 어떻게 이루어지는지, 도로는 어떻게 구비되어져 있는지 등에 관한 것이 이에 해당된다.

셋째, 지역사회 내 권력구조를 보는 관점은 지역 내 다양한 집단이나 조직들이 지역의 문제나 사건, 상황 등에 대해 어떠한 영향력을 발휘하는지를 살펴보는 것을 말한다. 예를 들어, 주거 지역에 위치한 유해환경에 대해 부유한 대규모 아파트 단지의 부녀회에서는 적극적으로 반대하며 영향력을 행사하지만, 빈곤한 주택 거주자들의 경우, 그렇지 못한 경우를 볼 수 있다.

2) 기능주의적 관점

워렌(Warren, 1978)은 지역사회를 '지역에 필요한 주요 사회적 기능을 수행하는 사회적 단위와 체계의 조합'이라고 정의하면서, 지역사회가 본연의 목적을 이루기 위해 지속적으로 행하는 다섯 가지 기능을 강조하였다. 그는 지역사회가 유지·발전하기 위해서는 지역 내 구성원들이 필요로 하는 상품과 서비스를 '생산·분배·소비하는 기능', 구성원들에게 지식, 가치 행동양태를 전수하는 '사회화 기능', 구성원들이 법·경찰·학교 등의 사회기관을 통해 사회규범을 지키도록 행동을 규제하는 '사회적 통제 기능', 가족·종교조직·기타 사회기관을 통한 주민들의 '사회참여 및 통합 기능', 어려움에 처한 구성원들을 서로 돕는 '상호 지지 기능'을 수행한다고 하였다.

워렌(Warren)이 제시한 지역사회의 기능들에서도 알 수 있듯이, 지역사회 내에서는 공식적 수준뿐 아니라 비공식적 수준에서의 지역사회의 기능 또한 매우 중요함을 알 수 있다. 아울러 기능주의 관점에 따르면, 지역사회 내 한 하부체계가 그 기능을 발휘하지 못하면, 다른 하부체계의 기능을 통해 지역사회가 안정적으로 기능한다. 예를 들어, 지역사회 내의 공식적 사회기관들이 독거노인들을 위한 지원을 제대로 제공하지 못할 경우, 지역사회 내 비공식 조직인 자원봉사자 모임 및 기관에서 자발적으로 독거노인을 위한 연탄 배달, 밑반찬 서비스 등을 지원하게 된다.

3) 인간생태적 관점

지역사회에 대한 인간생태적 관점은 지역사회를 복잡한 유기체로 보고, 지역사회구성원들은 그들을 둘러싼 사회환경과 상호 교류하는 것으로 본다. 특히 이 관점은 구성원들의 모임과 조직(서비스)이 지역사회 안에 어떻게 위치하고 있는가를 중요시한다. 따라서 인간생태적 관점을 '주민과 영토(people and territory)'적 접근이라고도 한다(Rothman, 1987).

인간생태적 관점에서는 지역사회를 거주 환경(habitat)으로 바라보기 때문에 환경 속의 개인을 이해하는 데 도움을 준다. 즉, 이 관점은 지역사회 내에 거주하는 주민들의 특성과 분포를 중요시하고, 환경오염, 공해, 열악한 교육여건 등과 같은 환경적 문제들을 고찰할 수 있는 관점을 제공한다. 예를 들어, A 지역사회 내 한 초등학교 학생들의 전학이 해마다 늘고 있다면, 우리는 A 지역사회의 환경적 자원이 어떻게 변화되고 있는지를 살펴볼 필요가 있다. 조사결과, A 지역 주변의 상업화 개발로 어린 학생들에게 유해한 환경들이 계속해서 늘어나고 있는 것으로 나타났다. 이런 상황에서 우리는 지역사회의 주민과 그 환경과의 조화(fit)에 대해 생각해보고, 어떻게 하면 그 환경을 개선할 수 있을지를 논의할 수 있을 것이다.

또한 거주환경으로서의 지역사회의 제한성으로 인해 지역사회 안에서 구성원 간 '경쟁'이 존재하고, 많은 경우 더 적은 자원을 가진 구성원들이 열악한 지역에 분포하게 되는 것을 알 수 있다. 따라서 인간생태적 관점은 이들이 가진 문제들과 불공정에 초점을 두게 된다.

4) 구성주의적 관점

구성주의적 관점은 지역사회의 관계 형성 방식에 초점을 두는 것으로, 퇴니스(Tonnies)는 지역사회의 게마인샤프트적(gemeinschaft) 관계 형성과 게젤샤프트적(gesellschaft) 관계 형성을 구분하여 제시하였다.

〈표 7-3〉 퇴니스의 구성주의적 관점 비교

게마인샤프트(gemeinschaft)	게젤샤프트(gesellschaft)
• 공유된 전통, 문화, 삶의 방식, 상호책임감에 기반함 • 서로 오랫동안 경험을 공유하며 관계를 지속하는 농촌 지역사회의 관계 형성과 관련됨 • 자연적 의지(natural will)에 기반함 • 집합적 구성원들이 공유된 책임감 속에서 상호 협력하는 관계	• 계약적 교환에 기반을 두는 관계 형성으로, 재화나 서비스 등을 상호 교환하기 위한 공식적 관계 • 도시 지역사회에서 주로 나타남 • 이성적 의지(rational will)에 기반함 • 사람들이 서로 생존하기 위해 필요한 것을 교환하는 관계

5) 사회체계적 관점

사회체계적 관점에서는 지역사회를 물리적·공간적 차원에서 바라보기보다는, 지역사회 내 수많은 하부체계들과 지역사회 밖의 더 큰 상부체계와의 상호작용에 초점을 두고 지역사회를 바라본다. 지역사회 내 주요 하부체계는 크게 공식적 조직(정부기관, 종교단체, 학교, 사회복지조직 등)과 비공식적 조직(가족, 친목모임 등)으로 나눌 수 있으며, 이들의 활동이 지역사회에 영향을 주고, 지역사회 또한 이들 하부체계에 영향을 준다.

워렌(Warren, 1978)은 지역사회구성원들이 두 가지 유형의 상호작용을 한다고 하였다. 먼저 수평적 연계(horizontal linkage)로서의 상호작용은 지역사회 내 다른 구성원들과 상호작용하는 것을 말하고, 다음으로 수직적 연계(vertical linkage)는 지역사회 외부의 체계나 개인들과 상호작용하는 것을 말한다. 그는 건강한 지역사회가 되기 위해서는 이 두 가지 상호작용 모두가 원활하게 이루어져야 한다고 하였다.

사회체계적 관점에서 지역사회를 보는 것은 클라이언트가 속한 지역사회 및 클라이언트의 상황을 사정하고 그들을 돕기 위해 사회복지사가 무엇을 할 수 있을지를 발견하는 데 도움이 된다. 사회복지사는 다음의 질문을 던져볼 수 있다.

- 지역사회는 클라이언트에게 활용 가능한 자원으로 무엇을 가지고 있는가?
- 지역사회 내 자원들이 클라이언트의 욕구 충족을 위해 얼마나 효과적으로 활용되고 있는가?
- 건강한 지역사회로 발전해 가는 데 충분한 자원이 투입되고 있는가?
- 지역사회가 엔트로피 또는 와해 쪽으로 진행되고 있는 것은 아닌가?
- 지역사회 주민들의 사회적 유대와 관계망은 어떠한가?
- 지역사회를 발전시키기 위해 어떤 행동을 취할 것이며, 그 행동이 클라이언트에게 어떠한 영향을 줄 것인가?

6) 갈등주의적 관점

사회복지의 역할이 사회정의의 구현에 있다지만, 갈등주의적 입장은 사회복지서비스를 지배세력의 현상 유지를 위한 수단으로 본다. 즉, 그들은 사회복지사들이 현재의 사회·경제·정치적 불평등에 도전하지 않는다면, 지역사회 주민들의 삶의 질 향상은 기대할 수 없다고 본다. 다시 말해, 사회복지사의 사명은 사회개혁이라는 것이다.

실제 우리의 지역사회에는 다양한 갈등과 경쟁들이 존재한다. 기득권층은 자신의 자리를 지키려 하고, 박탈감을 가지고 있는 층은 변화를 추구한다. 그리고 제한된 자원을 가지고 서로 더 많이, 더 좋은 위치를 차지하기 위해 경쟁한다. 이처럼 오늘날은 지역사회 내에서 발생하고 있는 수많은 갈등과 경쟁들을 조정하고 중재하는 사회복지사의 역할이 어느 때보다 중요하다. 이를 위해 사회복지사는 지역사회의 권력구조를 파악하고 분석할 수 있는 능력이 필요하고, 이를 통해 지역사회 변화의 가능성과 한계를 확인할 수 있어야 한다.

3. 지역사회와 사회복지실천

사회적 존재인 인간에게 지역사회는 매우 중요한 사회환경임과 동시에 필요한 자원과 기회를 얻기 위해 조직화해야 하는 대상이자 수단이다(이효선 외, 2007). 아울러 지역사회는 개인, 가족, 집단, 조직 등의 하위체계와 가치와 문화와 같은 더 큰 상위체계 사이의 가교 역할을 하는 중요한 사회체계이다.

우리가 행하는 사회복지실천이 이러한 지역사회 안에서 이루어지므로, 사회복지실천과 지역사회는 분리될 수 없는 관계이다. 우리가 개인과 가족, 집단, 조직에 대해 행하는 사회복지실천은 궁극적으로 건강하고 아름다운 지역사회를 창조하기 위한 것이다. 왜냐하면, 각각의 개인과 가족, 집단, 조직이 변화되더라도 그들이 살아가는 지역사회가 변화하지 않으면, 진정한 의미의 문제해결을 기대할 수 없기 때문이다. 따라서 지역사회를 바라보는 우리의 관점은 실천의 장임과 동시에 개입 단위로서 볼 수 있는 다각적인 관점이 요구되며, 건강한 지역사회를 만들어가기 위한 실천적 지식과 기술을 익히고 활용하도록 노력해야 할 것이다.

참고문헌

권육상 · 이명재(2002). 인간행동과 사회환경. 대영문화사.
권육상 · 이태희(2003). 최신가족복지론. 유풍출판사.
권중돈 · 김동배(2008). 인간행동과 사회환경. 학지사.
권진숙 외(2006). 가족복지론. 공동체.
김동배 · 권중돈(2005). 인간행동이론과 사회복지실천. 학지사.
김종옥 · 권중돈(1993). 집단사회사업방법론. 서울: 학지사.
박연호(2000). 조직행동론. 서울: 박영사.
성정현 외(2004). 가족복지론. 양서원.
손병덕 외(2008). 인간행동과 사회환경. 학지사.
송정애 · 정해은(2007). 가족복지론. 양서원.
유영주 외(2004). 새로운 가족학. 신정.
이명홍(1980). 가족치료의 이론개요와 미누친의 구조적가족치료. 한국사회사업학. 한국사회사업학회.
이윤로(2006). 인간행동과 사회환경. 창지사.
______(2006). 최신 사회복지실천론. 학지사.
이인정 · 최해경(2005). 인간행동과 사회환경. 나남출판.
이화여자대학교 사회사업학과 편(1993). 집단사회사업 실천방법론. 동인.
이효선 외(2007). 사회복지실천을 위한 인간행동과 사회환경의 이해. 공동체
장인협 외 역(1990). 인간행동과 사회환경. 집문당.
정문자 · 정혜정 · 이선혜 · 전영주(2007). 가족치료의 이해. 학지사.
조휘일 · 이윤로(1999). 사회복지실천론. 서울: 학지사.
최경석 외(2006). 한국가족복지의 이해. 인간과 복지.
최순남(2001). 인간행동과 사회환경. 한신대학교 출판부.
최옥채 · 박미은 · 서미경 · 전석균(2003). 인간행동과 사회환경(개정판). 서울: 양서원.
최재석(1982). 한국가족연구. 일지사.

Barker, R. L. (1994). *The social Work Dictionary*. Washington, DC: National Association of social Workers.
Barker, R. L. (1995). *The Social Work Dictionary*. Washington, DC: NASW Press.
Bernard, J. (1973). *The Sociology of Community*. Grenview, 12: Scott, Foresman, & Co.
Brown, L. N. (1991). *Groups for growth and change*. New York: Longman.
Carter, E. A. & McGoldrick, M. (1980). The family life cycle and family therapy: An overview. In E. Carter and M. McGoldrick (Eds.), *The family life cycle: A Framework for Family Therapy*. New York:

Gardner.

Carter, E. A. & McGoldrick, M. (1998). *The expended family life cycle: Individual, Family and Social Perspective(3rd ed.)*. Allyn & Bacon.

Carter, E. A. & McGoldrick, M. (1999). *The Expanded Family Life Cycle: Individual, family, and social perspectives*(3rd ed.). Boston: Allyn & Bacon.

Cooley, C. (1909). *Social Organization*. New York: Charles Scribner's Sons.

Deming, W. E. (1982). *Quality, Productivity, and Competitive Position*. Cambridge, MA: MIT center for advanced engineering study.

Duvall, E. M. & Miller, B. C. (1985). *Marriage and Family Development* (6th ed.). New York: Harper & Row.

Etzioni, A. (1964). *Modern Organizations*. Englewood Cliffs, N.J.: Prentice Hall.

Garland, J., Jones, H., & Kolodny, R. (1965). A Model for Stages of Development in Social Work Groups. In S. Bernstein(ed.), *Explorations in Group Work*. Boston: Univ. of Boston School of Social Work.

Giddens, A. (1981). *Sociology*. London: Polity Press.

Hartford, M. (1971). *Groups in Social Work*. New york: columbia University Press.

Hartman, A. & Laird, J. (1983). Family-centered Social Work Practice. NY: Free Press.

Hutchison, E. (2003). Demensions of Human Behavior: Person and Environment(2nd ed.). Sage.

Iannello, K. P. (1992). *Decisions without hierarchy: Feminist Interventions in Organization Theory and Practice*. N.Y.: Routledge.

Johnson, D. & Johnson, F. (1991). *Joining Together: Group theory and group skills*(4th ed.). Englewood Cliffs, N.J.: Prentice Hall.

Kirst-Ashman, K. K. (2000). *Human Behavior, Communities, Organizations & Groups in the Macro Social Environment*. Brooks/Cole.

Minuchin, S. (1974). *Families and Family Therapy*. Cambridge, MA: Harvard University Press.

Murdock, G. (1949). *social structure*. New York: Macmillan.

National Association of Social Workers (1982). Changes in NASW family policy. *NASW News, 27*(2), 10.

Neugeboren, B. (1985). *Organizational Policy and Practice in the Human Services*. N.Y.: Longman.

Norlin, J. M., & Chess, M. A. (1997). *Human Behavior and the Social Environment: Social System Theory*. Boston: Allyn and Bacon.

Ouchi, W. G. (1981). *Theory Z*. N.Y.: Avon Books.

Papell, C. & Rothman, B. (1980). Relating the Mainstream Model of Social Work with Groups to Group Psychotherapy and the Structured Group Approach. *Social Work with Groups, 3*(2), 5~22.

Parsons, T. (1961). *An Outline of Social System in Theories of Society*. NY: Free Press.

Pillari, V. & Newsome, M. (1998). Human Behavior in the Social Environment(Families, Groups, Organizations, and Communities). Pacific Grove, Calif: Brooks/Cole Pub. Co.

Pugh, D. S., Hickson, D. J., & Hinings, C. R. (1985). *Writers on Organizations*. Beverly Hills: Sage Publications.

Richardson, A. (1983). "The Diversity of Self-Help Groups," in S. Hatch & R. Kichbusch (Eds.), *Self-Help and Health in Europe*(Geneva: World Health Organization, 1983).

Ross, M. G. (1967). *Community Organization: Theory, Principles, and Practice*. N.Y.: Harper & Row.

Rothman, J. (1987). *Community Theory and Research*. In Encyclopedia of Social Work. Vol 1. Silver Spring, MD: NASW.

Schriver, J. M. (1995). *Human Behavior and the Social Environment*. Messachusetts: Allyn & Bacon.

Tonnies, F. (1957). *Community and Society*. C. Loomis(Trans. and Ed.). Lansing, Mich.: Michigan State Press.

Toseland, R. & Rivas, R. (2001). *An Introduction to Group Work Practice* (3rd ed.). Messachusetts: Allyn and Bacon.

Vosler, N. R. (1996). *New approaches to family practice: Confronting economic stress*. Thousand Oaks, CA: Sage.

Warren, R. L. (1978). *The Community in America*. IL: Rand McNally & Co.

Yalom, I. (1985). *The Theory and Practice of Group Psychotherapy* (3rd ed.). NY: Basic Books.

Zastrow, C. H. (2003). *The Practice of Social Work* (7th ed.). Thomson, Brooks/Cole.

한국경제 2008년 2월 18일자 기사
http://www.hankyung.com/news/app/newsview.php?aid= 2008021840171&intype=1.

조선일보 2009년 1월 5일자 기사
http://danmee.chosun.com/site/data/html_dir/2009/01/05/2009010500250.html.

서울경제 2009년 1월 15일자 기사
http://economy.hankooki.com/lpage/society/200901/e2009011514404998110.html.

CHAPTER 08

인간의 성장과 발달 : 태내기, 영아기, 유아기

인간은 모체 내에서 정자와 난자의 수정이 이루어지는 순간부터 생명체로서 의미를 지니고 발달을 시작한다. 수정된 세포는 약 38주, 평균 265일 동안 모체 내에서 자라게 되며, 이 임신기간을 태내기라 한다. 임신기간 중의 태아의 상태는 출생 후 성장과 발달의 기초가 되며 유전적인 특성뿐만 아니라 모체의 건강상태 등 태내환경에 의해서도 크게 영향을 받는다.

1 태내기

남성의 정자와 여성의 난자가 결합됨으로써 23쌍의 염색체를 가진 새로운 개체가 형성되고 수정 후 34~40주, 즉 238~280일 동안 어머니의 체내에서 자라게 된다. 태내기를 생물학적으로 볼 때 수정 후 2주까지를 배종기, 8주까지를 배아기, 9주째부터 출생할 때까지를 태아기로 나누어 구분하는데, 일반적으로 약 9개월 정도인 전체 임신기간을 약 3개월씩 나누어 세 단계로 구분하기도 한다(김경중 외, 1998).

이 기간 동안 태아의 여러 신체기관이 형성되고, 크기와 무게, 기능이 일생 중 가장 빠른 속도로 성장하고 발달하게 된다(송명자, 1995; 김태련 외, 2004). 이 기간 동안 형성되는 태아의 각 기관의 구조는 모체의 영양과 심리상태 및 외부 환경적 요인에 많은 영향을 받는다.

1. 임심단계별 발달과제

1) 임신 1단계: 수정과 착상, 배아기

배아기는 착상이 이루어진 임신 2주 후부터 8주까지를 의미한다. 이 시기에는 배란포의 세포분열이 왕성하게 이루어지면서 양막이나 태반, 탯줄과 같은 지지구조들이 완성되고 태아의 중요한 신체기관들의 초보적인 형태가 형성된다(정옥분, 2004). 태반은 모체와 태아를 연결시키고, 성인에게 적합한 상태로 되어 있는 물질을 태아에게 적합한 물질로 변형시키며, 태아에게 유해한 물질의 침입을 막아준다. 이러한 태반은 탯줄을 통하여 수분, 산소, 혈액 등 태아가 필요로 하는 영양분을 공급하고, 배설물 등의 불필요한 노폐물을 배출하는 기능을 하게 된다. 따라서 바람직하지 못한 환경의 영향에 가장 민감하게 반응하는 시기이다.

이 시기에 피부의 표피, 손톱, 발톱, 머리카락, 신경계, 감각기관이 발달하고, 피부의 진피, 근육, 골격, 순환계, 배설기관, 그리고 뇌와 심장의 원형이 형성된다. 그리고 임신 2개월 말경에는 입, 눈, 귀, 팔, 다리, 손발이 형성되기 때문에 모체가 섭취하는 일부 위험 물질들에 의해서 영구적인 손상이 일어날 수 있는 위험이 가장 크다. 임신부는 호르몬 체계의 변화에 의해서 입덧이 생기고 기분의 변화도 겪게 된다. 이 시기 태아의 무게는 2.25g, 몸길이는 28mm로 성장하게 된다(오창순 외, 2010).

2) 임신 2단계: 태아기

임신 3개월경부터 출생 전까지는 태내기의 마지막 단계인 태아기로 구분하며 이 시기의 아기를 태아라 한다. 태아의 크기는 7~8cm에서 25cm 정도까지 성장하고, 몸무게도 약 30g에서 900g까지 증가한다. 이 기간에 신체기관의 분화는 더 이상 일어나지 않으나 근육의 발달이 빨라지고 이미 형성된 초보적인 신체기관이 정교해지면서 출생 후의 모습과 거의 같아지게 된다.

임신 5개월경부터는 태아가 급성장을 하는데, 운동이 활발해져서 산모는 태동을 느낄 수 있게 된다(최경숙, 2001).

그리고 임신 5개월 말부터 태아는 하루에 2~3cm 정도의 급성장을 한다. 피부가 두꺼워지고, 등이나 팔다리에 털이 나며, 머리카락과 눈썹이 형성된다. 임신 6개월경에는 촉각에 민감해지고, 근육 움직임에 의한 접촉을 인식할 수 있게 된다. 또한 빛에도 반응을 보인다.

3) 임신 3단계: 태아의 성숙과 분만

태아는 약 50cm에 3.2kg정도까지 성장한다. 신경과 호흡기 및 기타 조절기능이 충분히 생기게 되어 조산을 하더라도 생존이 가능해지므로 임신 26주를 생존가능 연령이라고 한다(권중돈·김동배, 2005).

자궁수축이 일어나는 시점부터 자궁경부가 완전히 열릴 때까지가 분만과정의 첫 단계가 되고, 두 번째 단계에서는 자궁경부가 완전히 열린 다음 진통과 복압의 작용으로 아기의 머리가 산도를 따라서 내려오기 시작하며 태아가 자궁 밖으로 완전히 나오게 된다. 마지막으로 약 10~30분 동안 태반과 탯줄의 방출이 이루어짐으로써 분만과정이 모두 끝나게 된다.

2. 태아 발달에 영향을 미치는 요인

태내 발달은 모체 내에서 이루어져 눈으로 직접 확인하기가 어렵다는 이유로 그 중요성을 간과하기 쉽다. 그러나 태내기는 다른 어떤 발달단계보다도 중요한 발달이 이루어지기 때문에 유전적 요인과 환경적 요인을 파악하여 태아의 정상적 발달을 도와야 한다.

유전인자는 외모나 건강과 같은 신체적 특성뿐만 아니라 성격 등의 심리적 특성에도 영향을 미치는데 일차적으로는 부모로부터 유전환경을 물려받으며, 특히 임산부의 연령, 영양 섭취, 질병, 약물복용, 심리적 상태(불안, 우울, 스트레스) 등과 같은 태내 환경적 조건이 태아의 유전인자가 정상적인 성장을 하는 데 중요한 영향을 미치게 된다(오창순 외, 2010).

DNA에 의해 전달되는 유전은 성숙속도의 차이, 기질적 차이를 만들어 내며 비정상적 발달을 가져오기도 한다.

〈표 8-1〉 유전적 요인에 의한 발달장애

발달장애	유전적 요인과 특성
터너(Turner)증후군	X염색체가 1개이며 전체 염색체의 수가 45개인 성염색체 이상으로 외견상 여성이지만 여성호르몬의 부족으로 2차 성장적 성징이 나타나지 않고 난소가 기능을 제대로 하지 못하여 생식을 하지 못하며, 목이 가늘고 키가 작음.
클라인펠터(Klinefelter) 증후군	XXY, XXXY, XXXXY 성염색체를 가지고 있어 남성의 특성이 약하고, 사춘기에 가슴과 엉덩이가 커지는 등 여성적인 2차 성징이 나타나고, 고환이 미성숙하여 정자의 생산이 불가능하므로 생식이 불가능함.
X염색체 결함 증후군	여성보다 남성이 더 많고, 얼굴이 길고, 당나귀 귀의 모양을 하고 있으며, 고환이 비대하고, 지적장애, 언어장애, 자폐증 등의 장애가 나타나기도 함.
XYY증후군	표현상은 남아이며, 행동이상과 큰 키가 특징임.
다운(Down)증후군	가장 흔한 염색체 이상으로 몽고증이라고도 불리며, 23쌍의 염색체 중 21번 염색체 이상에 의해 유발된다. 머리가 작고 뒷머리가 납작하며, 팔다리가 짧고 통통하고, 지능은 40~60 정도이지만, 성격이 밝고 다정하며 쾌활하여 사교성이 좋음.

발달장애	유전적 요인과 특성
에드워드(Edwards) 증후군	양수과다, 작은 태반, 단일제대동맥, 저체중, 지능저하, 청각장애, 후두골 돌출, 저위의 변형된 귀, 잉어 같은 입, 좁은 입천장, 특징적인 손 자세 등을 보임.
혈우병	혈액이 응고되지 않는 선천적 장애로, 성염색체인 X염색체 이상에 의해 발병되며, 질병 저항력이 약함.
페닐케톤뇨증(PKU)	페닐알라닌이라는 단백질 분해효소가 결여되어, 소변에 페닐피부르산이 함유되어 배출되는 증상. 금발, 백앙, 치아 사이가 많이 벌어져 있으며, 굽은 자세, 운동과다, 매너리즘적 손가락 놀림이 특징임.
파우더(Patau)증후군	전회, 후각 및 시신경의 불안전 발육, 소운동 발작, 지능저하, 소두증, 구순 및 구개파열, 사지 이상 등을 보임.
묘성(cat-cry)증후군	고양이 같은 울음소리, 저체중 출산, 지능저하, 소두증, 양안격리증, 살이 오르지 않고 키가 작음, 머리카락이 일찍 희어짐.
겸상 적혈구 빈혈증	헤모글로빈을 만드는 유전자의 부족으로 인한 장애임.
흑내장성 지진아	안구진탕, 수정체 혼탁으로 시력이 매우 낮고, 정신쇠약증세를 보임. 보통 2~3세에 사망함.

출처: 권중돈·김동배(2005).

이러한 유전적 요인에 의한 발달장애를 조기에 예방하기 위해서는 가계도 분석, 유전병, 임신 14~16주경에 양수검사 같은 방법을 활용할 수 있다.

태아의 발달에 영향을 미치는 요인으로는 환경호르몬, 방사선 등의 외부 환경적 요인이 있을 수 있지만, 임산부의 인구사회학적 특성, 건강상태, 정서 상태, 생활습관 등이 매우 중요한 영향을 미친다.[7)]

임산부의 생리적 기능상태도 영향을 미친다. 임산부의 임신 전 영양 상태와 임신기간 중의 영양 섭취는 태아의 발달에 매우 중요하다. 특히 임신기간 중에는 평상시보다 15~30%정도는 더 섭취하는 것이 바람직한데, 영양 섭취가 매우 불충분할 경우에는 미숙아의 출산 가능성이 높아진다. 태아에게 필요한 영양분 중 가

7) 태아에 대한 영향만을 고려했을 때 가장 바람직한 임신연령은 23~28세 사이이며, 그 이전이나 이후의 임신과 출산은 선천적 장애를 지닌 태아를 출산할 가능성이 높아진다.

장 큰 비중을 차지하고 있는 것은 단백질이며, 평상시보다 많은 엽산, 철분, 칼슘 등이 필요하게 된다. 아연과 같은 미량 원소들은 비록 양이 아주 적더라도 정상적 발달을 위해 필요불가결한 영양소이다(이종복·전남련, 2011).

임산부의 질병은 태아의 발달지체나 장애를 유발할 수 있는 중요한 요인이다. 임신 3개월 이전에 임산부가 풍진에 감염된 경우 시각장애나 청각장애, 지적장애 등을 유발할 확률이 높다. 당뇨병이 심한 경우에는 사산하거나, 신체적 결함이나 신경계 이상을 지닌 태아를 출산할 가능성이 높다. 또 매독이나 임질 등의 성병에 감염된 경우, 감염된 태아의 30% 정도는 출산 이전에 사망하며, 그렇지 않은 경우 신체장애나 시각장애를 초래하기도 한다. 태반이나 출산과정에서의 접촉을 통하여 후천성 면역결핍증(AIDS)의 원인이 되는 인체면역결핍바이러스에 태아가 감염된 경우 두개골이 작고 얼굴 기형을 보이게 되며, 에이즈에 감염된 태아는 1년 내에 증상을 보인다(정옥분, 2004).

〈표 8-2〉 환경적 요인에 의한 발달장애

환경적 요인	특 성
흡연	어머니의 흡연에 의한 니코틴 섭취는 심각한 발당장애를 초래할 수 있다. 저체중아 출산 및 출산 시 사망률을 증가시킨다. 비 흡연여성에 비해 저체중아 출생은 2배 정도 높으며 간접흡연 또한 태아의 발달에 영향을 미친다. 어머니의 음주나 흡연 시 지체를 보일 확률은 2배, 2가지 모두 할 경우는 4배로 증가한다.
음주	임신부가 음주를 할 경우 태아는 알코올 증후군을 초래하여 태아의 성장장애를 일으키며 심장 및 순환기, 사지, 두부, 안면기형을 일으킬 수 있다. 체중이 적고, 태아기형을 나타내기도 한다. 대개 발달지체를 보이며 미국의 경우 지적장애보다 태아 알코올증후군으로 인한 지적장애가 더 많을 정도로 가장 큰 원인이 되고 있다.
약물중독	약물 중 상당수가 태아에게 유해하므로 의사와 상의한 후 약품을 사용하여야 한다. 임신 초기인 3-8주 사이에 복용하는 약물은 기형아의 발생률을 높인다. 마약이나 환각제의 복용 등은 태아 염색체 이상이나 저체중, 발달장애 등을 유발하며 태아사망률도 증가시킨다.
영양 상태	출산 전 3개월은 태아가 완전한 크기의 신생아가 되고 급속한 발달을 하는 시기이므로 이때의 영양결핍은 태아의 발달에 결정적인 영향을 미치며 영양실조 어머니에게 태어난 아동은 심각한 중추신경계 장애나 신체적 기형 가능성이 높다.

환경적 요인	특 성
정서 상태	어머니와 태아는 모든 신체 조직이 서로 연결되어 있어 어머니가 경험하는 부정적 정서는 체내 아드레날린 분비를 촉진시켜 혈액을 통해 태반으로 들어가게 되어 태아 발달에 영향을 주게 된다. 그러므로 임신기간 중 정서적 안정은 매우 중요하다.
아버지의 영향요인	최근 아버지와 관련된 요인들이 관심을 끌고 있으며 특히 임신기간 중 아버지의 흡연은 신생아의 체중을 1일 소비된 담배 한 갑당 124g씩 감소시키며 저체중아 출생률을 높였다. 또한 스트레스, 화학약품에 대한 노출이나 연령 변인에 따라 출생결함이 증가하는 양상을 보인다.
기타요인	방사능의 유전자 변형, 아버지가 RH+이고 어머니가 RH-일 때 태아가 RH+인 경우 모체와 태아의 혈액이 일치하지 않아 첫째보다 둘째에서 어머니의 혈액 속에 항체가 형성되어 사산이나 유산을 하거나 지적장애아가 태어난다. 적절한 운동은 어머니의 자긍심을 높여 주고 태아의 체중을 증가시키며, 긴장감이나 임신으로 인한 불편함을 감소시킬 뿐만 아니라 출산과정을 용이하게 해 주는 역할을 한다.

이렇게 유전적 요인과 환경적 요인들이 태아에게 영향을 미치는 과정에는 몇 가지 원칙이 있다(최경숙, 2001).

① 태아의 발달단계에 따라서 그 영향이 다르게 나타난다. 즉, 그 요인이 작용하는 시기에 어떤 신체기관이 형성되고 있는지에 따라서 영향을 받는 정도가 다르다. 뇌는 수정 후 15~20일에, 눈은 24~40일, 심장은 20~40일, 다리는 24~36일에 가장 많은 영향을 받는 것으로 알려져 있다. 따라서 중요한 기관이 형성되는 시기의 모체의 부정적 상태는 태아에게 치명적인 기형을 초래할 수 있는 것이다.

② 각 요인에 따라서 영향을 받는 기관이 다르다. 예를 들어 풍진은 주로 심장과 눈, 뇌에 영향을 미치며, 수면제 탈리도마이드는 팔, 다리의 기형을 초래한다.

③ 태아나 모체의 유전적 특성에 따라서 태내 환경이 미치는 영향이 달라진다. 즉, 같은 약물을 복용하거나 질환이 있더라도 유전적 민감성이 클 때 태아의 발달에 결함이 생기게 된다.

④ 모체의 영양 상태와 자궁조건이나 호르몬 등 생리적인 조건이 태아 발달에

영향을 준다. 예를 들어 산모가 호르몬 치료를 받고 있는 경우나 만성 소화 질환, 비만, 고혈압, 간질환과 같은 병리적 요인이 있는 경우에는 태아의 발달이 지연되거나 유산될 수가 있다.

⑤ X선이나 커피와 알코올 등 모체에는 해롭지 않은 것들도 태아에게는 심각한 해가 될 수가 있다.

⑥ 한 가지 요인이 여러 유형의 결함을 초래할 수도 있고, 서로 다른 요인이 같은 유형의 결함을 가져올 수도 있다. 예를 들어 풍진을 앓은 시기에 따라서 청각장애나 지적장애 또는 녹내장이나 심장질환 등이 복합적으로 발생할 수도 있고, 이러한 문제들이 약물 등 다른 요인에 의해서 각각 발생할 수도 있다.

3. 사회복지실천에의 적용

1) 불임

사회복지실천에서 생물학적 문제와 관련하여 고려해야 할 요인은 불임문제다. 결혼한 부부가 임신을 하지 못하게 될 경우에는 가족갈등뿐만 아니라 더 나아가 가족해체로까지 이어지는 경우가 있다. 입양이나 인공수정 등의 실현 가능한 대책과 정보를 제공해야 한다(권중돈·김동배, 2011).

2) 의도하지 않은 임신

임신과 관련된 심리적 문제는 여러 가지가 있을 수 있으나 원하지 않는 아이의 임신으로 인한 임산부의 부정적 심리반응을 고려해야 한다. 특히 성폭력에 의한 임신이거나 미성년 또는 미혼모인 경우에는 심리적뿐만 아니라 다른 생활영역에까지 파급효과가 매우 크다.

많은 임산부들이 출산 후 입양 등 클라이언트가 선택할 수 있는 다양한 대안을 제시하여 현명한 판단을 할 수 있도록 돕고, 관련기관에 연계해 준다. 아기를 본인이 직접 기르기를 결정하는 경우에는 가족을 비롯한 친척, 주위 사람들로부터 육아와 경제적인 도움을 받을 수 있도록 지원체계를 구축해 준다.

3) 산전·후의 관리문제

유전적 질병, 흡연, 음주, 방사선, 약물복용, 환경오염에의 노출 등으로 인하여 발생할 수 있는 선천성 장애의 예방방법과 대책을 알려 주고 전문기관과 서비스에 대한 정보를 제공하여 조기치료를 받을 수 있도록 원조해야 하고, 태아의 발달 및 분만과정에 대한 기본적 지식을 제공하는 등 건강한 아기를 낳을 수 있도록 도와준다.

출산 후 산후우울증을 경험하므로 가족의 이해와 협조를 얻도록 가족 상담을 제공하고, 필요한 경우에는 정신과 치료를 받도록 의뢰해 준다.

4) 경제적 문제

먼저 임산부에게 필요한 영양공급과 의료적 보호를 지원할 수 있는 경제적 안정이 선행되어야 한다. 저소득층의 경우에 경제적으로 궁핍하거나, 혼전임신의 경우에 임신 사실을 숨기는 과정에서 산모가 충분한 영양과 의료적 보호를 받지 못하는 경우가 많다. 우리나라에서도 미국이나 스웨덴 등에서와 같이 건강한 아기의 출산을 위한 산전보호서비스를 보다 체계적으로 제공할 수 있는 정책 마련이 필요하다. 예를 들어 미국의 WIC 프로그램과 같이 저소득층 임산부와 신생아, 5세 이하 아동의 건강 유지에 필수적인 식품을 지원할 수 있는 방안을 마련할 필요가 있다. 또한 직장여성의 경우, 임신 중의 과도한 업무 부담으로 인한 스트레스는 정상적인 태아의 발달을 저해할 수도 있으므로 출산휴가와 가사서비스 등의 안정된 육아환경을 위한 지원체계를 활성화하여야 하겠다(오창순 외, 2010).

따라서 사회복지사는 빈곤가족을 포함한 사회적 보호를 필요로 하는 가족의 임산부들이 적절한 의료적 보호를 받을 수 있도록 필요한 자원을 연결하고, 직접적인 재정지원을 위한 대책을 마련해 주며, 가사지원 서비스 등의 다양한 서비스를 연결하여 육아에 전념할 수 있도록 해 주어야 한다. 또한 임산부의 건강과 태아의 발달을 지원할 수 있는 안정적 물리환경을 제공하여야 한다.

2 신생아기

신생아기는 일반적으로 출생 후 2주까지를 말하며, 길게는 한 달까지 포함하기도 한다. 이 시기에는 아기의 배꼽이 아물고, 출생 후 환경적 변화에 적응하게 된다. 젖을 빠는 습관을 익히고 호흡과 맥박, 소화와 배설이 안정되며, 수면시간이 조절되는 등, 모체로부터 분리되어 독립적인 개체로 살아가기 위해 필요한 생리적 기능이 어느 정도 안정되는 시기다.

1. 신체적 발달

1) 신체적 특징

신생아의 평균 신장 50~52cm, 체중 3.2~3.4kg으로 머리가 크고 동체가 길며 하지가 짧고 팔이 다리보다 긴 것이 특징이다. 머리가 1/4 정도로 매우 크고 뼈가 완전히 봉합되지 않아 정수리에는 말랑말랑한 6개의 숫구멍이 있다. 출생 후 뼈조직이 급속히 발달하면서 생후 2년 무렵에는 숫구멍이 완전히 굳어진다(질병관리본부대한소아과학과, 2007).

엉덩이 근처에 몽고반점이라고 불리는 푸른 반점이 나타나며, 생후 일주일 전후로 신생아 황달이 생기기도 하는데 만삭아의 60%, 미숙아의 80%에서 관찰되고, 대개 신생아기 후반에는 사라지지만 신경에 손상을 끼칠 위험이 있기 때문에 매우 주의하여야 한다(최경숙, 2000).

신생아는 출생과 함께 모유나 인공유를 먹게 되는데, 모유의 경우 영양학적으로 우수하며, 소화흡수가 쉽고, 설사나 변비 등의 수유장애가 적으며, 어머니와의 밀접한 피부접촉을 통해 정서적 안정감을 부여해 주게 되며, 항체나 면역체를 다량으로 보유하고 있어서 질병에 대한 저항력을 길러 주는 이점이 있다. 특히 출산 후 1~2일 사이에 나오는 초유는 영양이 풍부할 뿐만 아니라 질병에 대한 저항력을 높여 주기 때문에 가급적 초유만큼은 먹이는 것이 좋다(정옥분, 2004).

신생아는 특수한 자극에 대하여 일어나는 여러 가지 반사운동을 선천적으로 가지고 태어나는데 생후 1년 내에 거의 사라지며 의식적 행동으로 대체된다. 반사운동은 신생아가 환경에 적응하고 생존하기 위해 필요한 생존반사와 환경적 적응과는 관계가 없고 진화의 흔적일 뿐인 원시반사로 나누어진다. 생존반사는 호흡 반사, 근원 반사, 빨기 반사, 눈 깜빡 반사 등이 있고, 원시반사는 진화론적 관점에서 중요한 반사행동으로 모로 반사, 바빈스키 반사, 손바닥 반사, 걷기 반사, 수영 반사 등이 있다.

- 근원 반사: 입 주위에 자극을 주면 그 자극이 있는 쪽으로 고개를 돌려 입을 벌려 빨려고 한다. 4개월쯤에 사라진다.
- 빨기 반사: 손가락이나 물체 등 입에 닿는 것은 무엇이든지 빨려고 한다. 생후 1년경에 소실되며, 이후엔 의식적으로 빨게 된다.
- 바빈스키 반사: 발바닥을 간질이면 발가락을 발등을 향하여 부채모양으로 편 후 다시 오므린다. 생후 1년경 사라진다.
- 눈 깜빡 반사: 불빛을 비추면 양쪽 눈을 감는다.
- 수영 반사: 신생아를 물에 놓으면 수영하려는 행동을 보인다.
- 모로 반사: 경악 반사라고도 하며 큰소리가 나면 팔과 다리를 쫙 펴면서 고개

를 뒤로 젖힌 후 껴안는 행동을 한다. 생후 3~4개월에 사라진다.

- 쥐기 반사: 파악 반사 또는 손바닥 반사라고 하며 손에 잡힌 것을 쥐고 놓지 않는데, 생후 1개월 동안 증가하고, 생후 3~4개월경에 사라진다. 그 이후에는 의도적인 잡기로 바뀐다.
- 걸음마 반사: 바닥에 발을 닿게 하면 걸어가듯이 한쪽씩 다리를 들어 올리는 행동을 한다. 3~4개월경에 사라진다.

이러한 반사운동은 대뇌피질의 발달과 함께 6개월경이 되면 점차 의식적이고 자발적인 운동으로 대체되어 나타난다.

2) 생리적 기능

출생 시부터 호흡, 순환, 체온조절, 배설 같은 기본적인 기능이 잘 발달되어 있으며, 배와 가슴을 사용한 호흡을 빠르고 불규칙하게 1분에 평균 30~60회 정도로 성인의 2배 정도 빠르게 하며, 주름지고 부드러운 털이 있는 피부를 가지고 있다. 배변은 출생 후 약 8주까지 하루에 4~7회 정도한다.

감각기관 중 미각과 청각은 특히 잘 발달되어 있는 반면, 시각의 발달은 느리다. 사물에 초점을 맞추고 응시하는 것은 1개월경에 가능하게 된다.

출생 후 첫 주에는 밤낮의 구분 없이 거의 하루 종일 20시간 정도 잠을 잔다. 그러다가 24개월경에는 12시간 정도로 수면시간이 감소된다. 이 중 50%는 얕게 꿈을 꾸는 듯 불규칙한 수면상태, 즉 몸은 자고 있지만 뇌는 깨어 있는 상태이기 때문에 가벼운 외부자극에도 자주 깨어 운다(권중돈·김동배, 2011).

신생아는 일반적으로 2~3시간 간격으로 하루에 7~8회 수유를 한다. 위의 모양이 수직이어서 많이 먹으면 토하기 때문에 자주, 적은 양을 먹는 것이다. 몇 주가 지나면 4시간 정도로 간격이 길어진다.

2. 심리적 발달

신생아기의 심리적 발달은 감각의 발달로 설명될 수 있다. 신생아는 감각적 탐색을 통하여 주위 환경과 접촉하기 시작하며 이러한 경험을 통하여 점차 환경에 대한 적응능력을 기르게 된다(권중돈·김동배, 2011).

신생아는 출생 후 2일이 되면 동공반사를 할 수 있게 되며, 15일이 지나면 색채 식별이 가능하다. 특히 흰색, 황색, 녹색, 적색, 청색의 순으로 반응을 보인다. 청각기관은 출생 후 4주가 되면 엄마의 음성을 식별할 수 있게 되며, 미각발달은 생후 2주일이 경과하면 맛의 차이에 대한 식별반응을 나타낸다. 후각발달은 출생 직후 젖 냄새를 맡을 수 있고, 통각은 생후 3일 이후부터 빠르게 발달한다.

3. 사회적 발달

신생아의 건강한 심리사회적 발달은 출생 직후에 처하게 되는 환경의 안정성에 달려 있다. 처음에 품에 안고 젖을 물리는 어머니로부터 따뜻하고 안정된 보호를 받게 되면 주위 환경에 대한 기본적인 신뢰감을 형성하게 된다. 즉, 부모의 양육 태도에 따라서 신뢰감 또는 불신감이 형성되며, 이는 인생 전반에 걸쳐 형성되는 심리사회적 특성의 기초가 된다.

신생아의 사회적 관계는 울음과 미소 반응을 통하여 표현된다. 신생아의 울음은 생리적인 불편함을 부모에게 알리는 신호이며, 이에 대한 부모의 적절한 대처가 신뢰감 형성에 중요한 영향을 미친다. 또한 출생 후 아무 의미 없이 미소를 짓는 반사적 미소 반응을 보이지만, 한 달이 지나면 눈앞에 보이는 어른의 얼굴표정에 반응하여 따라 웃는 사회적 미소를 보이기 시작하고, 4개월경이 되면 상황에 따라서 웃음의 정도가 달라진다(권중돈·김동배, 2005).

4. 사회복지실천에의 적용

신생아의 발달은 출생 후 주위 환경에 의해서 절대적인 영향을 받지만 신생아의 출생은 부모에게도 매우 크게 영향을 미친다. 새로운 생명은 가족 전체의 역동을 바꾸어 놓게 되는 것이다. 특히 신생아의 건강상태와 타고난 기질은 부모의 양육방법 및 태도에 영향을 미치게 되고, 결국 부부 및 가족관계의 변화를 가져오게 한다. 미숙아나 선천성 장애아 등 신체적으로 문제가 있는 경우 부모는 양육스트레스가 커진다.

이러한 문제가 있는 경우에 사회복지사는 신생아의 특성, 부모 역할의 중요성, 인간발달과정 등에 대한 교육을 제공하여, 부부상담 및 가족상담을 통해 가족 전체가 신생아의 등장에 적응하여 새로운 가족구조를 만들어 가도록 지원하여야 한다(권중돈·김동배, 2011).

3 영아기

영아기는 일반적으로 신생아기를 포함하여 출생 직후부터 만 2세까지를 의미한다. 이 시기는 출생 후 가장 급속하게 신체적·심리적 발달이 이루어지는 시기이다. 대근육 운동기능이 발달하여 앉고, 기고, 걸을 수 있게 되며 의사표현도 가능해진다. 자기주장이 생기고 기쁨, 슬픔, 분노 등 다양한 감정의 표현과 함께 사회성도 뚜렷하게 발달한다.

1. 신체적 발달

1) 신체적 성장

영아기는 신체적 성장이 매우 급속하게 이루어진다. 키는 만 2세가 되면 출생 시보다 약 1.5배인 75cm 정도가 된다. 또한 체중은 9~10kg 정도로 증가하고, 몸통과 다리가 크게 성장하게 되어 이 시기를 제1성장급증기라고 한다(장휘숙, 2000).

영아의 머리는 신장에서 1/4을 차지하며 가슴도 출생 시에는 머리보다 작으나 생후 1년경이 되면 더 커진다. 다리의 경우 신장의 1/3이 된다. 또한 뼈가 단단해지며 두개골의 뼈가 완전히 봉합되지 않았던 머리 중심부에 있는 대천문, 뒤의 소천문이 완전히 닫히게 된다(9~12개월). 치아는 6개월경 아래 앞니부터 나기 시작하여 1년이 되면 6~8개의 앞니가 나고 송곳니, 어금니 순서로 24~30개월이 되면 20개의 젖니가 모두 난다. 그러나 치아는 개인차가 매우 크다(서영숙 외, 2002).

2) 운동능력의 발달

영아의 운동 발달은 뇌신경계와 근육의 발달에 따라 이루어지며 속도는 개인차가 크지만 일정한 순서대로 진행된다. 영아기는 또한 두뇌 발달이 가장 급속하게 이루어지는 시기다. 특히 7~12개월 동안은 하루에 1.7g씩 증가하여 성인 뇌의 66%가 되고, 만 2세가 되면 성인 뇌 무게의 75%에 도달하게 된다. 뇌의 분화는 매우 일찍 시작되어 이 시기에 거의 완성되는 것으로 알려져 있다. 그리하여 감각 및 지각기능은 빠르게 발달한다. 급격하게 대근육이 발달되어 엎드린 상태에서 머리 들어 올리기, 구르기, 혼자서 앉기, 붙잡고 서기, 붙잡고 걷기, 혼자서 서기, 혼자서 걷기, 손잡고 계단 오르내리기, 그리고 달리기 및 혼자서 계단 오르내리기 순으로 발달한다(김경중 외, 1998). 근육의 발달은 머리에서 발로, 중심인 척추에서 사지, 손, 발과 손가락, 발가락 등 말초 방향으로, 전체 활동에서 세부 활동의 순서로 진행된다.

영아기는 움직이면서 배운다. 영아는 머리를 드는 운동을 함으로써 발달이 시작되는데, 주로 손의 사용과 관련되어 있으며 물체를 쥐거나 조작하는 능력의 발달이 중요한 영향을 미친다(곽형식 외, 2000).

중요한 사실은 영아기의 발달은 반드시 이전단계의 기술을 완전히 성취해야 하나의 행동을 할 수 있다는 것이다.

- 목 가누기: 영아의 첫 대 근육 운동 발달 과제로 대부분 2개월이 되면 목을 가눌 수 있다.
- 뒤집기: 4개월에 뒤집을 수 있으며 5개월경부터는 스스로 뒤집고, 처음에는 운동 자체에서 즐거움을 느끼다가 차차 의도적으로 뒤집는다.
- 앉기: 엎치거나 뒤집기를 통하여 영아의 목과 어깨근육이 발달되며 상체를 잘 통제할 수 있게 되면 혼자 앉기 시작한다. 생후 약 4개월이 되면 받친 상태로 잠깐 동안 앉는 자세를 취하고 6개월부터는 도움을 받지 않고 혼자 앉을 수 있다.
- 기기: 7~9개월 사이에 이루어지는 삶의 중요한 초석이 되는 운동기술로, 팔과 팔꿈치 그리고 발의 힘을 이용한다.
- 걷기: 주위환경을 탐색하게 하고 손을 자유로이 사용할 수 있게 해 주는 중요한 운동기술이다. 학습 및 근육, 뼈 조직의 성숙과 병행하여 이루어지며 8개월경부터 붙잡아 줄 경우 설 수 있고, 10개월 무렵부터 도움 없이 혼자 설 수 있다.
- 잡기: 소근육의 발달로 눈과 손의 협응이 나타나기 시작하는 것은 약 3개월경으로 눈앞의 물건을 잡으려고 시도하며, 4개월경부터는 성공적으로 잡는다. 8~9개월경에는 손가락을 통제할 수 있어 엄지손가락과 집게손가락을 이용하여 물건을 잡을 수 있다.

〈표 8-3〉 영아기의 신체발달과정

나이	대근육 발달	소근육 발달	언어 발달	사회적 발달
4주 이전	• 엎어 놓으면 머리를 든다.	• 종소리나 움직이는 물체에 순간적으로 반응한다.	• 짧은 소리를 낸다.	
4주	• 목 경직 반사가 있다.	• 움직이는 물체를 중앙선까지 따라가며 본다.	• 정식으로 발성을 시작한다.	• 얼굴을 응시한다. • 말소리에 반응한다.
3~4개월	• 모든 방향으로 몸을 돌린다. • 머리를 가눈다. 엎어 두면 팔을 짚고 가슴을 든다.	• 천천히 움직이는 물체를 따라 주시한다. • 매달려 있는 장난감을 보면 손을 옴작거린다.	• 큰 소리로 웃는다.	• 스스로 미소 짓는다. • 낯선 환경을 알아차린다.
5~6개월	• 앞으로 기울이고 앉는다. • 세우면 다리로 어설프게 뛴다.	• 한 손으로 장난감을 잡는다. • 다른 손으로 장난감을 옮겨 쥔다. • 장난감을 흔든다.		• 발을 입에 가져간다. • 장난감 등을 꼭 잡고 놓지 않는다.
8~9개월	• 혼자 잘 앉는다. • 기어 다닌다. • 붙잡고 일어선다.	• 2개의 장난감을 쥐고 맞부딪쳐 소리를 낸다. • 작은 물체를 엄지와 집게손가락으로 잡는다.	• '엄마'와 비슷한 소리를 의미 있게 사용한다. • 이름이나 별명을 부르면 반응한다. • 말소리를 흉내 낸다.	• 우유병을 쥐고 혼자 먹는다.
11~12개월	• 잠깐 동안 혼자 선다. • 한 손을 잡고 걷는다.	• 엄지와 집게손가락으로 정확히 물체를 집는다.	• '엄마'라는 발음을 확실히 발음한다.	• 옷을 입을 때 자세를 취한다.
15개월	• 혼자 걷는다. • 계단을 기어오른다.	• 크레용으로 선을 그리는 시늉을 한다.	• 3~5개 단어를 적절히 사용한다.	• 원하는 것을 가리킨다.
18개월	• 혼자 잘 걷는다. • 혼자 잡고 층계를 걸어 올라간다. • 서랍을 연다.	• 2개의 입방체를 쌓는다. • 자의로 종이 위에 낙서를 한다.	• 자기 이름과 그 외에 몇 가지 단어를 말한다. • 그림을 보고 이야기하는 흉내를 낸다.	• 오줌을 싸고 알려 준다. • 컵으로 물을 마신다.
2년	• 넘어지지 않고 뛴다. • 발로 큰 공을 찬다. • 계단을 혼자 오르내린다.	• 6~7개의 입방체를 쌓는다. • 원을 비슷하게 그린다.	• 3단어로 된 문장을 말한다. • 간단한 심부름이 가능하다. • 그림을 보고 3~5개의 이름을 말한다.	• 숟가락질이 가능하다.

출처: 강봉규(2000), 재구성.

2. 심리적 발달

1) 감각의 발달

감각은 각각세포가 외부의 자극을 뇌로 전달하는 과정을 의미한다. 즉, 빛이나 소리에 반응하고, 맛과 냄새를 느끼며, 아픔을 느끼는 것 등은 감각능력이 있음을 의미한다. 반면 지각은 이러한 감각에 의미를 부여하는 과정이라고 할 수 있다. 즉, 감각이 자극에 대한 감각기관의 반응이라고 한다면 지각은 그 자극에 대한 해석이다(정옥분, 2004).

(1) 시각

시각의 발달은 인간의 감각능력 중에서 가장 늦게 성숙한다(정옥분, 2004). 출생 후 몇 개월 동안 심한 근시현상을 보여 한 물체에 시선을 고정시키거나 초점을 맞추지 못한다. 첫돌 무렵부터는 시력이 1.0에 가까워져 정상시력을 갖게 된다.

영아는 색을 지각할 수 있으며 색채를 구별할 줄 알게 된다. 출생 시부터 녹색과 적색을 구분할 수 있으며, 2개월에는 삼원색의 기본색깔 대부분을 구별할 수 있다. 3개월 무렵에는 푸른색이나 초록색보다 노란색과 빨간색을 더 좋아하는 것으로 보인다.

영아는 전체보다는 부분을, 정지된 것보다는 움직이는 물체를, 흑백보다는 컬러를, 직선보다는 곡선을 선호한다. 또한 단순도형보다 복잡한 도형을 더 좋아한다. 다른 사물에 비해 인간의 얼굴을 선호하며 흑백의 대조가 강한 눈을 가장 선호한다. 1~2개월경에는 사람 얼굴의 윤곽을 지각할 수 있으며, 2개월이 되면 눈, 코, 입을 구분하고, 6개월경에는 낯익은 얼굴과 낯선 얼굴, 남녀의 얼굴을 구별할 수 있게 된다(최경숙, 2001).

(2) 청각

영아의 청각능력은 출생 후 얼마 지나지 않아 곧 성인 수준에 도달하는 것으로 알려져 있다. 출생 후 2주 정도가 지나면 사람의 목소리와 다른 소리를 구분할 수 있고, 3주경에는 낯선 사람이나 부모의 목소리에 민감하게 반응하며, 생후 2~3개월경이 되면 유사한 음소를 구별할 수 있게 된다. 또, 생후 4~6개월 정도가 되면 소리 나는 방향을 정확하게 알 수 있고, 어머니의 심장소리를 듣고 영아는 안정감을 얻게 된다. 8개월경이 되면 말소리의 뜻을 알아들어 행동할 수 있게 되며 낯익은 목소리를 구별할 수 있고 음악을 들으면 좋아한다. 그리고 생후 1년 정도가 되면 작은 소리에도 예민하게 반응하고 소리의 고저도 식별이 가능해진다.

(3) 촉각

촉각은 영아기 시기에 가장 먼저 발달하는 것으로 수정 후 32주가 되면 태아의 몸 전체가 접촉에 반응할 수 있다고 한다. 세상에 대한 정보를 획득하기 위한 영아기의 매우 중요한 감각이다. 6개월이 지나면 촉각을 사용하여 주위 물체를 탐색하기 시작하고, 첫 돌 무렵에는 손의 감촉만으로도 익숙한 물체를 알아볼 수 있다(송명자, 1995).

(4) 후각

출생 초기부터 상당히 발달되어 있어 며칠 이내에 독특한 냄새들 간의 차이를 구분할 수 있으며 어머니와 다른 여성의 젖 냄새를 구분할 수 있고, 바나나 냄새나 딸기 냄새와 같은 단맛이 나는 향기에 기분 좋은 표정을 짓고, 썩은 냄새에는 고개를 돌리거나 얼굴을 찡그리는 반응을 보인다. 수유를 하는 영아는 어머니가 가까이 왔다는 것을 엄마의 젖 냄새를 통하여 안다.

(5) 미각

미각은 태내에서도 어느 정도 기능을 하며 출생 시에도 여러 가지 맛의 액체를 구분하는 것이 가능하다. 신생아도 단맛, 쓴맛, 짠맛을 구별하고 2~3개월경에는 특정한 맛에 대한 기호가 생기며 거부현상도 보인다. 영아기에는 음식에 대한 선호가 급격히 발달하며, 영아기 이후에는 새로운 음식을 잘 먹으려 하지 않는다. 영아기 말엽에는 미각이 매우 예민해진다.

2) 인지 발달

인지란 지각, 판단, 추리, 결정, 이미지 형성, 기억, 이해 등 외적 세계 및 내적 세계로부터 단서를 근거로 사물, 사상에 대한 지식을 획득할 때 작용하는 능동적 정보수립 및 처리활동을 의미한다(강문희 외, 2007).

즉, 인지 발달은 생리적인 반사운동에 의해 얻어지는 초기의 감각적 경험으로 시작하여 반복적으로 보고, 듣고, 느끼는 자극과 반응의 순환적 과정을 통해 주변 환경을 탐색·이해·적응하면서 이루어진다. 특히 영아기는 이러한 면이 가장 뚜렷하게 드러나므로 피아제는 영아기의 인지 발달과정을 감각운동기로 정의하고 6단계로 구분하였다.

(1) 제1단계: 반사기(0~1개월)

모든 것을 자동으로 빨며 모든 대상을 빨기도식(sucking scheme)에 동화 시킨다.

(2) 제2단계: 1차 순환반응(1~4개월)

우연한 경험에 의한 단순행동의 반복적인 반응으로, 생후 1개월 후 물건을 잡아서 보거나 입으로 빠는 등 개별적인 도식을 통하여 잡기-보기, 잡기-빨기 도식과 같은 협응된 도식을 발달시킨다. 이런 행동은 목적이나 의도 없이 재미로 하는 단순한 반복행동이며 신체에만 국한된 1차적 반복적 순환반응이다.

(3) 제3단계: 2차 순환반응(4~8개월)

신체에서 벗어나 환경 내에 있는 사물을 조작하는 것에 흥미를 갖게 되며 의도적으로 적응을 시작한다. 처음부터 목표지향적이거나 의도적이진 못하다.

(4) 제4단계: 2차 순환반응의 조정(8~12개월)

목적을 성취하기 위해 이전에 획득한 2~3가지 도식을 결합할 수 있게 되고 여러 2차 순환반응을 조정할 수 있게 되어 대상연속성개념이 싹트기 시작한다.

(5) 제5단계: 3차 순환반응(12~18개월)

목표달성을 위해 의도적이고 목표 지향적이며, 새로운 상황에 접하면 새로운 인지기술을 얻기 위해 적극적으로 모험을 시도한다. 새로운 대상에 대하여 다양한 각도로 탐색해 본다.

예를 들어, 처음에는 장난감 북을 북채로 쳐보지만 다음 단계는 어떤 소리가 나는지 연필과 블록, 망치 등으로 두들겨 본다.

(6) 제6단계: 정신적 표상(18~24개월)

영아의 지적 능력이 놀랄 정도로 크게 성장하는 시기이다. 눈앞에 없는 사물이나 사건들을 그려내기 시작하고 행동하기 전에 머릿속에서 먼저 생각한 후 행동한다. 스스로 만들어낸 상징에 대해서도 생각할 수 있게 되며 사고 능력과 추리 능력이 생겨나 목표달성을 위한 새로운 수단을 발견해 낼 수 있는 지연모방(deferred imitation)이 가능해진다. 예로 며칠 전 아버지가 세차할 때 형이 도와주는 것을 목격한 영아가 그 다음날 걸레를 들고 자기 세발자전거를 닦는 시늉을 하거나, 동네 형들이 욕설을 하는 것을 며칠 후 부모님 앞에서 그대로 말하는 것과 같다.

영아기의 중요한 인지적 발달과제 중의 하나는 대상연속성을 습득하는 것이다. 이는 어떤 대상이 눈앞에서 사라지더라도 그것이 계속 존재한다고 믿는 것이다. 4개월 이전에는 자기 외부에 존재하는 사물을 인식하지 못한다. 즉, 자신의 눈앞에 있는 장난감을 치우거나, 어머니가 사라지면 더 이상 존재하지 않는다고 여기게 되어 찾지 않는다. 4~8개월이 되면 차츰 대상연속성을 인지하게 되면서 눈앞에서 없어지면 계속해서 찾으며 떼를 쓰고 울게 된다. 12개월경에는 눈앞에서 물건을 감추면 찾아내지만 물건을 다른 곳으로 옮기면 존재하지 않는 것으로 간주하여 더 이상 찾지 않게 된다. 2세 정도가 되면 물건이 다른 곳으로 이동했음을 이해하고 계속 다른 곳을 찾아보게 된다(이인정·최해경, 2007).

또한 이 단계의 영아는 기대하는 사건에 신호를 사용할 수 있는 능력이 생기는데 이것은 인과관계를 이해할 수 있는 능력과 밀접히 연관된다. 예를 들어 아빠가 양복을 입을 때 직장에 나가는 것이라는 사실을 안다(전남련, 2002).

3) 정서 발달

정서란 외적 자극과 개인의 사고과정 및 감정 변화 사이의 관계를 나타내는 용어로서, 자극에 직면하여 발생하거나 자극에 수반되는 생리적 변화와 또는 눈에 보이는 행동 등의 반응을 말한다(김태련·장휘숙, 1998).

인간의 정서는 출생 직후부터 발달하기 시작하여 영·유아기 동안 대부분의 정서가 분화되는데 부정적 정서가 긍정적 정서보다 빨리 발달한다. 영아기 초에 젖은 기저귀 등에 대한 반응으로 불쾌감이 분화되기 시작하며, 나쁜 냄새나 맛에 대한 혐오감을 나타내고, 이어서 새로운 소리나 촉감에 대한 흥미 등의 감정이 나타난다. 3~4개월경에는 놀람, 분노, 슬픔 등의 감정이 분화되며, 공포는 생후 6~7개월경에 나타나는 낯가림으로부터 표현되기 시작하는 시각적 공포와 병원과 같은 학습된 공포가 나타난다. 애착관계가 형성된 사람과의 격리와 낯선 사람과의 만남은 중요한 공포의 요인이 된다. 즉, 낯가림과 격리불안이 공포의 원인이 된다(이근홍, 2012).

6~8개월이 되면 애착관계를 형성하며 생후 1년 전후에 절정에 달했다가 18개월이 되면 다른 사람에게 분산된다.

영아기에 나타내는 중요한 형태의 사회적 발달로 영아와 양육자 간에 형성되는 친밀한 정서적 유대감을 말한다. 애착은 인간의 생득적인 반응인 빨기, 울음, 미소, 매달리기, 따라다니기와 같은 초기 사회적 신호체계를 모체로 하고 사회적 상호작용을 통해 발달한다.

〈표 8-4〉 보울비(Bowlby)의 애착형성의 단계

애착전단계 (Preattachment phase, 출생 후~6주)	다양한 신호체계를 이용하여 관계를 유지하지만 아직 애착이 형성되지 않아 낯선 사람과 혼자 남겨져도 별로 개의치 않는다.
애착형성단계 (Preattachment in the making, 6주~8개월)	친숙한 사람과 낯선 사람에게 다르게 반응하기 시작한다. 자신의 행동이 다른 사람에게 영향을 미친다는 것을 깨닫고 자신이 필요할 때 어머니가 언제든지 반응할 것이라는 신뢰감을 발달시키기 시작한다. 아직 혼자 남겨져도 분리불안을 보이지 않는다.
애착단계 (Clear-cut Atttachment, 6,8개월~18개월)	애착이 형성된 사람에게 적극적으로 접근하며 분리불안을 보인다. 돌 전후에 나타나기 시작하여 15개월까지 계속 증가한다. 분리불안은 애착대상이 시야에서 사라져도 계속 존재한다는 대상영속성의 개념을 영아가 획득했다는 증거이다.
상호 관계의 형성단계 (Formation of reciprocal relation, 18개월~2세)	2세 말경 되면 영아는 정신적 표상과 언어 발달로 인해 이미 애착을 형성한 사람의 행동을 예측할 수 있게 된다. 분리불안이 감소하며 양육자와 협상하고, 행동을 수정하고자 한다.

출처: 조복희 외(2004).

12개월이 되면 부모 등 보호자에 대한 애정이 강해지고, 18개월 무렵에는 질투를 할 줄 알게 되며, 19개월경에는 환희의 감정을 나타낼 수 있게 된다. 만 2세가 되면 성인에게 나타나는 거의 모든 감정을 보여 주게 되며(최옥채 외, 2012), 분노 감정의 표현 강도도 증가하게 된다.

정서의 기쁨, 분노, 공포는 일차정서이고, 좀 더 복잡하고 인지 능력이 필요한 당황, 수치, 죄책감, 질투, 자긍심 등이 이차정서로 나뉜다. 12개월 무렵이 되면 타인과 구분을 분명하게 하여 자신이 원하는 것을 빼앗기 위해 다른 아이를 때리기도 한다. 이차정서는 자신에 대한 인식뿐만 아니라 자신의 행동을 평가하는 능력까지도 필요로 하여 죄책감, 당황, 웃음 등으로 나타낸다.

6개월 된 영아는 정서와 관련된 얼굴표정을 분간하기 시작하며, 익숙하지 못한 모호한 상황에서 어머니나 아버지를 바라보고 그 상황을 해석하는 길잡이로 삼는 사회적 참조(social referencing)를 한다. 불쾌한 자극을 피하거나 관심을 다른 곳으로 돌려 부정적 정서유발을 감소시키는 일은 매우 어려운 일이지만 이러한 규칙을 생각보다 일찍 습득한다. 18개월이면 부정적 정서를 숨길 줄 알며, 3세가 되면 자기감정을 자연스럽게 숨길 수 있다.

주 양육자는 영아가 안정감을 발달시킬 수 있도록 정서적 유대관계를 형성하고 적절한 경험을 제공하는 역할을 해야 한다. 그리하여 형성된 안정감이나 신뢰감은 다른 사람과의 안정적 관계를 발달시키는 데 도움을 준다. 특히 주 양육자의 행동은 영아의 고통, 요구, 기쁨의 신호에 즉각적이고, 일관적으로 반응하는 것이 중요하다(이종복·전남련, 2011).

4) 언어 발달

영아기의 언어 발달은 인지 발달 및 사회성 발달과 밀접한 관련성을 지니고 있다. 영아는 울음, 표정, 몸짓 등과 같은 비언어적 행동을 통하여 의사소통을 하며, 다른 사람이 알아들을 수 있는 단어를 사용하기 시작하는 것은 첫돌 무렵이다. 30개월 정도가 되면 어휘 수가 급속하게 증가하고, 3세경에는 약 1,000개 정도의 어휘를 사용할 수 있게 된다(권중돈·김동배, 2011). 생후 3개월부터 옹알이를 시작하고, 5~6개월이 되면 단어의 한 음절의 소리를 낼 수 있게 된다. 이때는 영아 스스로 만들어 낸 것을 반복해 내는 자기 소리모방 시기이기도 하다. 의미 없는 자음과 모음의 결합으로 반복적인 소리를 낸다. 생후 9개월경 주위상황들의 소리를 모방한다. 단어로 된 어휘를 모방하고 음식이나 사물을 나타내는 단어를 훨씬 쉽게 모방하게 된다. 10~18개월에는 엄마, 아빠 등 한 단어를 사용하며, 네·아니오로 답할 수 있다. 16~18개월 정도가 되면 두 단어를 사용하기 시작하고 50개 정도의 단어를 사용할 수 있게 되며 생후 2년 반이 되면 점차 두세 단어 이상의 언어를 사용하고, 자신의 이름을 사용하는 등 수식어와 접속어의 사용이 늘게 된다. 여기에는 물론 반드시 개인차는 있다.

이 시기의 영아는 상대방의 입장을 이해할 수 있는 능력이 없기 때문에, 혼자 중얼거리거나 반복한다. 따라서 부모가 아동의 질문에 성실하고 지혜롭게 답변을 해 주고, 새로운 경험을 할 수 있는 기회를 제공해 주면 언어 발달이 보다 촉진될 수 있다. 일반적으로 여아가 남아보다 언어 발달이 빠르다.

3. 사회적 발달

영아가 사회적 존재로 성장, 발달해 나가기 위해서는 반드시 어떤 집단이나 사회 속에서 다른 사람과 효율적인 인간관계를 맺을 수 있는 능력이 있어야 한다. 이러한 영아의 사회성 발달의 기본은 애착관계 형성과 대상불변성의 확립이다. 애착은 극히 소수의 선택적 대상들에게 집중적으로 형성되며 그 애착인물과 항상 가까이 있고 싶은 욕구를 갖는 것이다. 영아의 최초 애착대상과의 긍정적인 형성은 성격발달에 결정적인 영향을 미친다.

아기가 부모와 애착관계를 형성하게 되면 그 반작용으로 낯선 사람에게는 불안감을 보이는데 이러한 낯가림은 6~7개월경에 나타나서 12개월에는 최고조에 달하게 된다. 그 이후에는 부모로부터 분리되는 것에 대해 불안을 갖게 되는 분리불안이 나타나게 된다. 분리불안은 12개월이 되기 전에 나타나기 시작하여 14~20개월경에 가장 높아졌다가 점차 감소한다. 이 시기에 일관성 있고 애정 어린 보호를 통해 안정감을 형성하게 되면 불안은 서서히 감소하게 되고 점차 부모 외의 타인들과도 적절한 애착관계를 형성할 수 있게 된다. 즉, 안정된 애착이 형성되면 아이의 불안이 감소되어 아이가 어머니(주 양육자)에게서 떨어져서 주위를 탐색할 수 있게 되는 것이다. 어머니가 떠나면 잠시 불안해 하지만 곧 안정을 찾고 주위 환경에 집중할 수 있다. 그러나 어머니(주 양육자)가 신경질적이거나 냉담하여서 아이의 요구에 적절한 반응을 보여 주지 않는 경향이 심해지면 회피형 애착관계가 형성된다. 또한 어머니(주 양육자)의 태도가 일관성이 없고 아기를 다루는 방법이 어색한 경우에는 불안정한 애착이 형성된다(김경희, 2001).

이러한 특성은 학령기를 거쳐서 성인기의 대인관계에도 영향을 미치게 된다. 따뜻하고 일관성 있는 보호에 의한 만족스럽고 안정된 애착을 형성하게 되면 영아는 자신이 소중하고 사랑받을 수 있는 인간이라는 자기이미지를 형성하게 되어, 주위 환경에 대해 긍정적이고 합리적인 관점을 갖게 되고 스트레스에 대응하는 능력이 커지게 된다.

출생 직후부터 경험하는 생리적 욕구를 충족해 가는 과정은 성격의 가장 기초적 구조를 형성한다. 30개월 무렵이 되면 영아는 신경계의 발달로 대소변을 가릴 수 있게 된다. 대소변 훈련은 영아의 자율성과 관련이 있으며, 이 단계를 성공적으로 극복하면 스스로의 행동을 믿는 자기효능감과 자율성이 형성되지만 대소변 통제가 제대로 되지 않아 실수를 하여 주위 사람으로부터 꾸중이나 비난을 받게 되면 수치심이 형성된다고 하였다. 또한 이 시기에는 부모가 배변훈련을 너무 일찍 시작하여 엄격하게 다루거나 아이의 대소변에 지나치게 관심을 나타낼 때 아이는 항문에 고착된 성격을 형성하게 된다. 즉, 고집이 세고, 인색하며, 복종적이고, 지나치게 깔끔하려 하는 등의 성격적 특성을 갖거나 아니면 반대로 충동적이거나 적개심이 강해진다(오창순 외, 2010).

4. 사회복지실천에의 적용

가장 중요한 문제는 바로 선천성 질병과 장애의 문제다. 대표적으로 지적장애와 자폐증을 들 수 있다. 지적장애는 적응 행동의 결함과 함께 나타나는 것으로 일반적인 지적 기능이 평균보다 상당히 낮은 상태를 말한다. 지적장애의 원인으로는 유전적 요인, 출산 시 장애, 환경적 요인 등이 있다. 유전적 요인으로는 신진대사의 장애로 나타나는 다운증후군이나 부모의 어느 한 쪽의 선천적 이상으로 지적장애가 되는 경우도 많다. 출산 시 출산곤란이나 난산으로 인하여 뇌의 산소결핍이나 뇌의 손상 등이 지적장애를 발생시킬 수도 있다. 환경적 요인으로는 생물학적 발달을 저해하는 임산부의 영양실조, 방사선, 약물남용 등에 의한 것이 있을 수 있으며, 출산 후 고열, 영양결핍, 뇌염, 뇌수막염 등으로 뇌가 손상되어 지적장애가 초래되는 경우도 있다(이근홍, 2012).

자폐증은 자신의 내적인 행동에 열중하는 성격 특성으로서 다른 사람들과 의사소통을 할 수 없고 다른 사람들에 대해서 반응을 보이지 않는 발달장애이다. 이것은 출생 후 곧 시작되는 심각한 사회적 발달의 장애로서 대인관계에 있어 고립상태와 비정상적인 증세를 보인다. 자폐증의 원인을 정확히 알 수는 없지만 초래할 가능성을 살펴보면 유전적 소질에 의해서 나타날 수 있으며, 부모와 아동 간의 상호작용의 결핍에 기인할 수 있고(유안진 외, 1996), 그 밖에도 감각기능이나 대뇌기능의 손상으로 인하여 후천적으로 나타날 수도 있다. 따라서 선천성 질병이나 장애가 있는 영아들에게 조기치료와 교육·훈련을 받을 수 있는 기회를 제공해 주어야 할 것이다. 아울러 장애아를 둔 부모나 가족에 대한 지지적 서비스를 제공하여 부모의 고통과 가족 내의 갈등을 완화시켜 나가야 할 것이다.

영아의 경우 주 양육자와 촉각, 시각, 청각 등을 통하여 접촉하고 애착관계를 형성해 나가기 때문에 감각 및 지각 기능의 장애는 신체발달은 물론 심리사회적 발달에도 부정적 영향을 미치게 된다. 따라서 영아가 감각 및 지각발달 정도에 대한 정확한 의료적 진단과 치료를 받을 수 있도록 의료기관에 의뢰할 수 있어야 하며, 주양육자를 위한 정서적 지지상담을 실시할 필요가 있다(권중돈·김동배, 2011).

특히, 지적장애를 지닌 영아의 경우에는 조기 치료와 훈련을 받을 수 있게 하여야 하며, 부모에게는 자조집단 참여 등 지지적 상담서비스를 제공하여야 한다. 그리고 부모교육프로그램을 개설하여 영아의 인지 및 언어 발달과 정서 발달에 촉진적인 환경을 조성할 수 있는 기술을 교육할 필요도 있다.

사회적 발달과 관련하여 관심을 기울여야 할 부분은 모자간의 부적절한 애착관계이다. 맞벌이 가족이나 저소득의 경우에는 영아와 부모 사이의 접촉시간이 매우 부족하기 때문에 영아가 분리불안을 강하게 표출하거나 헤어졌다 다시 만났을 때 부모와 접촉을 두려워하거나 회피하는 경우가 나타나기도 한다. 따라서 맞벌이 부부를 대상으로 하여 짧은 시간 동안 영아와 효과적인 애착관계를 형성할 수 있는 양육기술에 대한 교육이나 정보 제공을 위한 프로그램을 실시할 필요가 있다. 또한 영아의 애착인물을 파악하고 애착관계 유형에 관심을 가져야 한다. 주 양육자가 정서심리적인 문제를 겪고 있거나 나이가 어린 미혼모인 경우, 또는 맞벌이를 하거나 영아가 시설에 수용되어 있는 경우 아기의 양육과 보호에 일관성이 없을 위험이 있는 경우에는 영아가 부정적인 애착관계를 형성할 수 있으므로 그에 따른 교육과 상담 및 정보를 제공하도록 한다(오창순 외, 2010).

4 유아기

유아기는 4세에서 7세까지의 초등학교 입학 전에 해당하는 시기이다. 이 시기에는 신체발달은 완만해지지만 언어 발달과 인지 발달이 급속하게 이루어진다. 또한 부모나 가족으로 한정되었던 대인관계가 또래 및 가까운 이웃으로까지 확대되고 사회적 가치관과 규범을 습득하기 시작한다.

이 시기의 유아는 신체 및 운동 발달로 인하여 움직임이 많고, 자신의 의사를 적극적으로 표현하며 자기중심적 사고가 발달함에 따라 부모에게 반항적 행동을 보이는 경우가 많아진다. 또한 유치원이나 어린이집에 입학하는 등 생활환경이 확대되면서 자신을 둘러싼 환경에 대한 호기심이 증가하여 적극적으로 환경을 탐색한다. 또래집단과의 접촉을 통하여 사회적 기술을 본격적으로 습득하게 되며, 사물에 대한 직관적 사고 능력이 발달하고, 반항적 행동은 점차 반항적 사고로 대치되어 간다.

1. 신체적 발달

3세가 지나면 그 전까지 급속하게 증가하던 신체적 발달의 속도는 감소하지만 꾸준히 규칙적으로 자라난다. 신체적 발달은 3세부터 둔화되기 시작하는데, 신장은 매년 2~3cm씩 증가하여 3세경에는 키가 92~95cm, 4세경에는 100~102cm 정도에 이른다. 체중은 매년 2~3kg씩 증가하여 3세경에 13~15kg 정도 그리고 4세경에는 16~17kg에 이르게 된다(김태련 외, 2004).

근육과 골격이 단단해지며 영아기에 비해 성장의 개인차가 분명하게 드러나게 된다. 팔, 다리가 길어지고 몸 전체에 비해 머리의 비율이 줄어들어 신체균형이 잡히기 시작하며 6세 무렵에는 유치가 빠지고 영구치가 나기 시작한다.

운동 발달 면에서는 영아기에서 유아기로 갈수록 근육과 골격의 움직임이 유연해지고 균형을 잘 잡을 수 있게 되어 행동이 빨라지고 민첩해진다. 운동량이 많아지며 달리기와 뛰어 오르내리기 또는 자전거 타기 등 다양한 신체동작을 잘 해낼 수 있게 된다.

운동 발달은 운동형태의 발달과 운동기술의 발달로 나누어 볼 수 있다. 운동형태의 발달은 어떤 행위를 수행할 때 형성되는 일련의 기본적인 움직임을 말하며, 운동기술은 이러한 움직임의 정확성과 속도를 포함하는 개념을 말한다(이옥형, 2002).

유아는 3세가 되면 발을 바꾸어 계단을 오를 수 있고, 세발자전거를 탈 수 있고 4세에는 수영도 배울 수 있고, 구부러진 길을 걸을 수 있다. 5세경이 되면 직선을 따라 걷거나 달리면서 방향을 바꿀 수 있고, 한 발로 균형을 잡을 수 있으며, 두발자전거 타기를 시도한다. 6세경이 되면 한 발 뛰기, 뛰어넘기, 오르기 등을 할 수 있게 되며 획득한 운동기능이 정교하게 된다. 유아기에는 소근육의 발달에 의한 미세동작도 거의 완전한 수준까지 발달하게 되는데 3세경에는 서툴지만 엄지와 검지로 수저를 사용할 수 있게 되며 펜을 잡고 원, 사각형, 삼각형 등 간단한 도형을 그릴 수 있게 된다. 눈과 손의 협응과 소근육의 통제도 급속히 발달하기 때문에 손의 사용이 점점 정교해져 컵으로 물을 마실 수 있으며, 수저를 사용할 수 있다. 4~5세경에는 혼자서 옷을 입고 단추를 벗길 수 있으며 선을 따라 가위로 모양을 오려 낼 수 있게 되고 얼굴이나 집, 동물 등 실제의 사물을 닮은 도형을 그릴 수 있게 된다. 5~6세경에는 신발을 혼자서 신을 수 있으며, 끈을 매기도 하고, 블록 쌓기도 능숙해지며, 젓가락으로 음식을 먹을 수 있세 된다(상문희 외, 2007).

수면시간은 성장하면서 점점 줄어들어 5세경에는 9시간 정도를 잔다.

유아기에는 특히 호기심과 모험심이 많으나 아직 주변 환경에 대한 이해력이 부족하여 위험상황을 제대로 인지하지 못하기 때문에 안전사고의 위험성이 더욱 크다(이옥형, 2002).

2. 심리적 발달

영아기에 성립된 기본적인 지각능력은 유아기에 현저하게 발달하여 6세가 되면 시각, 청각, 촉각 등 감각적인 변별력이 성인수준에 도달한다. 인지적으로는 눈앞에 보이지 않는 것을 기억할 수 있게 되고 상징적 사고가 가능해진다. 그러나 받아들인 정보를 해석하는 지각체계는 여전히 주관적이며 통합적으로 전체를 이해하는 논리성도 부족하다. 그러나 말을 배우는 속도가 빨라져서 4세경에는 기초적인 언어능력이 확립되므로 대인관계가 활발해진다. 부모와 주위 사람들의 태도는 아동이 모방하면서 가치관을 형성하는 밑그림이 되므로 어른들의 주의 깊은 태도가 특히 필요한 시기다.

1) 인지 발달

개념이란 사물의 특징이나 관계, 속성에 대한 생각으로 정의할 수 있다. 그러나 이 단계의 아동은 환경 내의 대상을 상징화하고 이를 내면화시키는 과정에서 성숙한 개념을 발달시키지 못하므로 전개념적 사고기라고 하며, 사물을 볼 때 그 사물의 두드러진 속성을 바탕으로 사고하는 직관적 사고기의 시기이다. 즉, 직관에 의해 파악하는 것을 말하며, 전체와 부분의 관계를 정확하게 파악할 수 없고 과제에 대한 이해나 처리방식이 직관에 의해 좌우되기 쉽다. 이 시기에는 왕성한 호기심, 탐색능력의 발달 및 새로운 경험을 바탕으로 지능, 기억, 주의력, 창의

성, 개념 등 각 인지영역에서의 변화를 통해 다양한 지식을 획득하고 사고력을 증진시킨다(조흥식, 2011). 그리하여 상징적 사고, 자기중심적 사고, 물활론적 사고, 인공론적 사고, 전도추리가 특징으로 나타난다.

(1) 상징적 사고

피아제(piaget, 1962)에 의하면 전조작기의 가장 중요한 인지적 성취는 상징적 사고(symbolic thought)의 출현이라고 하였다. 감각운동기의 말기가 되면 더 이상 영아의 사고는 자신의 행동이나 감각에 의존하지 않고 정신적 표상, 지연모방[8], 상징놀이 등이 가능해진다. 이러한 정신능력은 감각운동기의 말기에 나타나며 언어를 습득하게 되고 상상력이 풍부해지는 전조작기에 와서 완성된다. 상징적 사고의 가장 매혹적인 결과 중의 하나는 가상놀이로 점점 더 빈번해지고 복잡해진다는 것이다.

(2) 자기중심적 사고

자기중심적 사고(egocentric though)는 다른 사람의 관점을 고려하지 못한 데에 기인한다. 매우 중요한 실험으로 "세 산모형 실험"[9]이 매우 유명하다. 6~7세 이전의 유아는 자신이 본 것을 나타내는 사진은 잘 고르지만 인형의 위치에서 본 사진은 잘 고르지 못한다.

---

8) 지연모방 : 그 자리에서 모방하는 것이 아니라 일정한 시간이 지난 후 자발적으로 재현하는 모방을 의미한다. 피아제는 18개월 무렵부터 지연모방이 획득된다는 사실을 확인하였다. 다른 아이의 행동을 보고 그에 대한 심적 표상을 형성하여, 저장하고 있다가 그 행동을 재현한 것이다.

9) 세 산모형 실험 : 색깔, 크기, 모양이 상이한 세 개의 산모형을 탁자 위에 올려놓고, 한 산의 정상에는 집, 또 다른 산의 정상에는 십자가, 나머지 한 산의 정상은 흰 눈으로 덮여 있다. 탁자의 한 의자에는 인형을 앉히고 마주 본 다른 의자에는 유아를 앉게 하여 몇 개의 사진을 제시하고서 유아가 위치에서 본 사진을 선택하게 하고, 인형의 위치에서 본 선택하게 한다. 6~7세 이전의 유아는 자신의 위치에서 본 사진과 인형의 위치에서 본 사진을 자신의 위치에서 본 것과 똑같은 것으로 선택한다.

(3) 물환론적 사고

전조작기의 유아가 생물과 무생물을 구분하는 방식은 성인과 달라 생명이 없는 대상에게 생명과 감정이 있다고 믿는 것이다. 사고의 단계를 살펴보면,

첫째, 사람에게 어떤 영향을 주는 대상은 살아 있다고 믿는다. 존재하는 모든 사물에 의지나 생명이 있다고 생각한다.

둘째, 움직이는 것은 살아 있다고 믿는 단계이다. 따라서 자전거나 태양은 움직이므로 살아 있지만 산이나 전등은 움직이지 않으므로 살아 있지 않다고 생각한다.

셋째, 해는 스스로 움직이므로 살아 있으나 자전거는 스스로 움직이지 않으므로 살아 있지 않다고 생각한다.

넷째, 유아는 비로소 과학적이고 생물학적 생명관을 갖는다. 동물과 식물만이 살아 있다고 믿는다(이종복·전남련, 2011).

(4) 인공론적 사고

자기중심성의 특별한 형태로 인해 사물이나 자연현상이 특히 자신을 위해 존재한다고 생각한다.

(5) 전환적 추론

유아기에는 전환적 추론(transductive reasoning)을 특징으로 귀납적 추론이나 연역적 추론의 두 가지 현상이 시간적으로 근접해서 발생하면 두 현상 간에 아무런 관계가 없는데도 인과관계가 있는 것으로 생각하며 한 가지 사건으로부터 다른 특정사건을 추론하는 것으로 특징 지워 진다.

(6) 보존개념(conservation)

어떤 대상의 외양이 바뀌어도 그 속성이 바뀌지 않는다는 것을 이해하는 능력을 의미한다. 수, 길이, 무게, 부피 등의 개념에도 이와 유사한 결과를 나타내며, 수의 개념은 5~6세, 길이의 보조 개념은 6~7세, 무게·액체·질량·면적의 보존

개념은 7~8세, 부피의 부존 개념은 11~12세에 획득되는 것으로 알려져 있다.

(7) 유목포함(class inclusion)

상위유목과 하위유목 간의 관계, 즉 전체와 부분의 관계를 이해하는 능력을 말한다. 유아는 전체와 부분이라는 논리적 관계를 이해하지 못하고 연령이 높아질수록 유목포함 수행능력이 증가하는 것으로 나타났다.

(8) 서열화

길이가 다른 여러 개의 막대기를 주고 나열할 때 3~4세의 유아는 차례로 나열하지 못하며, 구체적 조작기에 이르러서야 서열화 개념을 완전히 획득하게 된다.

또한 추상능력의 발달로 모방, 상징놀이가 가능해진다. 3세경이 되면 부모의 행동을 모방하는 상징놀이가 시작된다.

유아기에는 더 이상 직접 보고, 듣고, 만지지 않아도 자신이 내적으로 형성하고 있는 표상을 여러 형태의 상징으로 표현할 수 있는 상징적 기능이 발달하며, 흉내놀이, 즉 가상놀이를 할 수 있다. 이러한 흉내놀이는 바로 유아가 상징적 사고를 할 수 있다는 최초의 증거이다. 상징적 기능은 상상놀이와 그림을 통하여 가장 잘 표현하는데 그림은 유아의 내적 표상이 표출되는 것으로 자신의 머릿속에 있는 심상을 반영하는 것이기도 하다. 상상놀이는 가상적 사물이나 상황을 실제 사물이나 상황으로 상징화하는 놀이로서 유아의 상상력과 창의성의 수단이 된다. 새처럼 행동하는 것, 블록을 갖고 자동차인 것처럼 노는 것 등은 간단한 종류의 상징놀이이다. 무엇보다 소꿉놀이가 대표적이며 이를 통해 사고의 영역이 확대되고 발달된다.

0~2세는 초보적 형태의 운동 분류를 한다. 예를 들어 장난감을 흔들어 보이면 유아는 이 장난감을 단지 흔들리는 물체로 분류하며, 2~4세에는 원, 삼각형, 사각형 등 어떤 물체를 모양별로 분류할 수 있다. 4~7세는 색깔이나 모양 등 나름대

로 어떤 기준을 정해서 분류하는데 이를 준 분류라고 하고, 7세 이상이 되면 대개 명확한 분류를 할 수 있게 된다. 색깔, 모양, 크기, 재료 등 분류대상의 특징에 따라 기준을 자신이 정해서 그 기준에 따라 사물을 분류한다(이종복·전남련, 2011).

공간개념은 사물이 공간에서 어떻게 관련되어 있는지와 사물 간에는 어떤 관련성이 있는지에 관한 것이다. 위, 아래, 오른쪽, 왼쪽, 먼 곳, 가까운 곳 등 대상의 위치, 방향, 거리 등을 정확하게 이해하는 것이다. 유아는 주변에 널려 있는 물건들 사이에서 자기 몸을 조성하여 돌아다니기 시작하면서 공간개념을 발달시킨다. 작은 물건을 커다란 용기에 집어넣거나, 장난감과 같은 물건들을 재배열해 봄으로써 공간개념을 실행한다(이종복·전남련, 2011).

2) 정서 발달

유아기에는 무엇이든 혼자서 해보려 함으로써 환경에 대한 통제를 시도한다. 또한 많은 것을 요구하고, 자기가 원하는 방식대로 하려고 한다. 이러한 자기주장적이고 반항적인 행동은 3~4세경에 절정에 달하는데, 이러한 행동을 통해 자율성이라는 중요한 심리적 기제가 발달한다. 따라서 부모는 처음부터 유아의 시도 자체를 억제시키기보다는 원하는 것을 하게 한 다음 필요할 때 도움을 주는 것이 바람직하다.

유아기의 정서세계는 외부자극에 대한 반응이 강하게 나타나는 것이 특징이다. 따라서 감정의 지속시간이 짧고, 매우 변하기 쉽고, 강렬하고 폭발적으로 표출되며, 여러 감정의 표출이 번갈아 가면서 나타난다. 유아의 정서반응의 유형은 대체로 비슷하다. 그러나 학습과 환경에 의한 영향으로 유아의 정서반응이 점차 개별화되기 시작한다.

이 시기의 일반적인 정서는 분노, 공포, 애정, 기쁨, 질투, 불안인데 불쾌한 경험으로 인한 부정적인 정서는 행동적 증후로 나타날 수 있으며 악몽, 야경증, 야뇨증, 언어장애 등의 정서장애로 나타나기도 한다. 또한 이 시기에는 모든 현상에 호기심이 왕성해지는데, 이러한 호기심을 강력하게 제지하게 되면 죄책감이 형성된다. 죄책감은 특정한 대상이나 상황에 대한 불합리한 공포로 발전되는 경우가 많다(강문희 외, 2007).

분노는 어떤 목적을 달성할 수 없을 때 표시함으로써 안정된 지지를 받게 된다. 유아가 하고자 하는 것을 못하게 했거나 공격받고, 방해받고, 이용당하고, 하고 싶지 않은 것을 해야 하고, 아프거나 고통이 오래되었을 때 드러난다(서영숙 외, 2003). 또한 주의력과 질투의 감정에는 공격적 행동이나, 퇴행행동으로 표현하기도 한다. 그러나 유아들은 일반적으로 3~4세가 되면 자신의 감정을 적절하게 표현하는 방법을 배우게 되고, 5~6세가 되면 자신의 감정을 감추거나 가장하는 방법을 알게 된다. 즉, 정서를 통제할 수 있는 능력, 언제 부정적 정서를 감추어야 할지에 대한 지식, 정서를 통제하고자 하는 동기, 즉 정서규제능력이 크게 발달하게 된다. 이러한 자의식이 발달함에 따라 자기통제능력이 발달하게 되면서 사회적 요구에 순응하여 행동을 조절하거나 지연할 수 있게 되는 것이다. 이 시기가 되면 자신이 원하는 것이 당장 주어지지 않는다 하더라도 조금 기다리면 가능하다는 것도 알게 된다. 자신의 욕구가 긍정적으로 충족될 수 있다는 것을 아는 경우에는 분노나 초조 같은 격렬한 감정이 감소되고 욕구충족이 늦어지는 데서 오는 좌절감이 완화되는 것이다(오창순 외, 2010).

이러한 과정에서, 유아의 언어능력과 상상력은 좌절감을 다루기 위한 중요한 도구가 된다. 즉, 원하는 바를 언어를 통해서 잘 표현할 수 있을 때 욕구충족의 가능성이 커지고 감정 표현도 용이해지는 것이다. 또한 상상을 통해서 자신을 괴롭히는 문제들을 해결하고 힘든 감정을 다스리기도 한다. 이 시기에 심한 충격을 받은 경우에는 자신의 생각과 감정을 정확하게 표현하기 어렵다(강문희 외, 2007). 그래서 자신의 감정과 생각을 쉽게 언어화할 수 없으며, 언어보다는 놀이를 통해 이를 더 적절히 표현할 수 있고 새로운 지식을 쉽게 획득한다. 그 외에도 놀이는 또래와의 관계를 확장시키고 신체발달을 돕는 다양한 기능을 가지고 있다. 그러므로 유아의 하루는 놀이의 연속이며, 거의 모든 활동은 놀이가 된다.

중요한 것은 정서는 아동발달에 매우 중요한 역할을 하므로 바람직한 정서를 위해서는 가정에서 정서적으로 안정된 환경을 조성해 주는 것이다. 그러므로 초기단계의 사랑이 결핍된 아동은 타인과의 관계를 잘 맺지 못하고 비협조적이며 타인에게 공격적이 된다.

3) 언어 발달

유아가 말을 하기 시작하면 사회적 상호작용도 활발해지면서 언어 발달이 가속화된다. 언어를 통해 타인과 상호작용하고, 새로운 정보를 교환하며, 자신이 바라는 바를 표현하고, 타인의 행동을 통제하며, 자신의 독특한 견해, 감정, 태도를 나타낸다.

유아기 초기에는 제한된 어휘 수와 기억력으로 명사나 동사, 형용사 위주의 주요 단어만 나열하지만 두 단어를 연결시켜 사용하는 법을 알고 난 후에는 '엄마, 밥 줘'등의 세 단어를 연결시켜 사용할 수 있게 되며, 의문문과 복합문장을 사용할 수 있게 되어 그 이후부터는 매우 빠른 언어 발달을 보이게 된다. 2세 무렵에 사용할 수 있는 어휘 수는 200~300단어이며 정교화되고 규범적 규칙의 적용을 시도하고, '이게 뭐야?'처럼 사물의 명칭을 묻는 말을 자주 사용한다. 3세가 되면 질문을 즐기는데, 주로 '무엇', '왜'라는 의문사를 많이 사용한다. 이런 의문사를 통해서 3~4세의 대화는 주로 정보를 교환하는 특징을 보인다(조흥식 외, 2011).

3세에는 2,000~4,000단어 정도의 어휘력 증진을 보이는데 단어구성이나 의미에 있어서 과잉일반화 현상이 나타난다. 자신의 요구나 도움을 표현하기 위하여 최소한 3~4단어의 단문을 사용할 수 있다. 차례를 지켜 가며 다른 사람과 대화하는 데 있어서는 어려움을 보이며 대화의 주제도 빨리 바뀌는 경향이 있다. 4세에 어휘력은 4,000~6,000단어 정도로 확장되고 5~6개 단어로 이루어진 문장을 사용할 수 있다. 타인에게 자신의 가족과 경험에 대하여 이야기하기를 즐긴다. 많은 종류의 언어적 요구를 표시하며, 다른 사람을 언어로 놀리기 시작한다.

5세가 되면 5,000~8,000단어의 어휘를 사용하고, 어려운 발음이 보다 명료하고 정확해지며 문장도 보다 완전해지고 복합적이게 된다. 자신의 경험을 언어적으로 표현할 수 있으며 노래 속에 나타나는 많은 단어들을 이해한다. 서로 간의 대화를 나누는 과정에서도 차례를 지킬 수 있고, 다른 유아의 대화에 끼어드는 것이 줄어든다. 특히 새롭고 흥미로운 내용일 경우 다른 사람의 말을 주의 깊게 듣고, 대화중에는 대명사에 대한 구체적 언급 없이 의미하고 있는 것을 듣는 사람이 다 이해하고 있을 것이라 여기는 자기중심성의 흔적도 나타난다(최미현 외, 2000). 한편 6세경에는 타인의 말을 이해하는 능력이 급속히 발달하고 어휘 수와 문장의 길이가 놀랄 만큼 증가한다.

언어 발달에 영향을 미치는 요인은 성별, 지적 능력, 건강상태, 형제 및 가족 수, 사회경제적 수준 등의 가정환경과 교육환경 등을 들 수 있다(강문희 외, 2007). 아동의 언어 발달은 인지 발달 및 사회성 발달과 병행하므로 보다 다양한 언어학습의 기회가 유아에게 제공되어야 한다.

유아는 다른 사람과의 언어적 상호작용의 기회가 많을수록 언어 발달이 촉진된다. 특히 주 양육자의 상호작용은 유아의 초기 언어 발달에 크게 영향을 미치게 된다. 따라서 유아가 알아듣기 쉽고 이해할 수 있는 수준의 언어를 사용함으로 언어 발달을 더욱 촉진하게 된다는 것이다. 또한 부모와 유아 간의 언어적 상호작용에서 유아의 언어능력, 의도, 의미, 반응 등의 여러 요인을 고려하여 적응시키는 부모의 민감성이 유아의 언어 발달을 가속화시킬 수 있다(이옥형, 2002).

3. 사회적 발달

이 시기는 대인관계의 폭이 넓어지고 다양해지기 시작하고 이러한 사회화 과정을 통해 자기중심적 존재로부터 상호 관계적인 존재로 성장해 가며, 사회적 규범을 지켜야 하는 사회적 존재로서의 자아개념을 형성하고 친사회적 행동을 발달시키며 성역할의 개념을 획득하는 시기이다. 부모는 유아의 행동에 제한을 가하면서 사회적 기준을 가르치기 위한 훈육을 시작한다. 이는 유아가 스스로 자신의 행동을 통제할 수 있는 학습기회를 부여해 준다. 그러나 지나친 통제와 억압은 낮은 자존감과 자기효능감 저하 등 부정적인 자기상을 형성하기도 한다.

〈표 8-5〉 자녀양육 태도 유형과 아동발달에 대한 영향

양육태도	허용과 관여	통제	자율성의 인정	아동발달 및 적응의 결과
온정적 권위형	자녀의 요구에 대해 민감하게 반응하고 관심이 있으며, 참을성을 갖고 자녀와 관계를 형성	자녀에게 합리적 요구를 하고 부모의 지시에 대해 설명하며 일관된 입장과 태도를 유지	자녀 스스로 결정하도록 기회를 제공하고 자녀의 생각, 감정, 욕구를 표현하도록 지지하며 의견이 불일치하는 경우 함께 의사를 결정	낙관적이고 즐거운 기분, 높은 자존감, 자기조절, 참을성 있는 과업 수행, 협조적
권위형	자녀에 대해 냉담한 태도를 보이고 거부적으로 행동하며 자녀를 빈번히 비난	체벌과 권력을 이용해 자녀에게 강압적으로 요구하고 자녀의 자율성을 인정하지 않으며 사랑을 회피	자녀를 대신하여 부모가 결정하고 드물게 자녀 입장에서 의견을 고려	불안, 고립, 불행한 기분, 욕구불만 시 적대감 표출, 저조한 학업성취도
허용형	자녀에게 따뜻하게 반응하지만 지나치게 관대하고 자녀와 건성으로 관계를 형성	자녀에게 요구 자체가 거의 없음	발달단계상 자녀가 충분히 준비되지 않은 상태에서 많은 것을 결정하도록 함	충동적, 반항적, 성인에 대한 요구 과다, 의존적, 인내심 부족, 저조한 학업성취도
무관심형	자녀와 정서적으로 분리, 고립된 관계를 유지	자녀에게 요구 자체가 거의 없음	자녀의 의사결정이나 입장에 대해 무관심	애착관계 형성, 인지 발달, 놀이관계, 정서적·사회적 기술 등 발달과정 전반의 문제 발생

출처: Berk(2008).

또래는 유아에게 인지적·정서적·사회적 발달에 영향을 미치게 되며, 유아의 사회화 과정에서 강화 제공자, 모델, 표준 등의 역할을 수행한다. 유아는 또래와의 상호작용에 적극적으로 참여하려 하며, 자신의 것을 지키고 확보하기 위하여 경쟁하기도 한다. 또한 공동의 목적을 달성하기 위하여 협력하는 과정에서 연합

놀이와 협동놀이가 증가하며 사회적 발달도 촉진된다. 유아의 성격과 사회적 발달에 영향을 미치는 또 다른 중요한 사회적 관계로는 형제자매관계가 있다. 형제자매관계는 유아에게 행동, 갈등, 협동, 경쟁 등을 배우게 하는 원천이 되며, 이것은 출생순위, 성별, 연령차에 따라 다르게 나타난다.

유아들은 4~5세에 성의 신체적 차이를 알게 되며 자신의 성과 적합한 행동 및 사회적 관계에 관심을 가진다. 자신의 성기가 이성과 다르다는 것과 부모가 서로 다른 성을 가졌다는 사실을 이해함으로써 자신의 성역할을 깨우치게 된다. 사회화 과정을 통해 성에 맞는 역할 및 행동양식, 인성특성 및 태도 등 사회적 역할을 습득하게 된다. 그리고 부모로부터 학습된 성역할 기대는 또래관계에서도 그대로 나타나는데, 동성의 친구와 어울리며 성에 따라 옷차림, 놀이, 직업에 대한 사회적 기대를 의식하고 이에 따라 행동하고자 한다. 남아는 남자답게, 여아는 여자답게 행동하려고 애쓰게 되며, 자신을 동성의 부모와 동일시함으로써 자신의 성역할을 인식하게 된다.

프로이트(Freud)에 의하면, 심리적인 발달의 3단계인 남근기의 서로 다른 경험에 기인하는 것으로 각각의 콤플렉스를 경험하면서 이를 해결하기 위하여 성역할 동일시가 이루어진다고 보았다. 남아가 여아보다 거세불안으로 남성성의 동일시가 강하게 나타난다. 아동은 어떤 물체나 행동 또는 역할이 남성에게 적합한지 여성에게 적합한지를 분류하는 단순한 도식을 습득하고 자신의 성에 맞는 정보를 추구하여 자신의 성도식을 구성한다. 자신의 태도와 일치하고 지식이 많을수록 그것을 잘 기억하고 선호하게 되며, 반대의 경우에는 기억되지 않을 뿐만 아니라 회피하게 된다. 또한 자신의 성도식에 맞지 않는 새로운 정보를 왜곡하는 경향도 있다.

4. 사회복지실천에서의 적용

급속한 신체발달과 인지 발달을 통해서 성장하게 되는 유아기에는 영양결핍이나 질병에 관심을 가져야 한다. 유아를 보육하는 기관에서는 적절한 영양급식에 중점을 두어야 한다. 또한 부모로부터 심한 꾸중이나 비난을 받게 되면 유아의 자율성과 주도성 발달에 장애가 생기므로 사회복지사는 부모로 하여금 유아와 애정 어린 신체적 접촉을 유지하고, 건전한 훈육방식을 사용하도록 부모교육을 제공해야 한다(오창순 외, 2010). 또한 가족의 해체로 인한 부모들의 양육부담 등을 이유로 가정에서의 아동학대가 발생하기 쉽다. 특히 신체적 학대가 일어날 확률이 크므로 아동학대가 의심되는 경우에는 아동보호전문기관에 의뢰하고, 아동을 위한 심리상담과 부모상담 및 가족치료를 제공하며 부모들을 교육하는 프로그램에 참여하도록 유도해야 한다. 어머니(주 양육자)의 양육태도가 유아의 심리, 정서 발달에 중요하며 어머니(주 양육자)와의 애착관계가 이후 인간관계의 질을 결정하는 데 중요 바탕이 되므로 긍정적인 양육태도를 가지도록 교육하고 상담하는 프로그램이 확대되어야 한다.

유아기의 운동 발달과 관련되어 나타날 수 있는 문제는 주의력결핍 및 과잉활동장애(ADHD)와 공격성이다. 따라서 유아가 학교에 입학하기 전에 과잉활동을 억제하고 주의집중시간을 늘려 나가며, 공격성을 줄여 나갈 수 있도록 임상적 개입을 할 필요가 있다. 그리고 부모의 과잉보호로 부분운동능력이 미발달해 있는 아동들은 일상생활 동작능력 훈련 프로그램을 실시할 필요가 있을 것이다.

주위 환경에 대한 다양한 탐색의 기회를 통하여 언어 발달과 인지 발달을 촉진시킬 수 있도록 돕는다. 그러나 언어모델이 부족하여 언어적 자극을 받을 수 있는 환경이 결여되어 있거나, 지나치게 언어모델이 많거나, 과잉보호에 의하여 언어를 사용할 필요성이 적은 경우에도 유아의 언어 발달이 지연된다(유안진·김혜선, 1996). 그러므로 유아가 정상적으로 언어 발달을 이룰 수 있도록 심리적·정서적인 안정을 갖게 하며, 언어 발달을 촉진할 수 있는 적절하고 자극적인 환경을 제고해야 한다.

그리고 심한 불안이나 공포증이 있는 경우에는 유아와 그 부모에 대한 상담을 실시하여 이의 해결을 원조함으로써 유아의 건전한 정서 발달을 지원하여야 할 것이다. 수면장애는 유아들이 악몽으로 인하여 빈번하면서도 지속적으로 수면에 방해를 받게 되는 것을 말한다. 그것들이 심각하게 지속적으로 나타나게 되면 불안, 공포 등과 같은 정서적인 문제로 발전하게 된다. 따라서 유아가 무의식적으로 두려움, 불안, 적개심, 원망 등을 갖지 않도록 심리적·정서적인 안정을 느낄 수 있는 환경을 조성하는 것이 필요하다.

야뇨증은 유아기에 나타나는 보편적인 기능적 장애이다. 동생에게 빼앗긴 부모의 애정과 관심을 다시 얻고자 무의식적으로 동생과 같은 상태로 되돌아가려는 퇴행에서 나타난다는 것이다. 심각한 장애가 아니기 때문에 배뇨를 한 유아를 비난하거나 처벌하지 말아야 한다. 이것은 특별히 도움이 없이도 상태가 호전될 수 있으므로 어린 동생에 대한 지나친 보호를 삼가야 하며, 유아에게 심리적·정서적 안정을 제공하고 자신감을 가질 수 있도록 해야 한다(이근홍, 2012).

또한 전염성 질환의 발생을 예방하며, 질병의 조기치료에 많은 관심을 기울여야 한다. 이 시기에는 운동기능이 활발해지면서 안전사고의 위험이 높아질 수 있으므로 안전점검을 실시해야 한다. 놀이시설과 기타의 생활공간에서 일어날 수 있는 유아 안전사고를 미연에 방지할 수 있도록 철저한 안전점검을 실시하여야 할 것이다.

참고문헌

강문희 · 김매희 · 유정은(2007). 아동발달론. 공동체.

강봉규(1994). 발달심리학. 정문.

______(2000). 인간발달. 동문사.

곽형식 외(2000). 인간행동과 사회환경. 형성.

권중돈 · 김동배(2005). 인간행동이론과 사회복지실천. 학지사.

____________(2011). 인간행동과 사회환경. 학지사.

김경중 외(1998). 아동발달심리. 학지사.

김경희(2001). 발달심리학. 학문사.

김제한(2001). 발달심리학. 양서원.

김태련 · 장휘숙(1998). 발달심리학. 박영사.

김태련 · 조혜자 · 이선자 · 방희정 · 조숙자 · 조성원 · 김현정 · 홍주연 · 이계원 · 설인자 · 손원숙 · 홍순정 · 박영신 · 손영숙 · 김명소 · 성은현(2004). 발달심리학. 학지사.

박미덕 외(2005). 아동복지론. 대왕사.

박성연(2006). 아동발달. 학지사.

서봉연 · 이순형(2001). 발달심리학-아동발달-. 중앙적성출판사.

서영숙 · 김경혜(2002). 영유아보육론. 양서원.

손병덕 · 강란혜(2008). 인간행동과 사회환경. 학지사.

송명자(1995). 발달심리학. 학지사.

오창순 · 신선인 · 장수미 · 김수정(2010). 인간행동과 사회환경. 학지사.

유안진 · 김혜선(1996). 인간발달. 한국방송대학교출판부.

이근홍(2012). 인간행동과 사회환경. 공동체.

이옥형(2002). 아동 · 청년발달. 집문당.

이인정 · 최해경(2007). 인간행동과 사회환경. 나남.

이종복 · 전남련(2011). 인간행동과 사회환경. 학현사.

장휘숙(2000). 전 생애 발달심리학: 인간발달. 박영사.

전남련(2002). 아동복지. 형성.

정옥분(2004). 발달심리학: 전 생애 인간발달. 학지사.

______(2008). 발달심리학. 학지사.

조복희 외(2004). 인간발달. 교문사.

조흥식 외(2011). 인간행동과 사회환경. 학지사.

주수길 · 김지연(2003). 아동복지강론. 양서원.

질병관리본부 대한소아과학과(2007). 한국 소아청소년 성장도표.

최경숙(2001). 발달심리학-아동, 청소년기. 교문사.

최미현 외(2000). 영유아 보육의 이해. 창지사.

최옥채 외(2012). 인간행동과 사회환경. 양서원.

Berk, L. E. (2008). 아동발달. 이종숙 · 이옥 · 신은수 · 안선희 · 이경옥 역. 스그마프레스.

CHAPTER 09

인간의 성장과 발달 : 아동기

아동기는 초등학교 시절인 만 6~12세까지를 의미하며, 아동의 생활 중심이 가정에서 학교로 옮겨 가는 시기이다. 대부분의 시간을 학교에서 보내면서 지식을 습득하고 또래친구와의 관계에 몰두하게 되며, 공식적 학교교육을 통하여 사회가 요구하는 기본적 기술을 습득하는 단계이다. 그 이전 시기에 비해서 신체발달의 속도는 완만해지지만 지각과 운동기능을 보다 효과적이고 기술적으로 사용하는 능력을 키우게 된다.

이렇게 활발한 놀이와 운동을 통해서 자신의 일을 스스로 처리할 수 있는 자신감과 독립성이 발달하고 상상력과 추리력, 판단력도 증가한다. 자아중심성에서 벗어나 객관적으로 사물을 바라보고 판단할 수 있게 되며, 자기의 존재를 자각하고 독자성을 가지게 되면서 자아개념, 자아존중감, 근면성, 도덕성 등이 더욱 발달하게 된다. 또한 또래친구뿐만 아니라 부모나 학교선생님 등 어른들로부터 받는 평가에 따라서 더욱 분명하게 자기상을 형성해 간다.

1 신체적 발달

아동기의 신체적 발달은 점진적이며 완만하게 진행된다. 이전 단계들과 같은 급속한 신체적 성숙이 일어나지는 않지만 꾸준히 성장이 이루어지며, 전체적인 신체발달의 속도가 안정되는 시기다. 초등학교 입학 시기에 남아가 여아보다 신체적 성숙이 더 빠르지만 11~12세경에는 여아의 신체적 성숙이 남아에 비해 더 우세해진다.

아동기에는 새로운 운동능력을 습득하기보다는 그동안 획득한 운동기능이 더 정교해지는 시기이다. 공간개념, 운동의 속도, 정확성과 안정성, 힘과 효율성 등이 발달하게 되어 자전거타기, 스케이팅, 수영, 줄넘기, 야구, 농구 등의 능력을 활용한 스포츠와 조직적인 단체놀이에 강한 관심을 보이게 된다. 또한 소근육 운동기능의 발달로 악기연주나 수공예 등 세심하고, 섬세한 활동이 가능해진다. 따라서 12세경이 되면 자신의 몸을 통제할 수 있는 능력이 거의 성인 수준에 도달하게 되어 대부분의 운동을 성인처럼 할 수 있다. 아동기에 이러한 스포츠 게임에 참여하는 것은 운동 효과 이외에도 우정관계를 형성하고, 게임의 규칙을 준수하며 팀의 구성원들과 상호 협력하는 방법을 배우는 등 사회적 기술의 학습기회도 부여하게 되는 데 커다란 의미가 있다(정옥분, 2004). 또 규칙을 준수해야 하는 단체운동을 통해서 타인과 상호 교류하는 방법을 익히게 되고, 자신의 신체모습과 운동역량을 다른 아동과의 비교를 통하여 자기평가를 하는 계기가 되기 때문에 자아의 발달과 자존감의 형성에도 중요한 역할을 한다(강봉규, 1994). 운동량이 증가함에 따라 식사량이 늘어나면서 위의 크기가 성인의 2/3정도에 이르게 된다. 이로 인해 성장을 위한 균형 잡힌 식사가 제공되어야 한다. 그러나 우리나라 아동의 비만이 급속도로 증가하는 추세이므로 영양을 골고루 섭취하여 건강하게 성장할 수 있도록 적절하게 관리해 주어야 한다.

또한 뼈와 근육의 불균형 성장으로 인하여 성장통을 경험하기도 한다. 치아의 발달은 12세까지 새로운 영구치가 추가되어 총 24~26개가 되면서 입의 모양이 달라지고 얼굴 하부가 커지는 등 전체적인 얼굴 모습이 변하게 된다(강봉규, 2000).

2 심리적 발달

이 시기에는 특히 말하기, 읽기, 쓰기 등을 배우고 익히면서 좀 더 높은 수준의 언어 발달이 이루어진다(곽형식 외, 2000). 문자언어, 발표력과 문법력, 독해력의 발달이 현저하게 발달하면서 단어가 지닌 여러 가지 의미를 이해하며, 단어와 관련된 사고도 정교해진다. 초등학교를 졸업할 때쯤에는 약 40,000단어 정도를 습득하게 된다.

언어 발달은 여아가 남아보다 빠르다. 언어 발달에는 지능, 성별, 형제자매 수, 부모의 사회적·경제적 지위 등이 영향을 미치는데 형제자매가 적은 가정의 아동이 많은 가정의 아동에 비해 언어 발달이 느리며, 부모의 사회경제적 지위가 높을수록 언어 발달이 빨리 이루어지는 것으로 나타나 환경적 요인이 크게 영향을 미친다고 할 수 있다(이근홍, 2012). 따라서 아동이 정상적으로 언어 발달을 이룰 수 있도록 적절한 환경 속에서의 체계적인 교육이 필요하다 하겠다.

이 시기에는 학교교육과 함께 많은 정보를 효과적으로 기억할 수 있으며 지식이 확장되고, 보존기술[10], 분류기술[11], 조합기술[12] 등의 개념적 기술들이 점차적으로 발달하게 된다. 또한 지적 기능이 분화됨에 따라 객관적인 지각이 가능하다.

---

10) 보존기술 : 형태가 바뀌어도 양이나 부피와 같은 물리적 부분은 변화하지 않고 그대로 유지된다는 것을 이해할 수 있는 능력
11) 분류기술 : 분류대상을 공통적 특성에 따라서 하위집단으로 나누고 그들 간의 상호 관계를 이해할 수 있는 능력
12) 조합기술 : 일정한 수의 사물이 있으면 그걸 펼치든 모으든 또는 형태를 바꾸든 수는 같다는 것을 이해할 수 있는 능력

자기중심성에서 벗어나 다인의 입장, 감징, 인지 등을 추론하고 이해할 수 있는 능력을 습득하게 되고, 어떤 상황에서 타인의 감정을 추론하고 이해할 수 있는 조망수용(perspective taking)능력을 습득하게 된다. 또한 수 보존 개념이[13] 완성되고, 무게보존과 부피보존의 개념도 차례로 발달하면서 전체적인 보존개념이 완성된다(송명자, 1995). 그리고, 서열화능력, 분류화능력 및 조합능력, 즉 유목화 또는 서열화가 가능해지는데 이로 인해서 보존개념의 획득은 더욱 용이해지고 구체적 사고단계에 있는 주변 사물들을 종류별로 나눌 수 있으며 서로 간에 관계가 있음을 인지할 수 있게 된다(김경중 외, 1998). 추리능력도 정확하고 복잡해지며 융통성을 갖게 되고, 수들 간의 관계를 이해하여 순서대로 배열할 수 있다. 따라서 아동이 문제해결과정에 직관보다 논리적 조작이나 규칙을 적용하게 되어 가역성[14], 보상성, 동일성[15]이라는 3가지 개념을 획득하게 된다.

지식정보를 논리적으로 조직하고 전체-부분 조합을 할 수 있는 논리적 조직화 능력도 이 시기에 발달한다(김경희, 2001). 아동기에는 사물의 한 가지 특징에 얽매이지 않고 사물의 여러 특징과 측면을 동시에 고려하는 다면적 사고를 할 수 있게 된다. 또한 8세경이 되면 과거·현재·미래를 정확히 구분하고, 시간에 대해서도 정확히 이해할 수 있게 된다. 9~10세경이 되면 시간표에 따라 규칙적으로 생활도 가능해진다.

아동기의 기억발달은 학습에 매우 중요한 요소로서, 몇 가지 일반적인 경향이 있다. 아동기에는 단기기억보다는 장기기억이 증가하고 그 범위가 점점 확대되며, 간접기억보다는 직접기억이 현저하게 발달한다. 6~8세까지는 청각기억이 우세하다가 9세 이후부터는 시각기억이, 논리적 기억보다는 단순히 암기하는 기계적인 기억이 발달한다(김제한, 2001). 또한 아동은 우연적·우발적인 정보보다는

13) 수 보존 개념 : 수, 길이, 면적, 양, 무게 및 부피 순서로 나타난다는 것이다. 즉, 수의 보존개념은 6세 이후에, 길이는 6~7세 이후에, 면적과 양은 7~8세 이후에, 무게는 9~10세 이후에 부피는 11~12세 이후가 되어야만 획득할 수 있다.
14) 가역성 : 물질이 어떤 상태로 변하였다가 본래의 상태로 되돌아갈 수 있는 성질
15) 동일성 : 두 개 이상의 사상, 사물의 성질이 동일하다고 간주되는 범위 안에 있는 일

의도적으로 학습한 정보를 더 잘 기억한다.

지적발달의 중요한 요소 중의 하나가 창의력의 발달이다. 창의력이란 과학적·예술적인 독창성은 물론 일상생활에서 당면하고 있는 여러 가지 문제를 새롭고 독특한 방법으로 해결하려는 고차원적인 정신능력이다. 창의력은 아동의 지적 발달의 중요한 과제이다.

창의력의 발달은 환경의 영향을 크게 받는다. 그러므로 창의력을 증진시키기 위해서는 부모나 교사가 아동이 자유롭게 질문하고 탐색할 수 있도록 허용적 태도를 가져야 하며, 어른의 문제해결 방법을 아동에게 강요하지 말고, 창의적 표현에 대한 적절한 보상과 격려를 해야 한다는 것이다. 또한 부모나 교사는 아동에게 다양한 인지적·문화적 경험을 할 수 있도록 해야 하며, 질문형식의 언어를 사용하고, 아동의 독립성·개방성 등을 강화하며, 전통과 인습에 너무 얽매이지 않도록 해야 한다(이옥형, 2002).

아동기는 비교적 정서적으로 안정된 시기로서 정서적 혼란이나 흥분은 보다 적은 편이다. 가정에서부터 학교와 또래친구로 대인관계 범위가 넓어지면서 자신의 감정을 통제하고 간접적인 방식으로 표현하는 방법을 습득하게 되는 것이다. 그러나 욕구가 좌절되고 행동에 방해를 받거나, 친구들로부터 무시와 따돌림을 받았을 때, 부모나 선생님으로부터 꾸중을 듣고 다른 아이들과 비교당하거나 무시당할 때, 부모와 선생님의 기대를 충족시키지 못할 때 등에 따르는 질책이나 벌을 받거나 성적 하락이나 운동능력 미발달에 대한 친구들의 조롱 등을 경험하게 되면 질투, 불안, 분노감을 느끼게 된다.

아동기에 경험하는 이러한 질투, 분노, 불안, 공포, 걱정 등의 정서는 자연스러운 현상이지만 그 강도가 심하거나 적절히 해결하지 못했을 때는 정서장애로 나타나기도 하는데(최옥채 외, 2012), 대표적으로 학교공포증 또는 등교거부증을 들 수 있다.

아동기 정서 발달의 중요한 요소 중의 하나는 자아상 또는 자아개념의 발달이다. 자아개념(self-concept)은 신체적 특징, 개인적 기술, 특성, 가치관, 희망,

역할, 사회적 신분 등을 포함한 "나는 누구인가"를 깨닫는 것을 뜻하며, 자신이 독특하고 타인과 구별되는 분리된 실체라고 인식하는 데서 발달하기 시작한다(강문희 외, 2007). 아동은 구체적 행동 대신에 자신의 능력을 강조하고 심리적 특성을 바탕으로 자신의 성격을 기술한다. 자아개념은 아동의 능력과 관련되어 있으며, 성공적인 과제 수행은 아동의 자아개념을 상승시키고 새로운 과제에 도전할 가능성을 증가시킨다. 특히 학교성적은 아동의 자아개념을 형성하는 데 결정적인 영향을 미친다(장휘숙, 2000).

또한 자아개념은 자아존중감의 발달과 밀접한 관계가 있다. 자아존중감(self-esteem)은 자신의 존재적 가치에 대한 긍정적인 느낌으로 정서적인 측면을 의미한다. 자아존중감이 높은 사람은 잘 분화된 자아개념을 가지고 있다(최경숙, 2001). 아동기에 들어서 자신을 객관적으로 평가하고 타인의 견해를 수용할 수 있는 능력이 발달함에 따라 학업적 자아존중감, 사회적 자아존중감, 신체적 자아존중감이 재조정된다. 모든 인간은 자아존중감에 대한 욕구가 있는데 자신감, 자신이 가치 있고 유용한 사람이라는 생각 등으로 나타나며, 자아존중감이 높은 아동일수록 학교생활에서 보다 잘 적응하고 성공적인 모습을 보인다.

아동이 적절한 자아개념을 발달시키기 위해서는 타인에 대해서 잘 공감할 수 있어야 하며, 자기 행동이 어떠한 결과를 가져올 것인가를 예측할 수 있어야 한다. 또 자신의 행동은 자신이 책임져야 한다는 사실을 알 수 있어야 한다. 자아개념의 형성에는 일차적으로 부모의 양육태도가 큰 영향을 미치지만 아동기에는 학교 및 또래관계에서의 경험이 많은 영향을 미친다. 따라서 학교에서의 성공적인 경험은 긍정적인 자아상을 형성하며, 실패와 그에 따른 부정적 결과는 부정적 자아상을 형성하게 된다.

아동기는 또한 근면성 발달의 시기이다. 아동이 정상적으로 근면성을 발달시키지 못하면 열등감을 갖게 된다. 근면성은 아동이 자기에게 닥쳐오는 외부의 도전을 스스로 극복할 수 있다는 생각과 태도에서 출발하며 성취동기, 경쟁심, 성공의 경험, 능력의식 등으로 강화된다. 즉, 아동이 열심히 기술을 쌓고 의미 있는 일을 수행함으로써 근면성이 발달하게 되지만, 기술획득의 실패는 열등감을 경험하게 한다. 근면성의 발달에 영향을 주는 요인은 부모와 교사의 태도 및 아동 자신의 능력과 관련되어 있다. 아동이 어떤 일을 했을 때 부모와 교사에게서 칭찬, 수용 및 격려를 받거나, 형제자매와 친구들에게 인정받으면 근면성의 발달을 이룬다(이근홍, 2012).

3 사회성 발달

아동기의 가장 중요한 변화는 부모 및 가족의 영향에서 벗어나서 학교에서 경험하는 교사나 또래와의 관계로 대인관계의 중심축이 이동하는 것이다. 규칙적이고 조직적인 학교생활을 통해서 아동은 사회인으로서 지켜야 할 사회적 규범을 학습하고, 또래친구들과의 상호작용을 통해서 사회적 유능성을 습득하게 된다.

자신의 사회에서 과업을 수행하는 데 많은 시간을 보내며, 주변사람들로부터 받는 평가에 민감한 영향을 받게 된다. 또한 이 시기의 또래들은 부모보다 더 강력한 사회화 대리인이다. 또래관계는 가치관과 행동규범을 배우게 되는 매우 중요한 의미를 차지하며 그 기능은 첫째 사회화이다. 그들 집단은 규칙준수와 협동심, 타협을 필요로 하며, 이에 필요한 사회적 상호작용을 위해 필요한 기술이나 규범을 배워 나가게 된다. 자신의 한계를 인정하고, 다양한 삶의 방식을 받아들이면서 집단 상호간의 강화와 모방을 통해서 아동에게 영향을 미치며, 그 영향력은 성인의 영향력보다 크다. 또래집단은 공격성과 친사회적 행동에 중요한 영향을 미친다. 따라서 집단의 긍정적인 상호작용을 통해 지도력, 자아존중감, 사회적 상호작용 기술의 학습 등과 같은 긍정적 발달이 촉진된다. 둘째, 태도나 가치관을 형성한다. 보다 공식적이고 조직적으로 변한 또래집단은 나름의 태도나 가치관을 형성한다. 또래집단으로부터 인정받기 위해 아동은 이들 집단의 기준이나 가치에

동조하려는 경향을 보인다. 셋째, 정서적 안정감을 제공한다. 부모보다 또래집단의 인정이나 평가가 더 중요한 의미를 갖게 되며 이런 인정이 정서적 안정감과 긍정적인 자아개념을 형성한다. 넷째, 집단의식이 발달한다. 정의된 집단의식을 가지고 집단의 내부와 외부를 쉽게 구분하며 가치 및 목표의 인식을 촉진시킨다(조흥식 외, 2011).

또한 아동기에는 도덕적 판단기준이 생기게 되고 규칙과 분배의 공정성을 이해하게 된다. 다른 사람과의 관계에서 지켜야 할 사회집단의 규칙을 인식하는 능력이 나타나기 시작하며, 부모와 동일시하여 행동기준을 받아들인다. 콜버그는 아동의 도덕성 발달이 인지 발달과 함께 일어난다고 보았으며, 도덕적으로 성숙해짐에 따라 정의감의 개념도 더 성숙해진다고 보았다.

도덕성 발달은 주로 세 가지 측면에서 언급되고 있는데, 첫째, 어떤 행동의 옳고 그름에 대한 평가인 도덕적 판단, 둘째, 사고나 행동에 대한 정서적 반응(죄책감) 등 도덕적 감정, 셋째, 어떤 행동이 옳은지 알고 있다고 해서 반드시 그렇게 행동하는 것은 아니므로 실제로 어떻게 행동하느냐 하는 도덕적 행동이 그것이다. 도덕적 발달은 학교생활과 또래관계에서 경험하는 단체 활동을 통하여 이루어진다. 이 시기의 아동들은 달리기, 공차기, 자전거 타기 등의 신체운동을 좋아하며, 특히 축구, 야구와 같이 단체운동을 좋아하는 경향이 있다. 아동은 이러한 단체놀이를 통하여 개인의 목표가 단체의 목표에 종속된다는 것을 인식하게 된다. 그리고 아동은 규칙의 준수와 협동 및 양보의 필요성을 인지하게 되어 타인의 권리를 존중하는 도덕적 기본가치를 배우게 되며 집단목표의 중요성, 분업과 경쟁의 원리를 깨우친다. 자신의 역할을 객관적이고 상호 관계적인 측면에서 이해함으로써 사회성을 기를 수 있게 되는 것이다(이인정·최해경, 2007).

4 사회복지실천에의 적용

아동기의 주된 정서심리적 문제는 초등학교 입학기의 학교공포증으로 나타나는 분리불안장애와 단체생활을 하는 학교생활의 부적응으로 뚜렷하게 드러나는 주의력결핍 및 과잉행동장애를 들 수 있다. 이와 함께 지적장애, 학습장애, 틱 장애 등을 비롯한 다양한 정신장애 문제들이 발생할 수 있다. 주의력결핍과 과잉행동장애는 모든 아동에게 어느 정도 나타나는 행동 특성이지만, 아동의 3~5%는 장애가 자주 나타나며 그 정도가 심각하다.

주의력결핍과 과잉행동장애의 주요한 특성은 주의 집중시간이 자신의 발달단계에 비하여 매우 짧으며, 지속적으로 긴장하여 한 과제에 주의를 집중하지 못하고, 행동의 결과를 생각하지 않고 충동적으로 행동한다는 것이다. 또한 이것은 지시가 끝나기 전에 행동하며, 지나치게 과다한 행동을 보이고, 통제력이 결핍되어 있다는 것이다(이옥형, 2002).

주의력결핍과 과잉행동장애는 대인관계의 부적응, 학습 곤란, 부정적 자아개념 등을 초래할 수 있으므로 적절한 치료 프로그램을 통하여 장애를 개선시켜 나가야 할 것이다. 특히 유아기에 징후들이 나타나므로 조기에 발견하여 행동수정 프로그램과 부모교육 프로그램 등을 통하여 장애를 감소시켜 나가야 한다.

학습장애는 평균 이상의 지능을 가졌으면서도 학업성취도가 낮은 경우를 의미하고, 읽기 능력이 극히 제한적이며 한 과제에 집중하는 데 문제가 있고, 다른 주제로 전환이 매우 느린 것이 특징이다. 이러한 학습장애는 언어적 문제, 지각과 관련된 문제, 운동장애 등과 연관되어 있다. 이는 아동에게 실패반응에 대한 두려움, 철회 반응, 무기력 반응, 낮은 자존감 등을 갖게 할 수 있다. 따라서 치료는 우선적으로 아동의 교육환경과 교육계획에 관심을 가져야 한다. 학습장애 아동들의 인지 발달을 지원하는 데만 목적을 둔 교육 프로그램을 실시하기보다는 언어, 지각, 운동과 관련된 문제들을 근원적으로 해결해 줄 수 있는 프로그램과 다양한 감각을 사용할 수 있는 자료를 아동에게 제시하는 복합감각 접근방법이나 학습장애아와 그 가족에 대한 지지와 심리적 문제해결에 목적을 둔 치료 프로그램을 개발하여 실시하는 것이 바람직하다(권중돈·김동배, 2011).

또 하나의 문제는 부정적 자아개념과 연관된 열등감이다. 아동기에 학교에서 잦은 실패경험을 하고 부모, 교사, 그리고 또래로부터 부정적 평가를 받게 되면 부정적 자아개념이 형성되고 열등감이 강화된다. 이러한 아동의 열등감을 극복할 수 있도록 지원하기 위해서는 반복적으로 성공경험을 거둘 수 있는 기회를 부여하는 것이 필수적이지만 부모, 교사, 또래집단에 대한 개입도 필요하다. 따라서 개인 상담이나 치료뿐만 아니라 아동의 부모를 대상으로 한 가족치료, 교사를 대상으로 학교사회사업적 개입 그리고 또래아동들의 집단 치료 프로그램을 실시하는 등 아동의 열등감 극복을 위한 다각적 개입을 하는 것이 바람직할 것이다.

또한 사회성 미발달로 나타나는 품행장애를 들 수 있다. 품행장애는 또래집단의 영향이 크므로 임상적 지식과 실천기술을 갖추어 비사회적, 반사회적 행동집단으로 이행되지 못하도록 부모나 교사가 아동의 행동에 대하여 각별히 주의를 기울일 필요가 있으며(서봉연·이순형, 2001), 건전한 놀이지도나 여가 프로그램을 개발하여 개입함으로써 아동기의 품행장애 문제의 발생을 예방할 수 있어야 할 것이다.

아동기의 가장 큰 문제의 하나로 아동학대를 들 수 있다. 아동학대는 부모를 포함한 보호자가 아동에게 신체적·정서적·성적 학대를 가하거나 무관심, 유기 또는 방임을 하는 것이다. 이 시기에 아동이 경험하는 아동학대는 그 유형을 불문하고 아동의 자아개념 및 자아존중감 형성에 치명적인 영향을 미치므로 아동학대 예방을 위한 홍보 및 조기개입 등 사회복지적 개입이 보다 활성화될 필요가 있다. 학대받은 아동은 신체적으로 발육이 저하되고, 공격행동, 과잉행동, 자해행동, 주의력결핍, 인내심 결여, 우울증, 퇴행행동, 공포증(주수길·김지연, 2003)이나 대인관계의 어려움, 낮은 자존감, 불안, 불안정한 애착, 자기 비난, 낮은 성취동기, 인지적 미성숙 등을 보인다.

아동학대를 예방하기 위해서는 아동학대의 가능성이 높은 가정의 부모에 대한 사전 교육과 상담이 필요하며, 경제적 어려움 등으로 발생할 수 있는 학대를 막기 위해 빈곤, 실업 등으로부터 가정의 경제적 조건을 개선시킬 수 있는 방안이 강구되어야 하고, 가해자에 대한 처벌도 강화되어야 한다. 그와 더불어 학대받는 아동을 위한 일시보호시설의 운영을 활성화시키고, 아동학대 상담과 전문적인 치료를 활발히 전개해야 한다. 또한 아동보호종합센터를 비롯한 사회복지기관에서는 아동학대 예방사업뿐만 아니라 학대아동을 위한 일시보호프로그램, 의료 및 심리 상담과 치료 등을 실시하여야 한다.

아동기의 신체적 발달과 관련하여 사회복지실천에서 관심을 기울여야 할 또 다른 문제는 장애와 난치병 또는 만성질환이다. 장애아동의 조기치료와 재활을 위해서는 장애아의 조기치료 및 조기교육기관 그리고 특수교육기관들이 증설되어야 하며, 장애인복지에 대한 전문훈련을 받은 사회복지사와 기타의 전문가들이 배치되어 전문서비스를 제공할 수 있어야 한다(권중돈·김동배, 2011). 일반 사회복지기관에서는 지역 내 장애아의 재활훈련을 지원하고, 그 가족을 지원할 수 있는 프로그램을 적극 개발하여 실시하여야 한다. 그리고 일반 학교에 다니고 있는 장애아동에 대한 교사와 친구들의 편견을 제거하여 장애아의 통합교육을 지원하기 위한 학교사회사업 프로그램도 실시하여야 할 것이다. 그리고 난치병, 만성질환을 가진 아동들의 치료를 지원하기 위하여 전문 의료기관에 의뢰하거나 치료비용에 대한 모금사업을 전개할 필요가 있다.

참고문헌

강문희 · 김매희 · 유정은(2007). 아동발달론. 공동체.
강봉규(1994). 발달심리학. 정문.
______(2000). 인간발달. 동문사.
곽형식 외(2000). 인간행동과 사회환경. 형성.
권중돈 · 김동배(2005). 인간행동이론과 사회복지실천. 학지사.
____________(2011). 인간행동과 사회환경. 학지사.
김경중 외(1998). 아동발달심리. 학지사.
김경희(2001). 발달심리학. 학문사.
김제한(2001). 발달심리학. 양서원.
김태련 · 장휘숙(1998). 발달심리학. 박영사.
김태련 외(2004). 발달심리학. 학지사.
박미덕 외(2005). 아동복지론. 대왕사.
박성연(2006). 아동발달. 학지사.
서봉연 · 이순형(2001). 발달심리학-아동발달-. 중앙적성출판사.
서영숙 · 김경혜(2002). 영유아보육론. 양서원.
손병덕 · 강란혜(2008). 인간행동과 사회환경. 학지사.
송명자(1995). 발달심리학. 학지사.
오창순 외(2010). 인간행동과 사회환경. 학지사.
유안진 · 김혜선(1996). 인간발달. 한국방송대학교출판부.
이근홍(2012). 인간행동과 사회환경. 공동체.
이옥형(2002). 아동 · 청년발달. 집문당.
이인정 · 최해경(2007). 인간행동과 사회환경. 나남.
이종복 · 전남련(2011). 인간행동과 사회환경. 학현사.
장휘숙(2000). 전 생애 발달심리학: 인간발달. 박영사.
전남련(2002). 아동복지. 형성.
정옥분(2004). 발달심리학: 전 생애 인간발달. 학지사.
______(2008). 발달심리학. 학지사.
조홍식 외(2011). 인간행동과 사회환경. 학지사.
주수길 · 김지연(2003). 아동복지강론. 양서원.
질병관리본부 대한소아과학과(2007). 한국 소아청소년 성장도표.
최경숙(2001). 발달심리학-아동, 청소년기. 교문사.
최미현 외(2000). 영유아 보육의 이해. 창지사.
최옥채 외(2012). 인간행동과 사회환경. 양서원.

Berk, L. E.(2008). 아동발달(이종숙 · 이옥 · 신은수 · 안선희 · 이경옥 역). 시그마프레스.

CHAPTER 10

인간의 성장과 발달 : 청소년기

1 청소년기의 성장과 발달

12세에서 18세까지를 청소년기라 한다. 청소년기는 무엇보다도 빠른 신체 성장, 생리적 성숙, 정서적 발달이 이루어지는 시기이다. 이 시기는 어린아이가 성인이 되는 변화의 시기이다. 이 시기가 정비되어 있기는 하지만 정확한 시기는 개인에 따라 다르다. 어떤 사람은 11세에서 12세에 청소년기에 들어가서 20세 중반이나 후반에까지 계속되고, 어떤 사람들은 14세에 시작하여 1년 이내에 끝나기도 한다. 자신의 신념, 가치관 등 자아정체감이 형성되고 신체적, 인지적, 사회심리적, 도덕적 변화가 급격히 일어나는 불안정한 시기이다

1. 신체적 발달

1) 성장과 사춘기의 성숙

청소년기는 키와 몸무게가 급격히 성장한다. 여아의 경우 10세, 남아의 경우

12~13세경에 시작된다. 아동기의 끝을 알리는 생물학적 변화라 할 수 있는 급격한 생리적 성숙, 신체비율의 변화, 변성, 초경, 정액 사출능력의 출현은 사춘기로 불리는 청소년기에 나타난다. 사춘기가 발현되는 평균연령은 여아는 만 12세, 남아는 만 14세이며, 2년가량 지속된다. 성장 급등이 끝난 후에는 성장속도가 퇴조하고 성적 성숙이 가속되며 태아기 이후로 남녀 간의 성차가 가장 현저하게 증가한다. 남아는 어깨가 넓어지고 다리가 길어지며 더 큰 체격을 갖게 되는 반면, 여아는 피하 지방층의 발달로 곡선적인 외양을 갖게 되고 골반이 넓어져 출산이 용이하게 된다.

2) 일차성징과 이차성징

일차성징은 생식과 직접 관련되어 있는 특징이다. 즉, 여성의 난소, 자궁, 질과 남성의 고환, 전립선, 음경, 정낭을 포함하는 생식 기관과 관련된 성적 특징이다. 이들 기관은 사춘기 동안 그 크기가 점점 커지면서 성적인 성숙을 이루게 된다. 소변 속에 비치는 정액은 남자 아이들이 성적으로 성숙했다는 일차 신호로 간주되는데 정액을 배출할 수 있게 되면 바로 생식이 가능해진다. 여아의 월경과 같이 남아의 정액이 나오기 시작하는 시기는 매우 다양하다. 한편 이차성징은 성적 성숙이나 생식기관을 직접적으로 포함하지 않는 신체적 특징이다. 여아는 유방이 커지고 남아는 어깨가 넓어진다. 다른 이차성징은 남녀 모두에게 나타나는데 생식기와 겨드랑이 온몸에 털이 자라고 성인의 피부와 목소리를 갖게 된다. 이러한 특징이 나타나는 시기에는 개인차가 존재하지만 그 출현 순서는 일정한 양상을 보인다.

2. 인지 발달

1) 형식적 조작의 사고

청소년기는 피아제의 인지 발달단계상 최후의 단계인 형식적 조작에 이르는 시기이다. 형식적 조작단계의 대표적인 특징은 추상적 사고능력의 발달이다. 청소년기에 이르면 눈앞에 사물이 존재유무에 따라 그 사물을 머릿속에서 생각할 수 있는 추상적인 사고가 가능해진다. 이러한 추상적 사고능력의 향상으로 사회적, 이념적 문제에 대한 논리적, 진보적 추론을 할 수 있게 된다. 이에 따라 청소년의 관심은 정치, 경제, 사회, 문화, 종교, 철학 등으로 폭넓게 확장된다(이옥형, 2002).

청소년기에 이르면 이와 같은 추상적 사고 외에 가설적이고 연역적인 추리의 사고가 가능해지게 된다. 즉, 아동기의 인지적 특징이라 할 수 있는 구체적이고 귀납적인 추리와 사고에 더 이상 머물러 있지 않게 되는 것이다. 이제 청소년들은 문제가 제시되는 상황에 직면할 때 일련의 가설을 세워 차례대로 문제해결의 범위를 좁혀 나갈 수 있게 된다. 이들은 주어진 문제를 해결하는 방안에 대해 체계적으로 가설을 설정하고 설정된 가설의 검증을 통해 결론을 도출하는 가설적, 연역적인 추론을 할 수 있게 된다.

청소년기는 체계적이고 조합적인 사고가 발달하는 시기이기도 하다. 청소년들은 마치 과학자처럼 사고하기 시작한다. 문제를 해결할 때 되는대로 체계 없이 접근하지 않고 사전에 계획을 세우고 체계적으로 해결책을 시험해 본다. 이는 조작의 수준을 한 차원 더 높은 수준에서 조직화하는 것으로 제기된 문제와 관련된 다양한 요인들을 분리시키고 검증하는 체계적인 접근방법이 여러 각도에서 활용할 수 있는 능력으로 발휘된다(이소회 외, 2004; 정옥분, 2004).

2) 사회인지

사회인지는 다른 사람의 감정과 생각, 의도, 행동을 이해하는 능력을 말하며 이는 모든 인간관계의 기본을 이룬다. 다른 사람이 무슨 생각을 하는지 어떤 느낌을 가지고 있는지 아는 것은 다른 사람들을 이해하고 이들과 원만한 관계를 유지하는 데 필수적이다. 청소년기에 이르면 사회적 환경 속에서 자신과 타인 간의 사회적 관계를 고려할 수 있는 능력이 발달하게 된다. 청소년들은 인지적 성장에 힘입어 자신의 생각은 물론 타인의 생각을 보다 잘 인식할 수 있게 되어 다른 사람의 사고나 감정, 의도를 보다 정확하게 추론하게 된다.

한편 청소년기의 사회인지는 청소년기의 또 다른 사고 특징인 자아중심적 사고에 의해 방해를 받게 된다. 청소년의 이러한 사고는 자신과 타인의 관심사를 구분하지 못하는 것에서 기인하며 13~16세경에 절정을 이루다가 이후로 다양한 관계를 경험하게 되면서 차츰 사라진다. 청소년기 자아중심적 사고의 대표적인 예가 상상적 관중이다. 청소년들은 자신이 무대 위의 주인공인양 생각하고 주위의 다른 사람들은 모두 자기를 바라보는 구경꾼으로 생각하는데 이와 같은 사고는 다른 사람들의 눈에 띄고 싶어 하는 청소년들의 욕망에서 나온다.

자기중심성을 반영하는 또 다른 상황은 개인적 우화로 자신의 사고와 감정이 너무나 독특해서 다른 사람들이 도저히 이해할 수 없다고 생각한다. 청소년들은 첫사랑에 대해 각별하여 아름답고 숭고한 뜨거운 사랑을 직·간접 경험한다. 또 다른 예는 불멸로 다른 사람은 죽어도 나는 죽지 않을 것이라고 생각하고 위험한 행동을 하며 무모한 행동으로 인해 중상을 입거나 사망에 이르기도 한다.

3. 사회심리적 발달

1) 정서 발달

청소년은 이차 성적 발달과 더불어 성적 호기심이 강하게 나타난다. 성의식이 높아짐에 따라 성적 수치심이 강해지고 이성에 대한 호기심이 있으면서도 이를 거부하거나 반대로 허세적인 반항적 행동을 하게 되는 경우가 많다. 이 시기의 정서적 불안정을 고민이라고 표현하는 경우가 많은데 그 이유는 불안, 고독, 열등감, 공허함 등의 부정적 감정을 경험하는 빈도가 높기 때문이다. 이 시기에 자아의식이 서서히 발달하면서 혼자 있고 싶어 하고 고독에 빠지기 쉽다. 또한 어떤 청소년은 부정적 정서경험을 지나치게 억압하여 우울증, 거식증, 폭식증 등에 걸리기도 한다. 또 다른 청소년은 정서에 대한 통제가 이루어지지 않고 지나치게 충동적으로 반응함으로써 비행행동을 보이기도 한다.

2) 자아정체감 발달

자아정체감 형성에서 청소년기가 다른 어느 시기보다 중요하게 두드러지는 이유는 이 시기에 신체적, 심리적, 성적인 면에서 급격한 변화가 일어나며 인지 능력이 발달하고 신체적으로 성인이지만 정서적, 경제적으로는 부모에게 의지하는 주변인이기 때문이다. 또한 이 시기는 자신에 대한 정의를 내리게 되고 인생에서 중요한 결정을 내려야 하는 시기이며 과거와 현재에 이어 미래에 자신이 무엇을 할 수 있는지 고민하고 탐색하는 시간을 가지게 되기 때문이다(허혜경·김혜수, 2002).

자아정체감의 형성은 아동기의 동일시에 뿌리를 두고 있으며 청소년기를 거쳐 전 생애 동안 지속된다. 자아정체감의 기초가 인생의 초기에 이미 형성되어 일생 계속 되는 과업이라 할지라도 자아정체감을 형성하기 위해서는 신체적 성숙과 성적 성숙, 추상적 사고능력의 발달, 정서적 안정성의 확보, 부모나 또래의 영향으로부터 자율성을 확보할 수 있어야 한다. 그리고 다양한 역할실험을 통하여 자신의 특성을 인정하고 다른 사람의 견해를 이해하며 세계에 대한 지식을 습득하는 과정이 필요하다. 자아정체감 형성에서 청소년의 과업은 동일시의 산물을 미래의 열망과 적절히 연계해 자신에 대한 만족감을 얻는 방향으로 통합하는 것이다.

3) 사회심리적 발달이론

(1) 스텐리 홀

스텐리 홀은 청소년기에 대한 이론을 최초로 정립한 심리학자로 널리 알려져 있다. 청소년기에 두드러지게 나타나는 신체적인 변화가 곧 청소년들의 심리적인 변화를 겪게 한다. 즉, 급격하게 변화하고 있는 자신의 신체에 적응하고자 애쓰고 있는 청소년들의 노력으로 이들은 질풍노도의 시기의 동요, 방황, 혼란 등의 과정을 거치면서 심리적으로 강해질 수 있다.

(2) 프로이트

청소년기의 갈등은 신체적 변화에서 기인하며 성인기의 성욕을 갖게 되는 생식기를 준비하는 과정이다. 사춘기의 생리적인 변화가 급격하여 에너지원인 리비도를 다시 일깨운다. 즉, 아동기 동안 잠잠했던 성 충동이 다시 표면에 떠오르게 되는 것이다.

청소년의 성적 애착은 반동형성에 의해 일시적으로 증오심으로 대체되기도 한다. 한편 이성부모에 대한 성적 애착으로부터 벗어나 동성의 성인에 대해 과도한 열망을 보이거나 친밀한 우정을 발달시키며 이성과의 성숙한 관계를 맺기 위한 전조의 시기이기도 하다.

(3) 안나 프로이트

청소년기는 잠복기에 잠잠했던 리비도가 활성화되어 자아와 원초아 간의 불균형을 이루어 불안을 경험하게 되고 지성화나 금욕주의와 같은 방어기제를 사용한다.

지성화는 성적인 충동을 추상적인 사고로 바꾸는 것으로 정치, 경제, 사회, 문화, 종교와 관련된 문제에 대해 밤새 토론하기를 즐겨 하는 청소년들의 모습에서 쉽게 찾아볼 수 있다. 일부 연구자들은 이러한 우스운 토론을 정체감 탐색이나 추상적 사고, 문제해결 능력의 증대와 결부시키고 있지만 안나 프로이트는 이들이 문제해결을 위한 실질적인 노력은 기울이지 않고 자신의 변화하는 신체의 본능적 욕구에 반응하기 위한 말과 생각을 조작할 뿐이라고 보았다.

안나 프로이트는 금욕주의를 청소년이 자신의 충동을 통제하지 못할 것을 염려하여 느끼게 되는 두려움에 대한 방어기제의 일종으로 해석한다. 이러한 두려움 때문에 어떤 아이들은 자신이 좋아하는 음식이나 옷차림을 통해 얻을 수 있는 매우 단순한 즐거움조차 거부하고 자신을 과도하게 통제한다. 안나 프로이트는 사람들이 점점 나이가 들어감에 따라 자신의 위험스런 충동을 통제할 수 있는 능력에 자신감이 생기면서 긴장을 풀게 되고 자신에게 덜 엄격해지는 것 같다고 설명한다(정옥분 역, 1991).

(4) 스택 설리반

스택 설리반은 발달단계에 따라 인간의 대인관계 욕구가 변화한다고 보고 유아기로부터 청년 후기에 이르기까지 인간의 사회적 상호작용 욕구를 여섯 단계로 설명하였다. 즉, 유아기, 아동기, 사춘기, 전청년기, 청년초기, 청년후기를 거치는 동안 또래관계가 중요한 역할을 한다.

특별히 전청년기는 십대 초반의 사춘기로 친밀감의 욕구가 증가하면서 동성의 친구와 단짝을 이루어 돈독한 우정을 발달시키는 단계이다. 그러다가 십대 후반인 청년초기에 접어들면서부터는 이성을 향한 친밀함의 욕구가 크게 증대하여 이성 친구와 애정적 유대를 형성하고자 하는 강렬한 욕구를 갖게 된다. 이 두 단계에 걸친 청년전기의 과업이 성공적으로 성취될 경우 친밀감을 발달시킬 수 있고, 성욕을 건전하게 다루는 능력을 갖추어 청년후기로 진입할 수 있게 된다(홍봉선·남미애, 2007).

(5) 에릭슨

청소년기의 발달과업은 정체감 대 정체감 혼미의 갈등을 해결하는 것이며 자신이 사회에서 의미 있는 역할을 하고 있는 독특한 존재라고 느낀다. 정체감 형성의 주요 집행자인 자아는 개인의 능력이나 욕구에 대한 지식과 사회환경에 적응하기 위해 어떻게 대처해야 하는지에 종합하여 사고한다. 자신과 세상에 대해 깨닫고자 하는 노력이 성인의 자아에 기여하는 건강과 생명이 넘치는 과정이며 이 과정에 관여하는 갈등이 급격한 성장과 발달을 촉진한다.

이 단계에서 위험한 것은 정체감 혼미로 자의식이 혼란스럽고 변덕스런 행동을 한다는 것이다. 정체감 혼미는 성인기까지도 오래 지속될 수 있다.

4. 도덕성 발달

도덕성의 핵심인 인간의 본성을 두고 오래전 어떤 학자는 성선설을 또 어떤 학자는 성악설을 주장했다. 인간의 본성을 보는 관점에 따라 자녀양육이나 학교교육에서 많은 영향을 주고 있다.

청소년기 도덕성 발달에 영향을 주는 요인으로는 성격, 지능, 학력 등 개인적 요인과 부모, 또래, 학교, 대중매체 등 사회환경적 요인이 있다.

1) 부모의 영향

부모의 양육태도는 자녀의 성격발달, 특히 도덕성 발달에 많은 영향을 미친다. 자녀를 사랑하고 수용하는 부모의 양육태도는 자녀의 도덕성 발달에 대체로 긍정적인 영향을 미치나 지나치게 엄격하고 통제하는 부모의 양육태도는 부정적인 영향을 준다. 부모의 양육태도 가운데 특히 훈육방법이 도덕성 발달과 깊은 연관이 있다. 왜냐하면 부모의 훈육방법에 따라 자녀에게 도덕성이 내면화되는 과정과 내용이 달라지기 때문이다.

호프만은 훈육방법과 관련하여 도덕성 발달 연구에서 부모들이 자녀가 잘못했을 때 사용하는 훈육방법을 애정철회, 완력사용, 유도의 세 가지로 분류했다[16]. 연구결과에 의하면 애정철회나 완력사용은 도덕성 발달에 긍정적인 영향을 미치지 못하나 논리적인 설명을 시도하는 유도만이 도덕성 발달에 긍정적이다.

2) 형제자매의 영향

형제들은 서로에게 모델이 되며 비슷한 환경에서 사회성을 배운다.

형제관계는 규칙과 서열이 있어 경쟁을 통하여 갈등을 겪기도 하며 형제간의 화합과 결속으로 문제를 해결해 나간다.

출생순위에 따른 상황을 어떻게 인식하느냐에 따라 다른 환경을 갖게 된다. 맏

---

16) ① 애정철회 : 자녀가 잘못했을 때 관심과 사랑을 거두어 버리는 것으로 불안을 일으키는 방법이다.
② 완력사용 : 말 그대로 소리를 지르거나 때림으로써 공포를 일으키는 방법이다.
③ 유도 : 잘못된 행동에 대해 이해할 수 있도록 논리적인 설명을 함으로써 행동의 변화를 유도하는 방법이다.

이는 대체로 성숙과 책임을 기대하기 때문에 윗사람의 기대에 순응하고 책임감이 강하다. 둘째나 중간아이는 권위에 도전하거나 새로운 길을 개척하는 삶을 좋아하고 혁명가적 기질을 갖는다. 간혹 맏이가 경쟁에 너무 강하면 손위에 대한 열등감으로 게으름, 신경증 같은 증상을 나타나기도 한다. 막내는 과잉보호될 가능성이 많으며 의존적이 되기 쉽다. 외둥이는 부모의 관심을 독차지하고 사랑과 보호를 받는다. 경쟁할 형제가 없어 응석받이가 되기도 하고 자기중심적 성격을 갖는다. 특수한 상황에 있는 여자형제 속의 외아들의 경우 소외감을 갖기 쉬우며 남자형제들 사이에서 자란 여아는 매우 여성적 혹은 매우 남성적 특성을 발달시킨다. 이들은 성정체감에 있어서 불안정함과 무력감을 느낀다.

3) 또래집단의 영향

청소년에게는 부모의 양육태도에 못지않게 또래집단이 도덕성 발달에 많은 영향을 미친다. 이 시기는 아동기의 절대적인 부모의 영향을 벗어나 신체적·정신적 독립이 진행되는 때이다. 부모로부터 벗어나서 나만의 공간을 갖고 싶어 하고 같은 또래의 친구들과 보다 많은 시간을 갖게 된다. 또래관계는 편안하고 서로 격려하며 힘이 된다. 공감과 이해로 우정을 형성하여 흥미, 태도, 자아존중감에 영향을 준다. 또래는 자기 자신을 평가하는 비교준거가 되기도 하며 서로의 풍부한 정보와 자료를 제공하며 긍정적 우정이 형성된다. 삶에서의 자신의 위치를 위한 기초를 형성하여 확신을 갖게 되며 또한 자신의 역할의 혼미로 인한 부정적 낙인에 의해 폭력적 행동, 가출, 자살 등이 나타난다. 이러한 또래관계는 동등한 위치에서 서로 상호작용하는 가운데 행동양식, 가치관 등이 도덕성 발달에 영향을 준다.

4) 학교의 영향

학교의 기능은 청소년 미래의 사회생활에 필요한 기술과 지식을 습득하게 하고 그 사회의 도덕과 가치관을 전달한다. 이것을 학교의 사회화 기능이라고 하는데 학교의 사회화 기능 가운데 중요한 부분은 청소년의 도덕성 발달에 많은 기여를 한다는 것이다. 학교는 윤리나 도덕 등 교과목을 통해 도덕성을 함양하기도 하지만 교사들의 의식, 행동, 사고방식, 학생들의 가치관, 학교의 교육 환경 등 정규교육 과정이 아닌 잠재적 교육과정을 통하여 청소년의 도덕성 발달에 영향을 준다.

우리나라의 경우 입시위주의 교육, 지식 지향적이고 지나치게 경쟁적인 학교 분위기로 인해 인성교육을 제대로 받지 못하고 있다. 이러한 경향성은 도덕성 발달에도 부정적인 영향을 미치게 된다.

5) 대중매체의 영향

청소년들은 인터넷으로 이메일, 카페, 블로그, 컴퓨터 게임 등 가상공간에서 많은 시간을 보낸다. 컴퓨터를 통해 정보를 수집할 수 있고 학습에 많은 도움을 받고 있다. 그러나 사회성 결여, 게임중독, 불법 음란물 무단 유통, 익명의 음해성 댓글 등 도덕성 발달에 부정적 영향을 줄 수 있다.

2 청소년기의 주요 건강문제

1. 청소년기의 정신건강문제

청소년기는 자의식, 반항, 우울, 불안, 냉소, 고독과 같이 심리적 변화가 두드러지게 나타난다. 이러한 증상들은 핵가족화, 과보호, 교육기간 연장 등으로 사춘기가 길어지는 원인이 된다. 청소년기가 되면 전두엽이 발달하기 시작하여 20대중반에 완성된다. 그전까지는 원시뇌가 작용하는데 이 뇌는 원시시대부터 주위의 위험을 알아차리고 자신을 보호하는 생존에 중요한 기능을 한다. 사춘기 청소년들이 정리정돈이나 의사결정을 제대로 하지 못하고 충동적으로 행동하며 참을성이 없는 것은 이러한 뇌의 구조적 변화 때문이다.

뇌의 장애가 있는 청소년들이 정신장애를 겪게 된다. 또한 우리 몸속에 분비되는 엔트로핀, 세로토닌 같은 신경전달물질이 뇌신경세포를 자극해 개인의 감정과 행동에도 영향을 준다.

그러므로 주의력결핍과 과잉행동장애, 학습장애, 틱 장애, 불안장애와 같은 뇌 기능장애는 적극적으로 치료를 해야 한다.

1) 우울증

청소년기 우울증은 우울하고 흥미와 즐거움이 없어지는 것이 특징이지만 과도한 짜증과 산만함, 충동적인 행동을 보이기도 한다. 이러한 증상이 지속되면 증상 자체로도 힘든 일이지만 품행장애, 게임중독, 학업포기 등의 2차적 문제로 확대될 수 있기 때문에 조기 개입이 중요하다. 청소년기의 우울은 특히 ADHD(주의력결핍과잉행동장애), 품행장애, 적대적 반항 등의 문제와 감별이 어려울 수 있기 때문에 주의해야 한다.

2) 자살

청소년기의 자살률은 과거 30년간 크게 증가해왔는데 특히 십대에서 더 우세하다. 소녀들이 소년들에 비해 자살시도가 더 많지만 소년들의 성공률이 더 높다. 자살의 요인으로는 우울을 들 수 있다.

3) 불안장애

두려움, 긴장감 등의 특징적인 증상들을 보이며 특정대상에 대한 공포감을 갖기도 하고 일상생활 속에서 항상 불안감을 느끼는 불안장애도 이에 속하게 된다.

청소년기에 친구들과 말도 함부로 안하고 의젓해 보이는 정서적 조숙을 가진 청소년은 정서적으로 불안과 강박증이 나타난다. 정서적 조숙은 청소년에게 심리적 부담으로 위험할 수 있다.

4) 반항성장애

권위인물에 대해 반복되는 적대적, 거부적 행동이 지속된다면 반항성장애를 생각해 볼 수 있다. 청소년기 동안에는 자존감이 낮고 기분의 변동이 심하고 좌절을 견디는 힘이 약한 경우 위험할 수 있고 술, 담배, 불법약물을 사용하게 될 가능성이 높다. 이러한 어려움을 가진 청소년들은 특히 부모, 교사, 친구관계에서 갈등이 빈번하며 악순환하는 모습을 보인다(정옥분, 2005).

5) 품행장애

품행장애란 다른 삶의 기본적인 권리를 침해하고 나이에 맞는 사회규범 및 규칙을 위반하는 지속적이고 반복적인 행동양상을 보이는 경우를 말한다. 대표적인 증상으로는 사람과 동물에 대한 공격적 행동, 재산의 파괴, 거짓말, 도둑질, 가출이나 무단결석과 같은 심각한 규칙위반을 반복하는 것이다. 품행장애의 개입을 위해서는 그 원인을 먼저 파악하여야 하는데 동반된 우울증 또는 주의력결핍과잉행동장애가 있다면 치료를 해 주어야 하며 지속적인 상담치료, 행동치료 및 가족치료가 필요하다(민성길, 2006).

6) 인터넷 중독

인터넷 중독은 인터넷 사용이 지나쳐서 이용자의 일상생활에 심각한 신체적, 정신적, 경제적, 직업적, 사회부적응을 초래하는 것으로써 이 장애의 원인은 인터넷 자체의 속성과 청소년의 현실에서의 낮은 자존감 등과 친구가 적고 전반적인 삶의 만족도가 떨어져 인터넷 속의 활동에 빠지고 탐닉한다. 이러한 상태가 지속되면 현실과 가상을 구분하는 현실감이 떨어지고 가상세계에서의 폭력과 범죄 행동을 현실에서 재현하기도 한다. 과도한 컴퓨터 사용으로 대인관계 위축, 시력저하, 익명성을 악용한 음해성 글 게재, 스팸 메일 발송, 불법게임이나 음란 인터넷 사이트 이용 등 도덕성이나 사회적 책임감에 부정적 영향을 준다.

2. 일반적인 청소년 문제

청소년기는 생리적 발달에 따른 여러 가지 문제가 발생할 수도 있다.

1) 사고

사고는 청소년기 사망의 원인이 된다. 타는 것과 관련된 사고가 가장 흔한 사망의 원인이며 종종 알코올이나 다른 약물 사용과도 관련된다.

2) 임신

최근 15세에서 19세 사이의 십대 임신이 사회문제로 대두되고 있다. 이런 임신은 십대의 산모, 아기, 가족 그리고 사회에 신체적, 심리적, 경제적으로 부담이 된다.

3) 섭식장애

청소년들은 친구들과 어울려 가공음식이 주류를 이루는 유행음식을 먹는 빈도가 흔하다. 그런 음식과 생활패턴으로 초래되는 영양불균형의 해가 단기간에는 눈에 띄지 않을 수 있지만 장기적으로는 문제가 된다.

신체상(특히 여성)에 과민한 청소년은 심한 식습관 장애가 초래될 수 있다. 가장 흔한 것이 신경성 식욕불량과 탐식증이다. 이런 상태의 심리역동은 복잡하지만 거의 항상 심한 가족 역기능을 포함한다. 이런 장애가 과거에는 흔치 않은 것으로 간주되었지만 오늘날에는 12세에서 25세 사이의 젊은 여성의 10~15%가 영향을 받는다.

4) 성병

청소년은 성인에 비해 성병과 그로 인한 합병증에 전염될 위험이 훨씬 더 높다. 이런 위험의 가장 흔한 원인으로는 지식부족, 사회 심리적 성숙의 결핍, 당황, 피임기구의 미사용 등을 들 수 있다.

여성 청소년에게는 인간 유두종 바이러스는 물론 트리코모나스 감염과 모닐리아증이 흔하다. 유막세균 감염증이 남녀 모두에게 발생하고 매독과 제2유형의 단순포진(성기헤르페스)도 발생한다.

성병 중 가장 심한 개인적, 사회적 합병증을 유발하는 것은 후천적 면역결핍증(AIDS)이다. 비록 AIDS가 성적 접촉이 아닌 다른 방법(예를 들면, 수혈과 혈관내 약물투여 등)으로도 전염될 수 있지만 일차적으로는 성교를 통해서 전염된다.

5) 폭력

급속한 사회변화에 따른 가족에서는 빈곤가정 및 이혼가정, 소년소녀가장, 요보호, 학대 등 위기청소년이 증가하고 있고 학업중단, 학습부진, 흡연, 음주, 가출, 자살, 학교폭력, 성범죄 등 청소년 범죄가 계속 증가하고 있다. 소년범죄도 계속 증가하여 소년범 재범률이 2006년 29.9%로 보고되었다(경찰청, 2007). 최근 영국에서 폭동사태의 주범이 10대 청소년으로 청소년 범죄의 심각성이 대두되어 10대 범죄와의 전쟁을 선포하기도 했다.

청소년 도덕성 회복을 위해 집단훈련캠프를 실시하고 가정교육에 대한 정부의 개입과 지원을 강화하였으며, 영국 교육부는 학교폭력이 심각하여 학생과의 신체

접촉을 전면금지한 '노터치'정책을 폐지하고 2011년 9월부터 교사들이 적절한 수준의 물리력을 쓸 수 있도록 하였다(조선일보, 사회이슈, 2011).

6) 약물남용

청소년기에는 호기심, 또래집단의 권유, 환경적 노출 등의 다양한 원인으로 인하여 술과 담배를 쉽게 접할 수 있으며 심지어 마약류와 같은 기타 약물을 접하는 경우도 있다. 이러한 약물의 접촉은 학교생활, 가정생활 및 일상생활의 부정적 문제(성적하락, 또래관계의 변화, 부모와의 마찰 등)로 나타날 수 있으며 반복적 사용은 남용과 중독으로 이어질 수 있다.

3 사회복지실천 과제

첫째, 청소년기는 올바른 가치관 확립, 자아존중감, 자기주장훈련, 인간관계 및 의사소통기술 등 긍정적 자아정체감 형성 프로그램 개발이 필요하다.

둘째, 현대사회에서 가족의 변화에 따른 다양한 가족유형을 이해하고 가족의 중요성을 고취시키며 사회에 잘 적응하고 바람직한 인간으로 성장할 수 있는 참된 양육과 가정교육이 이루어져야 하고 학교교육에서 지식, 규범, 도덕을 익히게 함으로써 도덕성과 사회성을 겸비한 원만한 인격을 갖추도록 교육과 훈련을 하여야 한다.

셋째, 청소년을 대상으로 성에 대한 올바른 이해와 가치관 형성을 위한 프로그램을 시행할 필요가 있다. 청소년의 성에 대한 이해를 도모하기 위하여 학교나 성교육기관과의 협력을 통해 구체적이고 실질적인 성교육이 시행되어야 한다. 바람직한 이성교제와 배우자 선택의 정보와 서비스를 제공하여 올바른 이성관과 결혼관을 확립하도록 도와주어야 한다. 최근 개방적인 성문화로 인하여 미혼 부모가 늘고 있다. 출산, 자녀양육, 입양 등 성공적인 가족 적응을 위한 경제적 지원 및 정책이 필요하다.

넷째, 청소년기는 심리적 격동기로 다양한 정신장애를 겪고 있다. 청소년기에 일어나는 정신장애로는 우울, 불안장애, 반항성장애, 품행장애, 약물남용, 인터넷 중독, 자살 등을 들 수 있다. 특히 우리나라의 지나친 입시경쟁으로 말미암아 고3 증후군으로 대표되는 시험불안은 대부분의 청소년이 경험하는 심리적 증상이다. 따라서 청소년의 정신건강과 사회 심리적 발달을 지원하기 위하여 청소년을 대상으로 스트레스 예방법과 관리기법, 우울척도검사, 성격 및 적성검사를 통한 개별상담 및 교육 등을 시행하고 필요에 따라서는 전문기관에 의뢰하여 치료를 받을 수 있도록 조치해야 한다.

다섯째, 위기청소년을 위한 지원과 사회안전망 구축을 위한 양질의 서비스가 제공되어야 하고 더불어 행복한 미래를 꿈꿀 수 있는 청소년보호 정책이 시급히 마련되어야 한다.

참고문헌

권중돈 · 김동배(2005). 인간행동과 사회환경. 학지사.
나동석 외(2010). 정신건강론. 양서원.
민성길(2006). 최신임상정신의학. 하나의학사.
박성석 외(2009). 가족복지론. 양서원.
박주현(2010). 인간행동과 사회환경. 파란마음.
유수현 외(2011). 정신건강론. 양서원.
이경순 외(2007). 정신건강간호학. 현문사.
이소희 외(2004). 인간행동과 사회환경. 학현사.
이영실 외(2009). 정신건강론. 창지사.
이옥형(2002). 아동, 청년발달. 집문당.
정옥분 역(1991). 인간발달의 이론. 교육과학사.
정옥분(2004). 발달심리학: 전생애 인간발달. 학지사.
______(2005). 아동발달의 이해. 학지사.
조선일보(2011). 사회이슈.
허혜경 · 김혜수(2002). 청소년의 발달심리학. 양서원.
홍봉선 · 남미애(2007). 청소년복지론. 공동체.

CHAPTER 11

인간의 성장과 발달 : 청년기

청년기로 들어가는 것은 일생에서 중요한 전환점이다. 청년기 이전의 모든 시기는 준비하는 시기라고 볼 수 있으며, 청년기 이후는 이제까지 준비해 온 것들을 실현하고 구체화시키는 시기이다.

레빈슨(Levinson et al., 1978)은 청년기에 다음과 같은 발달과제를 성취해야 한다고 설명한다. 첫째, 아직 현실에 기반을 두지 못하고 다소 과장된 목표로 구성되어 있는 희망을 명확하게 정의하는 것이다. 둘째, 청년의 목표를 인정해 주고, 기술이나 지혜를 가르쳐 주며, 청년이 자신의 경력에서 전진하도록 영향력을 발휘하는 지도자를 발견하는 것이다. 셋째, 직업을 선택하고 나아가서 경력을 쌓고 발전시켜야 한다. 넷째, 친밀한 관계를 형성하는 것이다.

사회복지 영역에서 상담의 대상이 되는 클라이언트들은 청년기에 등장하는 도전들에 의해 일시적으로 압도당했거나 심각한 고통을 겪고 있는 경우가 많은데, 사회복지사들이 이들로 하여금 현실적인 목표를 세울 수 있도록 도와주기 위해서는 그들의 능력뿐만 아니라 세계를 보는 방식과 포부를 이해하는 것이 필요하다.

1 청년기의 발달

1. 청년기의 개념

청년기는 청소년기에서 성인기로 이동하는 독립적 사회생활 준비기로 청소년기의 급격한 신체적·심리적·사회적 발달의 경험을 어느 정도 완화시키고, 성숙시키는 시기라고 할 수 있지만 우리 사회에서는 청년기 때의 사회적 정착 생활에 개인차가 많이 나타나며, 이 시기에 겪게 되는 갈등도 다양하게 존재하게 된다.

청년기는 일반적으로 청소년기와 구분하기 위해서 20세~29세 사이에 있는 20대를 중심으로 성인기를 준비하는 시기로 정의된다. 20대의 청년기는 청소년기를 벗어나 독립된 생활을 성취하기 위한 준비기로서 자아정체감의 확립, 자기 성에 적합한 성 역할의 습득, 직업선택에 대한 의사결정 등의 발달과업을 수행해야 하는 중요한 시기라고 할 수 있다. 이것은 청소년기의 신체적, 지적 발달의 완성을 통하여 가장 정점에 도달하는 시기이며, 사회적 측면에서는 다른 사람을 사랑하고 보살피는 능력이 심화되고 내면화되는 시기이다. 이러한 청년기의 가장 큰 변화는 직업을 가지고 결혼을 하는 것이라고 볼 수 있다.

2. 청년기의 신체적 발달

인간의 신체적 성숙은 청년기에 거의 완성되기 때문에, 이 시기에는 최상의 신체적 상태를 유지한다. 즉, 청년기는 전 생애에 있어서 활기, 힘, 건강이 최고수준을 유지하는 시기이며, 근육과 내부기관의 기능도 최고조에 달한다(Turner & Helms, 1983).

신장 확대와 근육 발달의 시간적 차이로 인한 청소년기의 어색한 모습은 사라지고 청년기에는 균형 잡힌 모습을 갖추게 된다. 육체적인 힘은 25세에서 30세 사이에 최고조에 이르며 그 후에는 점진적으로 쇠퇴한다. 또한 청년기에 최고수준으로 발달된 대부분의 신체적 기능과 능력은 계속적, 규칙적으로 사용하여 주면 그 성취능력이 청년기 이후에도 쇠퇴하지 않고 지속될 수 있다. 그러나 과도한 흡연이나 음주, 약물 사용은 청년기의 신체에 해로운 결과를 초래하기도 한다.

3. 청년기의 감각 및 인지적 발달

시각, 청각 등과 같은 감각기능은 20세 전후에 가장 예민하다. 청년기의 인지발달에 대해서는 아직 학자들 간에 합의에 이르지 못하고 있다. 최근에는 피아제(Piaget)의 청소년기에 형식적 조작사고가 발달한 이후에는 인지 발달이 거의 이루어지지 않는 것으로 보는 견해에 대한 비판이 제기되고 있다. 즉, 기계적 암기나 지적 과제의 수행속도 등은 10대 후반이 가장 뛰어나지만, 판단, 추론, 창의적 사고 등은 청년기는 물론 전 생애를 통하여 발달하는 것으로 보는 견해가 우세하고 있다.

사회인지의 경우 셀먼(Selman)은 청년기를 심층적 조망, 사회적 조망단계라고 말하였는데 이것은 사회관계를 이해하는 능력이 보다 심층적으로 발달하게 된다는 것을 말한다.

연령에 따르는 지능의 변화에 관한 종단적 조사의 하나는 지능을 다음과 같은 네 가지 유형으로 구분한다(Baltes & Schaie, 1974) .

- 결정성 지능: 언어적 이해력, 수에 관련된 기술, 귀납적 추론과 같이 교육과 경험의 축적을 통해 습득되는 능력
- 인지적 융통성: 동의어나 반대어를 생각해 내는 것처럼 익숙한 지적 운용의 맥락에서 한 사고로부터 다른 사고로 전환하는 능력
- 시각-운동적 융통성: 시각과 운동능력의 통합을 요하는 과제에서 익숙한 방식

에서 새로운 방식으로 전환할 수 있는 능력

- 시각화: 복잡한 그림 안에서 간단한 형상을 찾아내거나 불완전한 그림을 확인해 내는 것처럼 시각적 자료를 조직하고 처리하는 능력

4. 청년기의 심리적 발달

1) 자율성 발달

청년기는 대학 진학, 군 입대 또는 취업 등으로 부모와 지리적으로 분리되어 생활하는 경우가 많다. 이를 위해서는 독립적이고 자립적인 생활을 위한 사회적인 기술습득이 요구된다. 이와 같이 청년기의 완전한 독립은 부모와 분리되는 것에 대한 불안의 극복, 경제적 확실성 그리고 자율적 의사결정능력의 보유 등과 같은 신체, 심리, 사회적 영역 모두가 분리 가능할 때 이루어진다. 이때에 부모로부터 분리, 독립하는 과정에서 대부분 청년들은 양가감정(ambivalence)을 갖게 된다. 이러한 감정을 극복하기 위하여 동년배집단의 지원에 의존하고 집단의 규범과 기준에 동조하기도 하지만 진정한 자율성을 회복하기 위해서는 동년배집단으로부터도 분리되어야 한다. 따라서 이러한 문제에 대해서는 청년의 양가감정을 최소화하고, 자율성 획득을 지원하기 위해서는 부과하던 금지나 제한을 줄이고, 가족의사결정에 자녀의 참여를 격려하고, 자녀를 독립된 개인으로 인정해 주어야 한다. 부모로부터 분리되지 못할 경우 부모와 적대적 관계를 형성하게 되거나 갈등을 일으키게 된다.

2) 애정발달

청소년기의 이성에 대한 관심은 청년기가 되면서 인생의 동반자를 구하는 관심으로 변화해 간다. 청년기의 정서 지향적인 낭만적 사랑에서 벗어나 영속적 관계

를 유지하기 위해서는 자아정체감 형성이 매우 중요하다. 자아정체감이 정립되지 않을 경우에는 애정을 불안의 도피처로 활용하는 신경증적 사랑을 하는 경우도 있다.

◎ 청년기의 여러 정서

청년기는 아동기에서 경험하기 못했던 다양한 사건들을 경험하는 시기이기 때문에, 청년들의 정서 경험의 범위는 확대되고 감정의 깊이도 깊어지는 특징을 나타낸다. 청년 정서의 특징을 종합적으로 말한다면, 첫째로는 정서의 자극 대상이 변하여 무능력감과 불안정감을 일으키는 대상에 대해 정서 자극을 받는다. 둘째로는 정서 표현의 내면화이다. 정서의 내면화로 외부에서는 잘 알 수 없는 일이 많게 된다. 정서가 의식적으로 억제되어 분노가 초조감이나 혐오감·공포감으로, 공포심이 불안이나 우울로, 기쁨이나 환희가 행복감으로 이행한다. 특히 억압된 강렬한 정서의 해소 방법으로 자살하게 되는 경우도 있다. 셋째로 개인차가 다양하고 두드러진다. 성공, 실패, 흥미, 사회적 요인 등으로 인해 정서가 자극되지만 어느 정도일 때 어떤 정서가 자극되는지는 개인차가 있다.

이는 청년기의 정서변화를 가져오는 중요한 사건들을 청년초기의 급속한 신체발달과 호르몬, 인지적 변화로서 형식적 조작능력의 획득, 자아의 발달, 사회적 역할의 확대와 그에 따른 복잡한 적응문제로 볼 수 있다. 이에 청년기 동안 획득해야 하는 중요한 발달과업 중의 하나는 자신의 정서를 인식하고 감정을 이해하며 수용할 수 있어야 한다는 것이다. 뉴만은 청년기는 대처양식을 공고화하는 기간이라고 주장하고 이것이 성인기의 생활양식(life style)을 결정한다고 강조하였다.

5. 청년기의 사회성 발달

1) 청년기의 자아정체감

(1) 자아정체감의 정의 - 에릭슨

- 객관적 측면인 심리사회적 정체감(Psychosocial identity): 개인이 속하고 있는 집단에 대한 귀속감 또는 일체감을 의미하며, "나는 한국 사람이다" 하는 민족적, 국가적 주체의식으로 표현되기도 하고 "나는 ○○대학의 학생이다" 와 같이 집단의식으로 나타나기도 하는 집단적 정체의식이다.
- 주관적 측면인 개별적 정체감(individual identity): 개인적 정체감은 시간이 흐르거나 상황이 바뀌어도 자기 자신이 동일한 존재라는 자기 동질성과 자기 연속성에 대한 자각이며, 자아정체감은 우리가 사회적 상호작용 속에서 다양한 충동과 욕구, 능력, 역할, 가치 등을 통합하여 추출해 낸 통합된 자기구조 내지는 자기 창조적 심상이다.

(2) 청년기에 정체감 위기가 심화되는 이유

① 청년기는 신체적, 성적인 측면에서 변화가 급격히 일어나는 시기이다. 정신분석학적 입장에서 보면, 인간의 가장 기본적이고 생물학적인 욕구를 충족시킴으로써 긴장을 해소하고 만족을 얻으려는 충동인 원초아(Id)와, 원초아의 욕구를 만족시키기가 현실적으로 어렵다는 것을 알고 현실세계에 적합하게 생각하고 행동하도록 조절하는 힘인 자아(Ego), 성장과정에서 보상과 처벌, 동일시를 통하여 개인이 내면화한 도덕규범이나 가치관으로 개인을 이러한 도덕률이나 가치에 부합되게 행동하도록 하는 양심이나 이상적인 자아상과 같은 것인 초자아(Superego)로 나눠 볼 수 있다.
이 세 가지의 성격요소는 청년기의 급격한 신체, 성적인 성숙으로 인하여 그 균형상태가 깨지게 된다. 이러한 불균형 상태에서 자아는 갑자기 커진

원초아의 힘을 조절해서 내적으로 심리 역동적인 통합과 균형을 유지할 필요가 있게 되면서 불가피하게 자아정체감의 문제가 심화된다.

② 청년기의 인지 능력의 발달은 정체감 확립을 촉진시킨다. 자신의 역할이나 능력 혹은 가능성을 탐색하고 가치관과 도덕성 및 종교와 정치에 대한 신념을 발달시킨다. 이와 같은 자기탐색과정은 자아정체감 확립을 위한 필연적 요인으로 작용한다.

③ 정체감의 중요한 기능 중 하나는 여러 가지 대안 중에서 선택하게 하는 것이다. 청년기 동안 젊은이들은 진로문제, 이성문제, 교우관계 등 스스로의 선택이 요구되는 상황에 직면한다. 부모나 주위의 성인들에게 의존할 수 없는 젊은이들은 스스로 선택하기 위해 자기 자신에 대해 심각하게 고뇌하고 갈등한다.

〈표 11-1〉 Marcia의 청년기 정체감 발달의 4가지 유형

정체감 상태	특징	직업과 이념에 몰두하는가	정체감 획득에서의 위기의 역할
유실	부모나 사회적 가치의 채택	O	독립적 의사결정은 이루어지지 않으며 위기는 회피된다.
유예	정체감 획득을 위한 능동적 노력	X	의사결정과정에서 위기의 상태에 있다.
혼란	정체감에 대한 특별한 관심도 없고, 의문시하지도 않으며 정체감 획득을 위한 어떤 노력도 기울이지 않는다.	X	위기 상태에 있지도 않고 의사결정도 시도하지 않는다.
획득	정체감의 성공적 성취	O	위기를 해결하고 성공적인 의사결정을 이룬다.

(3) 청년기에 정체감 위기를 어떻게 극복할 것인가

① 자신을 객관화시켜볼 수 있는 마음의 자세가 필요하다. 자신의 위치, 성격, 적성, 흥미, 재능, 지능, 신체적 매력 등 자신의 모든 것을 객관적으로 볼

수 있는 눈이 있어야 한다.

② 자신을 있는 그대로 수용할 수 있어야 한다. 자신의 결함과 단점 또한 자신의 일부로 수용해서 솔직하게 인정할 수 있을 때 부족함을 개선해서 자신을 새롭게 정립해 보려는 동기와 노력이 생기게 된다.

③ 열린 마음으로 먼저 이 길을 거쳐간 선배, 부모님 등에게 도움을 얻는 마음이 있어야 한다.

2) 청년기의 학업과 진로

(1) 청년과 학업

1 학업 스트레스

청년들은 신분이 주로 학생인 만큼 학업 문제가 가장 중요한 관심사일 수밖에 없다. 특히 학업의 결과는 자신감이나 긍정적 자아개념 형성에, 그리고 미래의 직업선택이나 인생설계에 많은 영향을 주기 때문이다. 대학생들은 대학에 대한 회의와 주의집중 곤란, 능력부족, 공부방법에 대한 지식부족, 공부습관의 미형성, 성적에 대한 집착, 시험에 대한 불안, 전공에 대한 불확신감, 진로에 대한 불안 등과 함께 학교의 물리적 환경에 불만을 가지고 있다.

2 학업과 개인적 특성

- 학업에 대한 태도: 우리나라의 경우 대학만 가면 더 이상 공부를 안해도 된다는 인식을 자신도 모르게 갖고 있기 때문에 '공부는 내 인생에, 나에게 어떤 의미가 있는가' 등 이러한 회의가 많은 것으로 보인다.
- 학습동기: 학습동기는 효과적인 학습을 위한 필요한 조건인 동시에 바람직한 학습의 성과이기도 하다. 학습동기가 높은 학생은 높은 성취동기와 긍정적인 자아개념을 갖는다.
- 자아개념: 사람들은 자기 자신에 대해 어떻게 자각하느냐에 따라 행동이 다르다. 그러므로 학업에 대해서도 학생들이 자신을 어떻게 바라보느냐에 따라

학업의 성취수준이 달라질 수 있음을 예측할 수 있다. 즉, 자아개념에 따라 학업 성취면에서 차이가 나타날 수 있다.

3 학업과 학습 전략

- 주의 집중하기: 효율적인 학습을 하기 위해서는 의문이나 문제의식을 가지고, 학습과제에 대해 호감을 갖으려고 노력하면서, 현재에만 의식을 집중한다. 그리고 구체적 목표를 정하고 끝내는 시간을 정해 놓고 자신에게 적절한 시간만큼 책상 앞에 앉아 있도록 훈련한다.
- 스트레스 관리: 학생에게 학업문제는 스트레스 유발 요인 중 가장 비중 있는 요인일 수밖에 없다. 따라서 스트레스를 효율적으로 이용하는 현명함이 필요하다.
- 시간관리: 목표 설정하기 → 계획표 짜기 → 계획 실천하기

(2) 청년의 진로선택과 미래설계

1 청년기와 진로

- 첫째, 청년기의 진로계획과 진로선택: 청년들이 적절한 진로계획과 진로선택을 할 수 있도록 진로의식 성숙을 돕기 위해서는 진로선택의 내용면이나 과정면에서 어느 정도의 수준에 있는가를 점검할 수 있도록 살펴야 함은 물론 다양한 진로 지도 프로그램을 제공해 줌으로써 자신의 진로를 진지하게 생각해 볼 수 있는 시간적, 공간적 여유를 주어야 한다.
- 둘째, 진로지도의 내용: 진로지도의 내용은 청년의 바람직한 진로 발달과 생애 목표 설정, 그리고 생애 목표의 달성을 위해 자기를 이해하고 원하는 진로방향에 관한 다양한 정보를 가지며 진로를 계획하고 선택할 수 있도록 돕는 것이어야 한다.

2 진로상담

첫째, 진로상담의 목표이다. 진로상담의 목표는 이론에 따라 조금씩 달라질 수

있다. 그러나 일반적으로 상담자가 한 개인의 진로계획과 진로결정을 돕기 위해서는 개인 자신에 대한 인식, 교육에 대한 인식, 진로에 대한 인식, 진로탐색, 그리고 계획과 결정하기 등을 도울 수 있는 다양한 촉진적인 기법들을 갖추고 있어야 한다고 하였다.

둘째, 진로상담의 진로정보 수집·제공·결정의 중요성으로 진로지도의 주요 활동영역 중 하나인 진로 정보 수집 및 제공 활동은 학교교육에서 학생 생활지도의 주요 활동의 하나로 학생들이 장래 계획이나 의사 결정을 할 때 학생과 그 자신을 둘러싼 환경을 이해하도록 돕기 위해 필요한 사실과 자료를 수집해서 제공해 주는 활동을 의미한다.

- 딘클리지(Dinklage)의 의사결정 유형
  - 지체형: 사고와 행동을 연기하고 보류하는 형
  - 운명론형: 운명이나 주변 여건에 따라 결정하는 형
  - 응낙형: 타인의 결정에 따르는 형
  - 충동형: 별다른 대안이나 생각 없이 결정을 내리고 번복하지 않는 형
  - 직관형: 논리적인 사고보다는 즉흥적인 느낌을 중시하고 감정이나 환상을 갖고 결정하는 형
  - 계획형: 결과를 예측하려고 여러 가지 절차와 과정을 거쳐 지각과 감정 사이의 균형을 가지면서 합리적인 접근을 시도하는 형
  - 고민형: 지나치게 많은 대안을 놓고 어느 것을 선택할 것인지 결정을 내리지 못하면서 고민하는 형
  - 마비형: 결정 내리는 것 자체에 압도되어 아무런 결정을 내리지 못하는 형
- 해런(Harren)과 딘클리지(Dinklage)의 의사결정 유형을 재분류
  - 합리적 유형: 자신과 상황에 대한 정확한 정보를 수집하고 논리적으로 결정을 내리고 그 결정에 대해서는 책임을 지는 형
  - 직관적 유형: 정보탐색이나 대안 평가 없이 상상과 정서적 자각에 기초해

서 결정을 내리지만 그 결정에 대해서는 책임을 지는 형

- 의존적 유형: 의사결정과정에서 타인에 의한 영향을 많이 받고 결정에 대한 책임을 회피하는 형

3 진로준비

자신이 관심 있어 하는 직업에 종사하고 있는 직업인을 만나 보다 자세한 정보를 얻는 것도 현명한 진로 계획과 진로선택에 도움이 된다. 그러나 진로 정보를 얻기 위해 만나러 가는 경우에도 도움을 주는 사람을 위해서나 자신의 시간절약을 위해서 그리고 정말 내가 원하는 정보를 얻기 위해 철저한 준비와 계획이 필요하다.

3) 대인관계

(1) 가족관계(부모)

청년기가 되면 사고와 행동에서 점점 더 자율적이 되며 부모로부터 자립을 하기 시작한다. 이 시기 이전까지 이루어진 신체적 성숙과 심리사회적 발달은 이와 같은 부모로부터의 자립을 위해 준비하는 과정으로 볼 수 있다. 즉, 독자적인 생존을 위한 힘과 신체적 통합 능력이 어느 정도 완성되며, 문제해결이나 미래에 대한 계획을 세우는 것과 같은 활동을 혼자서 할 수 있을 정도로 인지적 성숙도 이루어진다. 그 외에 개인적 가치관의 내면화, 동료집단에의 참여 등을 통해 사회적 측면에서도 자주적으로 활동할 수 있을 만큼 성숙하였다. 따라서 이제는 부모에 대한 의존을 매듭지어야 할 시기가 왔다고 할 수 있다.

이 자립은 부모에 대한 거부나 소외, 또는 부모로부터의 분리와 다른 것으로 부모와 자녀가 서로 상대방의 고유성을 받아들이는 자주적인 심리 상태인 것이다. 물론 성인기에 이르기까지 부모와 자녀 간의 친근하고 지지적인 관계를 지속시켜 주는 여러 가지 삶의 측면이 있다. 이때 청년의 자율성이 중요하다.

(2) 친구(동성)

인생의 어느 시기에나 고민은 있기 마련이지만, 특히 청년들은 다른 세대보다 자기만이 고민이 가장 심각하고 무거운 것이라고 느낀다. 그런데 이런 심각한 문제들을 부모나 교사와 함께 의논하기보다는 자기의 친구들에게 털어놓는 경우가 더 많다. 이 시기에 청년들은 자신들의 인생문제나 고민을 함께 나눌 수 있는 친한 친구를 원하고, 필요로 한다. 청년기의 우정 변화는 나이가 들어가면서 같은 친구를 계속해서 사귀는 경향이 있으며, 여자들의 우정이 남자들의 우정보다 더 오래 지속된다. 그 이유는 남자들의 우정은 개방적인 반면에, 여자들의 우정은 오직 한 사람의 단짝 친구를 사귀는 경향이 많기 때문이다.

(3) 이성친구

청년기의 고민거리 중 많은 부분이 '나는 그 여자 또는 남자가 마음에 드는데 그 사람은 나를 어떻게 생각할까?', '어떻게 데이트를 신청할 수 있을까?', '어떻게 그 사람이 나를 좋아하게 할까?', '나는 왜 여자(또는 남자) 친구가 없을까?' 등 이성의 관계에 집중되어 있다. 이성과 사귀게 된다면, 서로 만나 대화하고, 데이트하고, 때로는 여행도 같이 하면서 한 대상에게만 열중하게 된다. 이 경우, 만나는 동안에 감정적 유대가 깊어지면 결혼도 가능하다.

4) 사회적 역할의 발달

(1) 성 역할에 대한 정체감

성 역할이란, 사람이 속해 있는 사회나 집단 속에서 생물학적인 각각의 성에 대해, 그 시대의 사회가 기대하는 태도나 행동양식을 말한다. 이러한 성 역할은 학령기에서 청년기에 이르면서 자신의 성에 대한 정체감이 재개념화되고 확고해지는데, 이것은 대략 네 가지의 중요한 경험이 입각하여 이루어진다.

첫째, 학령기에 친밀한 동성친구와의 경험으로서 적절한 성 역할의 행동에 대한 친구 간의 규범을 알게 해 준다.

둘째, 청년들은 자신의 자아개념에 남자 또는 여자로서 성인의 신체를 통합하여야 한다.

셋째, 청년기의 호르몬 변화는 생식 능력과 더불어 성적 충동을 갖게 한다.

넷째, 청년 후기를 통과해 나가면서 청년들은 성인 남자와 여자에게 주어지는 성 역할의 행동에 대한 사회적인 기대를 접하게 된다. 예를 들면, 성인 남자에게 기대되는 알맞은 성 역할의 행동은 안정된 직업을 갖는 것, 가족을 부양하는 것 등이고, 성인 여자에게 기대되는 성 역할의 행동은 남편과 아이들을 잘 보는 것, 집안일을 잘 하는 것 등이다. 즉, 청년기에는 아동기 때부터 형성된 것을 구체적으로 재구성하여 새로운 성 역할과 자아정체감을 확립해 나아가게 되는 것이다.

(2) 도덕의식

자아의식이 발달하기 시작하면서 기성의 도덕성이나 관습에 의문을 갖게 된다. 또한, 도덕적 판단의 기초가 튼튼하지 못할 경우에는 현실에서 유리된 이상적인 도덕을 추구하거나, 그 시대의 영향을 입어 본질에서 벗어나기도 한다. 하지만, 경험을 쌓아 감에 따라 사회에 있어서 자기의 입장이나 위치를 이해하게 되어, 자주적인 행동이나 자율적인 행동을 취하면서 그 판단이 사회의 일반적인 기준에 합치되게끔 한다. 이와 같이 청년기의 도덕의식은 어디까지나 자율적이라는 데 그 특징이 있다.

6. 사회복지실천에서의 관심영역

1) 신체적 발달의 관심영역

특별히 관심을 기울여야 할 신체적 발달문제는 거의 없다. 하지만 교통사고, 안전사고 등으로 중도장애인이 될 가능성은 언제나 존재하기 때문에 사회복지기관에서는 중도장애인의 재활과 사회복귀를 지원할 수 있는 프로그램의 개발, 실시 및 타 전문기관과의 유기적 의뢰체계를 형성해 두어야 한다.

2) 심리적 발달의 관심영역

심리적인 측면에서는 첫째, 자율성 발달에 관심을 가져야 한다. 우리나라의 경우 자녀가 대학진학을 했을 때 부모들이 자녀의 행동에 대해 아무런 제약을 가하지 않기 때문에 자율성을 성취하기 위한 진지한 노력을 기울이기보다는 여가활동에 몰입하는 경우가 종종 있다. 이에 사회복지기관에서는 대학과 연계하여 직업선택, 이성교제, 여가생활, 군 입대 등과 같이 청년기에 나타나는 관심영역에 대한 개입도 필요하리라 생각된다.

둘째, 청년기 중 남성은 2~3년의 군대생활을 해야 하므로 군인들의 생활실태와 복지요구를 분석하고, 이를 근거로 한 군인사회복지실천모델을 개발할 필요가 있다.

셋째, 청년기의 사랑과 결혼생활에 대한 정보 제공과 교육 프로그램을 실시할 필요가 있다.

3) 사회적 발달의 관심영역

건전한 사회적 발달을 도모할 수 있도록 직업상담과 취업알선 서비스를 실시할 수 있다. 또한 청년들이 직장에서 원만한 대인관계를 형성, 직장생활과 개인생활의 균형유지 문제 등에 대한 정보를 제공하여 직장적응을 지원할 필요가 있고, 진로선택을 도와줄 수 있는 상담 프로그램을 개설하여 운영할 수 있을 것이다.

2 성인초기의 발달

1. 성인초기의 신체적 발달

청년기부터 성인초기는 신체적 건강상태와 신체적 힘이 최고조에 달해 있는 시기로 성인초기에는 이러한 신체적 건강상태를 유지하기 위해 규칙적인 운동과 적절한 영양공급이 필요하다. 특히 과도한 스트레스, 흡연과 음주, 약물사용 등은 성인 초기의 건강유지에 매우 해로운 요소이다.

2. 성인초기의 심리적 발달

1) 인지 발달

인간의 인지 발달은 대략 25세경부터 하강곡선을 그리는 것으로 알려지고 있다. 그러나 성인초기의 인지변화를 정확히 판단하기 위해서는 각 개인의 교육수준, 사회 경제적 지위, 건강상태 등을 동시에 고려하여야만 한다. 하지만 성인초기의 인지 발달에 대한 학자들의 주장을 종합해 볼 때, 성인 초기에는 새로운 지능 발달도 일어나지 않고, 인지기술의 상실도 뚜렷하게 나타나지 않는다고 말할 수 있다.

2) 친근감의 발달

성인초기의 주요한 심리적 발달과업은 가족과 그 외의 사람들과 친근한 관계를 형성하는 것이다. 이러한 친밀성을 형성하기 위해서는 감정이입능력, 자기통제능력 그리고 타인의 장·단점 수용능력을 갖추어야 한다. 성인초기의 친근감은 결혼을 통해 확립되어 가는데, 결혼이 바로 친근감으로 이어지는 것은 아니며, 결혼 자체가 친근감 형성을 방해할 수 있다. 친근감 과업을 성취한 성인은 타인과 아이디어나 계획을 의논하고, 개인적 감정표현도 서로 허용하고, 자신을 가치 있고 유능한 존재로 인식하게 된다. 그러나 청소년기와 청년기에 자아정체감을 확립하지 못한 성인은 고립감을 경험할 가능성이 높으며, 군 입대, 취업준비, 부부간의 흥미와 취미의 상이성 등과 같은 상황적 요인도 고립감 형성에 기여한다.

3. 성인초기의 사회적 발달

1) 결혼과 부부관계

결혼은 친밀성과 성숙한 사회적 관계를 확립하는 데 매우 중요한 요소이다. 결혼을 하면, 몇 년간은 상호적응과정이다. 서로 다른 가족문화에서 오는 갈등이나 기본적인 일상생활 관련 사항, 금전지출, 성생활 및 여가선용, 원가족과의 관계 등에 대해서 서로 의논하고 협의하여 행동노선에 대한 결정을 내린다. 그러므로 이 시기에는 서로 심리적으로 헌신할 수 있어야 하며, 결혼관계가 허용하는 한계를 인식하여야 함과 동시에 개인적인 자유를 허용할 수 있는 사랑이 있어야 한다. 결혼한 부부의 상호작용의 질에 대한 결정요인은 사회경제적 지위와 결혼생활기간, 남편의 심리사회적 성숙도 그리고 부부간의 의사소통유형이다.

2) 자녀양육

자녀의 출산은 부부의 삶의 방식과 가족생활에 많은 변화를 초래한다. 자녀의 출산이 부부간의 사랑을 연결해 주고, 외로움을 감소시키는 반면에 임신, 출산 등이 결혼생활에 긴장을 야기하고, 결혼 만족도나 행복감을 감소시키기도 한다. 따라서 자녀출산 이후에도 부부간의 적응상태를 적절히 유지하기 위해서는 부모로서의 역할전환에 대한 준비가 되어 있어야 하며, 육아에 대한 지식을 가지고 있어야 한다. 이와 동시에 부부간의 역할과 책임에 대한 재조정을 포함한 전체 가족생활의 재조정이 이루어져야 한다.

3) 직업생활

성인초기에 직장생활은 남성과 여성들에게 중요한 의미를 지닌다. 직업역할을 수행하기 위해서는 자신이 수행해야 할 특정 직무와 관련된 전문지식과 기술을 학습해야 하며, 그 직무에 따르는 지위와 의사결정과정 등의 권위관계에 대해서도 학습해야 한다. 그리고 직업적 요구사항과 위험요인을 정확히 인식하여 대처능력을 기르고, 직장동료와의 우애로운 상호 관계를 형성할 수 있어야 한다.

성인초기에는 이러한 직업생활, 부부관계, 자녀출산과 양육 그리고 친척이나 친구관계와 같은 다양한 생활영역을 고려하여 기본적인 가족생활시간을 결정하여야 하는 시기이다. 특히 가장이 직업적 요구에 어떻게 반응하는가에 따라 가족의 생활시간이 달라질 수밖에 없다. 성인초기에는 이와 같이 다양한 역할기대를 재조정해야 하기 때문에 여러 생활영역에서 갈등이 야기될 수 있다. 따라서 성인기 초기에는 직장뿐만 아니라 부부, 자녀, 친족, 친구 등과 같은 다양한 사회적 관계망의 역할기대를 적절히 조화시켜 나갈 수 있는 능력을 갖추어야 한다.

4. 사회복지실천에서의 관심영역

1) 신체적 발달의 관심영역

첫째, 신체적 기능상태를 지속적으로 유지하기 위한 규칙적인 운동이다. 따라서 사회복지기관에서는 지역주민들을 위한 운동시설을 설치하거나 조기 체육활동 프로그램을 개발하여 실시하는 것이 필요할 것이다.

둘째, 지역의 보건소나 기타 식품회사 등과 연계하여 가정식단 꾸미기 프로그램을 개발하여 지역사회 내에 보급하고, 금주 및 금연교실, 스트레스 관리 프로그램 등을 개발하여 실시할 필요가 있다.

2) 심리적 발달의 관심영역

주요한 심리적 발달과업은 친밀성의 성취인데, 결혼과 밀접한 관련이 있으므로 예비부부 교실 등을 통해 신혼기의 결혼생활 적응, 가족생활계획 수립, 부부상담 등을 통해 부부간의 친밀한 관계가 유지될 수 있도록 돕는다.

3) 사회적 발달의 관심영역

첫째, 성인초기에 자녀를 출산한 부모는 자녀양육기술이 미흡하며, 자녀양육에 관련된 역할분담 문제 등으로 인하여 갈등을 경험할 가능성이 높기 때문에 임산부교실, 부모역할훈련 프로그램을 통해 자녀양육을 지원할 수 있다.

둘째, 직장생활과 기타 사회적인 관계 형성을 위해 전문사회교육 프로그램을 실시할 수 있을 것이다.

심리적 유예기간이라고 하는 청소년기에서 벗어나 이제 스스로 독립하여 자신의 삶을 살기 시작하는 청년기는 새로운 책임과 과제들 앞에서 당황하기도 하고, 많은 좌절과 고민을 하게 되는 시기인 것 같다. 현재 청년기에 일어나고 있는 여러 사회 문제 중 '이태백'이라는 신조어가 만들어질 만큼 심각한 청년실업은 그들에게 사회에 진입할 수 있는 기회조차 차단함으로써 자신의 능력을 발휘할 수 있는 기회를 박탈시키며 여러 부적응적인 행동을 낳게 하는 원인이 되고 있다.

또한 급속도로 증가하고 있는 이혼은 그 자체가 문제가 되기도 하지만, 이혼 후 남겨지게 될 자녀들과 가족들의 문제로까지 이어지게 되어 사회문제가 되기도 한다. 신세대 사이에서 새롭게 일어나고 있는 동거문화는 성에 대해 왜곡된 인식을 갖게 하거나 유산이나, 성문란으로 이어지는 등 사회문제가 될 수 있을 것이다.

또한 최근 그 심각성이 대두되고 있는 은둔형 외톨이 문제는 결코 한 개인만의 문제가 아니라 사회가 그들로 하여금 사회의 부적응자로 만들었음을 기억해야 할 것 같다. 따라서 왜 그들이 세상을 회피하며 거부하게 되는지 문제의 원인을 분석하고 해결 방안을 강구해야 한다.

청년기에 겪을 수 있는 여러 사회문제들을 통해 사회복지가 앞으로 접근해야 할 방향에 대해 다시 한 번 생각해 볼 필요가 있을 것이다. 이러한 문제들은 단지 청년기에만 국한되는 문제가 아니라 우리 사회구성원 모두에게 영향을 미치는 문제들이며 청소년기에 겪은 어려움이 청년기까지 이어져 또 다른 문제를 일으키게 되는 등 모든 발달에 있어 연관되는 것을 알게 되었으며 따라서 우리사회가 함께 해결해 나가야 할 문제다.

과학문명의 발달은 인간을 편리하게 만들었지만, 심리적 단절과 인간 소외라는 병폐를 낳게 하였으며 자기 스스로를 사회에서 고립시켜 버리는 현상까지 일어나게 만든 것이다. 앞으로 사회복지는 모든 사회구성원이 건강하게 자신의 역할을 찾아 그것을 실현시켜 나감으로써 삶의 보람을 찾고, 또 사회의 한 구성원으로서 소속감을 가지고 자신이 소중한 존재임을 인식해 나갈 수 있도록 심리적, 제도적 장치를 마련해야 한다. 여러 사회문제들에 대해 보다 전문적인 해결방안을 강구하는 것이 필요하며 또한 문제를 해결해 나가는 사회복지사들의 보다 전문적인 기술과 사명감이 필요하다.

참고문헌

손광훈(2012). 인간행동과 사회환경. 경기: 공동체.

신종우 외(2012). 인간행동과 사회환경. 서울: 동문사.

오창순 외(2010). 인간행동과 사회환경. 서울: 학지사.

이종복 · 전남련(2011). 인간행동과 사회환경. 경기: 학현사.

Baltes, P. B. & Schaie, K. W. (1974). "Aging and the IQ: The Myth of the Twilight Years," *Psychology Today, 7*.

Levinson, D. J., Darrow, C. N., Klein, E. B., Levinson, M. H. & McKee, B. (1978). *The seasons of a man' life.* New York: Knopf.

Turnerm, J. S. & Helms, D. B. (1983). *Lifespan Development* (2th ed.) Halt - Saunders International Editions.

CHAPTER 12

인간의 성장과 발달 : 장년기

장년기의 연령기준은 학자에 따라 다르다. 대개 장년기의 시작은 30세부터 40세까지의 한 지점으로 잡으며, 끝은 60세부터 70세까지의 한 지점으로 잡는다. 시겔만(Sigelman)은 40~64세, 스페트와 크레이그(Specht & Craig)는 40~70세 동안에 장년기가 지속되는 것으로 보았다. 또한 재스트로와 커스트-애시만(Zastriw & Kurst-Ashman)은 30~65세, 뉴만과 뉴만(Newman & Newman)은 34~60세, 로저(Rogers)는 35~55세로 각각 장년기를 잡았다. 따라서 학자들의 견해를 종합해 볼 때 30대 후반부터 장년기로 보아도 무리가 없으며 또한 60세가 넘으면 노인으로 간주하는 것이 일반적인 경향이 있으므로 장년기를 35세에서 60세까지의 기간으로 잡는 것에 큰 무리가 없을 것이다.

장년기는 제2의 사춘기, 진수기, 탈부모기, 자유감의 시기, 샌드위치 시기 등으로 표현되기도 하며, 학자들에 따라 청소년기와 같은 혼돈과 위기의 시기로 해석하거나 인생의 전환기로서 오히려 삶의 만족도가 높은 안정된 시기로 인식하는 등 견해가 상반되고 있다(김명자, 1989). 중년기를 안정되고 삶의 만족도가 다른 발달시기에 비해 높은 것으로 주장하는 견해는 자아정체감 확립을 위해 위기를 경험하는 청소년기와 정체감 상실을 경험하는 노년기에 비해 중년기는 인생의 목표를 달성하고 자신의 능력을 최대한 발휘할 수 있는 자유로운 시기(Erdwins, Mellinger, & Tyer, 1981)이며, 사회적, 가정적으로 안정되는 시기로 보고 있다(Gould, 1972). 따라서 중년기는 인생의 다른 시기에 비해 전반적으로 안정되어 있으며, 중년기 여성은 자녀양육 역할의 감소로 인해 많은 시간과 자원을 지니게 되고, 이에 자신의 흥미와 관심을 위해 자원을 활용할 수 있게 됨으로써, 전보다 더 큰 자기가치를 갖는 것으로 나타나고 있다(고효정 외, 2003).

장년기를 위기로 인식하는 견해는 개인적, 문화적, 사회적 차이는 있으나, 모든 인간은 4, 50대를 중심으로 개인의 내외적 변화에 적응해야 하는 중년의 위기를 경험하며, 이를 잘 극복한 후에야 다음 발달단계로의 전환이 가능하다고 보는 입장이다(Gould, 1972). 장년기를 위기의 전환기로 인식하고 장년기의 스트레스 및 현실적응의 장애 등 장년기의 부정적 특성에 초점을 둔 연구에 의하면, 장년기 여성은 남성에 비해 더 많은 위기감을 경험하는 것으로 보고되고 있다(김현화·조병은, 1992; 김애순·윤진, 1993).

많은 사람들에게 장년기는 인생의 전성기로 간주된다. 다른 어떤 시기보다 경제적으로 안정되어 있고, 삶의 다양한 영역에서 경험을 통해 지혜를 터득한 상태이며, 직장에서도 높은 지위와 책임을 갖는다. 그러나 장년기에는 위기가 존재하며 사람에 따라서는 불행하고 우울한 시기이기도 하다. 학자들은 공통적으로 장년기를 전환기로 간주한다.

장년기가 전환의 시기라는 것을 가장 먼저 지적한 사람은 융(Jung)이다. 융은 장년기에 자아를 외적, 물질적 차원으로부터 내적, 정신적 차원으로 전환시키는 것을 가리키기 위하여 개별화(individualization)라는 개념을 사용하였다. 그에 의하면 사람들은 삶의 전반부에서 자신의 외부세계를 다스리지만 삶의 후반부에서는 개인적인 한계와 질병이나 사망을 지배할 수 없다는 것을 이해하면서 점점 더 내면세계에 초점을 맞추기 시작한다.

레비슨은 장년기에 세 가지 발달과제를 성취해야 한다고 주장하였다. 첫째, 자신의 과거에 대한 재평가로 이는 자신의 죽음에 대한 의식이 강해진 것과 남은 시간을 현명하게 사용하고자 하는 의도에서 비롯된다. 둘째, 인생의 남은 부분을 새로운 시기로서 시작하는 것으로 이를 위하여 삶의 기존 구조에서 부정적인 요소들을 수정하고 새로운 요소들을 갖추기 위한 선택들이 이루어져야 한다. 셋째, 개별화로 장년기 이전에는 반대의 관계로 경험하던 상태나 경향(양극에서 그중의 하나에만 해당할 수 있고 동시에 둘의 상태를 취할 수 없다고 느끼던 것)을 직면하고 통합할 수 있어야 한다. 즉, 개별화는 장년기에 젊음과 늙음, 파괴와 건설, 남자다움과 여자다움, 애착과 분리 등 양극의 중간에 처한 상태를 이해하고 이러한 상반되는 경향이 자신의 생활에 통합되도록 해야 하는 것을 말한다. 예를 들면, 장년기의 남자는 자신을 젊었다고 느낄 수도 있다. 이러한 상황에서 중요한 과제는 젊음과 늙음의 중간에 있는 조건들을 잘 파악하고 받아들이는 것이다.

굴드(Gould, 1972)는 장년기에 벗어나야 할 다섯 가지 비합리적인 가정을 다음과 같이 제시하고 설명하였다. 첫째, 안전이 영원히 지속될 것이라는 가정으로 실제로 장년기에는 부모의 보호를 상실하게 되며 부모가 생존해 있더라도 역할전도(role reversal)가 일어난다. 둘째, 자신과 자기가 사랑하는 사람들에게 죽음이 일어나지 않을 것이라는 가정으로 이 시기에 부모가 병들거나 사망하며 자신의 죽음에 관해서도 신호를 받게 된다. 셋째, 배우자 없이 사는 것이 불가능하다는 가정으로 특히 장년기의 여자들은 배우자의 보호 없이 살 수 없다는 사고를 버림으로써 더 광범위한 사회적 접촉을 경험하게 되고 인격의 발달을 도모할 수 있다. 넷째, 가족 밖에서는 어떠한 삶이나 변화도 존재할 수 없다는 가정으로 장년기에 자신을 재정의하고 결혼생활에 대한 새로운 협상, 실험 등을 통해서 가족 밖의 생활과 자신의 변화 가능성을 발견하게 된다. 다섯째, 자신이 순수하다는 가정으로 많은 성인들이 탐욕, 시기, 경쟁과 같은 속성들은 타인들에게 존재한다고 인식해 왔으나 이제는 자신에게도 그러한 속성들이 있음을 깨닫고 그 결과로 자신의 장점뿐만 아니라 약점도 분명하게 알게 된다.

펙(Peck, 1968)은 성인기의 발달에 관해서 일곱 가지 이슈를 제시하였는데 그 중에서 다음의 네 가지가 장년기에 해당한다(Specht & Craig, 1987).

① **지혜를 중요시할 것인가 아니면 육체적 힘을 중요시할 것인가**: 장년기에 육체적 힘의 감소와 건강문제의 증가는 이 시기의 사람들로 하여금 에너지를 육체적 활동보다는 정신적 활동에 기울이도록 한다. 따라서 이 시기를 효과적으로 보내는 사람은 육체적 힘보다는 정신적 능력을 평가의 기준과 문제해결의 수단으로 삼는 사람이다.

② **대인관계를 사회화할 것인가 아니면 성적 대상화할 것인가**: 장년기에 경험하는 신체적 변화와 배우자의 사망에 의해 초래되는 사회적 변화는 대인관계를 성적 친밀성이나 경쟁보다는 친구 사이를 강조하는 관계로 재정의하도록 만든다. 다시 말해서 갱년기의 변화는 남녀 관계에서 상대방에 대하여 성적 대상으로 가치를 두기보다는 개인적인 인격에 가치를 두도록 한다.

③ **정서적 융통성 대 정서적 빈곤**: 정서적 융통성이란 정서적 투자를 한 사람 또는 한 활동에 집중하던 것으로부터 다른 사람, 다른 활동으로 전환할 수 있는 능력을 말한다. 장년기에는 부모의 사망, 자녀의 독립, 친지의 사망 등에 의하여 정서적으로 초점이 되었던 대상들이 사라지는데 감정을 다른 사람이나 활동에 재투자하지 못하면 정서적 빈곤을 경험한다.

④ **지적 융통성 대 지적 엄격성**: 중년기의 사람들은 견해나 활동에 융통성이 있어야 하고 새로운 사고에 대하여 수용적이어야 한다.

1 장년기의 발달과제

1. 신체적 변화와 발달과제

대부분의 장년기에 있는 성인들은 아직도 양호한 건강과 에너지를 갖고 있다. 그러나 신체적 능력과 건강은 감퇴하기 시작한다. 장년기의 성인들은 이전보다 육체적인 일을 하는 능력이 약화되며 감기와 같은 질병에서 회복하는 데도 더 많은 시간이 걸린다. 신체적인 힘과 청년기의 활력도 잃어간다. 웰포드(Welford)는 장년기에는 에너지의 급속한 투입을 필요로 하는 일보다 지구력을 요하는 작업에서 더 능력을 발휘할 수 있다고 하였다.

40대 초반에 신진대사의 저하가 일어나며 체중이 늘기 시작한다. 건강상의 문제가 일어나기 쉬우며 질병에 취약해진다. 청년기까지는 사고가 가장 큰 사망의 원인이지만, 장년기에는 질병으로 인한 사망률이 높아진다. 당뇨의 징후도 흔히 이때부터 나타난다. 고혈압, 순환기질환, 암도 청년기에 비해 이 시기에 발병하는 비율이 높으며 류머티즘이나 디스크, 천식 등도 빈번하다. 따라서 장년기의 성인들은 이러한 질병들을 발견하고 조기에 치료를 받기 위해 정기적으로 검진을 받을 필요가 있다. 사회복지사들은 때때로 장년기의 가장이 건강을 상실함으로써 곤경에 빠진 가족들을 대하게 되며 이러한 가족들을 위해 자원을 연결해 주는 일도 한다.

장년기에는 감각기관의 능력도 감소한다. 특히 시각에서 원시가 되는 경향이 있으며 청각도 예민성을 상실하기 시작한다. 외모의 변화도 나타나며 피부의 탄력성이 줄어들고 주름이 생기기 시작한다. 그러나 규칙적인 운동과 음식물 섭취의 조절로 청년기의 모습과 건강을 유지할 수 있으며 따라서 장년기의 신체적 여가활동은 노화에 매우 중요한 영향을 미친다.

여성은 장년기에 폐경을 경험하게 되는데 이에 수반하여 생리적 변화가 일어나는 기간을 갱년기라고 부른다. 폐경은 월경의 종료를 말하며 이제 아이를 가질 수 없음을 나타낸다. 폐경은 대개 40세 후반에 일어나지만 개인적인 차이가 있다. 폐경과 더불어 신체적 변화가 일어나는데 그 대표적인 증상이 얼굴이 붉게 달아오르는 홍조(flushes) 현상이다. 폐경에는 여러 가지 심리적 반응이 뒤따르지만 폐경을 단순히 이제까지 경험해 온 삶의 사건들 중 하나로 받아들이면 심각한 심리적 곤란을 겪지 않는다(Zastrow & Kirst-Ashman, 2001). 그러나 이것을 부정적으로 받아들이면 불안, 우울, 자신감의 저하 및 성취감의 상실과 같은 정서적 문제들을 경험하게 된다. 장년기는 많은 여자들이 사신의 과거를 재평가하는 시기이다. 만일 과거가 자신이 원한대로 되지 않았으며 앞으로도 희망이 없다고 느끼면 심각한 우울증에 빠지게 된다. 때때로 이것은 사회적 고립이나 알코올 중독으로 진전되기도 한다. 장년기 여성의 우울증에 관한 기존연구에 의하면, 여성의 우울증은 사회적 지지와 배우자와의 관계, 결혼 만족도와 관련이 있는 것으로 보고되었으며(Beach, Nelson and O'Leary, 1988; Olin and Fenell, 1989), 또한 여성의 취업선호에 따라 우울정도가 차이가 나며, 남편과 가족의 지지가 약한 상황에서 취업을 한 여성과 취업을 원하나 전업주부로 있는 경우가 가장 높은 스트레스와 우울수준을 나타내는 것으로 드러났다(Hoffman, 1989; Ross, Mirowsky, & Huber, 1988). 그 외에도, 가족의 경제적 수준과 부모역할 갈등(정현숙, 1996; Dickinson, 1996), 어머니역할 수행부담(진미정·옥선화, 1994), 가족의 발달단계(박경숙, 1993)가 중년기 여성의 심리적 스트레스와 우울 정도에 중요한 영향을 미치는 변인으로 보고되었다. 그러나 일례로 뉴가튼 등(Neugarten et al., 1964)이 수백 명의 여자를 면접한 결과, 갱년기를 지닌 여자들이 그 이전 시기에 있는 여자들보다 삶에 대해 더 긍정적인 태도를 갖고 있었다고 보고했듯이 대부분의 여성에게 갱년기가 이렇게 심각한 결과를 가져오지는 않는다.

남자들에게는 폐경이란 있을 수 없지만 이와 유사한 현상이 존재하며 이를 중년의 위기(mid-life crisis)라고 부른다. 이 시기는 이혼, 결혼 외의 관계, 직업의 전환, 사고 등이 일어나기 쉬우며 자살시도의 위험까지도 존재한다. 이것은 생물학적 요인과 심리적 요인이 복합되어 일으키는 현상으로 볼 수 있다. 생물학적으로 남자들은 생식능력을 계속 유지하지만 남성 호르몬의 생산이 감소함에 따라 성기능이 영향을 받는다. 심리적으로 남자들은 이 시기에 자신의 결혼생활과 가정에 대하여 재평가하며 과거와 미래를 생각하고 그가 성취한 것과 실패한 것에 대하여 생각한다. 이러한 과정에서 불안, 우울, 집중력 감소, 피로, 수면장애, 초조, 흥미와 자신감 상실 등의 증상을 경험하는 수가 있다. 또한 직업이나 삶의 다른 영역에서의 실패에 대해서도 두려워하게 된다. 실제로 중년의 위기를 경험하는 남자는 자신의 직업에 대한 불만도 증가하며 직업에 갇힌 것 같고 지루하다고 느끼거나 성취감을 상실하는 것으로 나타나 있다. 그러나 장년기의 모든 남자들이 위기를 경험하는 것은 아니다. 장년기에 올 수 있는 여러 가지 변화에 대해 이해하고 있는 사람들일수록 위기를 겪지 않거나 순조롭게 넘길 가능성이 크다.

장년기의 삶의 만족도에 영향을 미치는 중요한 변인으로, 연령, 자녀 수, 가족 발달단계, 취업여부 등이 제시되었으나, 연구결과는 각 연구마다 다른 결과를 제시하고 있다(김명자, 1988; 김태현, 1996; Broman, 1988; Liang, 1982). 예를 들면, 연령이 증가할수록 여성의 삶의 만족도가 감소하는 결과(Broman, 1988)와 오히려 삶의 만족도가 증가한다는 보고도 있다.

2. 인지적 변화와 발달과제

장년기의 인지적 변화에 대해서는 다음과 같은 상반된 견해가 존재한다. 첫째, 신체적 능력이 감소하는 것과 더불어 인지적 능력도 감소하기 시작한다. 둘째, 장년기에는 지능이 감소하지 않으며 특정한 측면의 지적 능력은 강화된다.

성인의 지능에 관한 전통적인 연구는 횡단적 조사에 의한 것이며 이들은 지능이 나이 들수록 감소하는 것을 보여 준다. 그러나 종단적 연구들은 지능이 연령이 증가함에 따라 오히려 향상된다는 것을 보여 주었다. 예를 들면 1919년에 대학에 입학할 때 지능검사를 받은 사람들이 50세에 재조사를 받았는데 그 점수가 증가하였으며, 61세에 재검사를 받았을 때에 50세에서 61세까지 변화가 없는 것으로 나타났다.

인지적 능력의 변화를 더 구체적으로 보면 단기적 기억능력은 장년기에 약화되기 시작하지만, 장기간에 걸쳐 정보를 보유하는 장기적 기억능력은 장년기에 변화를 보이지 않는다(Turner & Helmes, 1983). 또한 반응시간이 느려지고 속도와 민첩성을 요구하는 검사에서 젊은 사람들보다 낮은 점수를 얻으며 문제를 파악하고 해결하는 데 필요한 시간도 길어지지만, 이것을 지적능력의 약화보다는 조심성, 숙고, 불안 등의 요인에 의한 것으로 보고한 연구도 있다.

사람들이 사용하는 지능을 결정성 지능과 유동성 지능으로 구분할 때 언어적 추론, 공간 개념 등을 포함하는 결정성 지능은 장년기에도 증가한다. 유동성 지능은 신경과 생리학적 능력에 입각한 것으로서 운동속도, 기억, 새로운 정보를 인지적으로 다루는 것과 같은 지적 능력을 포함하는데 이것은 청소년기 후기까지 증가하다가 점진적으로 감소한다. 그렇지만 장년기가 끝나는 시기에도 청소년기 중반 정도의 수준을 유지할 정도로 유동성 지능의 감퇴는 그 정도가 적다.

3. 심리사회적 변화와 발달과제

1) 부부관계

적응이나 정신건강에 관한 연구들은 만족스러운 결혼관계가 성인의 행복과 삶의 만족에 영향을 미치는 것을 발견하였다(Veroff, Douvan, & Kullka, 1981). 부부관계는 역동적인 것으로 부부의 성숙, 가족구성의 변화, 가족의 위기나 사건의 발생과 같은 요소에 따라 변화한다. 결혼을 건강하고 활기 있게 유지하기 위해서는 결혼생활에 초점을 맞춘 노력이 필요하다.

뉴만과 뉴만(Newman & Newman, 1987)은 건강한 결혼관계를 유지하기 위한 조건으로 다음과 같은 세 가지를 제시하였다.

첫째, 부부는 각자의 개인적인 성장과 부부로서의 성장에 헌신하여야 한다.

둘째, 부부는 효과적인 대화체계를 개발해야 한다. 직업이나 자녀양육과 같은 역할에 몰두함으로써 부부간의 상호작용 기회가 감소하면 부부는 서로 고립된다. 즉, 공유하는 경험이 점점 줄어들게 되고 상대방의 반응에 영향을 받지 않게 된다. 이러한 상황에서 효과적인 대화체계가 없으면 상대방에 대한 증오나 불쾌한 감정이 해소될 기회가 없는 채로 축적된다. 뉴만과 뉴만(Newman & Newman, 1987)에 의하면 조화적이고 만족스러운 부부는 상대방의 문제를 귀담아 듣고 깊이 생각하며, 어떤 해결책을 제시할 수 없더라도 이해를 표현함으로써 상대방과 걱정을 나누게 된다고 한다. 반면에 불만스러운 부부는 문제를 표현한 후 상대방으로부터 회피나 공격을 받게 되며 이것이 수년에 걸쳐 지속되면 관계가 소원해진다. 그러므로 적합한 대화체계의 존재가 성공적인 결혼에 필수적이다.

셋째, 갈등을 창의적으로 활용해야 한다. 각자의 개별성과 동등성을 인정하는 결혼에서 갈등은 필연적으로 존재한다. 이러한 갈등을 이해하고 의견의 불일치가 있을 수 있다는 것에 동의하며 갈등을 해결하기 위한 전략을 개발해야 한다(Cole & Cole, 1985). 만족스러운 부부는 부정적인 반응을 증가시키지 않는다. 다시 말해서 한편이 불만을 표현하거나 부정적으로 행동할 때 상대방은 또 다른 부정적 반응으로 맞대응하지 않으며 이렇게 함으로써 그 사람의 공감과 수용을 유발한다. 그러나 불만스러운 부부에 있어서 부정적 발언은 상대방으로부터 똑같은 부정적 반응을 가져오게 되고 그 결과 부정적 반응의 상승으로 인한 관계의 악화가 일어난다.

결혼생활에서 활기를 유지하는 것은 장기간에 걸친 과제로 부부는 안정과 신뢰, 공감을 성취한 후에도 상대방에 대한 지속적인 관심과 이해를 가져야 한다.

뿐만 아니라 장년기 여성의 전반적인 심리적 복지수준을 높이기 위해서는 남편을 함께 포함하여 부부관계를 증진시킬 수 있는 다양한 프로그램이 요구된다.

2) 가정생활

가정은 인간의 성장과 정신건강을 조성하는 장으로서 이러한 환경을 창출하는 것이 장년기의 과제이다. 장년기의 성인은 가족성원들의 욕구를 이해하고, 이러한 욕구들을 가장 잘 충족시키는 방식으로 자원과 시간을 조직하는 능력이 필요하다. 따라서 효과적인 가정의 운영은 다음과 같은 여러 가지 행정적 기술을 필요로 한다.

첫째, 가족성원들의 욕구와 능력을 평가하는 것이다. 장년기에 있는 성인은 자기 가정의 각 성원이 고유한 욕구, 기호, 기술, 재능을 갖고 있다는 것을 파악해야 한다. 욕구의 차이를 가져오는 요인들은 연령, 성, 기질, 건강상태, 지적인 능력, 주로 종사하는 작업이나 활동의 유형 등이다. 가정의 관리를 책임지고 있는 사람은 가족성원들의 욕구의 차이를 이해하고 각자의 다양한 욕구에 기꺼이 반응해야 한다.

둘째, 결정을 내리는 것이다. 여러 가지 삶의 영역에서 결정을 내리는 능력이 효율적인 가정 운영에 요구된다. 구체적으로 여러 가지 선택 가능한 길을 찾아내고, 그 각각의 가능성을 평가하고, 취할 활동을 선택하는 것 등이다. 이러한 결정은 일상적인 것과 결정의 결과가 비교적 장기간에 걸쳐 영향을 미치는 것으로 구분할 수 있다. 장년기의 성인들이 결정을 내려야 하는 구체적인 가정 운영상의 영역은 재정, 주거, 교육, 일상적 활동, 여가, 사교, 자녀양육 등에 관한 것이다.

각각의 가정에서 결정을 내리는 방식은 대략 다음과 같이 분류할 수 있다.

① 남편 또는 아내가 결정의 권한을 갖는 것으로 이것은 한 성원이 가족의 자원을 지배하거나 자신의 결정능력이 우월하다고 여길 때 존재하는 방식이다.

② 가족성원 중에서 성인들이 결정권을 갖는 경우로 아동은 순종이 요구되며 결정능력이 없는 것으로 간주된다.

③ 가정운영에 필요한 결정을 내리는 데 대해 전 가족이 책임을 공유하는 방식으로 아동을 포함한 가족성원들이 각자의 견해나 해결책을 제시한다. 자녀가 아직 어릴 때에는 그들이 견해를 제시할 수 있는 결정에 대하여 참여하도록 격려한다. 이 방법은 번거로운 과정일지 모르나 아이들의 고유한 견해를 반영하고 다양한 의견과 아이디어를 확보할 수 있으며 결정과정에 함께 참여하는 것이 가족의 결속을 강화해 준다는 점에서 바람직하다.

셋째, 시간을 조직화하는 것이다. 가정의 관리를 맡은 사람은 서로 다른 작업이나 활동시간을 조정하는 역할을 한다. 성인의 경우에는 사실상 직업이 하루의 활동이 어떻게 조직되는가를 결정한다고 보아야 한다. 다시 말해서 아침에 일어나는 시간, 잠자리에 드는 시간, 사회화의 양식 등이 가정 밖의 요인에 의하여 결정된다. 그러나 나머지 활동시간을 어떻게 쓸 것인가에 대해 계획을 세우고 집을 관리하는 것, 쉬는 것, 사교생활, 취미활동 등의 여러 가지 활동에 각각 적절한 시간을 지정하여야 한다.

넷째, 목표를 세우는 것이다. 가정 운영은 현재뿐만 아니라 미래에 대한 설계도 요구한다. 미래에 대한 설계는 가족으로 하여금 현실적인 목표를 세우고, 목표 성취를 위한 계획과 실천 단계를 개발하며, 목표를 향해 진전된 정도를 평가하는 능력을 요구한다.

다섯째, 다른 사회적 체계들과 관계를 확립하는 것이다. 장년기의 성인은 자기 가족과 다른 사회적 집단의 유대를 확립하여야 한다. 여기서 사회적 집단이라 함은 가족 밖의 존재하는 개인들, 확대가족 성원들, 직업에 관련된 집단들, 종교집단, 교육집단, 지역사회집단 등을 포함한다. 가장은 가치 있고 만족스러운 외부 관계를 유지하는 동시에 가족이 과도한 외부 요구에 시달리지 않도록 보호할 수 있어야 한다.

3) 자녀 교육

자녀를 기르는 것은 어렵고 도전적인 과제이다. 자녀는 항상 변화하는 예측 불가능한 존재로서 자녀의 요구에 잘 적응하기 위해서 부모는 새로운 상황에 민감하고 융통성이 있어야 한다. 현실적으로, 자녀양육 분야에서 남편의 참여가 늘고는 있으나, 참여 분야가 주로 유아기와 아동기 자녀의 교육활동에 국한된 것이며, 실제적으로 자녀양육을 위한 노동에는 거의 참여하지 않는 것으로 나타나(김혜신 · 김경신, 2003), 자녀양육에 관한 전반적인 측면에서 남편의 참여가 요구되고 있는 실정이다.

자녀의 발달수준이 변화하는 데 따른 가족의 변화를 설명한 가족발달단계의 여러 모델들이 있다(Duvall, 1977).

자녀의 발달을 기준으로 한 가족발달단계에 있어서 장년기의 부모에 해당하는 단계들은 대략 자녀들이 학령전기에 있을 때부터 독립하여 나가는 시기까지이다. 자녀들이 학령전기에 있을 때 부모는 규칙을 세우고 이에 순응하도록 아이들을 훈련하는 역할을 한다. 초등학교와 중학교의 시기에 있는 자녀들은 자신의 할 일, 갈 곳, 친구를 사귀는 것 등에 대한 선택에 부모의 도움을 필요로 하며 이 단계에서 부모는 자녀에게 주로 교육자로서 역할을 하게 된다. 자녀들이 청소년기를 통과할 때에는 약물 사용이나 성에 관련된 걱정이 증가하며 부모는 자녀로 하여금 스스로 판단하도록 자유를 허락하는 한편 계속해서 필요한 기준이나 한계를 적용할 수 있도록 권위를 유지해야 한다. 끝으로 자녀들이 독립하고 부부만 남는 시기로서 미국의 경우에 마지막 자녀가 독립하여 나갈 때 부모 연령의 최빈치가 52.3세이다. 자녀들이 집을 떠나가는 시기는 빈 둥지(empty nest), 부모역할로부터의 은퇴, 진수기 등으로 불리며 이 기간에는 부모역할의 의무가 감소함에 따라 부부관계도 변화한다.

자녀양육에 대한 걱정과 성인의 정신건강에 관한 연구에 의하면 자녀를 갖고 기르는 것이 점점 더 성인기의 의무라기보다는 선택사항으로 변하고 있다(Veroff, Douran, & Kullka, 1981). 그러나 자녀양육에서 어려움을 겪는 영역에 관해서는 거의 변화가 없으며 조사대상의 75.6% 정도가 공통적으로 다음과 같은 다섯 영역, 즉 ① 자녀에 대한 신체적 보호와 물질적 제공, ② 훈육과 순종의 확보, ③ 부모와 자녀 간의 친밀한 관계 형성, ④ 자녀의 외부관계 적응, ⑤ 자녀의 행동에 대한 관용과 인내를 자녀양육에서 어려운 영역으로 지적하였다.

요컨대 자녀를 기르는 것은 부모에게 많은 스트레스를 초래하지만, 자녀양육은 또한 자녀들의 성장을 위해 새로운 문제들에 대결하는 가운데 부모의 인격 발달을 촉진하는 구실도 한다.

현재 한국사회 중년기 여성들의 대부분은 자녀양육을 위한 어머니 역할에 따른 과중한 업무와 부담을 당연한 것으로 수용하고 있는 반면, 서구화의 영향으로 예전에 비해 남편과의 관계에서 평등한 관계를 지향하고 자녀양육에 있어서 남편이 더 많은 참여를 기대하고 있는 것으로 나타났다.

4) 직업 관리

직업은 성인기의 발달이 일어나는 중요한 배경이며 직업에서의 성공은 개인적인 성장, 삶의 만족 등과 높은 상관관계가 있다. 그러므로 장년기에 자신의 직업을 관리하는 것은 개인적인 성취와 사회적 통합을 위한 가장 중요한 과제이다. 특히 이 시기에 직업의 세 측면이 개인의 발달과 적응에 영향을 미친다.

첫째, 대인관계 기술(자신을 신뢰할 수 있는 존재로 인식시키고 유창한 대화기술과 집단이나 팀에서 효과적으로 일할 수 있는 능력을 갖추며 타인에게 영향력을 발휘할 수 있는 것)은 장년기 직업에서의 성공에 중요하다. 또한 자기 직업이 동료 간에 협동적 관계를 강조하는지 아니면 경쟁적 관계를 강조하는지를 분간할 수 있는 능력도 필요하다. 경쟁적 직장에서는 자신의 생산성을 유지하기 위해 대인관계의 요구를 무시할 수도 있지만, 협동적 환경에서는 자기의 성취나 생산성을 저하시키더라도 대인관계에 필요한 요구를 따라야 한다.

둘째, 자신의 직업에 존재하는 권력의 구조를 확인하고 그 구조 내에서 자신의 위치를 확립하여야 한다. 장년기에는 직업의 경력이 축적됨에 따라 직장의 권력 구조 내에서 지위가 향상되며 책임과 결정권도 증가한다. 이것은 권력의 행사와 더 높은 권위에 대한 순종을 동시에 할 수 있는 능력을 요구한다. 이러한 직업 내의 권위관계의 본질을 잘 이해하는 것이 장년기에 직업에서 성공하는 데에 중요하다.

셋째, 직업에 따라 필요로 하는 기술이 있으며 청년기에서 장년기에 걸쳐 종사하는 직업과 직장에서 맡은 업무는 그 사람의 지적 발달에 영향을 미친다. 콘(Kohn)은 직업에서의 요구와 심리적 발달에 관한 조사를 한 결과, 한 사람이 맡는 직무의 복잡성이 그의 지적 융통성의 발달에 강력한 영향을 미치는 것을 발견했다.

결국 장년기에 개인이 갖는 직업과 업무의 내용 및 그 직업에서 얼마나 성공적인가 하는 것이 그 사람의 인지적, 심리사회적 발달에 중요한 영향을 미친다는 것을 알 수 있다.

2 사회복지실천과의 연관성

과학적 지식과 기술의 급격한 발달로 인한 인간 평균수명의 연장은 한 개인의 삶에서 중년기와 노년기의 연장을 의미한다. 한국사회의 인구 고령화 현상은 인생주기의 마지막 단계인 노년기와 노인 문제에 관한 학문적, 사회적 관심을 야기 시키는 반면, 노년을 준비하는 단계이며 현대사회를 이끌어 가고 있는 기성세대에 해당하는 중년기에 대한 연구는 미비한 실정이라 할 수 있다(고효정 외, 2003).

사회복지사가 장년기의 클라이언트들을 대상으로 지혜 대 육체적 힘 그리고 대인관계의 사회화 대 성적 대상화의 이슈가 관련된 문제를 다룰 때에는 그들이 취하는 선택에 대해서 옳고 그름을 판단해서는 안 된다(Specht & Craig, 1987). 이 두 가지 이슈를 만족스럽게 해결하는 데는 여러 가지 방식이 있기 때문이다. 즉, 어떤 사람들은 자신의 육체능력 감소를 막기 위해서 많은 노력을 할 수도 있고 또 어떤 사람들은 신체적 변화를 쉽게 받아들인다. 마찬가지로 이혼이나 배우자의 사망으로 인하여 장년기에 혼자 된 사람들 중에서 어떤 사람은 새로운 짝을 얻기 위한 경쟁에 들어가는 반면에 또 어떤 사람들은 동성 간의 우정으로 그것을 대치하고자 한다. 사회복지사는 이와 같이 서로 다른 유형의 적응을 선택하는 사람들의 상이한 욕구를 충족시켜 줄 수 있는 서비스들을 제공해야 할 것이다.

그러나 정서적 융통성 대 정서적 빈곤, 지적 융통성 대 엄격성의 이슈에 관해서는 사회복지사가 옳고 그름에 대한 판단을 내려야 한다. 다시 말해서 분명히 융통성이 엄격성보다는 훨씬 바람직한 것이다. 장년기에 있는 사람들 중에는 예전에 사용하던 적응방식이 통하지 않을 때에 도움을 요청하는 경우가 흔하다. 사회복지사는 이들로 하여금 융통성 없이 과거의 경험과 판단을 고집하는 것으로부터 벗어나 새로운 사고와 적응방식을 수용할 수 있도록 도와주어야 한다.

1. 사회복지실천에서 관심을 가져야 할 문제

장년기에 직장 및 가정과 관련해서 사회복지실천에서 관심을 가져야 할 문제들이 있다.

첫째, 직업에서 발생하는 문제로 실직, 직업 스트레스 등을 들 수 있다. 종래에는 청년기에 직업을 선택한 후 퇴직할 때까지 그 직업에서 경력을 쌓는 것을 당연한 것으로 여겨 왔다. 그러나 경제적 불안정이 증가하고 각 분야에서 기술이 획기적으로 발달함에 따라 실직이 점점 더 증가하고 있다. 장년기에 경험하는 실직은 청년기보다 훨씬 더 대응하기 어려운 것으로 알려져 있다(Craig, 1996). 장년기 남자들은 이제까지 종사해 온 직업에 이미 자신의 많은 것을 투자했고, 노동시장(job market)에서 연령차별로 인해 재취업이 어려우며, 재취업하더라도 이전에 가졌던 직업보다 봉급, 지위 등에서 열등한 경우가 대부분이기 때문이다. 또한 오랫동안 가져왔던 직업은 그 사람의 정체감에서 핵심을 이루고 있는데 이것을 상실함으로써 자부심과 자아개념이 크게 손상된다. 이것은 종종 정서적인 문제로 이어져서 실직으로 인한 경제적 손실보다 더 큰 문제가 되기도 한다. 사회복지사는 장년기에 실직을 당한 사람에게 실직기간 동안의 생활안정을 위한 실업보험 혜택과 재정지원에 관한 상담, 재취업과 관련된 정보 제공과 직업훈련 등 고용관련 서비스, 정서적으로 도움을 줄 수 있는 지지적 체계(배우자, 친구나 친척 등)의 활성화 등을 제공할 수 있다.

직업 스트레스도 장년기 남자들에게 심각한 문제이며 이것은 과로사, 높은 질병률 등의 현상으로 나타난다. 장년기 남자들이 흔히 경험하는 직업 스트레스로 과다한 업무량, 역할 갈등, 직업이나 업무에 대한 만족의 결여, 직업이 주는 보상에 대한 불만, 직업과 개인 생활의 부조화 등을 들 수 있다. 이러한 직업 스트레스가 잘 관리되지 않은 채로 지속되면 정신적, 신체적 건강에 부정적인 영향을 미치는 것으로 확인되었다. 30대 후반에서 50대의 남자 직장인들을 대상으로 이루어진 조사에 의하면 이들은 직업스트레스의 완화를 위해 상담, 교육, 위기개입, 여가활동, 가족을 위한 서비스 등 사회복지 프로그램을 활용하고자 하는 욕구가 높은 것으로 나타났다(이인정·최해경, 1995). 미국의 경우 직업 스트레스를 다루기 위한 근로자복지 프로그램(Employee Assistance Program: EAP)에 의해 전체 직장인의 3분의 1 이상이 혜택을 받고 있음을 볼 때 우리나라에서도 장년기 직장인들을 위한 사회복지 프로그램을 활성화해야 할 것이다.

둘째, 가족과 관련된 문제로 부모의 건강이 약화되어 보호를 요하는 시기는 대개 자녀들이 장년기에 있는 시기와 일치한다. 따라서 장년기의 성인 자녀들은 흔히 부모와의 관계에서 역할전도와 간병의 부담을 경험한다. 이들은 대부분 충분히 준비되지 않은 상태에서 부모에 대한 간병의 책임을 맡게 된다. 장년기는 사회적, 가정적으로 가장 책임이 큰 시기이며 이러한 많은 책임에 병든 부모를 돌보는 역할을 첨가하는 것이 과부담을 초래하기도 한다. 또한 자신을 길러 준 부모를 거꾸로 돌보아야 하는 역할전도는 장년기의 자녀들에게 심리적으로 충격을 주기도 한다.

부모의 간병에 관련된 좀 더 현실적인 문제들은 세 가지 영역, 즉 재정적 부담, 신체적 부담, 정서적 부담으로 구분할 수 있다. 노년기 부모가 만성질환을 앓는 경우에 자녀들은 지속적으로 재정부담을 져야 한다. 또한 부모에 대한 간병은 여러 가지 신체적으로 힘든 활동들의 수행을 요구함으로써 자녀들의 신체적 건강을 약화시키는 수도 있다. 그러나 간병을 맡은 자녀들의 가장 심각한 문제로 지적되는 영역은 정서적 부담으로서 이들은 흔히 우울증, 불안, 좌절감, 무력감, 불면, 의기소침, 정서적 고갈 등과 더불어 사회적 활동에 대한 지장과 여가시간의 결핍을 호소한다.

병든 부모를 돌보는 성인자녀들로 하여금 간병의 경험을 공유하게 하고 간병에 대한 자신감을 갖게 해 주며 간병에 관련된 정보나 지원, 지식 등을 교환할 수 있도록 해 주는 정기적인 집단모임을 전문가가 주도하는 것은 이들의 부담을 완화시켜 주는 유용한 접근방법이다. 또한 사회활동에 지장을 받거나 여가의 필요성을 느끼는 자녀 간병자들에게는 주간보호, 단기보호, 가정봉사원 등의 사회복지서비스를 활용하도록 연결시켜 주는 것이 필요하다.

참고문헌

고효정 외(2003). 미취학 자녀를 가진 취업모의 양육스트레스와 지원양상에 관한 고찰. 계명 간호 과학, Vol. 7, No 1.

김명자(1989). 중년기연구. 서울: 교문사.

김명자(1998). 중년기 발달. 교문사.

김애순 · 윤진(1993). "중년기 위기감(1): 그 시기 확인 및 사회경제적 변인들이 중년기 위기감에 미치는 영향". 한국노년학, 13(1): 1-16.

김태현(1996). 노년학. 교문사.

김현화 · 조병은(1992). "성격 특성에 따른 중년기의 적응에 관한 연구". 한국가정관리학회지, 10(1): 201-228.

김혜경(1992). "자본주의적 산업화와 한국가족의 역할 변화: 가사 및 양육역할의 변화를 중심으로". 여성과 사회, 3.

김혜신 · 김경신(2003). "맞벌이부부의 부모역할갈등과 심리적 복지". 한국가정관리학회지, 21(4). 117-131.

이인정 · 최해경(1995). 인간행동과 사회환경. 경기: 나남.

이인정 · 최해경(2007).인간행동과 사회환경. 나남출판.

정하진 · 박영란(2002). 고령화 시대의 여성정책. 한국여성개발원.

정현숙(1996). "부모역할 갈등과 결혼만족도와의 관계". 가족학논집, 8, 43-55.

진기남 · 송현종 · 김수련(1996). "기혼여교사의 다중역할과 스트레스". 가족과 문화, 1(1): 83-102.

진미정 · 옥선화(1994). 중년기 여성의 어머니 역할 수행부담과 심리적 복지. 대한가정학회지, Vol. 32, No. 5.

한경혜 · 노영주(2000). "중년 여성의 40대 전환기 변화 경험과 대응에 대한 질적 연구". 가족과 문화, 12(1): 67-91.

Baruch, G. K., & Barnett, R. (1986). Role quality, multiple role involvement, and psychological well-being in midlife women, *Journal of Personality and Social Psychology, 51*(3): 578-585.

Beach, S., Nelson, G. & O'Leary, K. (1988). Cognitive and marital factors in depression. *Journal of Psychopathology and Behavioral Assessment, 10*, 93-105.

Bowler, M. (1999). Women's earnings: An overview. *Monthly Labor Review, 122*(12): 13-21

Broman, C. (1988). Household work and family life satisfaction of blacks. *Journal of Marriage and the Family, 50*: 743-758.

Cole, C. & Cole, A. L. (1985). "Human and Wives Should Have an Equal Share in Making the marriage Work," in H. Feldman and M. Feldman Eds. Current Controversie in Marriage and Family,

California: Sage.

Craig, J. C. (1996). *Human Development*, Englewood Cliffs, NJ: Prentice-Hall.

Derogatis, L. R. (1977). *SCL-90(Revised) Manual I.* Clinical Psychometrics Research Unit, Baltimore: University School of Medicine.

Dickinson, A. (1996). *The financial well-being of women and the family. The American Journal of Family Therapy, 24*(1): 65-73.

Duvall, E. M. (1977). *Marriage and Development.* NY: J. B. Lippincott Co.

Erdwins, C., Mellinger, J., & Tyer, Z. (1981). A comparison of different aspects of self-concept for young, middle-aged, and older women. *Journal of Clinical Psychology, 37*(3): 484-490.

Gould, R. (1972). The phase of adult life. *The Journal of Psychiatry 129*(5): 1-14.

Hoffman, L. (1989). Effects of maternal employment in the two-parent family, *American Psychologist 44*: 283-292.

Hong, J. & Seltzer, M. (1995). "The psychological consequences of multiple roles: The nonnormative case". *Journal of Health and Social Behavior, 36*: 386-398.

Kinnunen, U., Gerris, J., & Vermulst, A. (1996). Work experiences and family functioning among employed fathers with children of school age. *Family Relations 45*, 449-455.

Krause, N. (1994). Stressors in salient social roles and well-being in later life. *Journal of Gerontology, 49*(3): 137-148.

Lee, J. & Park, H. (2001). "Marital conflict and women's identity." *Asian Journal of Women's Studies, 7*(4): 7-28, Ewha Womens University Press.

Liang, M. (1982). Sex differences in life satisfaction among the elderly. *Journal of Gerontology, 36*(1): 367-379.

Marks, S. R. & MacDermid, S. M. (1996). Multiple roles and the self: A theory of role balance, *Journal of Marriage and the Family 58*, 417-432.

Moen, P., Robinson, J. & Dempster-McClain, D. (1995). "Caregiving and women's well-being: A life course approach". *Journal of Health and Social Behavior, 36*(3): 259-273.

Neugarten, B. L. & Kraines, R. J. (1965). Menopausal Symptoms in women of various ages, *Psychosomatic Medicine, 27.*

Neugarten, B. L. & Weinstein, K. K. (1964). The changing American grandparent. *Journal of Marriage and the Family, 26*, 199-204.

Newman, B. M. & Newman, P. R. (1987). Development Through Life: A Psycho-social Approach. IL: Dorsey Press.

O'neil, R. & Greenberger, E. (1994). Patterns of commitment to work and parenting: Impliactions for role strain. *Journal of Marriage and the Family, 56*, 101-118.

Olin, G. & Fenell, D. (1989). The relationship between depression and marital adjustment in a general population. *Family Therapy, 16*, 11-20.

Rijkcn, M., Komproc, I., Ros, W., Winnubst, J., & Heesch, N. (1995). "Subjective well-being of elderly women: Conceptual differences between cancer patients, women suffering from chronic ailments and healthy women". *British Journal of Clinical Psychology, 34* : 289-300.

Ross, C. E. & Mirowsky, J. (1996). Economic and interpersonal work rewards: Subjective utilities of men and women's compensation. *Social Force, 75*(1): 223-245.

Ross, C. E. and Mirowsky, J. (1988). Child care and emotional adjustment to wives' employment. *Journal of Health and Social Behavior, 29*, 127-138.

Specht, R. & Craig, G. J. (1987). *Human Development: A Social Work Perspective*. NJ: Prentice-Hall.

Spitze, G. (1988). Women's employment and family relations: A review. *Journal of Marriage and the Family, 50*, 595-618.

Turner, J. S. & Helmes, D. B. (1983). *Lifespan Development*(2th ed.). Halt-Saunders International Editions.

Umberson, D. (1989). Relationships with children: Explaining parents' psychological well-being, *Journal of Marriage and The Family, 51*(4): 999-1012.

Veroff, J., Douvan, E., & Kulka, R. A. (1981). *The Inner American*, NY: Basic Books.

Zawtrowm C. & Kirst-Achman, K. K. (2001). *Understanding Human Behavior and the Social Environment.* Belmont: Wads worth/Thomson Learning.

Zeldow, P., Daugherty, S., & McAdams, D. (1988). "Intimacy, power and psychological well-being in medical students". *Journal of Nervous and Mental Disease, 176*(3): 182-187.

CHAPTER 13

인간의 성장과 발달 : 노년기

산업화와 더불어 노인 인구의 증가는 전 세계적 현상으로 나타나 선진국에서는 65세 이상의 인구가 전체 인구의 10%선을 넘어 15%선에 임박하고 있다. 1999년도 UN의 자료에 의하면 2000년도의 일본은 17.1%, 홍콩은 10.5%, 대만은 8.5%선에 달하는 등 아시아에서도 노령인구가 점차 증가하는 추세를 보이고 있다. 우리나라도 최근 의료 및 의약의 발달과 영양 수준의 향상으로 평균 수명이 급격히 연장되고, 소산(小産)에 따른 연소인구의 감소로 노령 인구의 상대적 구성비는 점차 늘어나 65세 이상의 구성비가 2000년 7월 1일에는 7.1%로서 소산소사(小産小死)형의 고령화 사회로 진입하였다(통계청, 2008).

이러한 고령화 현상은 경제적 측면에서는 비생산인구를 증가시켜 젊은 세대로 하여금 부양부담을 가중시키고 노동력 부족 현상을 초래하며, 사회적 측면에서는 가족제도의 변천과 더불어 고독한 생활을 하는 등 사회 문제를 야기하고 있다. 평균 수명의 연장으로 노령기는 점차 연장되고 있으며 60세까지 생존한 사람은 현재 평균 10년 이상을 더 살 수 있으므로 이 기간은 노화의 부정적 영향을 잘 수용하면서 심리적 및 사회적으로 더욱 성숙하고 성장하는 시기가 되어야 하므로 건강한 육체와 함께 생활적으로도 향상된 질적인 삶을 살아야 할 것이다.

1 노인의 정의 및 일반적 특징

1. 노인의 정의

일반적으로 인생의 과정을 연령이라고 하는 척도로 측정하려는 습관이 있다. 보통 20세에 성년식(민법 제4조 – 일부개정, 90. 1. 13, 법률 제4199호), 60세에는 회갑, 65세는 정년으로 인한 연금의 대상자가 되며 사회에서는 연령이 척도가 된다. 이와 같이 연령이란 해가 바뀌는 햇수를 기준으로 출생으로부터의 시간 경과를 나타내는 물리적인 지표인 것이다.

이러한 연령에는 기능연령(機能年齡, functional age)이 있다. 기능연령은 체력, 시력 등의 생리적 지표를 기준으로 한 생물학적 연령(生物學的 年齡), 기억, 인지, 동기, 흥미 등의 심리학적 연령(心理學的 年齡), 사회적 역할이나 평가 기대 등을 지표로 하는 사회적 연령(社會的 年齡)이 있다.

일반적으로 주위로부터 연령에 맞는 행동을 기대한다. 그러나 이러한 연령에 대한 감각은 실제의 연령과는 일치하지 않는 것이 일반적이다. 佐藤眞一(1997)은 이러한 주관적인 연령 감각을 주관연령(subjective age)라고 명명하고, 8세의 아동에서 94세의 고령자까지의 1,500명을 대상으로 조사를 실시하였다. 그 결과에 의하면 30대 남성은 2~3세 젊게 느끼고 있었으며, 30대 여성은 3~4세 젊게 느끼고 있었다. 40대는 4~5세, 50~60대는 6세, 70대는 6~7세 젊게 느끼고 있었다. 이와 같이 가령(加齡)에 따라 실제연령과 주관적인 연령의 차가 크게 나타나는 경향을 보였다. 이것이 각 연령의 정체성인 것이다. 이와 같이 고령자에게 연령은 개인의 가령(加齡)의 정도를 나타내는 지표로는 엄격한 것은 아니다.

사전적 의미에서 노인(老人)이란 '늙은이', 어의상 '나이 많은 자'로서 일상생활에서 흔히 사용되는 용어이지만 그 개념을 정의한다는 것은 쉽지 않다. 이는 노인에 대한 개념규정은 국가나 사회의 정치, 경제, 사회, 문화적 배경 및 개인의 신체적, 심리적 배경이 고려되어야 하기 때문이다. 법률적인 면에서는 노령선(老齡線), 즉 노인이 되는 시기의 설정에 있어서 달력 연령에 의한 역연령(歷年齡)을 사용하여 1980년대까지는 보통 만 60세를 노인의 역연령으로 규정해 왔으나 1989년 노인복지법에서 생산활동 인구를 15세 이상~64세 이하로 규정하고 만 65세 이상의 자를 노인으로 규정하였다. 그 외 국내외의 연구자에 의한 정의는 다음과 같다.

윤진(2003)은 노인이란 생리적, 육체적인 기능의 퇴화와 함께 심리적 변화가 일어나고 사회적인 면에서는 지위와 역할이 상실되어 가는 사람이라고 정의하였다.

이가옥 등(1994)에 의하면 노인은 ① 환경변화에 적절히 적응할 수 있는 자체 조직에 결핍이 있는 사람, ② 자신을 통합하려는 능력이 감퇴되어 가는 시기에 있는 사람, ③ 인체기관, 조직기능 등에 있어서 감퇴현상이 일어나는 시기에 있는 사람, ④ 생활 자체의 적응이 정신적으로 결손되어 가고 있는 사람, ⑤ 인체의 조직 및 기능저장의 소모로 적응이 감퇴되어 가는 시기에 있는 사람을 말한다.

일반적으로 노인의 개념을 규정하는 데 있어서 크게 두 가지의 견해로 구분할 수 있는데, 전자는 노인의 특성을 들어서 개념을 규정하는 견해이고, 후자는 노인의 연령을 기준으로 정의하는 견해이다(홍현방, 2008). 브린(Leonard L. Breen)은 노인을 생리적, 신체적으로 퇴화기에 있는 사람, 심리적인 면에서 퍼스낼리티의 기능, 즉 정신기능이 약화되어 가고 있는 사람, 사회적인 변화에 따라서 사회적 관계가 과거에 속해 있는 사람, 즉 과거에 누리던 지위와 역할을 상실한 사람이라고 말하고 있다. 이와 같이 노인이란 개념은 단순히 연령적으로만 규정되는 것이 아니라 그 나라의 문화, 전통, 관습, 경제, 사회적 배경 및 여건에 따라 정의되기 때문에 노인을 한 마디로 정의하는 것은 힘들다. 우리나라의 경우는 대체로 60세와 65세 이상을 노인으로 보고 있는 2가지 주장이 대립되고 있으며 그 이유로는 다음과 같다.

전자는 근거는 다음과 같다. 첫째, 국민연금 급부 기준이 60세로 되어 있다. 둘째, 한국갤럽조사 연구에서 60세 이상의 사람들 가운데 60세를 노령의 시작으로 보는 경우가 제일 많았다. 셋째, 노인복지법에서 노인을 60세인 자로 규정하고 있다. 넷째, 전통적으로 회갑을 축하하고 있는 나이가 60세라는 점 등이다.

그 외 노인의 정의를 주로 의학적인 견지에서 논의하면 다음과 같은 점을 들 수 있다. 첫째, 환경변화에 적절히 적응할 수 있는 자체조직에 결함이 있는 사람, 둘째, 자신을 통합하려는 능력이 감퇴되어 가는 시기에 있는 사람, 셋째, 인체의 기관, 조직, 기능에 쇠퇴현상이 일어나고 있는 시기에 있는 사람, 넷째, 생활에의 적응력이 정신적으로 결손되어 가고 있는 사람, 다섯째, 조직 및 기능저장의 소모로 적응 감퇴현상에 있는 사람이다.

이러한 제반견해를 종합해 보면 노인이란 인간의 노령화과정에서 나타나는 생리적, 육체적, 심리적, 정서적, 환경적 및 행동의 변화가 상호작용하는 복합형태의 과정에 있는 사람이라고 정의할 수 있다.

2. 노년기의 개념

노년기는 성인기 이후부터 죽음까지를 일컫는다. 임종을 포함하여 죽음을 맞이하는 노인들은 본인뿐 아니라 가족을 포함한 주변인들에게 적지 않은 영향을 미친다. 임종과 죽음을 맞이하면서 발생하는 어르신들의 심리적 변화와 이들의 가족 간 관계가 초래할 수 있는 여러 문제는 사회문제로까지 대두하고 있다.

개인별 차이는 있겠지만 대체로 노년기를 맞이한 어르신들은 신체의 노화와 함께 심리적 불안감, 그리고 사회적 소외로부터 적지 않은 생활의 변화를 겪으며 임종과 죽음에 이르게 된다. 노년기는 65세부터 죽음에 이르기까지 인생의 마지막 단계로서 신체적 능력의 쇠퇴와 사회적 관계의 축소 그리고 사회경제적 지위의 하락과 같은 쇠퇴가 일어나는 시기의 죽음을 맞이하는 인생의 황혼기라고 볼 수 있다. 이 같은 노년기의 특성을 고려하여 헐록(Hurlock)은 노년기를 제2의 아동기라고 부르기도 한다. 노인복지법은 어르신을 위한 제반 서비스의 대상자를 연령으로 규정함으로써 어르신의 연령에 대한 사회의 인식을 조성하고 있기 때문이다. 우리나라에서는 노년기의 시작을 65세를 시작으로 보는 것이 타당하다.

3. 노인에 대한 연구의 변천

1) 고대

고대 중국에서는 노인의 신체적 변화보다는 지금까지 살아온 그의 경험을 존경하는 경향이 있어서 노인을 현인(wise man)이라고 보았다. 고대 바빌론이나 이집트의 성직자들과 그리스와 로마의 의사들은 인간의 본질과 자연 사이에는 별다른 차이가 없다는 관점을 가지고 있었다. 따라서 노인이 된다는 것은 유전적 시계에 따른 유한성 때문이라기보다는 살인, 마귀 또는 불의의 사고로 보고, 노인의 죽음보다는 죽지 않을 것이라는 희망을 가지고 있었다.

이러한 노인관은 고대 사람들이 미신적이고, 물활론적이며 마술 등에 의해서 인간 본성을 이해하려는 사고방식을 가지고 있었다는 것을 반영하는 것이다. 오늘날 노화(senscence)는 라틴어 'senectus'에서 유래된 것으로, 노인과 뱀은 모두 허물을 벗는다는 것을 의미한다. 따라서 피부의 주름살은 고대의 신화나 전설 속에서 노화와 회춘을 상징하는 것으로 받아들여졌다. 즉, 노인이 되어도 마귀에 들렸거나 사고가 없으면 회춘하여 영원히 살 수 있다는 생각이다.

2) 그리스와 로마시대

고대 그리스에서는 중국에서와 같이 가족이나 일반 사회에서 효도와 노인의 지혜가 강조되었다고 한다. 플라톤(Platon, 윤진, 2003)은 아동기의 특징은 노인기까지 계속되며, 노년기는 여러 가지 욕망, 야심, 성적욕망에서 해방될 수 있는 시기라고 보았다.

기원 후 1세기경, 이미 그리스의 의사 갈렌(Galen)은 노년기의 운동, 영양, 음식조절, 배설기능을 연구하여 노화과정과 형태에 개인차가 있음을 언급했다. '개인차' 문제는 현대 심리학의 대명제로 되었다. 한편 키케로(Cicero)도 거의 동시대에 노년기의 특성을 욕망의 감소, 심리적 능력의 계속적인 성장, 경험의 증가에 따른 판단력 향상, 성격 특성과 연령과의 상호 관계 등으로 설명한 바 있다. 키케로의 주장은 오늘날 성격 심리학 이론에 기초가 되고 있다. 키케로는 노화방지를 위한 방안으로 신체적 운동, 적절한 영양 섭취와 식사조절, 지적활동을 계속할 것을 제시하였다.

3) 르네상스 이후 시대

문예 부흥기에 들어와서 인간 중심에 관한 논의와 연구가 활발해지면서, 또 흑사병의 홍역을 치르고 난 후에 위생에 대한 관념이 높아지고, 공중보건 수준이 향상되면서 노인의 수가 증가하였다.

16세기와 17세기에는 노화에 관한 병리학 연구가 많아지면서, 동맥경화증, 당뇨병, 모세혈관의 질병 등의 정체가 밝혀지기 시작했다.

현미경 발견과 함께 18세기에 와서는 노화에 대한 생리학·해부학적 연구가 발달되어 호흡, 감각기관 및 근육기능의 약화 등에 관한 지식을 얻게 되었다. 18세기 이후부터 19세기에는 인간의 노화 과정을 과학적으로 연구하는 경향이 지배적이었다.

즉, 르네상스 이후에는 노인에 대한 긍정적, 부정적 개념이나 태도와 같은 심리적인 관점보다는 노인이 되는 것을 기정 사실로 받아들이는 데서 출발하여, 신체적, 생리적 측면을 객관화시켜서 과학적 접근이 주된 관심이 된 것이다.

4) 현대

세계대전 이후에, 특히 1956년대 이후부터는 노년기에 대한 학술적 연구 등의 이론적 분야와 복지차원에서 노인 부양, 보호, 수용, 치료 등의 실제적, 응용적 분야의 활동들이 진행되고 있다.

4. 노년심리학의 발달

심리적인 가령(加齡)을 대상으로 하는 주요한 연구영역을 노년심리학이라고 한다. 현재 노년심리학은 서구에 있어서도 확고하게 확립된 영역이라고 볼 수는 없다. 예를 들면 노년심리학의 영어표기조차 아직 통일되어 있지 않다. 미국이나 영국에서는 노년심리학에 관한 교과서나 관련 저서는 'psychology of aging', 또는 'geropsychology'의 용어가 비교적 자주 사용되고 있다. 한편, 노년기, 노화 가령(加齡)현상을 연구대상으로 하는 학제적(學際的)인 연구 분야는 노년학(gerontology)이라 한다. 노년학은 의학, 생물학, 생리학, 공학 등의 자연과학계를 비롯하여, 사회학, 사회복지학뿐만 아니라 경제학이나 법학, 정치학 등 다양한 인문, 사회과학을 포함하고 있으며, 심리학도 중요한 한 부분으로 인식되고 있다. 또 심리학을 포함한 사회학적 노년학의 제 분야를 특히 사회노년학(socialgerontology)이라고 하고, 사회 중에 존재하는 고령자 제 측면의 연구 분야로 하고 있다. 그리고 노년학은 그 영역에 포함되어 있는 각 독립적인 제 과학이 공동으로 하여 문제를 해결하는 응용 학문분야라고 할 수 있다. 노년심리학도 노년학의 한 분야로서 고령자에 관련된 현실적인 문제를 해결해야 한다고 하는 응용적인 측면이 요구하게 되어 발전하게 되었다. 특히 사회노년학과 공통된 명제로서 행복한 노년을 실현하기 위하여 무엇을 하여야 하는가에 대한 물음은 그것과 관련된 제 과학에 있어서 가령(加齡)연구의 진보와 확대에 크게 기여하였다.

노년심리학은 먼저 이러한 응용분야로서 또 학제적인 연구 영역의 한 분야로서 정착되고 있다. 한편 심리학에는 발달심리학이라고 하는 영역이 있다. 이것은 심리적인 연구에 시간축을 도입한 유일한 영역이다. 아동을 단지 미숙한 인간으로 보는 것이 아니라 성인기와 질적으로 다른 아동기 독자의 의의를 제기함으로써 금세기 초두에는 아동심리학을 비롯하여 청년심리학에 이어 노년심리학이 등장하게 되었다.

1970년대 전후로 독일의 발테스(Baltes)를 중심으로 수정(受精)에서 죽음에 이르기까지 인간의 발달변화를 대상으로 하는 생애 발달심리학(life-span developmental psychology)이라고 하는 연구영역이 정착되었다(Gouler & Balres, 1970).

1944년에는 미국에서 미국노년학회가 설립되어 노년기의 문제나 노화, 가령(加齡)의 메커니즘에 관한 학제적인 연구가 진전되었다. 1945년에는 미국 심리학회의 제20부회로서 노년부회(老年部會)가 창설되었고, 노년심리학이 심리학의 일부로서 인정되게 되었다. 전문학술지로서는 노년학회의 「Journal of Gerontology」가 1946년에 창간되었다. 심리학의 전문학술지는 1986년에 「Psychology and Aging」이 창간되었다. 이러한 전문잡지 창간의 계기로 인지심리학적 연구를 중심으로 한 노년심리학회의 기초연구가 활성화되었다. 1950년에는 국제노년학회가 설립되어 노년학 연구가 세계적인 수준으로 발전해 가고 있다. 1999년에는 심리학 영역에 있어서 중요하다고 생각되는 분야의 연구전망이 게재되는 「Annual Review of Psychology」지(誌)에 노년심리학의 전망논문이 최초로 게재되어 심리학의 분야에서 실질적으로 독립된 분야로서 인식이 확립되는 계기가 되고 있다.

한편 일본에서는 1958년에 일본노년사회과학회(日本老年社會科學會)에서 「노년사회과학(老年社會科學, Japanese Journal of Gerontology)」을 창간하였다. 그러나 일본에 있어서 노년학에 대해서 연구가 본격적으로 행하여 진 것은 일본이 본격적으로 고령화사회로 돌입하는 1970년대 이후였다(奥山正司, 2000). 1972년에는 동경도노인총합연구소(東京都老人總合硏究所)가 설립되어 이 연구소를 중심으로 하여 사회과학을 중심으로 한 종합적인 관점에서 연구가 개시되었다. 특히 이 연구소에는 노년학의 일익(一翼)을 담당하는 본격적인 노년심리학의 연구가 미국 국립노화연구소(National Institute of Aging)의 협력에 의해 개시되어, 세계보건기구(WHO)의 지정연구시설로 인정을 받게 되었다. 1994년에는 일본노년행동과학회(日本老年行動科學會)에서 「고령자의 케어와 행동과학(高齢者のケアと行動科學, Journal of Care and Behavioral Science for the Elderly)」이 창간되었다.

한편 우리나라에서는 1999년 6월 8~11일의 4일 동안 서울 인터콘티넨탈호텔에서 제6차 아시아/오세아니아지역 국제 노년학 대회가 개최되었다. 대한노인병학회를 비롯하여 한국노화학회, 한국노년학회 등 3개학회의 연합체인 한국노인과학학술단체연합회가 주관하는 이 국제학회에는 한국, 일본, 호주, 중국, 미국, 홍콩, 러시아 등 약 30개 회원국의 노인의학 및 노인보건 관련 학자들이 참석하였다.

5. 노화의 이론

1) 사용으로 인한 마모이론(wear-and-tear-theory)

노화를 장기간 인체를 사용함으로써 기능이 약화되고 구조가 와해되기 때문에 나타나는 현상으로써 설명하는 것이다. 마모이론에서 보는 노화는 자동차의 사용기간이 늘어나면 각종 부품에 손상이 오며 급기야 폐차하게 되는 과정과 다를 바가 없다. 자동차를 함부로 쓰면 사용기간이 줄듯이 인체도 함부로 사용하면 예상수명이 줄어든다. 마모이론은 상식적으로 타당해 보이지만 이 이론이 설명해 주지 못하는 부분이 많이 있다.

특히 인체를 기계에 유추하는 것이 적합한가에 대해서는 의문이 제기된다. 예를 들어 규칙적으로 강력한 운동을 하여 에너지를 소모하는 것이 노화를 방지하고 수명을 연장시켜 주는 현상에 대해 이 이론은 설명해 주지 못한다.

2) 유전적 계획이론(genetic programming)

노화는 세포의 생존과 죽음에 의해 일어난다. 우리 인체 각 세포의 수명은 유전적으로 정해진 한계가 있다. 살아 있는 동안에도 세포는 크기의 증가, 염색체 수의 증가 또는 감소, 효소의 감소 등의 변화가 일어난다. 이와 같은 세포의 변화나 죽음이 곧 인체의 노화와 죽음을 유발하는 것으로 생각된다.

3) 면역이론(immunological)

노년기에는 면역체계에 변화가 와서 감염 등 외부에서 오는 바람직하지 않은 요인들에 의해 인체가 손상당하기 쉬우므로 노화가 일어난다고 설명한다. 심장, 근육세포와 신경원은 특히 면역체의 변화에 영향을 많이 받으므로 노년기에 심장병과 알츠하이머(Alzheimer)와 같은 노인성 치매가 흔히 나타난다. 면역체계 변화에 의한 T세포의 손상은 암의 발생을 설명해 줄 수 있다.

4) 노화시계이론(clocks of aging theory)

호르몬이 노화에 미치는 영향을 말한다. 사춘기의 시작이나 폐경 등에서 보듯이 호르몬 분비는 전 생애 변화 과정에 중요한 역할을 하고 있다. 예를 들어 사춘기 이후부터 뇌하수체는 소량의 죽음호르몬을 분비하는데 시간이 지나면서 죽음호르몬이 축적되어 신진대사에 결정적인 역할을 하는 갑상선 호르몬을 막으며 이것이 곧 죽음으로 연결된다.

5) 유전적 변이이론(genetic mutation theory)

노화를 DNA의 손상수선체계(damage repair system)의 쇠퇴에 기인한다고 생각한다. 각종 세포는 여러 바람직하지 않은 환경의 영향에 의해 세포의 손상이 누적될 수 있다. 시간이 가면서 손상수선체계는 점차 비효율적이며 덜 철저해지게 된다.

2 노년기의 주요발달과제

1. 노년기의 신체적 발달

일반적으로 연령이 증가함에 따라 신체 각 기관의 조정 능력이 쇠퇴하고 신체가 외적 자극에 민첩하게 대처하지 못하며 신체의 면역 체계가 그 효율성을 잃어가게 되는 것을 생물학적 노화라 일컫는다. 다른 말로 세포가 현저하게 감소하기 시작하고 신체적 변화에는 외견상의 변화나 소화기, 신경계, 순환기 계통의 기능 퇴화와 피부의 탄력성 상실 등을 들 수 있다. 노화로 인한 육체적 퇴보는 아주 보편적 현상으로서 관련 연구들은 85세 이상 노인 집단의 생물학적 기능이 급격히 감소함을 보이고 있다. 현대 학자들은 사람들은 왜 늙는 걸까에 대한 수수께끼를 푸는 단서가 인체 내 어딘가에 있다고 보고 과학적으로 생물학적 노화를 설명하고자 한다. 현재까지 대략 20~30여 개의 이론과 이유들이 제시되고 있는데 그들 대부분이 아직은 과학적으로 충분히 검증되지 못한 추측 단계에 머물러 있는 형편이다.

노화의 신체적 징후들로서 외견상의 변화는 빙산의 일각처럼 이미 중년기부터 가시화된다. 세포의 감소로 인해 피부 탄력이 없어지고 얼굴 외형에 변화가 온다. 피하지방이나 근육의 변화 혹은 근육의 습관적 사용들이 탄력이 감소된 피부에 주름살을 만들고 일광에의 장기간 노출로 인하여 피부 노화가 심화된다. 전반적인 신체적 활동의 감소는 근육 조직을 퇴화시키고 힘을 감소시킨다. 특히 노인기에 일정 기간 근육을 전혀 사용하지 않는 상태일 경우 근육이 얇아지고 가늘어져 힘을 못 쓰게 되는 근육 위축 현상이 급격히 진전된다. 치아의 결손이 생기고 체모에 멜라닌 색소가 없어지기 시작하여 정상적으로 40대로부터 탈색 현상이 나타난다. 모근 등의 노화 위축과 남성호르몬 안드로겐(androgen)의 균형이 깨지면서 모발과 수염의 발육이 억제되어 대머리가 되기도 한다. 척추 디스크 수분감소

및 디스크가 얇아지기 때문에 신장이 감소되고 등이 굽는다. 뼈에 칼슘 부족으로 구멍이 생기는 골다공증과 골관절염이 생기고, 운동이 부족한 경우 근육뿐 아니라 뼈를 구성하는 주성분인 칼슘, 단백질, 인 등이 빠져나가 쉽게 골절상을 입을 수 있다. 몸무게는 50대 중반을 거치며 증가하다 다시 점차 감소하기 시작하는 경향을 보이지만 노년기에 몸무게가 감소하여도 지방은 성인기 동안 증가하는 경향이 있다.

50대 이후 점진적인 뉴런 손상과 뇌세포의 변화는 뇌의 무게와 용량을 감소시킨다. 심장과 혈관 기능의 저하로 동맥경화와 고혈압이 생기며 혈관성 치매에 이를 가능성이 커진다. 소화기 근육의 수축 작용이 약화되고, 단백질 소화에 필요한 염산의 생산이 감소되며 위 점막의 위축이나 염증 등이 발생한다. 간의 크기는 노화에 따라 50~70세 사이에 20%가 줄어들어 간의 약물 분해 능력을 저하시킨다. 노화 과정으로 인하여 방광 용적이 절반가량으로 축소되고 이로 인해 배뇨 빈도가 증가한다. 남성 노인의 경우 나이가 들면서 신장의 무게와 크기가 감소한다. 신장 혈관 경화로 인하여 신장 여과율이 청년에 비하여 50% 정도 떨어져 빈번한 배뇨현상을 가진다. 또한 폐 용적의 감소로 인해 폐 잔존량이 증가하여 기관지나 호흡기 질환을 유발시키기 쉽다. 이시기에는 질병의 가능성이 높아져 고혈압, 동맥경화, 뇌졸중(중풍), 관절염 및 당뇨 등의 만성적이고 고질적인 퇴행성 질환인 성인병의 발생 빈도가 커진다. 남성 노인에게는 전립선이 비대해져 요도를 압박함으로써 생기는 배뇨 장애 현상이 나타난다. 노년기에 신체적 노화로 인한 건강 상실은 불가피한 현실로서 수명 연장과 노인인구의 증가는 퇴행성 만성 질환자나 치매노인의 수를 증가시키고 있다. 노인의 건강문제는 점진적인 신체적 쇠약, 넉넉하지 못한 경제력, 충분하지 못한 영양 섭취, 여러 질병의 복합 증세 그리고 이 병들을 고치기 위해 복용하는 다양한 약물들로 인해 더욱 심화된다.

한국 보건사회연구원(1998)의 조사에서는 대상 노인 가운데 86.7%가 한 가지 이상의 만성질환을 앓고 있으며, 74세 이상 여성 노인의 경우는 92.5%가 만성질환 유병상태에 있는 것으로 나타났다. 특히 노인 질환 가운데 관절염, 요통좌골통,

고혈압 등의 만성질환은 비교적 많이 앓고 있는 질병으로서 완치되기 어렵다는 특징이 있다. 노인들이 일상생활에서 기본적으로 수행하는 식사하기, 앉기, 목욕하기 등의 동작을 나타내는 것이 일상생활 수행능력(Activites of Daily Living: ADL)이고 버스, 전철 타기, 전화하기, 장보기 등의 활동은 수단적 일상생활 수행능력(Instrumental Activities of Daily Living: IADL)이라 한다. 현재 우리나라 65세 이상 노인의 31.9%가 일상생활 수행능력(ADL)에 있어서 한 가지 이상의 어려움을 가지고 있으며, 3.5%는 일상생활 수행을 전혀 못하는 노인들이다.

고혈압이나 관절통 혹은 당뇨 등의 만성 퇴행성 질병 외에도 알츠하이머병 치매의 발생은 연령이 더해 가면서 그 빈도가 증가하고 있다(이경하, 2008).

1) 노화와 감각기능

노화로 인하여 감각기능의 상실이 나타난다. 나이를 먹음에 따라 신체 감각기관의 외부 자극에 대한 감응 능력은 쇠퇴하며, 이로 인해 외부에서 일어나는 일에 대한 인식의 기회가 줄고 다른 사람들과의 의사소통에도 어려움이 생긴다. 젊은이에 비해 노인은 이를테면 감각기능의 일부가 빠져 있는 상태에 있다고 할 수 있으며, 때문에 뇌질환이 없더라도 방향 감각의 상실이나 정신적 혼돈이 발생할 수 있다. 감각수용의 가장 중요한 변화는 시력과 청력에서 일어난다.

노안으로 인한 시력 감퇴, 수정체의 황화 현상으로 인한 색상 감지 능력 저하 그리고 자극 잔존 현상이 나타나는 것은 정상 노화현상이지만, 이상 시력 현상으로 백내장이 나타날 수 있다. 또한 청각 체계의 반응능력이나 중추신경계의 자극 반응능력 감소로 50대 이후부터 전반적인 청각 기능 쇠퇴가 온다. 노화과정에서의 점진적인 청각 신경의 손상은 귀에서 소리가 나고 높은 주파수에 고통을 느끼게 하는 이명 현상, 즉 '타이니터스(tinnitus)'를 초래한다. 그리고 이미 중년기 이후부터 혀의 돌기인 맛 봉오리의 수가 감소하여, 맛을 감지하는 감각이 둔해지며 맛의 구별 능력 저하, 맛 강도에 대한 느낌의 약화 등으로, 실제 많은 노인들이 영양실조에 시달리고 있다.

2) 감각능력의 변화

감각능력은 노년에 크게 쇠퇴한다. 특히 시력과 청력이 현저하게 쇠퇴하며 그 밖의 다른 감각들은 비교적 느리게 퇴화한다.

(1) 시각

노년에는 시각적 예민성이 감소하여 60세가 넘어서도 안경 없이 잘 볼 수 있는 사람은 드물다. 특히 퇴화되기 쉬운 시각의 구성요소는 각막, 망막, 수정체, 광신경이다. 눈이 빛의 변화에 신속히 적응하는 능력이 감소하며 노인은 물체를 보는 데 더 많은 빛을 필요로 하므로 밤길을 가기 어렵다. 시력의 약화로 계단의 시작과 끝 사이의 거리나 가장자리를 지각하지 못하여 발을 헛디딜 수도 있다.

색각도 나이가 들면서 효율성이 떨어진다. 눈의 수정체가 점차 노랗게 되어 컬러 스펙트럼의 어두운 쪽 끝의 청색, 녹색, 보라색을 차단하는 경향이 생긴다. 따라서 이러한 색들의 식역이 높아져서 노인들은 노랑, 주황, 붉은 색은 잘 보이지만 청록색이나 보라색은 잘 구별하지 못하는 등 어두운 색을 알아보기가 어려워진다. 물론 색각의 예민성에는 개인적 변이들이 존재한다.

(2) 청각

노년에 크게 쇠퇴하는 감각능력은 청각이다. 50세경부터 점차 청력이 떨어져 청각손상은 60대 중반에 현저하게 증대된다. 45~64세의 사람들보다 65~79세 연령층의 사람들에게 청각 손상이 5배나 더 많아서 거의 30~50%의 노인이 노인성 난청을 경험한다. 이는 내이(內耳)의 코르티 기관의 점차적인 변화, 제8 뇌신경의 손실에서 초래되는데 특히 높은 주파수의 음, 즉 2,000Hz 이상의 고음에 대해 지각상실이 온다. 타이니터스 현상이라 하여 큰 소리, 높은 음에 고통을 느끼기도 한다. 또한 목소리를 구별하는 예민성이 감소하고 복합적 청각자극의 지각에 어려움을 갖는다.

청각손상은 개인의 사회생활에 지장을 초래한다. 주위 사람들의 대화를 알아들을 수 없는 노인을 고립시키며 의사소통을 어렵게 하여 의심, 편집증적인 행동을 야기한다.

(3) 후각 및 미각

후각과 미각은 상호 관련된 감각이다. 냄새는 기체의 물질에 대해 감수성을 말하고, 맛은 용해된 물질에 대한 감수성이다. 냄새는 미각선호에 영향을 준다. 인류는 환경에 적응하는 방식에서 시각 및 청각에 더 크게 의존하지만 생존에 있어서 후각과 미각의 중요성은 크다. 따라서 기본적인 감각들은 비교적 느린 퇴화를 보인다.

미각은 50세 이후 혀의 미각세포인 미뢰의 수가 감소하면서 80세가 되면 단맛, 쓴맛, 신맛, 짠맛의 기본적인 미각 구별능력이 감소한다고 한다.

(4) 촉 각

나이가 들면서 피부감각도 떨어진다. 즉, 촉각, 피부표면 진동에 대한 감수성 및 피부에 가해지는 압력이나 고통에 대한 감각이 둔화된다.

온도에 대한 감각도 둔화되며 땀샘과 피부 모세혈관 기능의 감소로 인해 체온조절이 잘 되지 않는다. 피부 감각이 둔하여 뜨거운 물체에 화상을 입기 쉬우며, 추운 기후에서는 피하지방 손실, 혈관 수축감소, 신진 대사량 감소로 저체온이 되기 쉽다.

(5) 통 각

통각은 단순한 신체감각이기보다는 학습된 감각이라는 주장이 있다. 대개 노년기가 되면 통증은 증가하나 통증에 대한 민감성은 감소한다.

연령과 통각과의 관계에 대해 앞서 이야기 한 것과 같이 나이가 들면 통각능력이 감소한다는 주장과 젊은 사람보다는 노인이 통각을 더 잘 느낀다는 주장의 상반되는 견해가 있고, 차이가 없다는 연구도 있어 결론을 내리기가 어렵다.

3) 근골격계 변화

성장이 끝난 뼈에서도 뼈조직의 보충작용이 계속되는데 뼈를 파괴하는 세포인 파골세포(골 분해세포)와 뼈를 만드는 세포인 조골세포(골 합성세포)에 의해 뼈의 파괴와 형성이 주기적으로 일어남으로써 뼈를 보호하고, 새로운 뼈조직으로 대치된다.

4) 신장기능의 변화

신장은 수분, 전해물질, 산·염기 및 체내대사 노폐물 등 여러 물질을 적절히 배설시킴으로써 체내 수분과 전해질 평형, 산과 알칼리 평형 및 체내 물질 항상성을 유지하는 데 있어 가장 중요한 기관이다. 노화로 인한 신장 생리의 변화 중 가장 두드러진 것은 신장을 지나는 혈액의 감소와 사구체 여과율의 감소이다. 신장을 지나는 혈액의 감소는 노화에 따른 심장에서 나오는 혈액량의 감소와 혈관이 딱딱하게 되는 경화로 혈관벽이 확장되지 못한 것이 원인이 되어 나타나게 된다. 사구체 여과율이 감소하는 이유는 노화로 혈압이 상승하는 현상 때문이라고 한다.

5) 면역기능의 변화

면역은 조직이나 기관에 손상을 줄 수 있는 모든 병원체나 독소에 저항할 수 있는 신체의 능력을 말한다. 노화에 따라 장기간의 흡연, 음주, 과도한 스트레스와 같은 생활요인뿐만 아니라 노화가 되면서 일어나는 치아손실, 미각기능의 감퇴, 식욕부진 등이 면역과 관련된 영양소의 섭취를 어렵게 하여 면역기능이 떨어진다.

2. 노년기의 인지적 발달

1) 인지적 발달의 특성

일반적으로 지능은 25세 이후부터는 점진적으로 쇠퇴하는 것으로 알려졌으나 심리학자들은 연령증가에 따른 지능의 쇠퇴는 거의 없거나 극히 적다고 주장하고 있다.

(1) 지능 내용에 따른 변화

지능 쇠퇴는 일률적인 것이 아니라, 감각-지각능력, 추리력 등과 같은 동작성 능력이 언어적 지능보다 쇠퇴한다. 지능변화의 가장 대표적인 샤이(Schaie)의 시애틀 종단적 연구에 의하면 1959년에 20세 남녀 500명을 대상으로 지능검사를 실시하고 7년마다 재검사를 실시하였다. 7년 후 재검사를 실시할 때마다 이전 집단보다 연령이 5세씩 많은 새로운 대상을 추가하여 1984년에는 대상이 2천 명으로 증가하였다. 최초의 연구대상 중 88명이 1984년에 5번째 검사를 받았다. 이에 의하면 노년기 언어능력은 대체로 70세까지 지속되거나 증가한다. 독해능력은 큰 개인차가 있으나 대체로 50~60세경부터 감퇴하기 시작하며, 수리능력은 50세까지 유지되다가 이후부터 감소한다. 공간능력은 가장 빨리 감퇴되는 영역으로써 성인전기부터 감퇴가 시작된다. 아동기에 나타나는 남아의 공간능력의 우수성은 전 생애를 걸쳐서 일관성 있게 지속되며, 노년기에도 마찬가지로 남성의 공간능력이 높다.

(2) 교육수준과 직업에 따른 변화

교육수준과 현재의 직업과 역할 등을 통하여 지적 능력을 계속 발휘하고 있는 사람은 연령증가에 따른 지적 능력의 쇠퇴가 덜 일어난다. 또 문제해결 재료가 노인 자신에게 익숙하고 늘 다루고 있는 종류의 것은 익숙하지 못한 경우보다 지능의 쇠퇴가 적었다.

(3) 불안수준에 따른 변화

불안수준은 심리검사, 특히 능력검사의 결과에 큰 영향을 미친다는 것은 잘 알려져 있다. 그런데 이러한 불안수준은 피험자의 연령이 많은 경우가 연령이 적은 경우보다 더 현저하게 나타나는 성향이 있다.

2) 노년기의 정서 및 성격의 변화

(1) 우울증 경향의 증가

연령이 높아짐에 따라 우울증이 증가하는 것은 일반적인 현상이다. 노년기 전반에 걸쳐 증가하는 우울증은 노령에 따른 스트레스에 그 원인이 있는 것으로 분석되고 있다. 즉, 신체적 질병, 배우자의 죽음, 경제사정의 악화, 사회와 가족들로부터의 고립, 일상생활에 대한 자기 통제 불가능, 그리고 지나온 세월에 대한 회한 등으로 전반적으로 우울증이 증가한다. 이러한 노인들은 불면증, 체중감소, 감정적 무감각, 강박관념, 증오심 등의 구체적 우울 증세를 나타내기도 한다. 그러나 이 우울증의 경향은 특히 개인의 적응능력 수준에 따라 그 정도가 달라지거나 이를 전혀 보이지 않는 노인들도 많이 있다. 그것은 실제적 연령 그 자체보다도 개인이 가진 생리적인 능력과 후천적 경험을 통한 적응능력과 비교하여 그가 받는 신체적, 심리적, 사회적 스트레스가 어느 정도 큰가에 따라 우울증의 발생여부가 달려있다.

(2) 친근한 사물에 대한 애착심

노년이 될수록 오랫동안 사용해 온 물건과 대상에 대한 애착심이 증가한다. 그것은 집, 가재도구, 사진, 골동품, 일용품 등에 대해 애착심을 가지려 한다. 이는 노인으로 하여금 과거를 회상하고 마음의 안락을 찾게 할 뿐만 아니라 사실상 주변의 환경은 변하고 세월이 가지만 자신과 주변은 변화하지 않는 것으로 보려는, 일정한 방향을 유지하려는 노력을 뜻한다. 이러한 경향은 흔히 젊은 자녀들은 집안의 고물들이나 소용없는 오래된 물건들을 버리는 경향이 있는 반면 노인들은 한사코 이들을 지니고 있으려고 하는 상반된 상황에서 일어난다.

(3) 의존성의 증가

노인은 신체적 및 경제적 능력의 쇠퇴와 더불어 의존성이 증가하는 경향이 있다.

(4) 과거 지향적

노인들은 과거에 대한 회상에 집착하는 성향을 강하게 나타낸다. 과거에 대한 추억은 긴 시간을 살아온 노인들로 하여금 자신의 삶의 실재와 접하게 하고, 또한 현재와 미래에 보다 더 잘 적응하도록 힘을 주는 역할을 한다. 따라서 노인들에게 있어서 과거에 대한 회상과 추억은 삶의 본질이고, 아마도 어떤 노인에게는 그것이 현실보다 더 실재적인 것으로 자리잡기도 한다는 것을 이해해야 한다.

(5) 성 역할 지각의 변화

노인은 이전과는 달리 일생 동안 자기 자신에게 억제되었던 성 역할의 방향으로 전환되어 간다. 그리하여 늙어갈수록 남자는 유친성과 양육동기가 증가하고, 여자는 공격성과 자기중심성 그리고 권위적 동기가 더 증가된다.

3. 노년기의 심리사회적 발달

1) 노인의 사회적 특성

인간은 '사회적 동물'로서 사회의 구성원으로 그가 속해 있는 사회와 관계를 맺고 그 속에서 생활해 나아간다. 노인의 경우도 동일하게 주어진 사회환경과 끊임없는 상호작용을 하게 되는데, 단지 노화가 진행되면서 지속되어 오던 사회관계도 변화가 일어나게 되며 노인의 사회적 측면에서의 특성이 생겨난다. 이는 다시 노인의 일상생활과 생활환경에 영향을 주게 되어 노인의 생활패턴의 변화를 주며, 곧 그들의 주생활에 영향을 미친다.

노년기는 인간관계나 사회와의 관계를 재구축함으로써 자기 자신에 대한 자각을 해 가는 시기라고 할 수 있다. 노년기는 신체적 변화, 심리적 변화, 사회적 변화에 의한 다양한 원인이 개입되어 노화에 대해 스스로를 자각하게 된다. 일반적으로 고령자의 불안 중 가장 큰 불안은 자신의 건강에 대한 불안과 타인에게 도움을 받아야 하는 상태가 되는 불안이 가장 높은 비율을 차지하였다.

우리나라의 경우 건강에 대한 불안이 가장 크게 나타났으며, 그 외에 심리적으로 의지할 대상이 없는 것에 대한 불안이나 경제적인 불안이 상대적으로 다른 나라에 비해 큰 것으로 나타나고 있다.

2) 은퇴와 노후생활

은퇴는 주변 사람들의 의견이나 스스로의 판단에 의해 자연스럽게 이루어지는 경우와, 정해진 제도나 규칙에 따라 일정한 시기에 의무적으로 하는 경우가 있다. 전자는 농업, 상업 등 자영업자, 연예인, 운동선수 등이 해당되고 후자는 직장인, 공무원 등 정해진 급여를 받는 직업에 종사해 온 사람이 해당된다. 정해진 제도나 규칙에 따르는 은퇴를 특히 한국에서는 정년퇴직으로 구분하여 지칭한다. 정년퇴직은 현대화와 산업화에 의해 생겨난 제도다. 옛날에는 우리나라 사람 대부분이 농업이나 수산업에 종사했기 때문에 자신과 가족이 판단하여 더 이상 경제활동을 할 수 없는 시기를 선택해 모든 재산과 재정관리권을 후손에게 양도하며 자연스럽게 은퇴했지만, 전반적으로 퇴직이 제도화되고 보편화되기 시작한 것은 노령인구가 많아지고 산업화가 가속화된 20세기에 들어와서이다. 우리나라는 특히 지난 20~30년 사이에 급속한 산업화가 이루어져 이제는 농림 및 어업 부문에 종사하는 사람들은 전체 노동자의 30% 정도밖에 되지 않고 70% 정도가 2차 및 3차 산업 분야인 광업, 공업 및 서비스업 분야의 임금노동자에 종사하기에 이르러 1960년대부터 민간기업에 정년제가 도입되어 보편화되기 시작하였다. 이에 따라 정년퇴직은 이제 우리 주위에서 흔히 보이는 보편적인 현상이 되었다. 정년퇴직은 적어도 사회적인 면에서 노령기의 시작을 의미하고 노령기의 삶은 퇴직 전의 사전준비, 퇴직에 대한 태도, 퇴직의 영향에 의해서 크게 영향을 받게 된다.

3) 정년퇴직에 대한 태도

노후에 이르러 곧 다가올 정년퇴직에 대하여 긍정적인 태도를 갖고 있는지 또는 부정적인 태도를 갖고 있는지는 퇴직 후 노후생활에 많은 영향을 미친다. 정년퇴직 연령이 1978년부터 65세로 되어 있었고, 1986년부터는 정년 제도를 폐지한 미국의 경우에 있어서 퇴직을 앞두고 있는 사람들의 퇴직에 의한 태도는 일반적으로 긍정적인 경향이 있다. 이렇게 퇴직연령이 65세 이상 또는 폐지되고 있는 사회에서의 퇴직에 대한 태도와, 보편적으로 퇴직연령이 55세로 되어 있는 우리 사회에서의 퇴직에 대한 태도는 상당한 차이가 있는 것으로 추정된다. 우리나라에서는 아직 이에 대한 조사 연구가 없어 경험적 연구가 뒷받침된 주장을 할 수 없지만 아마도 우리나라의 경우 현재로서는 퇴직에 대한 태도가 상당히 부정적일 것으로 예측된다. 미국 사회에서는 퇴직에 대하여 전반적으로 긍정적인 편이지만 여러 가지의 조건에 따라 다른 태도를 보이고 있다. 퇴직에 대한 태도에 가장 큰 영향을 미치는 요소는 퇴직 후에 예상되는 경제적 보장의 정도인데 경제적 보장의 정도가 높을수록 퇴직에 대한 태도는 긍정적인 경향이 있으며 반면에 퇴직 후의 경제적인 사정이 좋지 않을 것으로 예상되는 사람은 퇴직하기를 원치 않는 것으로 나타나고 있다. 일할 수 있는 한 일을 해야 하고 또한 일을 통하여 자기의 가치를 발휘해야 한다는 생각을 하고 있는 사람은 일반적으로 퇴직을 원치 않는 경향이 있다. 자기가 속해 있는 직업집단의 사람들이 갖고 있는 퇴직에 대한 태도가 개인의 퇴직에 대한 태도에도 영향을 미치게 된다. 예를 들면, 힘든 육체노동을 하는 직업의 사람들은 가능하면 빨리 퇴직하기를 원하는 반면에 전문직업의 사람들(변호사, 의사, 교수 등)은 계속해서 일하는 것을 일반적인 규범으로 삼고 있고 일반인들의 퇴직정년에 맞춰 퇴직하는 것을 원치 않고 더 오랫동안 일하기를 원한다는 것이다.

4) 노년기의 사회적 관계

노년기에는 사회적 관계가 감소됨에 따라 가족 관계가 더욱 중요해진다. 따라서 장성한 자녀들과 자주 접촉하고, 세대 간의 상이한 이해관계를 알고 수용하며, 친족과의 관계도 활성화시켜 그들로부터 정서적, 사회적 지지를 받고 위기 상황에서의 도움을 주고받도록 하는 것이 매우 중요하다. 일반적으로 노년기의 가족관계는 노부부의 관계, 성인자녀와의 관계 및 노부모와 손 자녀와의 관계로 나눌 수 있다. 한편 노년기의 사회적 발달에 중요한 인간관계 지원자로서 가족 외에 친척과 친구 및 이웃이 있다.

3 사회복지실천과의 연관성

1. 사회복지실천과의 연관성

1) 프로그램 개발과 적용에 관하여

사회복지사는 앞에서 강조한 노화과정에 관한 이해와 어르신들의 생활상에 관한 이해를 토대로 어르신들을 위한 적합한 프로그램을 개발하고 이를 적용시켜 나가야 한다. 부양가족들과 함께 사는 어르신, 홀로 사는 어르신, 생활시설에 있는 어르신 등 어르신들의 생활 형태를 충분히 반영하여 이들의 욕구 혹은 문제를 중심으로 다양한 프로그램을 개발하여 적용할 수 있어야 한다.

2) 개입방법에 관련하여

어르신들의 복잡해진 욕구를 해결하기 위해 여러 전문 분야의 인력이 개입해야 하는 상황에서 어르신을 위한 사회복지사의 개입방법이 더욱 전문성을 유지하기 위한 논의가 필요하다. 노인복지실천가는 사회복지 외 타 전문직의 개입방법과 차별화하고, 사회복지 분야 간 협력을 강화할 수 있는 개입방안을 모색해야 한다.

3) 정책에 관하여

어르신을 위한 책임소재가 정부의 부처 간 혹은 각급 정부 간 불분명한 경우가 많고, 어르신 관련 사업들이 원활하게 실시되는 데 많은 어려움이 뒤따르고 있다. 사회복지사는 이 같은 상황에서 어르신들을 위한 효율적인 개입을 모색해야 한다.

4) 임종과 죽음에 관하여

첫째, 임종과 죽음을 앞둔 어르신들을 위해 합당한 기술과 서비스를 토대로 한 사회복지실천의 실상에 대한 논의가 필요하다. 둘째, 어르신들의 임종과 죽음에 관한 사회복지실천은 어르신들뿐만 아니라 이들의 가족에까지 확대되어 이루어져야 한다. 셋째, 임종과 죽음을 맞이한 어르신들을 위한 종교적 개입을 수용할 필요가 있다.

참고문헌

권중돈 · 김동배(1998). 인간행동이론과 사회복지실천. 학지사.

김성순(1995). 생활노년학. 운산문화.

노영섭(1994). 건강백세와 실버산업. 아카데미서적.

농촌진흥청(1996). 즐거운노년생활, 1.

대한노인정신의학회(1998). 노인정신의학. 중앙문화사.

석재은(2000). 노인의 소득실태 분석과 소득보장체계 개선방안 연구. 한국보건사회연구원.

윤진(2003). 우리나라의 노인빈곤 동향 및 빈곤구성에 대한 연구. 한국노년학회지, 23(3), 143-160.

이가옥 · 서미경 · 고경환 · 박종돈(1994). 노인가족 실태 분석 및 정책과제. 한국보건사회연구원.

이경하(2008). 치매에 대한 인식과 태도에 관한 연구. 박사학위논문. 건국대학교. 서울.

장인협 · 최성재(1999). 노인복지학. 서울대학교 출판부.

최성재(2006).노인복지학. 서울대학교출판부.

최은영(1996). 노인보호서비스 개발을 위한 연구. 한국여성개발원.

통계청(2008). - 국가통계, 인구 · 가구, 보건부분. 통계청.

한국 사회체육진흥회(1986). 노인체육.

한국노인의 전화(1995, 1996). 실버라인 각 호.

홍현방(2008). 성공적인 노화개념정의를 위한 문헌연구. 박사학위논문. 이화여자대학교. 서울.

佐藤眞一(1997). 50代, 60代の社会参加のあり方. 生活経営学研究, 39: pp.15-20.

奥山正司(2000). 高齢者の社会参加とコミュニティづくり. 社会老年学, 24, 67-82.

저자소개

권향임 백석문화대학교 사회복지학부 교수

김나영 대원과학대학 사회복지학부 교수

김양이 한일장신대학교 사회복지학부 교수

김현옥 백석문화대학교 사회복지학부 겸임교수

박미정 대원과학대학교 사회복지학과 교수

박성석 백석문화대학교 사회복지학부 교수

박정숙 선문대학교, 삼육대학교 교수

백종욱 가톨릭상지대학교 사회복지학과 교수

이영실 성결대학교 사회복지학부 교수, 사회복지대학원장

정옥희 세계사이버대학 사회복지학과 교수

조금화 성균관대학교사회복지대학원

조미숙 삼육대학교 사회복지학과 교수

형성훈 서울사회복지대학원대학교 사회복지학부 교수

인간행동과 사회환경

초판 1쇄 인쇄 2013년 11월 4일
초판 1쇄 발행 2013년 11월 8일

지은이 | 권향임 · 김나영 · 김양이 · 김현옥 · 박미정 · 박성석 · 박정숙
백종욱 · 이영실 · 정옥희 · 조금화 · 조미숙 · 형성훈
펴낸이 | 김기섭
편집인 | 최명인
펴낸곳 | 창지사 www.changjisa.com
153-802 서울시 금천구 가산디지털 1로 83 파트너스타워 1차 (9F, B1F)
전화 (02) 719-2211~3
팩스 (02) 701-9386
등 록 | 1977년 4월 28일 · 제1-421호

ISBN 978-89-426-2258-0 (93330)

값 19,000원